交流、博弈与征服

历史视野中的东亚海域

陈秀武 主编

商务印书馆
The Commercial Press

图书在版编目(CIP)数据

交流、博弈与征服:历史视野中的东亚海域/陈秀武主编.—北京:商务印书馆,2022
ISBN 978-7-100-21289-2

Ⅰ.①交… Ⅱ.①陈… Ⅲ.①海域—历史地理—研究—东亚 Ⅳ.①K931.01

中国版本图书馆 CIP 数据核字(2022)第 107506 号

权利保留,侵权必究。

交流、博弈与征服
——历史视野中的东亚海域
陈秀武 主编

商务印书馆出版
(北京王府井大街36号 邮政编码100710)
商务印书馆发行
北京艺辉伊航图文有限公司印刷
ISBN 978-7-100-21289-2

2022年12月北京第1次印刷　印张 13¾
定价:78.00元

本书为国家社会科学基金重大项目
"东亚历史海域研究"(18ZDA207)的阶段性成果

总　　序

2019年4月23日，中国国家领导人在青岛会见应邀出席中国人民解放军海军成立70周年多国海军活动的外方代表团团长时发表的重要讲话中，强调"我们人类居住的这个蓝色星球，不是被海洋分割成了各个孤岛，而是被海洋连结成了命运共同体，各国人民安危与共"。讲话中所提出的构建"海洋命运共同体"，包括"合力维护海洋和平安宁"、"共同增进海洋福祉"、"像对待生命一样关爱海洋"、"平等协商，妥善解决涉海分歧"等重要内涵。国家社科基金重大项目"东亚历史海域研究"（18ZDA207）从史料出发，探寻东亚历史海域自古以来互动机制及其网络的形成与变迁，以便对东亚海洋史进行重新书写。该选题承载历史、对接现实，具有重要的研究价值、理论价值和重大的现实意义。

1. 东亚历史海域互动机制的生成

数千年来，从远古时代的近海航行到横渡东亚海域（横渡黄海与东海）的发生，多条海上航道将东亚历史海域编织成一个巨大的海域网络。这一海域网络发挥了文化交流、经贸交往、宗教传播的历史作用。换言之，这一海域网络将以国家行为体为单位的各个共同体连接在了一起。从原生态发生的角度考察，自古以来，各个国家行为共同体在东亚历史海域互动的过程中，又形成了崭新的共同体，亦即"海上文化共同体"、"海上经济共同体"以及"海上宗教共同体"等。它们的出现源于海域内部的交往与交流，并在不同时期展现出各具时代特色的海域互动机制。对于这一互动机制的衍生、形成、发展及变化，学界有必要加强研究。

2. 东亚历史海域的共同繁荣是总的发展趋势

古代东亚历史海域，因和谐的交往，曾迎来了一个又一个的繁荣期。汉唐以来，古代中国就已成为东亚海域的中心，并由此形成了包容、开放的"海上共同体"。尤其在"从 14 世纪到 20 世纪初叶这段漫长的历史时期里，被用于远洋航行的船舶主要是帆船。在当时的东亚海域世界里，中国的帆船在造船技术和航海技术上最为先进，海洋政策相对宽松，完全掌握了东亚世界的制海权，主导了当时的海上交通，在东亚世界的航海活动上独占鳌头"（松浦章语）。可见，古代中国宽松的海洋政策创造了东亚历史海域共同繁荣的景象。如今，探索以中国文化和中国智慧解决东亚历史海域互动机制的研究范式；构建"海上命运共同体"和海洋强国建设研究的理论基础；建立基于"关系理论"的东亚海域问题上的国家战略与构筑"人类命运共同体"的研究理论基础等，尤为重要。与此同时，将东亚历史海域问题纳入国家战略系统和现代世界体系中，进行多学科综合研究，将有助于促进东亚历史海域的共同繁荣。

3. 以实证与理论并重的方式研究东亚历史海域

以实证研究再现东亚海域史是课题的主要研究法。挖掘新史料，用史料说话，探讨东亚历史海域的海上社群、帆船—舰船、航海技术、情报传递、物资流动、钱币等重金属的流动方向等，从而归纳总结东亚历史海域的互动模式与规律。理论研究则重在发现东亚历史海域自古以来和谐共生理念的延展、扩大以及自我认同与他者认同的可行路径等。在异质文明进入东亚历史海域后，在模仿与赶超上，近代日本的海上扩张打破了原有东亚海域的宁静与和平。对"日本海洋国家意识"、"海上万国公法体系"、"日本的'霸权体系'"、"日本的'海上帝国'"、"日本'海上帝国'与'文化共同体'的细部关联"的探讨，为东亚历史海域研究在理论创新上提供了诸多可能。在大力提倡"人类命运共同体"、"海洋命运共同体"以及"亚太命运共同体"的当下，从理论上探究东亚历史海域，可为上述理论概念的阐释增加实例。

4. 构建东亚历史海域学科体系

学术研究的本质在于构建学科体系并不断加以完善。东亚历史海域课题在阐释"互动机制"的基础上，可以为构建"海洋命运共同体"提供相应的历史案例。因此，一并考虑建设可以与"海上命运共同体"互动的海域研究学科体系，理应成为东亚历史海域研究课题的重要使命之一。海域研究学科体系涉及历史地理学意义上的海洋划界和海洋文化学意义上的海洋观等内容，在今后的具体实践中，将其纳入到示范课程建设和专业硕士学位研究生试点建设中来。同时，以该项目为依托，构建"东亚海域研究所"等学术平台，探讨海域的可持续发展与海域环境的安全保障。

2018年11月，国家社科基金重大项目"东亚历史海域研究"（项目编号：18ZDA207）成功获批，该项目明确提出以构建开放包容、互联互通、合作共赢的"海上命运共同体"为目标，以构建服务于中国国家利益的东亚海域学科体系为宗旨。"东亚历史海域研究"丛书将牢记宗旨，从新海洋史的视角，采用历史学、国际关系学、历史地理学等交叉学科研究法，推出系列成果，以就教于大方之家。

国家社科基金重大项目"东亚历史海域研究"首席专家
东北师范大学日本研究所所长
陈秀武
2020 年 11 月 25 日

目 录

东亚历史海域"海洋命运共同体"的相关理论问题……陈秀武　1
东亚历史海域变迁史…………………………………杨　军　13
构建东亚海洋命运共同体之可行性
　　——以东亚海上非传统安全合作为视角………葛建华　54
"日本海／东海"名称的历史演变与韩国的对策
　　……………………………………金石柱　李琦锡　90

东北亚海域"海上命运共同体"的构建基础与进路……陈秀武　116
韩国釜山对日海上交往史论…………………………吕春燕　138
18世纪晚期日本的海洋漂流民与日俄文化交流………钟　放　162
东北亚海域的"零和博弈"：1870年代日俄两国
　　对科尔萨科夫的争夺………………………………程　浩　184
"东亚历史海域"的"殖民话语"问题…………………李海涛　216
日本海洋国家论探源
　　——以《海国兵谈》为中心…………………………郭　丽　246
第一次世界大战与日本海运造船业的世界性扩张……杜小军　267
恭顺与对抗：日本海军外交中的隐含逻辑
　　——以美国"大白舰队"访日为中心………………季泓旭　307

近代日本渔业企业的垄断经营与扩张研究 ⋯ 王国华　张晓刚　332

东南亚海域"海洋命运共同体"的构筑基础与进路⋯⋯陈秀武　351
战争时期"海上命运共同体"的异化
　　——以日军侵略海南岛为中心⋯⋯⋯⋯⋯⋯⋯李晓晨　378
流言蜚语：南洋华侨文化生态的一个侧面⋯⋯⋯⋯林晓萍　396

后记⋯⋯⋯⋯⋯⋯⋯⋯⋯⋯⋯⋯⋯⋯⋯⋯⋯⋯⋯⋯⋯⋯⋯424

东亚历史海域"海洋命运共同体"的相关理论问题

陈秀武

2019年4月23日,中国国家领导人在青岛集体会见应邀出席中国人民解放军海军成立70周年多国海军活动的外方代表团团长时所发表的重要讲话中,首次提出了"海洋命运共同体"的重要理念。作为"人类命运共同体"的重要组成部分,"海洋命运共同体"是维护海上安全稳定、推进全球海洋治理的中国智慧和中国方案。从海洋的相通性角度观之,则具有从海洋层面构建合作共赢、和平安宁的命运共同体的重大现实意义。探讨"海洋命运共同体"的相关理论问题,需要在特定的地理空间叠加上对时间的思考。这一思考具有广泛的适用性,可以将其用于考察"东亚历史海域"。亦即,首先将思考"海洋命运共同体"的"场域"放在"东亚历史海域",进而将其置于全球海域下进行探究。

一、"海洋命运共同体"与"东亚历史海域"

当直面"东亚历史海域"与"海洋命运共同体"的相关理论问

题时，必须厘清作为构筑理论基础的概念。亦即本文的"海洋命运共同体"及其构建所依存的空间范围"东亚历史海域"。

（一）"共同体"、"人类命运共同体"、"海洋命运共同体"

近年来，对国际问题的研究，"共同体"在方法论上发挥了重要的"概念工具"作用。它是一种凝聚力的象征。有了"共同体"，才会有"人类命运共同体"乃至"海洋命运共同体"。

从理论来源上讲，"共同体"概念是由厄内斯特·盖尔纳和本尼迪克特·安德森所提出的。厄内斯特·盖尔纳赋予了共同体概念以"意愿、文化、政治单位相结合"等民族要素，并将这些要素的活化表现交给了民族主义，即他将"民族主义热情"与文化上的"创造性、空想性"对接起来，从而概括指出以民族主义和民族为核心的"共同体"具有"想象性"。而本尼迪克特·安德森继承厄内斯特·盖尔纳的观点后，做了进一步的发挥，直接将"民族"、"政治意义"、"共同体"和"想象的创造物"等概念结合起来，用以阐述"共同体"概念。当国际政治经济秩序发生变动的时候，共同体概念所具有的思想价值会被重新书写，并会产生强大的动员力。换言之，这体现的又是思想史研究中的"思想资源与概念工具"之间的逻辑关系问题。

当转换视角、放眼全人类时，不断追问"共同体"应该被赋予何种价值之际，我们的宪法给出的诠释更具有普遍意义。《中华人民共和国宪法》（2018年修正版）指出："发展同各国的外交关系和经济、文化交流，推动构建人类命运共同体。""人类命运共同体"是超越国界、地域以及民族界限的全球化的概念。从空间角度判断，"人类命运共同体"应该包括"陆上命运共同体"、"海洋命运共同体"和"空中命运共同体"。

"海洋命运共同体",包括政治、军事、经济、文化乃至海洋生态文明的意涵,具体来说是指海域(海+岛)范围内的相关各国在彼此尊重各自的文化传统、意识形态、军事部署、经济发展以及政治交往等因素的前提下,形成的具有"共商共建共享"特色的超越国家边界的,本着"同呼吸共命运"的原则处理域内海上交通问题、海洋资源开发与环境保护问题以及连带的海域争端问题,能够为"人类命运共同体"提供建设性推进功能的"共同体"。中国提出的"海洋命运共同体",是面向全球水域的。因海域范围的广阔与自然地理条件的差异,本文的"海洋命运共同体"探讨,聚焦"东亚历史海域"这一"场域",而在今后的相关研究中将陆续推出其他水域"海洋命运共同体"的构建情况及可能路径。

(二)"东亚历史海域"的"时间"

探讨"海洋命运共同体",从时间观念看"东亚历史海域",至少从古代东亚海域世界的朝贡体系谈起。"东亚历史海域",顾名思义,是指自古以来东亚周边海域疆界的原生态状况及变迁等。因时间漫长和历史庞杂,本文仅探讨理论问题,而暂时搁置对历史脉络的叙述。如果将"东亚历史海域"界定为空间范畴的概念,那么追寻这一空间的"时间"线索,貌似就成为研究"东亚历史海域"的主体内容了。然而,"东亚历史海域"不应该单纯地回应"东亚海域变迁史",否则容易使选题陷入单纯的历史地理学研究而弱化主题的现实价值和意义。同时,"东亚历史海域"还不宜只注重海域研究而忽视对海域周边陆地及岛屿研究,否则会失去对海域边界归属的认识和再确认。只有本着尊重海洋相通相连的自然属性，将"东亚历史海域"置于西太平洋乃至全球的视域下，将陆地、岛屿与海域连接起来加以深入研究，才能寻找出构建"海洋命运共同体"的可行路径与内在逻辑。目前，构建"海洋命运共同体"应该把目光集中在探讨如何利用海洋资源问题、保护海洋生态环境问题、规避海域的国际冲突问题以及构筑海域的国际合作机制上来。换言之，本文探讨"海洋命运共同体"的"东亚历史海域"，以"历史时间"为铺垫，重视探讨"现实时间"在这一海域的展开情况及应对策略等。

二、东亚历史海域"海洋命运共同体"的辐射范围

"海洋命运共同体"的概念，涉及的另一理论问题是该共同体的辐射范围。如何确定辐射范围，如何思考这一辐射范围的相关问题，其答案或许能赋予该共同体以理论价值。

（一）概念阐释与解构

本文认为，"海洋命运共同体"具有解构原有概念和将其重构的价值与功能。从水域角度，"东亚"、"东南亚"以及"东北亚"等概念所涉及的海域范围，都可以归并到"西太平洋海域"世界中来。探讨上述地域的海域问题，究其实质是探讨"西太平洋海域世界文明的互动与共生"。因此，支撑"海洋命运共同体"概念的"东亚历史海域"，具有将东北亚、东亚、东南亚等概念统括起来的功能，能够起到阐释西太平洋海域边缘海一体化理论的作用。其逻辑范式

可概括为"东亚历史海域"+"海洋命运共同体"="西太平洋海域世界一体化"。如果说东亚历史海域"海洋命运共同体"带有统合特征的话，那么狭义概念上的"东北亚"、"东亚"以及"东南亚"等地域内的国际合作组织或平台，只要具有合理客观公正等特征，就可以发展为"海洋命运共同体"的组成部分。

（二）东北亚海域的文明互动与共生

东北亚海域，包括东西伯利亚海、楚科奇海、白令海、鄂霍次克海以及弗兰格尔岛、圣劳伦斯岛、卡拉金岛、堪察加半岛、阿留申群岛、尚塔尔群岛以及萨哈林岛（库页岛）等。这片海域的半岛、岛屿直接与北极相连，今天已经成为国际的热点地域。对这一海域自然地理、历史及战略价值的研究，可以为我国的北极战略提供建设性的意见与参考。这一海域涉及的相关国家有俄罗斯、加拿大西北部地区和美国的阿拉斯加地区。近年来，我国在参与北极建设活动上取得了长足进步，例如在"极地2018"的瑞士达沃斯科学会议上中科院院士陈大可学术报告中所蕴含的中国智慧以及2019年投入使用的"雪龙2号"极地科考破冰船，都将为人类的北极考察做出贡献。显然，东北亚海域内部的文明互动与共生的主题，与北冰洋水域联系密切。这种联系，已突破了域内国家的界限，逐渐向全人类共同关心的方向转换。

（三）狭义东亚海域的文明互动与共生

狭义的东亚海域，包括日本海、黄海、东海、南海以及千岛群岛、日本列岛、朝鲜半岛、济州岛、辽东半岛、海洋岛、刘公岛、山东半岛、台湾岛、澎湖列岛、钓鱼岛、琉球群岛、海南岛、东沙群岛、西沙群岛、中沙群岛、南沙群岛、吕宋岛、黄岩岛等。这片海域是海上要冲，处于北连北极、南达南太平洋、西通印度洋的交通枢纽地位，历来是兵家必争之地。通过本研究，找到"化干戈为玉帛"的文化力量是本课题的本意所在。这一海域范围有俄罗斯、日本、朝鲜、韩国、中国、越南、柬埔寨、泰国、马来西亚、新加坡、文莱、菲律宾等12个国家。这一海域涉及的历史问题众多，是新世纪以来国际冲突的焦点之一。如何化解这一焦点问题，中国近年来推进的"一带一路"、亚投行的实践活动等，给出了理想的答案。尊重历史，尤其是尊重国际法上有关制海权与岛屿权的相关规定，将中国思维引入海域争端的处理上来，将是未来"海洋命运共同体"在狭义东亚海域发挥作用的关键。在这一海域问题的处理上，中国不仅要严防东海海域争端中的美日恶意攻击，还要清醒意识到美日声东击西的策略，诸如以南海问题搅局东海的险恶用心。

（四）传统东南亚海域的文明互动与共生

传统东南亚海域，包括苏禄海、班达海、爪哇海、安达曼海、孟加拉湾以及苏禄群岛、棉兰老岛、加里曼丹岛、马来半岛、苏门答腊岛以及安达曼群岛等，主要涉及印度尼西亚、马来西亚、文莱、新加坡以及菲律宾等国家。这一海域世界，是连接南太平洋、通往印度洋的门户。

今天，当人们立体剖析东亚历史海域时，以海洋为介质的狭义分割已不能满足海域一体化的要求。而本文论述的"海洋命运共同体",具有将东亚历史海域由南至北统合起来进行思考的机能,但也会遇到海域内诸如自然环境、风俗习惯、政治、经济、社会以及科技发展水平等千差万别的现实障碍。这在增加了共同体有效发挥作用的难度的同时,反而能促进人们进一步思考以下问题:(1)中国传统文化中的"仁义"思想应该被赋予何种现代意义才能发挥应有的作用;(2)对"利益观"进行现代诠释的必要性。

三、"海洋命运共同体"的"利益观"

"海洋命运共同体"追求的是和平安宁、合作共赢的共同利益,但也并不排斥各相关国家对各自利益的追求与守护。相反,"海洋命运共同体"更重视相关各国在追逐利益时应该遵循的原则,以便使得其本身的"利益最大化"。这实际涉及的是"海洋命运共同体"的"利益观"问题。

(一)"利益观"的变迁与孟子思想

在我国古代文化中,众多先贤对"仁义"曾进行过阐释。其中,孟子学说对"仁义"进行的阐释堪称完美,并对后人产生了很大影响。在孟子与梁惠王的对话中,孟子在回答梁惠王有关"利益"的追问时,给出了"何必曰利?亦有仁义而已矣"的答案。他劝梁惠王放弃逐利、存留"仁义"的思想,在与告子的对话中得到了升华,将"人性"的论述与"仁义"道德结合起来,完成了"性善论"。自古以来,"利益观"经历了一个动态发展变化的过程。从经济层面上讲，中国古代商朝灭亡之际，流离失所的商朝之人逃至他处，无名无分，以经营为生。这样，"商人"就成为一个最底层、最受歧视的阶层。起初，商人以追逐利润为本性。但随着时代的变迁，为将追逐利润或利益纳入到一个合理的价值体系中，思想家们做了诸多努力。

（二）孟子学说的桥梁作用

近年来，随着孔子学院在海外的兴建，中国的传统文化得到了传播。据报道，孟子学说体系中部分思想已经走进了美国大学课堂。这也从侧面说明了在人类社会思想面临危机、精神走向"空虚"的时下，中国传统文化所富含的价值。"美国学生对孟子思想的接受，说明了西方和中国对人性的基本认识是相当接近的，完全可以、也应当进行充分的深度的思想交流。"孟子关乎人性的"善端"思想，引导人类在物质利益和精神利益之间进行选择时，在增加精神利益的比重上可以起到教化作用。这一教化作用及其未来的普及，将成为东西方价值观沟通的桥梁。

（三）"和合共生"思想的要素

"海洋命运共同体"强调的应该是"和合共生"。在现代国际关系日趋复杂的形势下，"和合共生"具备以下要素：(1)承认竞争关系；(2)抵制与摒弃原有"共同体"价值观（例如美日主导的"同质性价值观"）；(3)以"求同存异"为基础构建新型关系哲学；(4)国际"和合共生"机制的构建。这不仅是中国古代哲学思想中"天人合一"的现代阐释,还是新时代"利益观"的完美表达。

东亚历史海域"海洋命运共同体"的情况相对复杂,所以必须在充分考虑前文提及的三海域辐射范围的前提下,运用中国思维的"关系理论"构建新的世界观。"海洋命运共同体"建设,更多地需要考虑差异性,考虑每个部分的核心利益焦点,有针对性地制定海上合作机制。

具体说来,在操作层面上,不仅要考虑共同体内部各构成部分的自然地理差异,还要考虑人文环境、政治经济基础、科技水平以及历史传统等要素,即将企业分析中的宏观环境 PEST(Political, Economic, Social and Technological)分析法,运用到构建"海洋命运共同体"上来,以求共同体内部在追求利益中达到平衡。

四、"海洋命运共同体"的方法论价值

"海洋命运共同体"既是理论又是方法,以"海洋命运共同体"为视角,考察海域问题具有客观实用性。它提供了一个新的阐释海域问题的方法,具有方法论价值。换言之,以"东亚历史海域"为场域,探讨这一海域"海洋命运共同体"发生、衍变、异化及未来走向等问题,可能会有新的学术发现。

(一)作为发生学的"海洋命运共同体"

众所周知,以海洋为介质展开的交流、交往以及不同族群共享海洋资源等活动,在古代来说很难想象。因为发明海上交通工具和

开辟海上通道,在社会生产力水平低下的远古时代,难度之大可想而知。可以断言,海上交通工具与海上通道,对于"海洋命运共同体"本身而言,具有发生学的意义。"共同体"何以发生?在此,我们可以假设以下前提是成立的:有了不同族群的接触才有共同体发生的可能;有了不同族群以海洋为介质的接触才会有命运共同体发生的前提;有了克服海洋险阻后相接触的族群间的交好与抗争,才会有海洋命运共同体的诞生。在这个意义上,"海洋命运共同体"发生学,应该将讨论的内容集中到东亚历史海域相关的回顾与阐释上来。

(二)作为方法论的"海洋命运共同体"

从方法论观之,"海洋命运共同体"之于东亚历史海域,不仅可以成为观察古代中国海运交通问题的工具,还可以成为判断俄罗斯远东海域及美国阿拉斯加与周边海域以及东南亚海域进行互动的全新视角。

中国古代早期港口的兴起,呈现出"从中国沿海的南北两端向中部延伸"的特点,即"南方有广州、徐闻、合浦,北方有碣石、登州"。而四明(句章)和椒江(章安)等则属于浙东海域的名港,通过吴越人的航海活动,将中国东部沿海与中国台湾、朝鲜半岛、日本以及东南亚联系起来。可以认为,在太平洋海域范围内,中国古代先民的足迹已经远至美洲,南至东南亚,东部已达朝鲜半岛和日本,这对"海洋命运共同体"的发生具有重要意义。因此,探讨东亚历史海域古代先民的海外交流本身,就已赋予"海洋命运共同体"以方法论价值。

同样，以"海洋命运共同体"为视角，判断俄罗斯远东海域、美国阿拉斯加以及东南亚何时进入共同体时，能够再次展现"海洋命运共同体"的方法论价值。这一价值体现在，它可以超越相互争论的问题，重在关心这一海域何时形成互动及其互动的方式方法。根据俄罗斯学者的研究，楚科奇半岛以及阿留申群岛的爱斯基摩文化所独有的平底船与金属鱼叉的广泛存在，便可说明北极人与萨哈林岛屿的土著人之间的互动与交流，使得东亚历史海域北部的海洋文化得到了发展。

在分析阿拉斯加所代表的美国部分于太平洋海域是如何参与"海洋命运共同体"的时候，美国考古学家根据上述"平底船与金属鱼叉"被萨哈林岛民所用的事实，断定岛上的部族可能来自北极或准北极民族。而北极民族的源头又是阿拉斯加半岛西南的民族。也就是说，萨哈林的先民来自美国阿拉斯加。这也说明，公元前2000年至公元前1000年间，在白令海、阿拉斯加湾、鄂霍次克海以及日本海等"海+岛"之间，形成了利用海洋资源的文化交流以及松散的共同体。

当我们将视域转向被称为"风下之地"的东南亚海域时，起初的共同体是以中国为中心的朝贡体系（中国礼仪之邦以和平交往为特征）为表现形式，及至葡萄牙人、西班牙人、荷兰人到来，打破原有的域内平衡，将殖民主义移植到这一片海域。现在中国提出构建"海洋命运共同体"，得到许多国家赞同，认为"海洋命运共同体"将这一海域共同体建设的思想与实践向前推进了一步。

综上所述，"海洋命运共同体"是"人类命运共同体"的重要组成部分，是维护海上安全稳定、推进全球海洋治理的中国智慧和中国方案。它本着"共商共建共享"的原则,倡导相关各国共护海洋和平、共谋海洋安全、共促海洋繁荣、共建海洋环境与共兴海洋文化。同时它不仅是一个哲学命题,富含中国古代先贤特别是孟子学说的哲学元素,还是一个方法论问题,可以发挥"概念工具"的作用。"海洋命运共同体"的"和合共生"特点,不仅是中国古代哲学思想中"天人合一"的现代阐释,还是新时代"利益观"的完美表达。从"海洋命运共同体"的理论阐释出发,以"东亚历史海域"为视角进行考察,对于建设"海上丝绸之路"与构建"人类命运共同体"具有重要的历史意义和现实意义。

东亚历史海域变迁史*

杨 军

传统上认为,古代中国一直是大陆属性非常明显的国家,但实际上,古代中国一直与东南亚、东北亚各国皆保持着密切联系,太平洋西岸靠近大陆的海域,一直是人类重要的活动空间,是展开东亚历史的重要舞台。随着技术的进步,海洋逐渐由阻隔人类交通的障碍,完成变为联接不同世界通道的华丽转身,历史研究者已无法坚持对大陆的聚焦,不得不将海洋纳入自己的广角,以拓展历史研究的视野和景深,甚至是将镜头直接对准海域。在提倡"海洋命运共同体"的今天,对历史海域进行研究,发挥历史学以史为鉴的功能,已成为历史研究者不可推卸的责任,为完成这一历史使命,我们首先应该回顾一下人类历史在东亚历史海域曾经走过的路。

东亚历史时期海上世界的形成经历了漫长的发展演变过程,本文拟分先秦两汉三国、南北朝隋唐、辽宋金元、明清四个时期,对此过程进行概述。

---

* 本文为国家社会科学基金重大项目"东亚历史海域研究"(18ZDA207)阶段性成果。

一

当人类最初走向海洋的时候，受造船技术与航海技术制约，无论是海上航行还是捕捞，都体现出近海、沿海岸线展开的特点，基本上是在大陆架的范围内，可以说是人类在陆地活动的自然延伸，甚至从严格意义上来说，还称不上是航海。先秦时期，东亚海域只有北方的渤海、黄海北部海域，南部的南海部分海域已经印上人类的足迹，其他海域还处于原始的沉寂状态。

从山东琅琊出发，环山东半岛、渤海湾、辽东半岛的沿海航线，沿朝鲜半岛西部海岸线，南经对马海峡进入日本濑户内海，被学者推定为秦代徐福东渡日本的航海路线，[1] 应该在先秦时期就已经成为沟通东北亚大陆、半岛和海岛的重要交通路线了。早在先秦时期，这条航海路线就已经与所经之处的内河航线相连接，其中尤其值得一提的是与朝鲜半岛大同江相连的航线。

今本《尚书·禹贡》所载"岛夷皮服，夹右碣石入于河"，司马迁《史记》卷二《夏本纪》所引《禹贡》则作"入于海"。据杜佑《通典》卷一八六称："碣石山在汉乐浪郡遂城县。"遂城县治所在今朝鲜平壤市西南西江西北咸从里，[2] 即在大同江入海口附近，可见司马迁的引文是正确的，《禹贡》原文应作"夹右碣石入于海"，记载的是由大同江顺流而下，自遂城县的碣石山左侧入海的航线。《禹贡》

---

[1] 盛鑫夫：《徐福东渡研究概述》，宁波出版社，2012年，第21—22页。
[2] 谭其骧主编：《〈中国历史地图集〉释文汇编·东北卷》，中央民族学院出版社，1988年，第38页。

记载的是朝鲜半岛北部的"岛夷"顺大同江而下,沿海岸线航行,绕过辽东半岛至渤海湾某处登陆,去冀州进贡的"贡道"。[①]可以想见,由大同江顺流而下的航道,不仅可以向北沿海岸线航行来中国,自然也可以沿朝鲜半岛海岸线南下,通过对马海峡去日本列岛。

《淮南子·时则训》记载:"东方之极,自碣石山过朝鲜,贯大人之国,东至日出之次,榑木之地,青土树木之野。""朝鲜"不论是作地名、国名还是作族名理解,[②]皆在大同江流域,据《说文》"榑木,神木,日所出也",则"日出之次""榑木之地"都是指太阳升起的地方,应该皆在今朝鲜半岛东部日本海沿岸。那么,《淮南子》记载的交通路线是:在碣石山附近进入大同江,溯流而上,在某处登陆,走陆路横穿朝鲜半岛,最终抵达半岛东部的日本海沿岸。

将《淮南子》的记载与《禹贡》的记载相对照可以发现,《淮南子》所说的路线是自碣石山沿大同江逆流而上,《禹贡》所说的路线是自大同江顺流而下至碣石山,可以说两者记载的是同一条航线,只不过方向相反,《禹贡》记载的是朝鲜半岛的土著居民由此航线来中国,《淮南子》记载的是由中国去朝鲜半岛,一直走到当时人认为的大地的最东方,即"东方之极",也就是朝鲜半岛东部的日本海沿岸。

渤海中的一系列岛屿构成联接山东半岛与辽东半岛的岛链,沿此岛链航行,是连接山东半岛与辽东半岛的捷径,可以极大地缩短山东半岛至辽东半岛和朝鲜半岛的航行距离,因此很早以前就成为一条繁忙的航线。

[①] 相关考据参见杨军、王秋彬:《中国与朝鲜半岛关系史论》,社会科学文献出版社,2006年。

[②] 杨军:《古朝鲜地域考》,《求实》2000年增刊。

考古学家认为,辽东南部地区的考古学文化,双砣子一、二期文化应该是夏代早期至商代早期的文化,受到山东半岛岳石文化的强烈影响,①其间应有来自山东半岛的移民进入辽东半岛南部地区,其所经路线应该就是通过渤海岛链的航线。与此类似,凡是认为先秦时期曾有山东移民进入东北地区的学者,实际上皆默认移民的迁徙路线就是上述航线。②

《管子·轻重甲》记载,齐桓公问管仲,四夷不服怎么办,管仲在解答时提到:"发、朝鲜不朝,请文皮、毤服而以为币乎。""发",学界公认即"貊",是在东北亚分布广泛的古族,后代活动在朝鲜咸镜南北道的沃沮人和活动于江原道的秽貊人皆与此古族有关;"朝鲜"指箕子在大同江流域创立的箕氏朝鲜。管仲给出的办法是,如果朝鲜半岛北部各族不服从齐桓公的威权,则确定当地土特产"文皮、毤服"作为齐国通用的"币",也就是想办法提高朝鲜半岛土特产在齐国境内的价格,"然后八千里之发、朝鲜可得而朝也"。概括地说,通过调节朝鲜半岛北部土特产品在齐国境内的价格,达到调节半岛北部政权、部族与齐国政治关系的目的。管仲堪称运用经济手段解决政治问题的鼻祖,由此也可以看出,当时朝鲜半岛北部的发、朝鲜与山东半岛的齐国的贸易规模是相当可观的,至少已经达到可以影响到对外关系的程度。

尽管《管子》的成书时间存在争议,我们不能用《管子》的资料来证明春秋时代的事情,但《管子》成书应不会晚于西汉,认为《管

---

① 赵宾福:《中国东北地区夏至战国时期的考古学文化研究》,科学出版社,2009年,第121—125页。
② 例如,李德山认为,东北古族高句丽的族源应是山东半岛的夷人的介、莱二族。参见李德山:《高句丽族称及其族属考辨》,《社会科学战线》1992年第1期。

子》的记载反映了战国时期的情况应该是没有问题的。①没有证据表明战国时期已经开通自山东半岛直航大同江口的海上航线,因此,战国时期山东半岛与朝鲜半岛北部规模可观的贸易,应是通过上述沿岛链航线进行的。

齐国由朝鲜半岛北部进口的商品主要是"文皮",即有花纹的豹皮,和"毼服",即一种皮衣,都是皮革类材料或半成品,都是狩猎所得,可见当时的朝鲜半岛北部狩猎在当地居民的经济生活中还占有较大比重,显然当地农耕经济的发展还具有相当大的局限性,而包括齐国在内的中国中原地区在战国时期早已进入精耕农业时代,因此,当时山东半岛与朝鲜半岛的物品交流属于不同质文化间的交流,这在东北亚世界是只有早期才具有的特点,在大多数时间里,东北亚内部的交流都属于同质文化间的交流。

总之,先秦时期的渤海,早已存在比较发达的沿海岸线航行的航线,以辽东半岛为中心向两侧展开,贯穿中间的山东半岛至辽东半岛的沿岛链航行的航线,已经成为渤海区域的重点航线,在此基础上进行的山东半岛与朝鲜半岛之间的贸易,可能规模已经相当可观。概言之,山东半岛—辽东半岛—大同江流域,是此时期东北亚海域最重要的航线,也是东北亚世界移民、贸易、文化传播的最重要渠道。

在战国末期至西汉初年的长期战乱中,躲避战乱外迁的中原移民大量进入朝鲜半岛的大同江流域,上述航线成为山东半岛移民朝鲜半岛的主要通道。据《三国志》卷三〇《魏书·东夷传》:"陈胜等起,天下叛秦,燕、齐、赵民避地朝鲜数万口。"在移民朝鲜的

---

① 胡寄窗:《试论〈管子·轻重篇〉的成书年代问题》,《中国经济问题》1981年第4、5期。

数万中原人口中占有较大比重的"齐"人,其迁徙路线无疑是上述航线。

在西汉,这条航线也开始在军事方面发挥重要作用。《史记》卷一一五《朝鲜列传》记载:

> 天子募罪人击朝鲜。其秋,遣楼船将军杨仆从齐浮渤海;兵五万人,左将军荀彘出辽东:讨右渠。……楼船将军将齐兵七千人先至王险。……左将军素侍中,幸,将燕代卒,悍,乘胜,军多骄。楼船将齐卒,入海,固已多败亡。

据此可知,汉武帝灭卫氏朝鲜之役是水陆并进,动员总兵力5万人,楼船将军杨仆所率"齐卒"7000人,左将军荀彘所率"燕代卒"43000人,前者为水路,后者为陆路。"齐卒"自山东半岛出发,经渤海岛链,沿朝鲜西海岸线航行,最终由大同江溯流而上,向卫氏朝鲜的都城平壤发起进攻。灭卫氏朝鲜之役,七分之一的汉朝部队是经此航线走海路抵达前线的。有7000人的部队及配套的军需物资一次性通过上述航线,可见当时渤海航线的海上运输能力已经相当可观了。

在灭卫氏朝鲜之前,汉武帝曾开苍海郡。《史记》卷三〇《平准书》称:"彭吴贾灭朝鲜,置沧海之郡,则燕齐之间靡然发动。"关于苍海郡的地理位置,虽然诸家说法不同,但大体在今中国东北东部至朝鲜半岛东北部,[①] 汉武帝调动燕、齐两地的人力物力支撑苍海郡,齐地的人员与物资应该是经渤海岛链航线进入辽东郡,再经陆路从辽东郡北上进入苍海郡。此时很可能利用的是渤海岛链—辽东半岛东部—鸭绿江航线,沿岛链航行、沿辽东半岛海岸线航行、

---

① 杨军:《濊人与苍海郡考》,《地域文化研究》2018年第4期。

由鸭绿江溯流而上,这条路线显然最为便捷,只不过目前还找不到明确的证据来证明这一点。

在西汉,可以肯定沿朝鲜半岛西海岸的航线已经与汉江水路相连。据《三国志》卷三〇《魏书·东夷传》记载,当时分布于今韩国庆尚道的辰韩,是"古之亡人避秦役来适韩国"而形成的部族,证明中原移民应是溯汉江而上最终进入庆尚道一带的。无独有偶,在卫满取代箕氏朝鲜的过程中,箕氏末代王准"将其左右宫人走入海,居韩地,自号韩王",这是从平壤出发,自大同江顺流而下入海,然后沿海岸线航行,至汉江溯流而上,进入三韩居住区。至王莽地皇时,乐浪郡的人还"从苓中乘大船入辰韩",走的也是沿海岸溯流进入汉江的航线。由其所乘为"大船"来看,汉江的航运能力相当可观;无论是中原移民,还是箕氏移民,其人数也都相当可观。虽然不敢肯定沟通汉江的航线在先秦时期已经存在,但上述记载证明,这条航线在西汉已经比较繁忙了。

据《三国志》卷三〇《魏书·东夷传》记载,"州胡在马韩之西海中大岛上,……乘船往来,市买韩中",朝鲜半岛西南部的近海航行,已经成为联系附近岛屿与半岛的唯一通道,成为区域贸易的重要通道。

至东汉,朝鲜半岛的洛东江水路也已经与沿海航线相连。据《后汉书》卷八五《东夷传》,辰韩"国出铁,濊、倭、马韩并从市之",韩国学者金泰植认为,辰韩铁的外运,即是通过洛东江顺流而下,跨对马海峡运往日本列岛的。[①]

---

① 金泰植「古代王権の成長と韓日関係——任那問題を含んで」、『日韓歴史共同研究報告書』(第2期)第1分科会(古代史)篇.

交流、博弈与征服

在汉武帝灭卫氏朝鲜之后,汉朝与日本之间的联系得到加强。据《三国志》卷三〇《魏书·东夷传》,当时的日本列岛分为百余国,"使译所通三十国",与汉朝建立联系的有30国。"从郡至倭,循海岸水行,历韩国,乍南乍东,到其北岸狗邪韩国,七千余里,始度一海,千余里至对马国。"可见双方保持官方使者往来的通道也是跨越对马海峡的海上航线。

综上可见,两汉至三国时期的新发展主要在于,沿朝鲜半岛西部海岸的航线已经与朝鲜半岛主要河流的航道相连接,主要包括大同江、汉江、洛东江,跨对马海峡的航线也变得日益繁忙,不仅有中日双方的使臣,还有成船的辰韩铁运往日本。航海已经不再是人类在大陆活动的自然延伸,而是人类对大自然的另一种开拓,并且已经开始立足于海上而对大陆的历史发展产生影响。

关于南海,正如冯承钧所说:"中国与南海之交通为时应甚古,然载籍之文可征引者,只能上溯至《汉书·地理志》。"[1] 有学者通过对新石器、青铜时代东南地区广泛分布的有段石锛和有肩石器这两种代表性石器的时空分布与类型学研究发现,有段石锛在长江下游起源,主要沿东路南下,经福建而入台湾地区、菲律宾及太平洋群岛,与"原南岛语族"的迁徙路线一致;有肩石器起源于珠江三角洲,主要沿西路南下,进入中南半岛与东南亚,与沿海海洋文化的交流同步。[2] 证明先秦时期已经存在一条沟通长江水域,沿海岸线航行至福建,进一步连接台湾地区、菲律宾、太平洋群岛的航线。只不过关于这条航线的详细情况到目前为止尚无法明晰,而且在相当长

---

[1] 冯承钧:《中国南洋交通史》,上海世纪出版集团,2012年,第3页。
[2] 傅宪国:《论有段石锛和有肩石器》,《考古学报》1988年第1期。

的时间里,这条航线也一直未有明显的发展,以至于三国时期东吴派遣将军卫温、诸葛直率领万余名官兵"浮海求夷洲及澶州",[①]一直被视为大陆与台湾直接交流的开端。

《汉书》卷二八下《地理志》记载了从广东徐闻、广西合浦出发前往东南亚和南亚的海上航线:

> 自日南障塞、徐闻、合浦船行可五月,有都元国;又船行可四月,有邑卢没国;又船行可二十余日,有谌离国;步行可十余日,有夫甘都卢国。自夫甘都卢国船行可二月余,有黄支国,……自黄支船行可八月,到皮宗;船行可二月,到日南、象林界云。黄支之南,有已程不国,汉之译使自此还矣。

最早对此航线进行研究的是日本早稻田大学的藤田丰八教授,[②]较早考证此航线的中国学者是韩振华,[③]但中外学界对此航线的认识分歧比较大。[④]大体来说,上述《汉书·地理志》所载航线为:从徐闻、合浦始航,经5个月的航行,到达今越南南圻的滨海某地(都元);再航行4个月,到达暹罗湾西北部海岸某地,很可能是湄南河入海处(邑卢没国);再航行20余天,到达克拉地峡附近的顿逊(谌离);自此登陆横穿马来半岛,沿马来半岛西海岸步行到达丹老群

---

① 《三国志》卷四七《吴书·孙权传》。
② 藤田丰八「前漢に於ける西南海上交通の記録」,『東西交涉史の研究(南海編)』,東京:荻原星文館,1932年.
③ 韩振华:《公元前二世纪至公元一世纪间中国与印度东南亚的海上交通——汉书地理志粤地条末段考释》,《厦门大学学报》1957年第2期。
④ 对中外学者诸家观点的综述,参见廖国一:《从北部湾出发的汉代海上丝绸之路研究概述》,《广西民族研究》2014年第5期;程爱勤:《西汉时期南海中西航线之我见》,《社会科学战线》1994年第6期;周伟洲:《西汉长安与南海诸国的交通及往来》,《中国历史地理论丛》2003年第4期;林远辉:《西汉南海道的几个问题》,《海交史研究》2003年第2期。

岛北端某地(夫甘都卢),共需15天左右,从夫甘都卢改乘印度的德楞船,向西航行2个月,抵达印度的康契普腊姆(黄支)。前后共费时整整一年。归程亦循同一路线,只是在越南南圻的头顿港附近增加一停留点(皮宗)。已程不国一般认为即今斯里兰卡。从黄支到皮宗费时8个月,从皮宗到日南、象林费时2个月,共计费时10个月。① 尽管对此航线的具体路线学者间存在分歧,但此航线已经沟通东南亚的大陆、半岛以及部分海岛,最远抵达印度东海岸,则是没有疑义的。

《汉书·地理志》在黄支国下还提到:

> 有译长,属黄门,与应募者俱入海市明珠、璧流离、奇石异物,赍黄金、杂缯而往。所至皆禀食为耦,蛮夷贾船,转送致之。亦利交易,剽杀人。又苦逢风波溺死,不者数年来还。

西汉遣"译长""应募者"赴印度,以黄金、丝织品购买明珠、璧流离及其他奇石异物,概言之,即西汉以贵金属和丝绸购入高档奢侈品。他们并不是乘中国船只出海,而是靠"蛮夷贾船,转送致之",是沿途搭乘各国商船,说明在经此航线的贸易中,中国商船尚不能占据优势地位。"苦逢风波溺死""数年来还"证明当时航海技术相对落后,海上航行的安全得不到保证;"亦利交易,剽杀人"证明当时此海域尚处于无序状态,过往商旅的安全得不到保证。《汉书·地理志》的记载呈现给我们一片荒蛮草创气息,由此推测,此

---

① 程爱勤:《西汉时期南海中西航线之我见》,《社会科学战线》1994年第6期。但是,韩振华认为,汉使去时走克拉地峡,回时走的是马六甲海峡,来去并非走的同一航线。(参见韩振华:《公元前二世纪至公元一世纪间中国与印度东南亚的海上交通——汉书地理志粤地条末段考释》,《厦门大学学报》1957年第2期。)林远辉则认为未走地峡,始终在海上航行。(参见林远辉:《西汉南海道的几个问题》,《海交史研究》2003年第2期。)

航线应是开通不久,先秦时期此航线开通的可能性不大。

《史记》卷一一二《平津侯主父列传》记载,汉武帝时严安上书中称:"使尉屠睢将楼船之士南攻百越",若此说法可信,秦始皇南伐越人的战役中已经动用水军,可证当时东南地区沿海岸线航线的发达。据《史记》卷三〇《平准书》,汉武帝在位期间,曾调动"南方楼船卒二十余万人击南越",《汉书》卷六《武帝纪》记载,"东越王馀善反,攻杀汉将吏,遣横海将军韩说、中尉王温舒出会稽,楼船将军杨仆出豫章,击之"。可以肯定,至西汉,东南地区沿海岸航线已经相当发达,可以运输数十万人的部队及相关军需物资。东汉初,马援曾率领楼船军远征交趾、九真,证明中国东南沿岸航线已与中南半岛东部的沿海航线相连接,此航线经常与大规模军事行动有关,体现出非常强的运输能力。但中南半岛南部至印度的航线的发达程度则远不如北部的航线,可能尚处于草创阶段。

需要说明的是,此时期贯通中国东南沿海和中南半岛东部沿海的航线,其枢纽为今广东徐闻、广西合浦,而且很明显广西合浦发挥着更大的作用。因此,美国北乔治亚学院与州立大学(North Georgia College and State University)的马克·吉尔伯特(Marc Gilbert)称合浦为"中国最古老的海港""海上丝绸之路最早的港口",并将其与印度的洛塔(Lothal)、墨西哥的谢哈(XelHa)、罗马的奥斯提亚(Ostia)和波尔图斯(Portus)、突尼斯的迦太基(Carthage)并称为世界古典时代的五大名港。[①]

概言之,此时期的东亚海域明显可以分为南北两个部分。以长

---

① Marc Gilbert, "Port Cities in the Classical Era of World History", *World History Connected*, 2006, 3(2).

江入海口为分界线，在此以北的沿海岸线航行，一般是北上，绕山东半岛、环渤海沿岸、绕辽东半岛，再沿朝鲜半岛西海岸航行，最终跨越对马海峡进入日本濑户内海，其中，经由渤海中的岛链联通山东半岛与辽东半岛，并进一步沿海岸线航行进入大同江流域的航线是最重要的航线，此时期东北亚重大历史事件几乎皆与此航线有关。长江入海口以南的沿海岸线航行，一般是南下，经今浙江、福建沿海，可通台湾，而继续南下广东、广西沿海的沿海岸线航线是最重要的航线，以今广东徐闻、广西合浦为枢纽，已具有极强的运输能力，由此进一步南下，经中南半岛东部沿海航线，接通东南亚的半岛与群岛，最远可以抵达印度东海岸。此时期东亚海域南北部的重要航线上，都已经实现了文化、经济、军事的全方位互动，海域沟通大陆、半岛、海岛的功能已经得到初步体现，但是，成为陆地交通管道的航线毕竟是非常有限的，可能东亚南北海域各有一条，东亚大部分海域仍旧处于沉寂之中。

　　穿越东亚南、北海域的海上交通例证是比较罕见的。有学者指出，江苏连云港孔望山发现的佛教题材摩崖造像，其中多有"胡人"的形象，[①]这应该是来自东亚南部海域的文化已经影响到东亚北部海域的例证。《史记》卷三〇《平准书》记载，南越战事发生时，齐相卜式上书表示"臣愿父子与齐习船者往死之"，希望由山东出发，穿越东亚北部海域、进入南部海域作战，可是这一建议并未得到采纳。

　　不过，有一位西汉名将曾经先后在东亚南、北海域作战。据《汉书》卷九〇《酷吏传》记载，杨仆，"南越反，拜为楼船将军，有功，

[①] 王子今：《秦汉海洋交通与中外文化交流》，《中国社会科学报》2016年4月15日。

封将梁侯。""东越反,……与王温舒俱破东越。后复与左将军荀彘俱击朝鲜。"杨仆以楼船将军之职率水军参加灭南越、破东越之役,遍历东南沿海,而后又自山东跨海远征朝鲜,进入东亚北部海域。但杨仆南、北作战所率部队并非一支,跨越东亚南、北海域的仅仅是他个人,这恰恰从反面证明了当时东亚南、北海域之间是相对隔绝的。

二

三国至唐代,东亚北部海域的最重要航线,学者又称沿岸迂回航线,仍旧发挥着重要作用。唐贞元年间宰相贾耽的《道里记》记载了"登州海行入高丽渤海道":

> 登州东北海行,过大谢岛、龟歆岛、末岛、乌湖岛三百里。北渡乌湖海,至马石山东之都里镇二百里。东傍海壖,过青泥浦、桃花浦、杏花浦、石人汪、橐驼湾、乌骨江八百里。乃南傍海壖,过乌牧岛、贝江口、椒岛,得新罗西北之长口镇。又过秦王石桥、麻田岛、古寺岛、得物岛,千里至鸭绿江唐恩浦口。乃东南陆行,七百里至新罗王城。①

此航线也被称为登州—唐恩浦线,实际上就是此前的沿海岸航线。在6世纪初期之前,此航线一直是东亚北部海域主要的海上通行线路。高句丽《好太王碑》记载,"倭以辛卯年来渡海,破百残、□□、新罗,以为臣民。以六年丙申(396年),王躬率水军,讨伐残

---

① 《新唐书》卷四三下《地理志》。

国",[①] 显然,倭人"渡海"对百济(碑文称百残)、新罗的侵扰,应是跨越对马海峡而来,是利用传统沿海岸航线的南段;高句丽好太王"率水军",应是沿海岸线南下,是利用传统沿海岸航线的北段,亦即贾耽所载航线的一段。《好太王碑》中没有记载高句丽出动的兵力,朝鲜史书《三国史记》卷二五《百济本纪·辰斯王》中记载,辰斯王八年"秋七月,高句丽王谈德帅兵四万,来攻北鄙,陷石岘等十余城。汉水北诸部落多没焉"。好太王动员兵力达4万人,在沿海岸南下之后溯汉江逆流而上,能够一次性运输4万名士兵及相当的军需物资,可见此航线运输能力之强。7世纪新罗向唐朝求救,很重要的理由就是百济、高句丽联合进攻新罗,试图夺取唐恩浦一带,阻断新罗对唐的朝贡路线。唐朝在调解新罗与百济、高句丽的关系无效之后,索性出兵灭了百济和高句丽,最终导致朝鲜半岛新罗独大,由此改变了东北亚地区的政治格局。可见此航线对东北亚政局的巨大影响,被贾耽着重记载也就不足为奇了。

自三国时期开始,连接中国与朝鲜半岛、日本列岛的新航线也不断被开拓出来。与此相关的最早记载见《三国志》卷三〇《魏书·乌丸鲜卑东夷传》:"景初(237—239年)中,明帝密遣带方太守刘昕、乐浪太守鲜于嗣越海定二郡。"学界一般认为,由于此时辽东沿岸的海域属于公孙氏的势力圈,曹魏不得不绕行此海域,从山东半岛横渡黄海,所以才称"密遣"。此次军事行动的目的是越海征服朝鲜半岛上的乐浪、带方二郡,参与行动的绝不仅仅是乐浪、带方二郡太守,而应是两位太守率领下的部队。由此来看,在3世

[①] 参见耿铁华:《好太王碑一千五百八十年祭》,中国社会科学出版社,2003年,第170—198页。

纪由山东半岛直航朝鲜半岛的新航线已经具有运送部队的能力,证明此航线的开通应是此前很久的事情了。

下至唐代,除传统航线之外,中国与朝鲜半岛、日本列岛之间至少还存在四条新的航线,分别被称为黄海横渡航线、黄海斜渡航线、黄海南部航线、东海斜渡航线:

"黄海横渡航线"从山东半岛向韩半岛西面的白翎岛直行,大约有200公里是在无法确认位置的情况下航行。"黄海斜渡航线"则是从山东半岛东南端出发,到达韩半岛西南海黑山岛附近的航线,直航距离大约在360公里左右。而"黄海南部航线"是从楚州、海州湾出发航行至韩半岛黑山岛附近的航线,直航距离大约450公里。"东海斜渡航线"是从浙江省明州附近出发到韩半岛的西南海岸或日本的航线,可以以济州岛为航海目标,直行距离大约为460公里。随着航海术的发展,不能确认船位的情况下行驶的直线距离逐渐变长。[①]

660年唐灭百济之战,由于占据朝鲜半岛北部的高句丽与唐朝处于敌对状态,唐朝无法利用北部沿朝鲜半岛海岸航行的传统航线,唐军从城山(今山东荣成)启航,横渡黄海,至朝鲜半岛熊津江口(今韩国锦江)登陆作战。此航线大体就是上述"黄海斜渡航线"。证明至唐朝初年,黄海斜渡航线已经具有同时运输数万部队及相当数量后勤补给与军需物资的能力,这条新航线成为唐朝改变东北亚政治格局的前提和基础。在唐军占领百济故地期间,唐军与唐王朝之间的信息交流、物资补给、兵员调配,应该都是通过这条航线进

[①] 朴天申:《8至9世纪"在唐新罗人"在黄海海上的交易活动》,北京师范大学博士学位论文,2008年,第126—127页。

行的。由此可以想见，新开拓的海上航线的繁忙程度。

东亚北部海域新航线的开拓，整体上呈逐渐向南发展的趋势，至 9 世纪上述直航航线全部通行之后，中日朝之间的海上航线不仅遍布渤海、黄海，而且逐渐呈现出网状分布的新特点。①直航航线的开辟、海上交通网络的形成，使东亚北部海域真正成为沟通大陆、半岛与海岛的通道，而不再是隔绝陆地的障碍。

根据日本史料，自承和十四年（847 年）中国商人张支信来航日本开始，到建保六年（1218 年）宋朝纲首张光安为止，来航日本的中国帆船有记载者共计 100 次以上。②《日支交通史》"日唐往来船舶一览表"记载，中日之间的航海天数有 6 天、3 天、6 天、11 天、4 天、3 天、13 天等不同情况，据此有学者认为，当时中日之间的航海天数大体为 6—7 天，加上在日本的停泊天数及从日本返航的时间，中日间一次往返大体上需要 21 天左右。③仅用 21 天时间就已经完成了一次跨海贸易，应该说，贸易的效率甚至已经远远超过了陆路的中外贸易。与此同时，信息的传递速度也大大加快。入唐求法的日本僧人圆仁在其所著《入唐求法巡礼行记》中记载，839 年 4 月神武王继位的消息，在 4 月 20 日就已经传到停泊在登州牟平县唐阳陶村附近的邵村浦的圆仁那里，④可以说，与此同时，这一消息

---

① 相关航线参见孙泓：《东北亚海上交通道路的形成和发展》，《深圳大学学报》2010 年第 5 期。

② 森克己「日・宋・麗交通貿易年表」、『新訂日宋貿易の研究』、国书刊行会、1975 年、528—564 頁．松浦章『近世東アジア海域の文化交渉』、思文阁、2010 年、16—19 頁．

③ 朴天申：《八至九世纪东亚交易航线考察》，载《唐史论丛》第 10 辑，三秦出版社，2008 年。

④ 朴天申：《八至九世纪东亚交易航线考察》，载《唐史论丛》第 10 辑。

未必已传播到日本列岛的多数地区。

在此基础上已经出现海上贸易集团，并对中朝日三国关系形成一定的影响，新罗清海镇的张保皋集团就是典型例证。也有大批新罗人侨居中国，山东有新罗人聚居的村落，还有僧人全部为新罗人的寺庙。在中国的新罗人不仅从事海外贸易，也参与中国内地的贸易，还从事其他活动，九华山后来发展为佛教四大道场之一，起因则是新罗僧人金侨觉在九华山建庙修行。

依托于发达的海上通道，东北亚各地的互动不仅是包括政治军事、经济贸易、文化宗教等全方位的，而且在人员、商品、信息的交流方面，达到极高的频度，正是在此基础上，中朝日之间的文化相似度也越来越高，最终出现所谓的"东亚文化圈"。

除此之外，中日之间还存在所谓"南岛路"，大致是从日本筑紫太宰府出发，经过值嘉岛及琉球诸岛南下，再从奄美岛沿附近岛屿到达福建沿海的福州或泉州附近海域，再北上经明州到达长江口南岸的苏州或北岸的扬州。返航时通常原路返回，但也不排除顺风而强行渡海至奄美岛或附近岛屿的可能。可以说，东亚历史海域在扩大，已经将琉球诸岛包括进来。需要指出的是，东亚北部海域新航线的开拓逐渐南向发展，至"南岛路"的开拓，已打破传统的东亚海域南北分疆的格式，成为跨东亚南北海域的新航线，东亚原本境域分明的南北海域开始逐渐一体化。

有趣的是，日本遣唐使采用的航线基本是三条，学界分别称北路、南岛路、南路。所谓北路，是跨越对马海峡，沿朝鲜半岛西海岸航行，或至瓮津半岛附近海面折而向西，横渡黄海，在登州（今山东蓬莱）或莱州（今山东掖县）登陆，或沿朝鲜半岛西海岸继续北上，经鸭绿江口至辽东半岛西南端，穿过庙岛群岛抵达登州。这也是环渤海沿岸的传统航线。所谓南路也称大洋路，是由值嘉岛（今长崎县平户岛和五岛列岛）直航长江入海口附近。① 早期遣唐使多取北路，中期遣唐使多走南岛路，虽然呈先北后南的发展趋势，但总体来说都是传统的沿海岸线航行的思路。后期遣唐使多走南路，追求直航。② 可以说，日本遣唐使所取航线的变化，正是东亚北部海域航线开拓的缩影。

三国至唐，东亚南部海域也呈现着与北部海域类似的发展状况，海上航线向网络化发展，联接的东南亚地区越来越多。贾耽《道里记》所载"广州通海夷道"实即自广州出发前往东南亚、南亚、西亚乃至欧洲、非洲海上航线的总称，有学者将其中的东南亚航线再分为中南半岛国家航线和马来群岛航线网络，前者包括汉使航程中的东南亚地区航线、扶南国航线、赤土国航线等三条航线，后者包括三佛齐国航线、阇婆国航线、渤泥国航线、兰里国航线等四条航线。③

此外，南部海域的特点是与东亚之外的世界联系越来越密切。公元3世纪二三十年代，东吴派遣朱应、康泰出使南海诸国，自此开始，中国海船已经逐渐脱离原来的沿中南半岛海岸线的航线，开始了一条自广州出发横渡南海，穿过马六甲海峡，经塔库巴横越孟加拉湾，抵达科佛里河口，再西渡阿拉伯海的新航线。④ 据阿拉伯

---

① 武安隆：《遣唐使》，黑龙江人民出版社，1985年，第50—54页。关于遣唐使所采用的航线，学界存在分歧，或认为两条，或认为三条，或认为四条，或认为五条，三条说为主流观点。参见池步洲：《日本遣唐使简史》，上海社会科学院出版社，1983年，第14—21页。韩昇：《遣唐使和学问僧》，中华书局，2010年，第27—28页。

② 池步洲：《日本遣唐使简史》，第21页。

③ 张凯一：《"广州通海夷道"研究》，中国海洋大学硕士学位论文，2015年。孙光圻、逄文昱：《宋代中国与东南亚的航海贸易关系》仅提到三条航线，没有渤泥国航线。

④ 彭德清：《中国航海史》，人民交通出版社，1988年，第70页。

人马苏第的说法,公元5世纪中国船只已经可以直达现在称为纳杰夫(Al-najaf)的地方。① 概言之,经马六甲海峡,越过孟加拉湾前往印度次大陆,越过阿拉伯海进入波斯湾前往西亚各地,特别是溯幼发拉底河、底格里斯河而上,前往阿拉伯帝国阿拔斯王朝的新都巴格达,以及前往红海和东非各地,都成为越来越繁忙的航线。东南亚海岛各港口、中南半岛沿海各港口,都成为南亚、西亚商人的落脚点,伊斯兰教开始在海岛港口传播,在4个世纪之后逐渐成为印度尼西亚的主流宗教。作为元代来华外商代表的蒲寿庚家族的先世,也在此时期移居中南半岛的占城。②

随着中国与东南亚各地海上联系的加强,合浦的地理位置就显得略偏一些了,广州开始逐渐取代合浦成为中国南方最重要的对外贸易港口。当黄巢起义军攻陷广州的时候,竟然有12万外国人死于战乱,可见广州的国际化程度之高,其中折射出的是广州作为海上航线网络起点的重要地位。随着东亚南部海域航线的逐渐北拓,福州、明州等沿海港口的地位都变得越来越重要。

随着中日之间"南岛路"的开通,联系日本列岛不再是山东半岛的特权,反而以长江以南的港口为主导了,两地之间的直航非常便捷。例如,847年,张支信、元净等37人从明州望海镇出航,仅用3天时间就到达了日本肥前国值嘉岛那留浦;862年,张支信、金文习、任仲元从肥前国值嘉岛出发,用4天时间到达明州石丹岙;865年6月,宗叡乘坐李延孝的船舶从中国福州出发,用5天时间到达值嘉岛;865年7月,李延孝等63人从明州望海镇出发,用3

---

① 孙光圻:《中国古代航海史》,海洋出版社,1989年,第216页。
② 胡晓伟:《关于泉州蕃商蒲寿庚的三个问题》,《海交史研究》2015年第1期。

天时间到达肥前国值嘉岛。①明州、福州直航日本仅需3—5天时间，竟然略快于当代的邮轮。

　　三国时期东吴与辽东公孙氏政权的联系，以及南朝与高句丽、百济、日本之间的联系，都是自长江以南出发沿海岸线向北航行，已经开始突破东亚海域南、北部的分界线。随着东亚北部海域航线的南拓和南部海域航线的北拓，9世纪以后东亚海域逐渐一体化，长江入海口附近海域不再是划分东亚南北海域的分界处，而是成为东亚历史海域的新中心，明州的地位也因此变得越来越重要。波斯、阿拉伯商人与日本、朝鲜商人同时出现在明州，就是明州已经成为连接东亚北、南海域的枢纽的最好证明。另一值得注意的事件是，鉴真6次东渡日本，第一次、第五次是在扬州造船，尚在长江入海口附近，第四次是在福州造船，第二次、第三次竟然将航行的出发点选定在岭南，②由此可见，中国东南沿海各港口皆可通航日本，这种航行完全突破了此前东亚海域分南、北两个区域的历史。

　　9世纪以后东亚海域一体化的发展趋势，《入唐求法巡礼行记》的一段记载最能说明问题。圆仁在会昌七年(847年)6月条下记载：

　　　　九日，得苏州船上唐人江长、新罗人金子白、钦良晖、金珍等书云：五月十一日，从苏州松江口发，往日本国，过廿一日，到莱州界牢山。诸人商量，日本国僧人等今在登州赤山，便拟往彼相取，往日临行次遇人说，其僧等已往南州，趁本国州本国船去，今且在崂山相待，事须回棹来云云。书中又云，春太郎、神一郎等，乘明州张支信船归国也，来时得消息，已发也，

---

① 朴天申：《八至九世纪东亚交易航线考察》，载《唐史论丛》第10辑。
② 陈延杭：《从鉴真渡日航船看唐代造船水平》，《海交史研究》1996年第2期。

春太郎本拟雇此船归国,太郎往广州后,神一郎将钱金付张支信讫,仍春太郎上明州船发去。

其中值得我们注意的信息有如下几点:其一,金子白、钦良晖、金珍等新罗人,乘坐唐人江长的船只,自苏州松江口出发,要前往日本。由此证明,苏州已经成为中、日、朝三国贸易通商的重要港口之一,而且此条贸易航线中、日、朝三国商人皆参与其中。其二,船从苏州松江口出发,过莱州界牢山(今崂山),并要去登州接在那里的日本僧人,证明此船是从长江以南海域直接北上,沿东亚北部海域海岸线航行,新航线与传统航线已连接为一体,这也可以证明长江入海口附近海域已逐渐成为东亚海域新的交通枢纽。其三,日本人春太郎、神一郎曾经想雇明州张支信的船归国,而且张支信不止一次地出现在对日交流的文献中,是一位经常往来于中日之间的明州人,证明明州在对日交流中发挥着重要的作用,这也是长江入海口附近海域已逐渐成为东亚海域新的交通枢纽的证据。其四,春太郎在明州期间,还曾由明州前往广州,体现出明州在沟通传统意义上的东亚南、北部海域方面的重要地位。其五,苏州船五月二十一日至莱州界牢山,这是圆仁收到的信中提到的最后日期,给圆仁的信肯定写于二十一日以后,这封信六月九日已经送到圆仁手中。船行海上是如何发收书信的我们不得而知,即使船在靠岸时送出书信,也必须有接收回信的渠道,否则没有信息的回馈,发送书信本身就变成没有意义的事情了。这件事本身即可以证明,当时已经存在行之有效的海陆通信渠道。上述史料中提到的广州、明州、苏州、登州,实际上就是一体化发展过程中东亚历史海域的几大新支点。

此时期东亚历史海域的另一个新变化是日本海航线的开拓。

朝鲜史书《三国史记》卷一《新罗本纪》记载，祇摩尼师今十年（121年）四月"倭人侵东边"，十一年"都人讹言倭兵大来，争遁山谷"。从东边侵扰新罗的倭人显然是来自日本海，应是跨越对马海峡，然后沿朝鲜半岛东海岸航行北上进攻新罗，这是倭人对日本海南部沿朝鲜半岛海岸航线的利用。中国史书《三国志》卷三〇《魏书·乌丸鲜卑东夷传》记载，挹娄人"便乘船寇盗，邻国患之"，学界通常认为，挹娄人的分布区在今朝鲜咸镜北道以北，这是挹娄人对日本海北部沿朝鲜半岛海岸航线的利用。生活在今朝鲜咸镜南北道的沃沮人已经从事渔业、制盐业，当已经能够利用咸镜南北道至朝鲜江原道一带的沿海航线。但是，朝鲜半岛东部沿日本海的航线是否已经完全连通则不得而知。总体说来，唐以前的日本海基本处于沉寂状态。

唐代渤海国建立之后，与日本往来密切，日本海航线开始兴盛。学界一般认为，渤海国与日本之间存在三条跨越日本海的航线。首先是所谓北线，从波谢特湾起航，向东南横渡日本海，到达日本的能登、加贺一带（今日本本州北海岸中部的福井、石川县）。其次是所谓中线，也是从波谢特湾起航，越日本海南下到筑紫（今北九州）登陆。最后是所谓南线，从渤海国南海府的吐号浦起航，沿朝鲜半岛海岸航行，经对马海峡到筑紫。三条航线中，以北线最为重要，是渤海国出使、贸易的常用航线。[①] 渤海国存在期间，日本海打破了一贯的沉寂，但在渤海国被辽朝灭亡、渤海遗民被强制南迁之后，上述三条航线除最后一条保持沿海岸线航行的传统之外，另两条基

---

① 王侠：《唐代渤海人出访日本的港口和航线》，《海交史研究》1981年（总第3期）。陈炎：《唐代中国日本之间的海上交通》，《青海师范大学学报》1985年第1期。

本消失了,日本海又恢复了以往的沉寂,直到近代。

最后需要说明的是,先秦至唐,东亚历史海域逐渐走向一体化,并存在着向外延展的趋势,与其他海域的联系越来越密切,但这种联系主要还是西向的,与美洲之间恐怕还不存在有文献证明的联系,太平洋仍旧是无法逾越的地理障碍。曾经一度热议的殷人发现美洲说、法显发现美洲说、沙门慧深发现美洲说,恐怕都是靠不住的。①

三

9世纪东亚历史海域完成一体化进程,使宋元时期的东亚海域呈现出与此前完全不同的特点。此前泾渭分明的南、北海域之间的分界线消失,新开辟的航线将原本分界线的两侧连接起来,随之而来的是,南、北海域从前的最重要航线皆开始退居次要地位,连接南、北海域的新航线则具有越来越重要的地位,长江入海口附近取代北方跨渤海岛链的航线和南方的沿海航线,成为一体化之后的东亚海域的中心和枢纽。

前文所述连接中国与日本的航线中,"东海斜渡航线"也称"南路北线"是最后开辟出来的航线。最早是李邻德于唐会昌二年(842

---

① 相关研究和争论,参见王桂山:《国内史学界"中国人发现美洲"问题研究概述》,《扬州教育学院学报》2001年第4期。另有学者认为,沙门慧深所说的扶桑国是位于埃及、巴勒斯坦一带的基督教国家。(参见李民举:《慧深和他的"扶桑国"》,《古代文明》第2卷,文物出版社,2003年。)甚至认为秦朝徐福发现了美洲。(参见罗宗真:《试论徐福东渡美洲之谜》,《东南文化》1995年第2期。)

年)春,由中国明州前往日本,日本遣唐僧惠萼搭乘此船回国。同年八月二十四日,李处人由日本肥前国值嘉岛那留浦启航,于八月二十九日抵达中国温州。五年后的大中元年(847年),张支信于六月二十二日从明州望海镇(今宁波市镇海区)出发,六月二十四日抵达日本肥前国值嘉岛那留浦,前文提到的日本人春太郎、神一郎就是搭乘此船回国的。大中十二年(858年),李延孝于六月初八从明州出发,六月十九日抵达日本肥前国值嘉岛,日僧圆珍换乘此船回国。咸通六年(865年),李延孝再次由明州望海镇出发,于七月二十五日抵达肥前国值嘉岛,日僧宗睿换乘此船回国。咸通三年(862年),张支信因日本真如法亲王入唐之请,在肥前松浦郡柏岛造船,并于九月初三自值嘉岛出发,于九月初七抵达明州石丹岙港(即镇海东)。历经20年的摸索,这条航线始稳定在明州—肥前值嘉岛(今平户岛与五岛列岛)一线。这条自传统南部海域出发,连接北部海域的日本的航线,因距离短、航行时间短而迅速成为中日间最重要的航线。由上述事例来看,中国明州与日本值嘉岛之间的航行一般只需要3—5天时间,海洋真正成为了中日间最佳联系通道。此后,五代至北宋的航海家大都走此航线,利用洋流和季风,夏天从明州出发,横渡东海,经由肥前松浦郡的值嘉岛,进入博多津港,待台风季节过后的八九月之交离日返航。①

两宋与朝鲜半岛的王氏高丽通航主要有南北两条航线。北路,由东牟(登州)八角海口(今山东福山县西北八角镇)出发,自芝冈岛(今烟台市北芝罘岛)顺风泛海,抵瓮津口登陆。北宋熙宁元年

---

① 以上内容皆依据林士民:《论东方航线的拓展与东亚贸易圈》,载《韩国研究》第三辑,杭州出版社,1996年。

(1068年)以前,宋与高丽的海上交往主要走此路。南路,自明州出发,向东北方向航行,直达灵岩附近,然后北上至高丽王城(今开城)。公元1123年,北宋徐兢奉旨出使高丽,首次开辟了由明州至高丽礼成江碧澜亭(今朝鲜开城西海岸)的海上航线,这也是此航线始见于文献记载,因此学界也称此航线为"徐兢奉使高丽航线"。其具体航线是:由明州出发,经定海(今镇海口)至沈家门(今舟山市),过普陀山、蓬莱山(今大巨山)入白水洋,过黄水洋,横渡黑水洋,至夹界山(今小黑山岛,是古代中国与高丽的分界地),过五屿(今大黑山岛西南)、月屿(今前后曾岛)、跪苫、春苫、竹岛、郡山岛,经分岭继续航行至龙骨(礼成江口)。[①] 除宋初百年之外,两宋与朝鲜半岛的联系主要是走南路,其在中国方面的始点也是明州。两宋通航日本、朝鲜皆以明州为最重要的港口,可以说明州已经成为联系东北亚各地的枢纽。

东亚海域一体化的同时,也出现了海域重心的南移。宋朝先后在广州、杭州、明州、泉州、温州、密州(今山东诸城)、秀州(治下华亭县和通惠镇两地,今嘉兴、青浦一带)、江阴军(今江苏江阴)等地设市舶司或市舶务,管理市舶贸易。应该注意到,设市舶司或市舶务的港口,除密州外全部在长江以南,大体说,就是从长江入海口至广州的东南沿海各港口。两宋与东南亚的联系得到加强。据《宋会要辑稿·蕃夷》所载统计,宋代时来华朝贡的国家有26个,其中东南亚国家占大多数。频繁来贡的有交趾(今以河内为中心的越南北部)、占城(今越南中部归仁及其附近)、真腊(今柬埔寨,包

[①] 以上内容皆依据林士民:《论东方航线的拓展与东亚贸易圈》,载《韩国研究》第三辑。

括泰国南部与越南南部)、三佛齐(位于苏门答腊岛东南部)、阇婆(位于爪哇岛)、渤泥(今加里曼丹岛西岸坤甸)、登流眉(马来半岛中部那空是贪玛叻附近)、蒲端(今菲律宾)、麻逸(位于民都洛岛)、蒲甘(今缅甸中部)等。①

  东亚海域完成一体化之后,长江入海口以南至广州的中国东南沿海成为东亚海域新的重心区,以明州为代表的东南沿海港口,同时沟通东北亚与东南亚,起着海上交通枢纽的作用。在此之前,东亚北部海域具有更高的活跃度。先秦时期已经存在连接山东的齐国与朝鲜半岛的箕氏朝鲜的跨渤海贸易,汉武帝灭卫氏朝鲜、高句丽好太王南下、唐军跨海灭百济,不断地通过这一海域进行大规模军事行动。可以说,宋代以前东亚北部海域早已成为文化、经济、政治军事全方位全层级区域互动的通道。可以说,不是渤海、黄海成为东北亚各地互动的桥梁,而是以渤海、黄海为中心构建起了东北亚区域世界。东亚南部海域的互动却从来没有达到如此高度。在互动升级的驱动下,9世纪以前东亚北部海域不断开拓新航线,而且逐渐向南发展,最终打破东亚海域南、北界线的力量主要来自于北部,在这方面东亚南部海域显然也显得逊色一些。但在东亚海域完成一体化之后,形势出现逆转,宋元时期,东亚南部海域的活跃度明显高于北部。

  10世纪以后东亚北部海域活跃度相对下降,首先是存在政治方面的原因。契丹人建立的辽朝、女真人建立的金朝先后统治中国北方,与南方的宋大力发展海外贸易的态度形成巨大反差的是,辽

---

① 孙光圻、逄文昱:《宋代中国与东南亚的航海贸易关系》,载《中国与周边国家关系研究》,中国书籍出版社,2013年。

金两朝对海洋基本是采取漠视的态度。辽朝甚至在辽东半岛的南端修建"镇东长城",不论其设立的本意是什么,此关口无疑对由辽东半岛出海的人群起到了限制的作用。① 由于与两宋的政治对立,辽金两朝皆将朝鲜半岛上的王氏高丽政权视为自己的属国,限制其与两宋的交往,辽朝时高丽尚可以利用传统的渤海航线,通过山东半岛向北宋朝贡,金朝控制山东之后,高丽入中原的传统航线落入女真政权的控制,高丽只有取道明州一带才能向南宋朝贡,这也是高丽向南宋朝贡次数远远少于向北宋朝贡次数的原因之一。

但是,深层次的原因却是,东北亚海域的外围没有可与之发展互动关系的陆地文明。东北亚大陆部分的中国、半岛部分的朝鲜、海岛部分的日本,很早以前就已经保持着非常高的互动频率,但是,超出上述三国所影响的区域,向北是冰封的鄂霍次克海,向东是茫茫无际的太平洋,不仅由于自然地理原因给航海造成巨大的困难,而且海的那边也没有吸引力足够的异域文明构成发展航海的原动力。日本海仅仅在渤海国存在时期一度繁荣,此前此后皆陷于沉寂,其深层次的原因也在于此;东亚北部海域开拓新航线时逐步向南拓展,其深层次的原因也在于此。

东亚南部海域则是另外一种情况。从大陆部分的中国启航,不仅相邻的半岛部分即中南半岛上拥有许多民族和国家,跨越南海之后所抵达的东南亚海岛部分,也有着许多民族和国家,而且相对于中国属于异质文明,异质互动本身就已经构成了发展航海的原动力,更何况穿越马六甲海峡,走出东亚南部海域之后,面对更为辽

---

① 田广林:《辽朝镇东关考》,《社会科学战线》2006年第4期。陈笑竹:《辽代长城地理位置研究综述》,《黑河学院学报》2017年第11期。

阔的印度洋、孟加拉湾、阿拉伯海、印度次大陆、西亚、东非各个民族和国家依次展开，拥有与中国同样古老历史的文明古国的异质文明的吸引力，给予发展航海以足够的原动力。[①]因此，在东亚海域完成一体化之后，马六甲海峡成为连接东亚海域与印度洋的桥梁和纽带，也成为东亚历史海域活力的宣泄口，由此直接导致海上丝绸之路的兴盛、东亚海域重心的南移，也间接导致了中国经济重心的南移。

仅以陶瓷业而言，北宋五大官窑至南宋全面衰落，唯景德镇一枝独秀，虽然原因是多方面的，但海外贸易的影响无疑是最重要的原因之一。[②]在中国东南沿海各港口成为东亚海域重心、贸易枢纽的背景下，在海上丝绸之路兴盛的背景下，景德镇距离东南沿海各主要港口皆比较近这一地理优势，使其充分享受到海外贸易带来的利润，这成为景德镇持续发展的动力。

海上贸易拉动了陆地手工业发展，而手工业的发展必然刺激商业、服务业的同步发展，由此吸纳农村的剩余劳动力。如果按照这条道路持续发展下去，农村在输出人口之后得以保持劳动力与土地间关系的平衡，也就可以维持农村的相对富裕，以其微弱但庞大的总量形成国内购买力，进一步推动手工业、商业、服务业等非农产业的发展，提供更多的就业机会的同时必然导致的城市扩容，又会加强职业分化，吸纳更多的农村人口，若能持续良性循环，中国可

---

① 异质文明间的贸易拥有更大的利润，对此宋人已经有明确的认识。宋高宗屡次表示，"市舶之利最厚，若措置合宜，所得动以百万计"。（李心传：《建炎以来系年要录》卷一一六，绍兴七年闰十月辛酉条。）
② 李松杰：《商路、商帮与景德镇陶瓷文化海外影响力构建》，《陶瓷研究》2018年第4期。刘昌兵：《海外瓷器贸易影响下的景德镇瓷业》，《南方文物》2005年第3期。陈园园：《宋元明泉州港海外贸易研究述评》，厦门大学硕士学位论文，2014年。

能会转变为另一种社会类型。在海外贸易的拉动下,南宋已经出现上述发展的萌芽,[①] 但遗憾的是为后来的明清所斩断。从这个意义上甚至可以说,大陆从未曾制约海洋,而现在海洋却开始要形塑大陆了。

在这样的历史背景下,蒙古人高调登上历史舞台。崖山之战后,蒙古征调范文虎为统帅的江南军北上,协助从朝鲜半岛出发的北路军,一起讨伐日本。尽管战争的最终结局是元朝海军遇飓风而全军覆没,但此战事似乎彰显出在元朝统治下,东亚海域的南北一体化进程仍旧在发展深化之中,毕竟有来自广州一带一体化海域重心区的最南端地区的海军,北上进攻传统上属于东亚北部海域核心地区的日本列岛。但是,忽必烈征日本和爪哇未果,却暗示我们传统的东亚海域的南北划分作为一种历史遗产,一种结构性的特征,仍旧在一定程度上发挥着作用。

爪哇之役可以视为忽必烈试图控制东亚历史海域的南部,日本之役可以视为忽必烈试图控制东亚历史海域的北部。爪哇之役,忽必烈不仅是要压服东南亚当时最强大的政权,以镇服整个东南亚,而且希望借征服爪哇完全打通经马六甲海峡西去的海上航路,具有双重的战略意图;日本之役,忽必烈的战略意图相对简单,朝鲜半岛的王氏高丽已经臣服,征服日本则意味着元朝征服了东北亚的大陆、半岛、海岛等所有地区,控制了整个东北亚,使渤海、黄海、日本海皆成为元朝的内海。

爪哇之役,元军从福州出发,穿越南海跨海作战,海上航行时间长,没有后续部队、没有后勤补给,可以说其战败是难以避免的。

[①] 仅官造船只,在天禧末年就达2916艘,民间造船数就更多了。参见陈希育:《中国帆船与海外贸易》,厦门大学出版社,1990年,第36页。

日本之役则不同，特别是日本史书称为"弘安之役"的忽必烈第二次征日本，元朝专门为讨伐日本而在朝鲜半岛设立征东行省，向王氏高丽征兵、征粮、征工匠造船，利用王氏高丽的国力为战争进行了充分的准备工作，并调熟悉海战的江南军北上协助作战。北路军从朝鲜半岛出发，跨越对马海峡，走的是东北亚最传统的沿海岸航行的航线，但最终的结局仍旧是归于失败。如果我们抛开元军在海上遭遇飓风这种偶然性因素，应该说此役的失利证明元朝虽然征服了大陆，却不具备征服海洋的实力，因而未能掌控传统意义上的东亚北部海域。加之爪哇之役的失利证明元朝亦未能掌控传统意义上的东亚南部海域。我们是不是可以就此理解为，元朝对东亚历史海域分南、北部进行征服的战略意图彻底失败了？

忽必烈以后，元朝历代皇帝不再兴兵跨海远征，从战略的角度看，对东亚的海岛部分由进攻态势转为防御态势。但是，元朝对庆元府路（今宁波）越来越重视，反映出其控制东亚一体化海域重心区的港口，进而控制东亚海域航线的意图。也可以说忽必烈时代的蒙古统治者分南、北征服东亚海域的战略设计，[①] 建立在东亚海域明显分南北两部分的陈旧海洋知识的基础之上，而不能立足于今宁波至广州的东亚一体化海域重心区，是没有办法真正控制东亚海域的，甚至都没有办法真正理解东亚海域。放弃征日本、爪哇似乎是一种战略上的失败，但这种战略的调整却恰恰证明元朝统治者开始正确地认识到东亚海域的结构性变化，并制定出正确的面向海洋发展的

---

① 将东亚世界划分为南北两部分似乎是蒙古统治者贯通各个领域的一种认识。最为典型的是，在政治上，元朝的人被分成四等，第三等为汉人实际上就是北人，第四等为南人。之所以做南北划分恐怕不仅仅是传统学界所认识的与被蒙古人征服早晚有关，也是出自游牧世界的蒙古人，作为外在的观察者，相对于自在其中者对于农耕世界内部南北的稻作农业区与旱作农业区的差异有着更清晰认识的结果。

新战略。经历元朝初年一番战争的风波之后，东亚海域一体化的进程始回到原有的轨道上来。

不过也存在一些微妙的变化。首先，东洋、西洋的划分逐渐成为中国人对海洋世界新的认知。大致从宋代开始，中国海船出洋前往今东南亚和北印度洋大体走两条航线。一是从福建、广东沿海岸线航行，过印支半岛进入暹罗湾继续向西航行，所经海外诸地皆称为"西洋"。宋元时期则称此航线所经诸地为"小西洋"，现代学者又称此航线为"大陆航线"。另一条航线是从大陆出发向东航行，或先横渡台湾海峡（对福建海舶而言），或先横渡南海北部（对广东海舶而言）至吕宋诸岛，然后沿今菲律宾列岛南下，以西太平洋岛弧的南部诸岛为导航的标志物，所经诸地皆称为"东洋"，现代学者也称此航线为"岛屿航线"。其中菲律宾诸岛和加里曼丹岛附近的南海海域被称为"小东洋"，加里曼丹岛以南海域称为"大东洋"，从"小东洋"进入"大东洋"有两条航线，一是从加里曼丹岛西部沿海进入"大东洋"的西部，今爪哇海和巴厘海；一是从加里曼丹岛与今菲律宾的巴拉望群岛之间的海峡进入苏禄海，再沿加里曼丹岛东部沿海南下，此即"大东洋"的东部，今苏拉威西海、马鲁古海、班达海和佛罗勒斯海等地。总之，东洋、西洋的概念起源于航线的不同，大体而言，今南海以东为东洋，以西为西洋，二者之间的基本地理分界便是今南海。[①]

[①] 本自然段内容皆出自刘迎胜的观点。参见刘迎胜：《东西洋、南海传统航线与南海的名称——对所谓西菲律宾海命名的回应》，载《国家航海》第十一辑；《"东洋"与"西洋"的由来》，载《走向海洋的中国人：郑和下西洋590周年国际学术研讨会论文集》，海潮出版社1996年版，收入刘迎胜：《海路与陆路：中古时代东西交流研究》，北京大学出版社，2011年。

其次，海洋知识的新发展甚至已经渗透到文学领域，涉海小说成为新出现的小说种类。所谓涉海小说，指的是涉及海洋的叙述故事的小说文体，以"故事人物身份、故事情节或者场景中涉及海洋"为标准，既有白话小说也有文言小说。据不完全统计，宋元涉海小说已达226篇。①

再次，在元朝政府的扶持下，海商集团开始兴起，最典型的是回回海商集团。②

最后，中国海外移民兴起。进入东北亚的移民可能还只是个别现象，③由于东亚海域一体化之后的重心区在南部，导致中国移民开始大量进入东南亚，开始在东南亚形成华人社会。随郑和下西洋的马欢所著《瀛涯胜览》中多处提到东南亚的华人，下面略引几条，以见一斑：

> （爪哇国）杜板番名赌斑，地名也。此处约千余家，以二头目为主。其间多有中国广东及漳州人流居此地。

> 于杜板投东行半日许，至新村，番名曰革儿昔。原系沙滩之地，盖因中国之人来此创居，遂名新村，至今村主广东人也。约有千余家，各处番人多到此处买卖。……到苏鲁马益，番名苏儿把牙。其港口流出淡水，自此大船难进，用小船行二十余里始至其地。亦有村主，掌管番人千余家，其间亦有中国人。

> 国有三等人：一等回回人，皆是西番各国为商，流落此地，衣食诸事皆清致；一等唐人，皆是广东、漳、泉等处人窜居是地，

---

① 徐玉玲：《宋元涉海小说研究》，湖南师范大学硕士学位论文，2014年。
② 杨志娟：《回回海商集团与元代海洋政策》，《烟台大学学报》2013年第3期。
③ 张建松：《元末明初江浙士人流寓高丽探微——东亚海域交流的一个侧面》，载《第十五届中国韩国学国际研讨会论文集·历史卷》，民族出版社，2016年。

食用亦美洁,多有从回回教门受戒持斋者;一等土人,形貌甚丑异,猱头赤脚,崇信鬼教,佛书言鬼国其中,即此地也。

在此基础上,最大的变化是东亚世界的海洋社会开始兴起。以东亚大陆、半岛、海岛的与海洋贸易发生关系的地区为主要范围,以海洋贸易的直接和相关从业人群为主体,特别是以中国沿海地区和海外华人社会的相关从业人群为主体,以海洋贸易为纽带,所形成的由特殊人群组成的区域社会,我们称之为海洋社会。海洋社会的主要生计类型是海洋贸易,许多人的生计完全依赖于海洋贸易,他们虽然居住、生活在陆地,可是他们赖以为生的手段却与陆地关系不大了,甚至有些人常年漂泊海上,以岛屿而且是农业、渔业皆不发达的"荒岛"为栖息地,他们已经居住、生活在海上了。

以海洋社会的兴起为标志,宋元时期中国历史已经发展到一个拐点,但遗憾的是,后来我们又拐了回来。

四

郑和下西洋,奏响了中国航海史上的最强音,也是地理大发现以前人类航海史上的最强音,但中国的航海史乐章却在这一最强音之后戛然而止,明清两朝走向闭关锁国,连带着朝鲜、日本也几乎同步地走向了闭关锁国。

关于郑和下西洋的目的,学界始终存在不同认识,[1]但试图掌

---

[1] 关于郑和下西洋目的的诸种分析,参见钱志乾:《试论郑和下西洋的主要目的》,《江西社会科学》2005年第2期;马彦瑞:《郑和七次下西洋的主要目的》,《中学历史教学》2005年第7期。

控正在兴起中的海洋社会应该是明朝统治者派遣郑和下西洋的重要目的之一。从目前的史料记载来看,郑和船队在各地的活动主要是两个方面:颁诏赏赐、贸易。前者的目的是与各国建立友好往来,宣扬大明国威,并吸引各国赴明朝贡,为永乐皇帝营造万国来朝的盛世景象;后者的结果不仅仅是获取利润以弥补船队的巨额开支,更将各地的稀奇物品带回中国。但是,如果郑和下西洋的目的仅此而已,那么每次出海都要有近两万部队随行就显得没有太大必要了,而且这构成郑和船队规模过于庞大、支出过于庞大因而难以为继的主要原因。传统的解释,不论震慑海外诸国、防海盗,还是消灭可能存在的建文帝在海外的残存势力,似乎都无法解释为何需要率领规模如此之大的部队,毕竟元朝征爪哇的主力部队也仅有5000人。

如果我们不囿于传统的视域,就容易理解,郑和下西洋可能正是明朝做出的控制新兴起的海洋社会的努力,因此必须给予郑和足够威慑、压服海洋社会的力量。不仅仅是海商,还有船上的水手舵工、随行仆人,大陆上的造船业、仓储业、旅店业、相关服务业的从业人员,不仅包括各类手工业工匠、店家、分销商、仆人,甚至还有各港口的掮客、妓女,林林总总的人群构成海洋社会的基本人口,其人数以几十万计,相对于如此人口基数的海洋社会,郑和的船队若想充分地体现出威慑力,少于两万的部队还真是显得单薄。

我们不敢肯定,在郑和航海的时代,明朝政府或者郑和的船队,已经能够控制或至少是压服海洋社会,但不久明朝政府就主动中止了下西洋,也就是主动放弃了对海洋社会的控制,最主要的原因是郑和船队的支出实在是数额过于巨大了,为控制海洋社会而花费如此巨额开支,是明朝决策者无法说服自己的,毕竟他们还没有发现控制海洋社会能给明朝带来何种直接的益处，是尚不足以支付郑和船队开支的进出口贸易税收？还是郑和从非洲大草原带回来的长颈鹿？

中止下西洋以后，明朝对海洋社会的态度发生转变，由此前的试图掌控、压服、利用，转变为隔离、打压、破坏，一句话，明朝希望彻底铲除海洋社会这一新生事物。明朝的统治者正确地认识到海洋贸易是海洋社会的经济基础，也可以说海洋社会的特殊经济类型就是海洋贸易，这是一种既不同于以往传统的两大经济类型农耕和游牧的新兴经济类型，也不同于后来我们称之为工业社会的近代经济类型，于是，铲除海洋社会的措施就从中止海外贸易开始了。

可能明朝政府对当时海洋社会已有的规模和体量严重估计不足，明朝政府并不清楚一旦中止了海外贸易，仅仅在中国大陆就有多少家庭完全丧失了谋生手段、失去了生活来源，还不包括海外各地尤其是东北亚各地依赖海洋贸易为生的人群。结果是，中止海洋贸易的政策引发激烈的反弹，海洋社会在生存压力下，被迫走私，当明朝政府严厉禁止走私时，就出现了武装走私集团与政府军正面对抗的结局，事变愈演愈烈，最终发展为明代东南沿海的大规模"倭乱"，[①]与"北虏"一起，成为困扰明朝统治者的两大边患之一，几乎与明朝相始终。

虽然明朝最终号称平定了东南"倭乱"，但实际上明朝一直未能消灭海洋社会。至明末清初，海洋社会的代表人物就是郑芝龙。

郑芝龙小名一官，生于福建，因家庭生计艰难，赴香山澳（澳门）

---

① 关于明代东南沿海倭乱与海外贸易的关系，参见沈登苗：《一段不该遗忘的现当代学术史——中国大陆学者独立提出了倭寇"新论"》，《浙江社会科学》2006年第2期。

依舅父黄程。郑芝龙到过马尼拉，会卢西塔尼亚语和葡萄牙文，曾接受天主教洗礼，取教名贾斯帕（Gaspard），一名尼古拉（Nicolas），外国人称他尼古拉·一官（Nicholas Iquan）。后赴日本经商，成为当时最有势力的海商李旦的属下。李旦拥有自己的船队，是当时日本华侨的首领，也是当时海洋社会的代表性人物。郑芝龙后来迁居肥前国平户，受到当地诸侯松浦氏的优遇。松浦氏为其在平户附近的河内浦千里滨（即今长崎县松浦郡千里滨）赐宅地建新居，并介绍平户藩之家臣田川昱皇之女田川松与郑芝龙结婚。天启四年（1624年），田川氏为郑芝龙生下长子郑森，即后来非常有名的郑成功。五年后又生一子，即田川七左卫门，又称"田川次郎左卫"。李旦死时没有继承人，把他包括在台湾的产业在内的一切都留给了郑芝龙，从此郑芝龙成为海洋社会的代言人。崇祯元年（1628年），闽南大旱，饥民甚众。郑芝龙在熊文灿支持下，招纳漳、泉灾民数万人，"人给银三两，三人给牛一头"，①用海船运到台湾垦荒定居。郑芝龙是组织大规模向台湾移民的第一人。

1633年郑芝龙于福建沿海金门海战中击溃荷兰东印度公司的舰队以后，"从此海氛颇息，通贩洋货，内客外商皆用郑氏旗号，无儆无虞，商贾有廿倍之利。芝龙尽以海利交通朝贵，寖以大显"。②郑芝龙几乎统一了当时的海洋社会，并给海洋社会带来了一个大发展的时期。郑氏船队的通商范围包括大泥、浡尼、占城、吕宋、魍港、北港、大员、平户、长崎、孟买、万丹、旧港、巴达维亚、麻六甲、柬埔寨、暹罗。甚至有人认为，郑氏所掌握的武装力量，包括汉人、

---

① 《行朝录》卷一一《赐姓始末》。
② 彭贻孙：《靖海志》卷一，崇祯十三年条。

日本人、朝鲜人、南岛语族、非洲黑人等各色人种,总数可能达20万人,控制的大小船只超过3000艘。

明清鼎革之初,双方都在争取海洋社会的支持。在这种背景下,郑芝龙降清,其子郑成功却要复明,父子反目,海洋社会分裂。郑芝龙由于失去了来自海洋社会的支持,在清朝统治者眼中失去了利用价值,因而于1661年被杀,但其子郑成功领导下的海洋社会却在同年由荷兰殖民者手中收复台湾,拥立明帝,与大陆上的清政权一直对峙到1683年。台湾郑氏政权一直控制着海洋贸易。[①] 对付台湾郑氏政权成为清初实行海禁政策的重要理由。

郑芝龙从中国的澳门开始接触到海洋社会并最终融入其中,经常往来海上,但也曾在属于传统意义上的东亚南部海域的马尼拉和属于东亚北部海域的日本居住,最后定居中国福建,这里正是一体化之后的东亚海域重心区的核心地带;他既在中国的大陆及台湾岛拥有自己的根基,也在日本有自己的家业,甚至娶日本妻子生了长子郑成功;他既要与明清两朝合纵连横,也要以武力驱逐荷兰势力,表面上看似乎其政治关系非常复杂,实际上他的目的非常单一,就是不允许其他势力进入他主导的海洋社会;郑芝龙曾受洗礼并娶日本妻子,透露出海洋社会在文化方面的开放性,甚至与陆地的东亚文化存在一定的差异。在一段时间里郑芝龙成功了,他成为海洋社会的统治者,从郑芝龙至郑成功,在大陆地区出现不同的政权势力进行激烈对抗的时期,海洋社会已经可以与之鼎足而三,但海洋社

[①] 关于台湾郑氏政权的海洋贸易,参见刘强:《海商帝国:郑氏集团的官商关系及其起源,1625—1683》,南开大学博士学位论文,2012年;聂德宁:《明清之际郑氏集团海上贸易的组织与管理》,《南洋问题研究》1992年第1期;王恩重:《17世纪台湾郑氏海商集团在中国社会经济史上的地位》,《宝鸡文理学院学报》2010年第2期。

会毕竟处在兴起之中,还无法真正与陆地相抗衡,因此,当清朝统一大陆之日,也就是台湾郑氏政权的终结之时。

清朝收复台湾后,表面上看似乎海洋社会陷入沉寂,但实际上,一体化的东亚海域仍是贸易繁忙的区域,中朝日三国的闭关锁国也并未能改变这一点。下面仅引几条出使日本的朝鲜使臣在日本的见闻,以窥一斑。

姜弘重《东槎录》甲子(1624年)十二月十八日戊戌:

> 留江户。玄方义成来见,……与玄方言及日本通信卖买诸国,则如琉球、暹罗、安南、交趾、南蛮吕宋、于兰歹等国,而自此抵彼,皆由海路,必经数月而到。中原之人亦多潜相来往。凡诸国商船,皆泊于萨摩之笼岛、肥前之长崎,往来无常,至有数岁留连者。马岛人亦相往来于浙江等处云。

金指南《东槎日录》壬戌(1682年)八月二十一日丙申:

> 一日与李耳老、李锡予散步中庭,……一倭自初随行,移晷不去。……余偶以汉音私谓曰:"人同话不同。"其倭听之,喜而汉语曰:"字同音不同。"余甚讶之,更问:"尔从来理会华语么?"对曰:"略略学些。"试问数句,粗能酬对,余仍携来所馆,问其学语之由。曰:"大君之从祖水户侯门下,多有医师、画工、方术之类,而尤留意于诸国言语,转译朝鲜、琉球、安南、暹罗等语之人,并皆处以别馆,厚廪尊奉。"……曰:"敝邦与中国,不啻如风马牛也。……而琉球、暹罗、安南,则相去远近,帆有利钝,往来无常,有似一域。"

曹命采《奉使日本时闻见录》:

> 长崎一岛,即肥前之所属,亦万货交辏之所,所以他国之商多集焉,咬哂、吧东、浦塞、暹罗、交址、琉球等人,频数来

市。……所谓阿兰陀，一名即红夷国。所贩凡物皆极奇巧，恰似西洋国物种。而其人则身长白皙，鼻梁高大，甚恶黑色，染发为黄。

由姜弘重《东槎录》的记载来看，日本不仅与琉球，还与东南亚的暹罗、安南、交趾、吕宋等国保持着密切的贸易往来，中国走私商人也参与到这个贸易圈中来，马岛（即对马岛）商人也私通中国浙江等处，跨越东亚北、南部海域的贸易仍旧十分发达。金指南作为朝鲜王朝最著名的翻译，其记载的着眼点又不相同，《东槎日录》的记载可以证明，当时日本还在培养朝鲜语、琉球语、安南语、暹罗语的翻译人才，有大量的翻译人员的需求，可见其贸易规模之大。但金指南的记载称，日本与琉球、东南亚各国保持贸易往来，而中国却被排除在此贸易圈之外。所谓"阿兰陀"指荷兰，从曹命采的记载来看，日本已经与荷兰商人存在联系了。

由上述史料来看，东亚海洋社会仍旧存在，只不过从正史的记载中隐身而已。原因也很简单，我们现在所能看到的史料都是大陆社会留下的文献，而很少有海洋社会自身留下的文献。立足于海洋社会的历史文献去研究海洋社会，这也许是历史学家正在面临的新课题。在大陆社会留下的历史文献中很少见到海洋社会的身影，已经足以说明，在明清两朝坚持实行闭关锁国政策、坚持打压海洋社会之后，最终的结局不是海洋社会的覆灭，而是海洋社会与大陆社会的分离，两者渐行渐远，真正地成为两个社会、两个世界。对绝大多数东亚人而言，海洋真的成为了另一个世界。学界通常认为的东亚古代国家基本皆具有大陆属性，皆是其与海洋社会疏离之后的结果，并不是东亚各国一贯的特质。

尽管有关这一时期海洋社会的历史文献非常少，但我们还是能够窥见此时期东亚海洋社会的发展。如：琉球越来越多地参与到对东南亚的贸易中来，①马尼拉—阿卡普尔科大帆船贸易已经把东亚历史海域和美洲连接起来，②东亚历史海域正在突破太平洋广阔海域对其限制，使太平洋不再是亚洲与美洲之间不可逾越的自然地理障碍，而是逐渐成为联系亚洲与欧洲、促进世界一体化的重要通道。

东亚海洋社会的缓慢发展，虽然未曾引起闭关锁国的东亚三国的关注，但却已经引起进入东亚的欧洲人的注意。也许只有依赖海洋社会发展起来的欧洲人才对海洋社会更具有敏感性吧。举一个极端的例子。耶稣会创始人之一的沙勿略，为了向中国传播基督教来到今广州以南的上川岛，这个小小的荒岛在当时却是海上贸易的季节性集散地，避开政府视线的商船在特定的时间里悄悄来此交易，然后再悄悄离去，连清政府都不清楚他们眼中的这座荒岛实际上是海上贸易的重要枢纽，但沙勿略却知道并来此地想搭乘走私商船进入中国传教。

由于失去了海洋社会这一道天然屏障，侵入东亚的西方殖民者轻易地就将鸦片卖到中国的大陆部分；由于没有海洋社会的配合，中国在抵抗来自海上的侵略时显得是那么的无力。更为重要的是，从清朝府前期设计的广州一口通商，到后期建设海军时分为南洋水师与北洋水师，这些重要政策透露出，在清朝统治者的心目中，对

---

① 刘旭康：《琉球与东南亚的贸易交往及航线形成——以〈历代宝案〉中若干咨文为例》，《海南热带海洋学院学报》2019 年第 3 期。

② 关于马尼拉—阿卡普尔科大帆船贸易，参见田汝康：《17—19 世纪中叶中国帆船在东南亚洲》，上海人民出版社，1957 年；何芳川：《澳门与葡萄牙大商帆》，北京大学出版社，1996 年；William Lytle Schurz, *The Manila Galleon*, New York,1959.

东亚历史海域的认识，仍受传统意义上划分为南部、北部海域观念的影响，并不完全是从一体化的东亚历史海域的角度思考问题，也许这是清末未能振兴海防的深层次原因之一。

但无论如何，自清末开始，东亚历史海域除传统上的通过马六甲海峡与南亚、西亚、东非的联系外，更因此传统航线与绕过非洲好望角的航线相连接，而具有了联系欧洲的新渠道，又跨越太平洋沟通美洲。概言之，在大航海时代之后，海洋越来越成为世界一体化的通道，而不再是限制大陆板块之间联系的障碍，东亚历史海域也日益发挥着这种新的功能，迎来自己的新时代。

[作者简介]杨军，吉林大学历史系教授、博士生导师，研究方向为东亚史、东北亚史。

构建东亚海洋命运共同体之可行性[*]

——以东亚海上非传统安全合作为视角

葛建华

21世纪被称为海洋世纪,海洋是生命的摇篮。我国是一个海陆兼备、管辖海域面积约300万平方公里的海洋大国,海洋越来越关系到国家的安全和民族的兴衰。2019年4月,中国领导人首次提出"海洋命运共同体"理念,这是人类命运共同体理念在海洋领域的发展。本研究试图以东亚海上非传统安全合作为视角,探讨在东亚地区构建海洋命运共同体的可行性。所谓东亚海上非传统安全指的是与传统的军事政治安全相对应,由非政治和军事因素引起的威胁到东亚海上安全和利益的问题。东亚地区是中国海洋利益最为集中、海洋矛盾最为复杂的地区,以海上非传统安全合作为视角探讨构建海洋命运共同体是思考中国在东亚地区分享海洋发展机遇、共同应对海洋威胁挑战、推进东亚海洋合作、建立海洋安全保障机制的新途径和新方法。

---

[*] 本文为国家社会科学基金重大项目"东亚历史海域研究"(18ZDA207)阶段性成果。

东亚地区人口稠密、经济发展活跃，也是地缘政治复杂、地区格局变化最大的地区之一，其中东亚传统的海洋安全问题尤为突出，某种程度上制约着东亚社会的可持续发展。长期以来，海洋问题成为域外国家介入东亚海洋事务，影响东亚各国关系的一个不稳定因素，特别是海洋领土争端问题、渔业问题影响了国家之间、地区之间的双边关系和地区繁荣稳定。而在一些非传统海洋安全问题上，既存在由自然因素形成的海洋灾害问题，又有由于人类在海洋领域开展的许多活动造成的危害，使得渔业资源日渐枯竭、海上恐怖主义、海上通道安全、海洋环境污染、海洋生态危机等问题，都已被列入非传统安全范畴，这些问题的解决仅凭一个国家的力量难以完成，需要东亚各国共同合作，共同应对。

因历史现实等原因，东亚地区至今仍缺少一个稳定的综合性的整体海上安全合作机制。只有针对某个具体威胁如打击海盗、维护航道安全等问题，东亚各国在双边协议的基础上所建立的区域内的网络化合作，但往往合作方式呈现碎片化特点，还未实现机制之间相互协调。中国倡导在东亚广大海域建立和谐共生、合作、共享、共赢的新型海洋外交关系，促进海上的互联互通和务实合作，妥善解决涉海分歧，合力维护海洋的和平与可持续发展。为此东亚各国应以海上非传统安全合作为抓手，增加合作的意愿和共识，促进东亚各国保持正面的安全认知和定位，通过积极的海上非传统安全层面的战略互动，建立持续有效的海上争端解决措施和危机管控机制，为最终建立有效的海上安全合作机制奠定基础。

一、以东亚海上非传统安全合作为视角构建海洋命运共同体的可行性

世界历史正处于大发展、大变革、大调整时期,既充满希望也充满挑战。东亚各国山水相邻,地理位置接近,具有建立共同体的天然地理条件。从某种意义上来说,东亚地区基本由海洋国家组成,这些国家在政治、经济、文化交流等方面的联系日益紧密,都有通过区域经济一体化带动本国经济发展的客观要求。但东亚各国特别是东北亚的中日韩之间的关系一直跌宕起伏,至今难以找到政治合作的方案。尽管东亚至今没有正式的安全合作机制,但本地区政治经济各个领域的地区合作势头高涨,正如林华生所指出的,整个形势看起来正朝着"整合而非分裂、团结而非对抗的方向发展。在本地区,经济整合、政治合作、外交协调基本上是主流,而经济排斥、政治对抗和外交竞争是非主流。总之,我们认为地区性经济整合、东亚共同体乃至亚洲共同体的构建终究能够实现。"[①]

从某种意义上来说,东亚地区基本由海洋国家组成,在构建海洋命运共同体上存在着只是针对"海洋问题"的狭义上的"东亚海洋命运共同体",也存在着针对东亚各国多数是海洋国家的特性,在范围界定上指与中国毗邻的东亚海洋国家组成的广义上的"东亚海洋命运共同体"。本文由于研究上的需要,主要指广义上的"东亚海洋命运共同体"。

---

① 〔马来西亚〕林华生编著:《亚洲共同体——构想与课题》,宋均营、黄大慧、陈奉林、杨泽瑞编译,世界知识出版社,2019年,第4页。

（一）东亚地区正处于安全秩序重构阶段，为构建海洋命运共同体带来机遇

处于海陆地缘连接处的东亚地区，历来是大国势力争夺的焦点。当今世界正处于"百年未有之大变局"，世界多极化、经济全球化、社会信息化、文化多样化，方兴未艾。世界正在改变，东亚地区也处于此变局中，新兴市场国家和发展中国家快速崛起，导致这一地区的安全结构处于重构过程中。冷战结束后，美国主导的地区秩序仍然继续，但随着中国的快速发展，改变了地区力量的对比，推动了新的秩序重建。海上非传统安全合作不仅成为凝聚共识的重要载体，而且是"构成稳定东亚地区走势的'压舱石'"，"海洋命运共同体"始于东亚的壮阔愿景。[1]

1. 东亚的安全环境得到改善

自冷战结束以来，东亚仍然存在着以美国为主导的同盟安全体系。日本和韩国处于这个体系的核心部分，美国有选择、有条件地向其提供如市场准入、投资、援助和核安全保护伞。这个同盟安全体系具有排他性和针对性，缺乏包容性，东北亚国家中国、朝鲜、蒙古国、俄罗斯被排除在这一体系之外。随着中国的崛起，美国试图将其原有的缺乏横向联系的轮辐体系联系起来，建立网格化管理，使盟国之间的横向联系增加，并朝着三边、多边安全合作机制化转化。如在美日、美韩双边同盟关系的基础上，构建美日韩三边合作

---

[1] 《东亚海洋合作报告（2019）》，中国现代国家关系研究院，2019年。

框架，以此方式主导东亚的安全秩序。但日韩之间由于历史、领土、经济、贸易等问题存在着错综复杂的矛盾，三边合作进展并不顺利。特别是最近日韩贸易摩擦，两国关系日趋紧张，且具有长期化特点，韩国取消日韩《军事情报保护协定》，极大地影响了美日韩之间的合作，致使在东亚地区，双边同盟关系仍占据优先地位。但自从奥巴马政府开始，美国以"不再是世界警察"为由，要求日韩为维持现行秩序支付成本。虽然形式不同，但美国政府仍然试图在东亚建立以美国同盟体系为主导的单极政治，不过，随着美国实力的相对衰落和中国及东亚其他发展中国家的快速崛起，东亚地区的区域力量获得越来越大的发展。

在此背景下，东亚地区存在突出矛盾的海洋领土争端所造成的紧张局势得以缓解。尽管美国提出了"印太战略"，美日印澳四国机制的联系越来越紧密，但其后疫情导致各国经济的困难，实施此战略的成本和收益存在着很大的落差。在印太地区存在着多个版本的战略互相对冲，本身说明美国在这一地区的战略地位的弱化。有学者认为美国在东南亚的影响力下降。2021年9月美国组成美英澳军事联盟，而印尼不赞成美国在该地区采取"力量投射"行动。中日之间因2012年日本非法购岛事件所造成的紧张状态，正朝着竞合方向发展。2018年中日启动了"中日海空联络机制"，并签订了《中日海上搜寻救助协定》。中国与菲律宾、越南在南海争端问题上理性而妥善处理彼此间的分歧，南海局势稳定。韩国在东亚地区寻求早日从美军手中接手朝鲜半岛战时指挥权，主动与朝鲜进行和平谈判，并与中国保持良好的关系，整个东亚的安全形势正朝着共同应对地区挑战的方向发展。

2. 中国正在发展成为一个不依靠暴力和战争而迅速发展起来的东亚大国

新冠肺炎疫情仍在全球肆虐,中国的防控形势持续向好,经济恢复正常,2020年前三个季度中国经济增长由负转正,2020年中国经济增长速度为2.3%,成为全球唯一实现正增长的主要经济体。此次抗疫过程中,截止到2020年5月,中国已向将近150个国家和4个国际组织提供了紧急援助,为170多个国家举办了卫生专家专题视频会议;向24个有紧急需求的国家派遣了26支医疗专家组,仅口罩和防护服这两项就分别向世界出口了568亿只和2.5亿件。[①] 中国在地区秩序重建过程中越来越发挥着主导作用。

随着中国综合国力的增强,中国对周边地区安全提供公共产品的能力与意愿明显增强。中国倡导在东亚建立多边协商、大国协调、和解和合作为主要内容的新型的国际关系,通过结伴不结盟,共同参与,在共同利益基础上建立伙伴型安全架构,中国希望在东亚海上非传统安全合作方面建立一个开放的体系,构建新型安全伙伴关系,通过大国协调以非联盟的形式实现安全合作。

在东亚为解决朝核问题而建立起来的六方会谈机制,曾为东亚建立安全磋商机制带来了希望,但由于种种复杂的原因,目前这一机制处于停滞状态。但中国在组织会谈过程中,深切地了解到中俄朝韩在东北亚的利益关切具有不同程度的一致性和可协商性,对六方的战略利益、政治意愿有了比较全面的了解。同时积累了将存在着一系列复杂而相互冲突的国内和国际利益国家组织起来,找到战

---

① 《王毅谈中国抗疫对外援助:不是救世主愿做及时雨》,人民网,2020年5月24日,http://world.people.com.cn/n1/2020/0524/c1002-31721359.html。

略上合作平衡点的经验和做法。这些宝贵的经验对未来将东亚国家团结起来，建立互利共赢的安全机制将起到重要作用。

由于东亚缺少一个类似于上合组织这样的在某种程度上实现了共同安全的机制，中美在东亚安全治理方式上存在着某种程度的权力竞争、机制竞争和观念竞争，但这并不是零和游戏，并不一定走向冲突和对抗，未来将有可能并行发展，有交集有合作，如在朝核问题上的合作。而东亚各国在应对非传统安全如气候变化、环境保护、东亚海洋环保、流行病等方面的合作，将会对冲传统安全的矛盾，扩大兼容共存的合作共赢空间，寻找妥善解决矛盾和冲突的和平之道，为建立东亚海洋命运共同体铺平道路。

（二）具有持续发展动力的东亚经济成为构建海洋命运共同体的基石

东亚国家目前都处于经济快速发展阶段，这受益于东亚国家良好的经济互动，经济合作领域广泛，互补性强。在经济合作不断深入的情况下，就需要东亚国家以自愿联盟的意愿达成制度性的合作和机制上的安排，推动东亚各国经济上共同发展共同繁荣，为东亚海洋命运共同体的构建奠定扎实的物质基础。

1. 中日韩经济合作在困难中仍有推进

中日韩三国分别是世界第二、三和第十一大经济体，国内生产总值和对外贸易总额占世界的20%。三国的经贸合作被认为是推动东亚乃至亚洲经济一体化进程中的重要环节。2018年4月12日中国国家领导人出席博鳌论坛中外企业家代表座谈会时指出，推动制定东亚经济共同体蓝图，共同推进亚太自由贸易区建设。中日韩是东亚经济共同体的核心力量,中日韩的合作对于东亚经济共同体建设至关重要。2008年中日韩首脑举行了第一次三方会谈,至今已经举办了7次。在经历了岛屿主权、慰安妇问题、萨德问题之后,2018年5月三国首脑会谈在时隔两年半后再度举行。三国针对朝鲜半岛无核化问题、贸易自由化问题、三国FTA问题达成了共识。中日韩作为世界上三大经济体,三国经济规模占全球总量的20%,互为重要经贸合作伙伴,对促进地区经济发展、引领区域一体化进程,维护地区和平稳定负有重要责任。三国会谈积累了互信,确认了多边自由贸易原则,确认将推进中日韩自由贸易协定谈判和区域全面经济伙伴关系协定(RECP)谈判。并且打造中日韩+X合作模式,汇集三国优势,共同开拓第四方市场,带动和促进本地区国家实现更好更快发展,从而提升区域经济一体化水平,为推动东亚经济共同体的实现奠定扎实的基础。尽管日韩关系紧张,但中日韩仍于2019年8月举行了第九次三国外长会议,确定了在六大领域的合作,有力地推动三国合作的提质升级。在新冠肺炎疫情期间,中日韩双边、三方以及与东盟之间展现出良好的合作和互动,为加强东亚非传统安全合作奠定了基础,2020年底RCEP的签署达成了中日韩三个东亚主要经济体的第一项自由贸易协定,未来中日韩在国际合作抗疫的基础上,将由经济领域的合作转向制度性合作,共同降低疫情的负面影响和"逆全球化"的冲击。

2. 东亚各国在发展海洋经济上存在着国际合作的空间

中国制定的《全国海洋经济发展"十三五"规划》指出,到2020年全国海洋经济生产总值年均增长7%,占国内生产总值比重达到9.5%,海洋经济国际合作取得重大成果。但我国海洋经济占GDP总量的10%,远低于美日等传统海洋强国50%—60%的比重。

但从另外一个角度上看，这也为中国发展海洋经济、开展国际合作提供了机遇。中国远洋渔业、海洋油气开发和海洋旅游产业领域有着非常大的国际合作潜力。[①] 由于海洋资源具有流动性、渗透性、开放性和不可分割性，同时对深海的开发利用上具有未知性和危险性，使得东亚沿海国家在开发利用海洋方面拥有共同的利益。且东亚地区除日本、新加坡、韩国之外大多数国家仍是发展中国家，海洋产业发展不平衡，在海洋开发的资金、技术、人力方面存在着困难，而且世界上大多数国家都无法独立而系统地进行海洋开发，因此，发展海洋经济的国际合作是大势所趋。[②]

东亚各国经济发展和合作日趋活跃。中国已经连续10年成为东盟第一大贸易伙伴，双边贸易额从2010年的2928亿美元增长至2019年的6415亿美元，2020年1至8月，中国与东盟贸易总额达到4165.5亿美元，同比增长3.8%，占中国外贸总额的14.6%。东盟成为中国第一大贸易伙伴，[③] 东亚经济合作具有里程碑意义的当属《区域全面经济伙伴关系协定》（RCEP），东盟+中日韩澳新（"10+5"）于2020年11月15日召开的东亚首脑会议上签署了RCEP，全球最大自贸区由此诞生。至此，东亚地区在经济领域一体化进程取得较大进展，东亚海上非传统合作和构建海洋命运共同体有了重要平台和黏合剂。

---

① 《"海洋命运共同体"的内涵与外延——学界、业界专家从经济、生态、外交等维度深入解析》，《光明日报》2019年6月12日。
② 同上。
③ 商务部：《中国与东盟进入经贸合作黄金时期》，新华网，2020年9月28日，http://www.xinhuanet.com/money/2020-09/28/c_1126550727.htm。

(三)解决东亚海上非传统安全问题为构建海洋命运共同体提供契机和纽带

海洋非传统安全威胁在某种程度上改变了东亚各国的关系。面对严峻海洋生态环境的挑战,东亚是一个一荣俱荣、一损俱损的命运共同体,牵一发而动全身,没有哪个国家可以独善其身。困扰东亚非传统海洋安全的问题主要是气候变化引起的海洋自然危害、海上跨国犯罪、海洋生态环境污染以及一般海洋自然灾害。

1. 解决气候变化导致海洋升温问题迫在眉睫

近年受气候变化影响,台风、巨浪、风暴潮以及海岸侵蚀等极端海洋灾害频发,严重影响人类生命财产安全,给东亚沿海各国造成巨大经济损失。据《卫报》一项计算,过去150年,全球变暖使海洋升温相当于每秒爆炸大约1.5颗广岛原子弹。人类排放的温室气体90%以上的热量被海洋吸收,只有很少一部分热量分别被空气、陆地和冰层所吸收。海洋中增加的大量能量导致海平面上升,使飓风和台风变得更加猛烈。过去150年,海洋吸收的总热量大约相当于全球总人口能源消费量的1000倍。这项研究发表在美国《美国科学院学报》月刊上。海平面上升一直是气候变化导致的最危险的后果,威胁着生活在沿海城市的数十亿人,未来海洋输送热量的变化可能对东亚地区海平面上升和沿海洪灾风险产生严重后果。因此未来东亚地区海洋国家组织起来,了解海洋温度的变化以及海洋环流对气候变暖模式的影响,预测东亚地区乃至全球气候及海平面变化情况,做好防范准备工作显得尤为重要。

2. 东亚面临着严重的海洋环境污染问题

海洋不仅代表着人类的命运,还承载着海洋其他生物的命运。世界海洋占地球表面积的71%,广袤的海域蕴藏着丰富的资源。但海洋资源有限、东亚还面临着严重的海洋环境问题。取之有度,用之有节,近年来越来越多的东亚国家对海洋的经济潜力产生兴趣。蓝色经济成为利用海洋资源创造经济财富的重要手段,不仅涵盖渔业、海运和造船等传统活动,还造就了海底勘探、生物工程等新兴产业。但在东亚人口压力倍增的形势下,蓝色经济的开发潜力却不是无限的。人类为了这片地球上最后的未开发地而展开竞争,引发了有关环境和社会可持续性的诸多疑问。蓝色经济并不完全是可持续的。海洋和沿海旅游可能对自然生态系统产生严重影响,造成海洋和沿岸污染。预计到2050年,海洋中的塑料或将比鱼类还要多。全世界90%的货物都依靠海洋运输,但由此也产生了温室气候排放问题。虽然新技术降低了环境污染,但海洋运输没有被《巴黎协定》纳入考虑范畴,目前也尚没有海洋运输减排官方目标。与陆地上空间不同,海洋没有明显可控的界限。有些国家和企业利用缺乏监管的可乘之机,大肆掠夺海洋公共资源。虽然国际社会已经建立了海洋资源获取和开发协商机制,但这些机制尚无强制权和惩罚权。随着气候变暖,海平面升高,海水倒灌现象日趋严重,如日本政府于2020年宣布计划将福岛百万吨的核废水排到太平洋,必然对我国长三角沿海地区海洋生态环境造成污染。绿色和平组织甚至称其含有放射性物质,有可能损害人类的DNA。韩国和中国对日本的举动表现出严重关切,因此类似问题需要东亚各国通过创新方式加以解决。

东亚海域具有陆海兼备、半封闭的特点,自身调节能力相对比较脆弱。特别是中国和东盟成员国同属发展中国家,在经济快速发展、人口增长以及工业化和城市化进程加快的过程中，都面临环境污染、自然资源枯竭、生物多样性丧失和生态系统退化等问题。海洋塑料垃圾、陆源污染、海水酸化、海上钻井、海上运输和核污染等威胁着东亚海洋生态环境。

3. 共同打击海上恐怖主义、解决海上难民和跨国海上犯罪问题需要东亚国家深度合作

由于特殊的地理环境和东亚各国国情，东亚周边海域海盗事件频发，尤其集中在东南亚海域。据《2018年全球海盗事件报告》指出，2018年全年全球共发生241起海盗事件，较2017年全年上升了63.9%，其中发生在东南亚的就有88起，仅次于西非的89起。海盗对东亚海域造成严重的经济后果和环境灾难。而海上恐怖主义对全球海上商贸通道造成极大威胁。同时这一地区还存在着大量海上难民问题，截止到2015年，亚太地区有380万难民，主要来自阿富汗和缅甸等国家。走私、人口贩卖等跨境有组织犯罪活动对东亚海上安全构成极大的挑战。

4. 东亚自然灾害种类繁多且频繁发作，需要东亚共同应对

东亚海洋灾害种类繁多，包括海啸、风暴潮、海浪、海冰、赤潮、绿潮，以及海平面上升、海水入侵、土壤盐渍化和咸潮入侵等。我国每年受灾情况严重，如从2011到2015年，中国共发生风暴潮、海浪、海冰等海洋灾害470多次，平均每年有7个热带气旋登陆，直接经济损失约130亿元。东亚其他海上国家也面临着同样的问题，如2013年强台风"海燕"袭击菲律宾和越南，造成菲律宾11万家庭房屋受损，死亡人数超4600人[①]。2019年8月的超强台风"利

---

① 《国务院关于印发全国海洋主体功能区规划的通知》（国发〔2015〕42号），http://www.gov.cn/zhengce/content/2015-08/20/content_10107.htm。

奇马"致浙江 28 人死亡、20 人失联。东亚的大片海洋地区极易受到极端天气的袭扰，台风、洪水、风暴和其他环境灾难影响严重，特别是气候变化导致极端天气增加。随着对于灾难援助的需求，需要东亚国家利用水陆两栖舰船迅速将救援物资投入到遭受风暴侵袭的沿海地区，同时需要发展高精度海洋环境预报系统，提供准确的海洋环境预报用于减灾防灾。

5. 共同应对北极冰融化问题是东亚开展海洋合作的契机

气候变暖导致北极冰川逐渐融化，专家指出，即便到 2050 年实现了《巴黎协定》将全球平均气温升幅控制在 2 摄氏度之内的目标，北极海冰也会大量融化，届时通行时间也会随之继续缩短。通往亚洲的航线到 2050 年将比过去缩短 10 天时间，到本世纪末缩短 13 天，破冰船甚至可以全年航行。开辟出来的两大主要航道，东北航道和西北航道的可通行时间也逐渐延长，两条航线分别途经俄罗斯和北美沿岸连接大西洋和太平洋。沿岸国家可以开采北冰洋底丰富的能源资源，但对地球而言并非完全是一件好事，将给脆弱的极地生态系统带来严重风险。海冰融化让太平洋和大西洋联系更加紧密，被海冰覆盖的北冰洋或将成为新的地缘政治舞台。

北极是全球海洋最后一块"未定之域"。随着北极自然环境的快速变化。将对我国和广大东亚地区产生重大影响。专家认为，北极航道可通行时间延长或将给全球环境造成影响。如果油轮发生石油泄漏事故，北极的野生动物或遭遇灭顶之灾。而航运噪音也将给海豚等海洋生物造成伤害。可能引发气候变暖加剧，海平面上升，极端天气现象增多。北极冰的减少，将影响大气环流，导致中国北方大气扩散条件减弱，引起冬春季雾霾的增加，这需要我国与东亚国家一起针对北极海冰跨季节预测等科学问题进行联合研究。

(四)逐渐形成具有文化认同色彩的共同体理念

东亚各国在非传统安全合作的联系日益紧密,都有通过区域经济一体化带动本国经济发展的客观要求,但是只有得到足够的东亚文化共性的支持,有意义的东亚区域组织才会出现。

1. 东亚的传统思想和文化强调"和合"和"共生"

东亚是一个文明差异很大,多种文化和谐共处,多样文化融合包容的集合体。传统的东亚文化以华夏文明为核心、以韩国为中层、以日本为外圈并影响到东南亚等地。东亚各国形成了共同的价值偏向:推崇和谐、集团主义、勤劳节俭、重视教育等,不仅影响民众的心理和行为,也产生了东亚特色的政治文化,这是东亚认同的历史文化渊源。[1]美国学者康灿雄认为"东亚地区之所以能够出现具有如此强大稳定性的国际秩序,原因在于文化观念在其中发挥了和军事、经济因素一样的作用"。[2]而"拥有共同文明"为区域一体化、共同体理念提供了思想上的基础。

2. 东亚具有传统的和平理念

根据东亚地区"和平主义"的模式和历史传统,中国的崛起是稳定的,也是东亚其他国家可以接受的。在《西方之前的东亚:朝贡贸易五百年》一书中,作者康灿雄分析了从明朝到19世纪鸦片战争爆发东亚国际关系是如何运转的。他指出:"在1368年至1841

---

[1] 葛建华、但苏敏:《欧洲与东亚区域合作动因的比较分析》,《马克思主义与现实》2008年第3期。

[2] 〔美〕康灿雄著:《西方之前的东亚:朝贡贸易五百年》,陈昌煦译,社会科学文献出版社,2016年,第3页。

年间，中国、日本、韩国和越南之间只发生过两次战争。而与之形成鲜明对比的是，英国在 1300 年至 1850 年间与法国或针对法国共展开了 46 次战争，甚至连瑞典在这期间都展开了 32 次战争。"[①] 这期间基于朝贡体制的东亚外交关系让各国互惠互利是其中的关键因素。曾经强大的中国为东亚各国带来了更多和平。因此想要了解东亚就必须具备一定的历史知识，从而看到中国的崛起并不一定必然会造成冲突，这种崛起是和平的，一个强大的中国意味着一个更加稳定的东亚。西方针对中国的主流看法认为中国崛起本质上具有冲突性，世界第一大经济体美国与第二大经济体中国之间的经贸摩擦是一个霸主因害怕被取代而采取的行动，从而引发一场争夺全球主导权的战争，导致"修昔底德陷阱"，必将导致东亚地区不安全感和区域冲突的可能性。这一观点忽视了东亚自身的历史。东亚的和平理念越来越成为东亚的共识和民意基础，民心向背的纽带。

3. 东亚具有在危机面前崇尚集体主义的传统

根植于儒家思想的东亚各国国民崇尚集体主义，在危机面前表现出良好的自律。在危机时期，国家在保护人民和优先分配资源以应对危机方面发挥了重要作用。无论是抗击海上各种自然、人为灾害还是抗击新冠肺炎疫情过程中，东亚各国政府都表现出危机时刻的决策能力和动员能力。同时在危机面前，东亚加强区域合作。能够及早采取措施的国家具有优势，东亚各国在危机面前表现良好，对提升东亚国家的自信心方面是一个良机，也成为后疫情时代加强东亚海上安全合作的契机。

---

① 〔美〕康灿雄著：《西方之前的东亚：朝贡贸易五百年》，陈昌煦译，第 2 页。

二、东亚海上非传统安全合作现状及困难

由于东亚的概念至今没有定论,本文根据研究需要主要指东北亚和以东盟为中心的东南亚这一区域,涉及黄海、东海和南海等沿海区域。海上非传统安全合作的领域很多,东亚各国在海上非传统安全合作的政策理念基本一致,又面临着来自海上的共同安全问题,同时主张通过多边对话建立合作机制解决问题,这都为东亚加强合作奠定了基础。

(一) 东亚海上非传统安全合作呈现多层次的多边合作和机制建设的相互叠加

目前东亚在海上非传统合作基本是在多边层面的"10+3"框架下和东盟地区论坛中进行。中国一直重视海上非传统安全合作,在2002年《关于加强非传统安全领域合作的中方立场文件》和2017年《中国的亚太安全合作政策》白皮书中指出处理跨国问题,需要跨国合作。针对海上安全领域合作,中国坚持合作应对海上传统安全威胁和非传统安全威胁,维护海上和平稳定。[①] 东亚各国具有参与全球和地区海上非传统安全合作和机制建设的传统。东亚可以

---

① 参见《关于加强非传统安全领域合作的中方立场文件》(2002年5月), http: // www.chinacommercialoffice.org/web/ziliao_674904/tytj_674911/zcwj_674915/t4547. shtml 2020-02-20;中华人民共和国国务院新闻办公室:《中国的亚太安全合作政策》(2017年1月), http://www.gov.cn/ zhengce / 2017-01 / 11 / content_ 5158864. htm 2020-02-20。

从双边和多边层次加强机制建设和合作。

1. 东亚各国共同参与海上非传统安全条约建设

东亚各国长期参与全球和地区海上非传统安全合作,参与海上航行与交通安全国际公约,具体包括:《1972年国际海上避碰规则公约》、《1974年国际海上人命安全公约》(SOLAS公约)修正案及1993年议定书、《1978年国际海员、发证和值班标准公约》、《1979年国际海上搜寻救助公约》、《国际船舶和港口设施保安规则》(ISPS规则)、《联合国海洋法公约》、《集装箱安全倡议》、《1988年制止危机海上航行安全非法行为议定书》及其2005年议定书。

参与海洋环境保护的国际公约包括:《1969年国际干预公海油污事故公约》、《1971年海上核材料运输民事责任公约》、《1972年防止倾倒废物及其他物质污染海洋的公约》、《1973年国际防止船舶造成污染公约》1978年议定书、《1990年国际油污防备、响应和合作公约》2000年议定书、《1996年关于国际海上运输有害有毒物质的责任和损害赔偿公约》、《2001年国际控制船舶有害防污底系统控制公约》、《2004年控制与管理船舶压载水及沉淀物国际公约等》。

其他方面的公约有:《加强海上保安的特别措施》、APEC机制下的《反恐声明》、《联合国打击跨国有组织犯罪公约》、《麻醉品单一公约》、《精神药物公约》、《联合国禁止非法贩运麻醉药品和精神药物公约》、《亚洲地区反海盗及武装劫船合作协定》(ReCAAP)、《圣地亚哥宣言》。

中日韩、中日韩+机制下制定的条约:落实《西北太平洋行动计划》的《中日韩合作行动计划》和《灾害管理和救灾合作渠道》。

双边层面制定的条约:中日2018年签署《中日海上搜寻救助

合作协定》,标志着中日非传统安全领域合作进入机制化的阶段。中韩签署《中韩海洋科学技术合作谅解备忘录》,成立中韩海洋科学共同研究中心。《中韩环境合作协定》建立环保基金,成立环境合作委员会。签署《溢油应急响应合作谅解备忘录》《中华人民共和国政府与大韩民国政府海上搜寻救助合作协定》。日韩于1999年签署《海上反恐合作意向书》。中国与东盟于2000年签署《东盟和中国禁毒合作行动计划》、2004年《非传统安全领域合作谅解备忘录》、2016年《南海沿岸合作机制》《南海各方行为宣言》,2016年中国和菲律宾签署《中国海警和菲律宾海岸警卫队关于建立海警海上合作联合委员会的谅解备忘录》,双方明确提出打造"海上安全命运共同体"。日本与东盟于2003年签署《东京宣言》致力于组建安全共同体,2004年签署《打击国际恐怖主义合作联合宣言》。东盟各成员国之间:2003年东盟在马来西亚成立反恐中心。

2. 东亚非传统安全多边国际合作机制

东亚有关海上非传统安全国际对话和合作机制(含综合性机制)包括:

首先,东盟主导的合作机制。东盟在东亚非传统安全合作方面发挥重要作用。东盟地区论坛(ARF),作为亚太地区正式的安全对话机制,在处理东亚金融危机、打击跨国犯罪及抢险救灾方面发挥重要作用,东盟防长扩大会、东亚峰会也将海上安全和海上反恐合作开展实质性的合作项目;另外还有以海上安全合作交流为机制的东盟海事论坛。

其次,亚太经济合作组织(APEC),2001年开始把非传统安全合作列为重要议题。

第三,东盟与中日韩领导人会议机制(10+3)包括10+3框架下的打击跨国犯罪部长级会议机制,标志着东亚非传统合作进入机制化轨道。环境部长会议机制,针对防沙制尘、保护海洋环境方面进行了有效的合作,先后启动了西北太平洋行动计划和东北亚次区域环境合作计划。2004年中日韩地震局举行首次会议,旨在提高数据实时交换能力和加强技术与基础研究信息交流。同时移民管理局加强合作,针对恐怖主义、贩卖人口、贩毒召开研讨会。卫生部长会议机制,在应对大规模的传染病方面发挥重要作用。

第四,双边层面。中国—东盟防长安排有非正式会晤(2015年首次在华召开)。2006年日本和东盟达成《亚洲打击海盗行为和武装抢劫船只的区域合作协定》,确定了日本和东盟之间的安全合作。

第五,多边层面双轨道外交论坛机制。包括亚太安全合作理事会,下设六个研究小组,包括海事安全合作能力建设研究小组、反国际恐怖主义研究小组、人口贩运研究小组、防扩散研究小组,东北亚多边安全框架研究小组、维和研究小组,对于加强东亚海上非传统安全合作发挥了一定的作用。此外还有亚洲相互协作与信任措施会议、香格里拉对话会、雅加达国际防务对话会、西太平洋海军论坛、马六甲海峡安全讨论、北京香山论坛、亚太国防军司令会议、亚太海事局长会议、北太平洋地区海岸警备执法机构论坛、亚太圆桌会议、东亚展望小组、东亚研究小组、东亚思想库网络、东北亚对话合作会、博鳌亚洲论坛等。

第六,培训机制。这方面的成果有亚太航标管理人员培训班、亚太地区大规模海上人命救助(MRO)培训及桌面演习、亚太经合组织反恐工作组、全球反恐论坛,支持《亚洲地区反海盗及武装劫船合作协定》(ReCAAP)"信息分享中心"能力建设和发展(向"中心"派驻中国海警职员),以及在亚丁湾、索马里海域执行护航任务。

从中可以看出东亚地区在海上非传统安全合作方面已经取得了很大的进展，为今后地区海上安全机制的形成奠定了基础。同时通过合作，使东亚各国增强了地区性身份的认同，促成了合作思维的建立。

（二）东亚各国通过加强海上非传统安全合作促进整体机制的融合

东亚海上非传统安全合作的显著特点是危机促进合作和机制建设。表现为：一是应对不可抗力的自然灾害方面，东亚各国针对海上救助展开合作。如2004年印度洋海啸之后，东盟主导召开地震和海啸灾害问题领导人特别会议（东盟赈灾峰会），中国深度参与其中，提出救灾合作指导性原则，参与人道主义、赈灾联合演习，建立救援设备工业园，促进东亚整体救灾合作水平和应对灾难危机的能力不断得到提高。二是针对海上反恐问题、海上走私贩毒和非法移民合作问题，东盟地区论坛发挥了重要作用，成为东亚国家之间加强合作的重点。为应对海盗猖獗、跨国有组织犯罪、恐怖主义以及人口走私等问题，菲律宾、马来西亚和印度尼西亚于2017年建立苏禄-苏拉威西海三国海上巡逻机制。为加强航道安全特别是为保护马六甲航道安全，新加坡、印度尼西亚和马来西亚建立了马六甲海峡巡逻机制，并举办马六甲海峡安全论坛，泰国加入后形成四国联合巡逻机制。中国和日本作为国际海事组织成员参加论坛讨论。三是为保护海洋环境和渔业资源，联合国环境署和国际海事组织、中国及东盟有关国家于1993年提出"东亚海洋环境管理伙伴关系计划"，通过整体性管理方案保护东亚海洋环境。为加强海上非传统安全合作特别为应对海洋环境污染问题，中国提出一些具有创新性的理念,主要表现在以建立新型海洋伙伴关系为依托,强化与海洋岛屿国家的合作交流,建立战略互信的海洋伙伴关系;以深度参与、主导东亚地区海洋治理机制为推动方式,推动建立中国—东亚岛屿国家常态化联络机制和多边合作机制,以海洋经济、生态保护和科学研究等合作为突破口,推广我国"生态岛礁"建设经验和模式。同时加强与东亚各国在海上执法领域的合作,在航道安全、渔业执法、海上搜救领域参与多边的对话与合作。如中国渔业执法巡逻船与美国、俄罗斯、日本一起工作,在北太平洋海岸警卫队论坛——东亚唯一的海上安全组织——框架内进行防止非法合作流网捕鱼合作等。[1]

东亚各国通过海上非传统安全多边合作提升了海上执法和维护安全的能力建设,通过建立海上灾害预警机制分享海上安全信息,共同应对来自海上的非传统安全威胁,形成多个合作的点和面,尽管还未实现多边整体安全合作架构,呈现的是"碎片化"的特点,但可以通过将各种机制融合在一起,协调机制间的分歧,提升规则间的协作程度,避免冲突碎片化的发生,有助于构建整体性的治理机制[2]。

(三)东亚海上非传统安全合作遇到的困难和挑战

1. 海上传统安全与非传统安全交织一起

东亚是目前世界上冷战结束后遗留影响最深、问题最集中的地

---

[1] 〔美〕安德鲁·埃里克森、奥斯丁·斯特兰奇:《迈向"竞争性共存":通过海上建立信任措施与非传统安全合作构建行动互信》,何岸译,《中国国际战略评论2015》,第13页。

[2] 王明国:《全球治理机制碎片化与机制融合的前景》,《国际关系研究》2013年第5期。

区之一,某种程度上仍然继续保留着冷战对峙时期所残留的格局。在北美、欧洲、东亚当前世界经济这前三大板块中,东亚地区的历史问题是最为突出的。欧洲经历两次世界大战,搁置了历史恩怨纠葛,扫清了一体化的障碍,而北美则受惠于东西两大洋的天然屏障和美国一家独大的稳定格局,欧洲、北美纷纷在区域一体化上快步前进,营造了安全的周边战略环境。反观东亚地区,冷战的历史惯性尚未完全停止,新的利益矛盾又不断涌现,台湾问题、半岛问题、海洋领土争端问题,无一不是历史因素与诸多现实利益矛盾交织下形成的,旧的矛盾没有解决,新的问题又不断激化,阻碍着东亚一体化的进程。特别是在东亚国家的海域上,存在着不同性质的海洋纠纷,这些问题涉及岛屿、领海、大陆架、渔场划分等诸多问题,对东亚海洋命运共同体的探索形成阻碍。

2. 域外制衡力量的介入

在东亚海上传统安全存在着或多或少第三方域外大国离岸制衡的影响。域外大国为了谋求自身全球战略利益最大化,维护在东亚地区的话语权和影响力,将不可避免地以各种手段和方式阻碍东亚地区的区域一体化。如东亚海洋合作的难点——南海问题。2019年美国政府提出"东南亚海上通道执法倡议",提出为南海沿岸海岸警卫队和其他相关利益方提供培训,加强共同操作能力和情报共享。[①]尽管南海多边合作归根结底是沿岸国家之间的事,但要完全排除域外大国的干扰和介入存在很大困难。在未来一个较长时期内,美、澳等国在南海地区的介入及军力存在将是难以改变的

---

① 祁怀高:《构建南海非传统安全多边整体架构研究》,《国际安全研究》2020年第6期。

客观事实。[①]

东亚各国对海上非传统安全合作的界定和关注领域存在差异，由于关注点不同，难以形成地区层面的合力安排。如东亚大国日本在安保领域特别是在制定海洋政策上，仍然没有放弃冷战思维，依然戴着意识形态的有色眼镜看待周边局势。

3. 东亚传统海洋安保领域战略互信不足

东亚区域"仍是冷战后美国建立起的以对峙为基础的同盟政治和同盟秩序"。[②] 美日同盟又是这一同盟体系的基石。在此地区，大国之间政治和战略互信不足；领土领海争端、历史问题、半岛核危机等危机周期性爆发，导致东亚地区面临难以预测的挑战和风险。英国学者马丁·雅克指出："未来相当长的一段时间内，美国仍然是东亚地区的军事霸主，东北亚是世界上仅有的冷战对立延续至今的地区。"

在东亚传统海上安保领域，日本处于一个比较特殊的地位。日本还是影响中国周边安全的重要国家。中日两国在历史问题、岛屿争端、地区主导权等方面存在着分歧。日本是二战后东亚地区经济发展雁形模式的领头雁，是最早推动亚太地区经济合作的国家，曾对构建东亚共同体表现出热情，希望主导东亚一体化进程，成为东亚共同体的领导者，联合所谓价值观相似的民主国家组成价值观共同体。[③] 但

---

① 吴士存、刘晓博:《关于构建南海地区安全合作机制的思考》，《边界与海洋研究》2018 年第 1 期。

② 杨鲁慧:《东亚命运共同体是合作共赢发展之盟》，《社会主义研究》2017 年第 4 期。

③ 转引姜龙范:《"一带一路"倡议视域下的危机管控与东北亚安全合作机制的构建》，《东北亚论坛》2018 年第 3 期。

在传统海洋安全领域，日本与东北亚国家中、俄、韩都存在着海洋和领土纠纷，这些纠纷周期性引爆东北亚冲突。日本是美国主导联盟机制的核心国家，软轴心，未来还要在联盟中承担更多的责任。美日军事一体化进程仍然稳步推进。日本将维持现有秩序作为安全政策的主要内容，认为自己有使命与美国一起，对涉及全球性的规则和治理规则做出修正，使其更加符合现状。

随着"新冠肺炎疫情导致国家间政治、经济和军事竞争日益明显"，日本以所面临安全环境更加严峻，不确定性进一步增加为名[1]，地区存在突发重大安全事件风险为由[2]，在经济下滑严重，疫情尚未结束的情况下，国防预算实现了"九连涨"，达到54898亿日元，较2020年防卫预算增长3.3%。[3] 同时配合美国与中国经济脱钩政策，提出让那些过度依赖某一个国家的产品回归本土生产，并与美澳一起提出禁止向中国输出尖端技术的政策。在安保政策上，为了配合美国的印太战略，日本强化了"美日印澳四方安全"对话机制，逐步将四国合作从政治领域向安全领域拓展，2020年10月在东京举办了四方外长线下会谈，被国际舆论称为"亚洲版北约"。同时日本强化了对钓鱼岛方面的措施，如日本环境省以掌握自然环境为名对钓鱼岛展开调查，将在钓鱼岛部署美制无人机，继续渲染中国在东海、南海"基于本国主张单方面改变现状"，加大在东海、南海的军事行动，出动最大准航母"出云"号和"苍龙"级潜艇等参加反潜演习等军事活动。

---

[1] 外務省『外交青書』、2020年5月.
[2] 防衛省『防衛白書（令和二年版）』、2020年.
[3] 新华网：《日本防卫预算申请"九连涨"》，新华社，2020年10月1日。http://m.xinhuanet.com/mil/2020-10/01/c_1210825397.htm.

随着美国经济实力的下滑以及全球多个政治、经济中心的崛起,日本也在考虑在美国缺位领导时何去何从,考虑"超越支持美国主导的秩序"模式,寻求在东北亚秩序的构建中扮演更独立的角色,增强自己的防御能力,日本政府批准的2018年版《防卫白皮书》中渲染周边威胁,为继续增加防卫预算及改写大纲进行铺垫。[①] 美国政府不断要求日、韩等盟国承担更多的防卫费和安保责任,日本维持美日同盟的经济负担与日俱增,而美日同盟对日本在安全保障上发挥的真正作用却在逐渐弱化,从长远来看,美日同盟对日本逐渐从强助力向弱助力,再向拖累日本蜕变。为此日本一方面希望增加自己的独立性,充当印太地区中等强国的领导力量,一方面与中国保持接触,由对抗转为协调。这种安全秩序的重构,使得在东亚出现战略定位偏差和战略互信转圜的可能性。

　　随着中国在经济上超过日本成为世界第二大经济体,日本"本能与中国相争",日本机制化构建更倾向于出于经济利益市场功能性合作机制,[②] 对于中国推动的共同体建设持谨慎态度。政治互信是区域合作的基础,未来中日建立建设性的安全关系还有很长的路要走。

三、以东亚海上非传统安全合作的视角探讨构建海上命运共同体的路径

　　由于非传统安全问题之间相互影响,相互渗透,甚至有些问题

---

① 防衛省『防衛白書2018』、2018年8月28日.
② 张蕴岭:《日本的亚太与东亚区域经济战略解析》,《日本学刊》2017年第3期.

牵一发而动全身，需要东亚各国通过各方努力，积极寻找应对措施。在东亚，随着后疫情时代的到来，中国对东亚外交塑造性引领性增强，中国提出共建海洋命运共同体理念，着力打造东亚海洋命运共同体机制建设，通过打造发展共同体、利益共同体、责任共同体、文明共同体、生态共同体，最后形成繁荣共同体、安全共同体。

（一）东亚海洋命运共同体在非传统安全领域以"一体两翼"形式并行发展

未来东亚海洋命运共同体的构建是以一体两翼的形式展开，即以中日韩合作、中国与东盟合作为两翼，或并行或交叉发展，形成东亚海洋命运共同体的特色。经过10年发展的中日韩三国领导人会议机制日趋成熟，已经起到了推动东北亚区域合作的主渠道作用。为了使这一机制更具有凝聚力，塑造共同的价值理念。三国以互信为基础、以包容为条件、以互利合作为动力、以双赢为目标的价值理念，提倡互商互享互利共赢，以新的观念和思路超越了第二次世界大战以来形成的零和博弈和冷战思维，开创三国合作新模式，以共识带动合作，为东亚经济共同体提供思想上的支持。尽管这两年因种种原因，三国合作一度停滞，但在双边关系改善的条件下，三国以"东方智慧"弥合分歧、协调立场、统一观点，促进合作深入。一方面加快FTA谈判为三国一体化发展提供基础和长期稳定的保障，另一方面推动RCEP谈判达成一致，以中日韩+X合作机制，联合拓展第四方市场，以合作促发展，引领东亚合作进程，带动东亚经济共同体的建设。同时通过三国制定基础设施互联互通规划，推动互联互通的网络建设，制定海洋合作规划，推动海洋治理合作,构建海洋合作共同体联盟,以合作化解海上争端[①]。在这一进程中,作为世界第二、第三大经济体的中日合作尤为关键。在未来,实现中日韩合作的机制化,扩大三国合作在东亚治理方面的引领力是发展的主要方向。

东盟在中国周边外交中处于优先位置,双方制定出《中国—东盟战略伙伴关系2030年愿景》,提出打造更高水平的中国—东盟战略伙伴关系,构建更为紧密的中国—东盟命运共同体。其中中国—东盟环境合作的机制化程度更高。环境合作是中国—东盟合作框架下的优先合作领域之一,受到中国和东盟的高度重视,在过去十年里得到了稳定、快速的发展。双方采取"南南合作"合作形式,通过区域合作促进可持续发展。2003年,中国与东盟签署了《中国—东盟面向和平与繁荣的战略伙伴关系联合宣言》,提出将"进一步促进科技、环境、教育和文化的交流以及人员交流,改善这些领域的合作机制"。2007年,在新加坡举行的第十一次中国—东盟领导人会议上,中国和东盟同意制订环境保护合作战略。2009年,中国和东盟通过了《中国—东盟环境保护合作战略2009—2015》。2010年,中国环境保护部成立了中国—东盟环境保护合作中心。2011年,中国和东盟制定并通过了《中国—东盟环境合作行动计划(2011—2013)》,2013年,双方又制定并通过《中国—东盟环境合作行动计划(2014—2015)》。未来将以中日韩合作、中国与东盟合作为两翼形成东亚海上非传统安全合作模式并行推进。

---

① 张蕴岭:《推进东北亚区域合作:困境、空间与问题》,《东北亚学刊》第4期。

（二）建立东亚海上非传统安全合作机制，形成海上利益共同体

中国构建海洋命运共同体机制建设主要是全面参与联合国框架内海洋治理机制和相关规则的制定与实施。但也有优先合作的机制。

1. 继续深化中日韩环境合作机制

美国目前在全球治理领域全面收缩，为中日韩共建东亚环境共同体造就出了很大的回旋余地。

首先，中日韩三国可在海洋、气候变化、防范自然灾害与公共卫生方面进行合作。在中国与国外的环境合作中，中日环境合作规模最大、效果最佳，建立了运作顺畅的环境合作机制，建立了中日环境合作联合委员会、中日环境合作综合论坛和中日友好环境保护中心等机构。中日环境合作已经成为两国合作与交流中最活跃、最有成效的领域之一。中日韩环境合作所具有的公益性符合民众利益，使中日韩三国在保护环境方面达成共识，形成共同的责任意识，以双边带多边，采取共同体行动，成为命运共同体的突破口。由中日韩外交部和环境部参与的东北亚环境合作高官会议是以环境为主导的区域合作机构，是致力于处理环境问题的最高级别的会议。池田大作曾建议："构建一个能结合日中青年之力，解决环境问题的平台，期待他们通过获得共同利益，携手将日中两国打造成为一个攻克人类史上难题的模范区域。"[①] 环境问题的相似性、公益性有

---

① 池田大作：《推动日中青年交流：建构一个应对挑战的模范区域》，《东北亚学刊》2018年第4期。

利于中日共建环境共同体。

其次,探讨"中日韩+X"合作机制。中日韩明确提出了今后在可持续经济、生态环保、减灾、卫生、减贫、人文交流等六大领域的合作方向。这些领域中日韩三国优势互补,将有力推动三国合作提质升级。目前,"X"选项既可以是与"一国/多国"合作,也可以针对具体领域开展合作。这种灵活的设计有利于三国凝聚积极共识,提升合作水平。

第三,探讨建立东亚北极合作机制。东亚各国在稳步推进东亚海洋治理的同时,加大在北极地区的合作。2017年中国国家领导人访俄时,明确提出建立"冰上丝绸之路"的概念,通过在北极航道合作,共同打造冰上丝绸之路。2018年1月,中国颁布了《中国的北极政策》白皮书,第一次全面阐述了中国的北极政策目标和基本原则,参与北极事务的政策主张。同年中俄两国领导人会晤时发表的《中俄联合声明》提出中俄要在北极可持续发展中进行合作。2019年,中俄签署了共建北极联合研究中心协议书,加强了中俄在北极海洋科技方面的合作。2019年中日韩作为非北极国家的主要代表,推动筹备并成功建立北极公海渔业管理组织。这些机制的建立成为中国参与全球海洋治理进程的重要一环,中国作为北极事务重要利益攸关方,积极依托北极航道的开发利用,共建"冰上丝绸之路,维护和促进北极的和平稳定与可持续发展",[1] 三方合作对全球海洋问题的解决发挥着不可或缺的作用。

---

[1] 《"海洋命运共同体"的内涵与外延——学界、业界专家从经济、生态、外交等维度深入解析》,《光明日报》2019年6月12日。

2. 扩大东亚海上风力发电合作力度

随着东亚经济的快速发展，未来将面临着很大的能源需求问题。但在创新驱动下，许多问题都可迎刃而解。东亚能源合作的难点和重点在中日韩三国之间的合作。如果能够在海上可再生能源方面实现三国共同生产、管理，以此方式建立东亚海上能源合作共同体将变得切实可行。欧洲已经普及海上风力发电，在推进规则制定和技术开发方面走在了前面，在11国拥有4000座以下海上风力发电机。在风力发电总发电量上英德已经超过10%。与此同时，欧洲还提出在非洲沙漠地区利用太阳能发电的构想。在非洲沙漠化地带铺设太阳板，生成电力后输往欧洲，从而成为欧洲稳定的可再生能源。这个设想需要两方面的革新，一是可利用的可再生能源，二是智能电网的存在。欧洲的这一设想将欧洲与非洲联结起来，形成比较紧密的能源共同体。欧洲的这一设想也可适用于东亚地区。

3. 东亚开展海上再生能源合作具有优势

东亚能源供给结构正发生转变，中国2018年可再生能源使用量增长12%，发电量增长27%。日本的电力消费量排名世界第四，海上风力发电不到1%，几乎为零。日本政府计划将可再生能源培育成主力电源，通过制定新法律和补贴制度支持海上风力发电事业。与其他可再生能源相比，大规模开发海上风力发电电量更加稳定。中日韩三国都签署了《巴黎协定》，这为东亚结成可再生能源共同体奠定了基础。东亚是拥有可再生能源的潜力发展区，根据日本东洋学园大学教授古屋力观点，东亚建立海上再生能源合作共同体的优势表现在：

一是东亚有现成的经验可以借鉴。东亚海上再生能源的合作，可借鉴欧洲一体化成功经验；二是以经济合作为动力正在稳步地推进东亚一体化的发展；三是东亚与同质化欧洲相比，更具多样化，意味着更加具有活力；四是具有成熟的技术；五是如果从海上再生能源合作的视角来构建一种新型的共同体，将具有重要的意义。在东亚海域，中日韩三国可以缔结东亚海上再生能源合作条约。三国约定在一个海域尝试建立海上风力发电站，三国共同出资、共同开发、共同管理，建立数万个浮动式海上风力发电站，通过超级电网输往出资国，以此方式使三国的能源结构发生变化，从而使东亚海域变成和平之海、友谊之海[①]。

（三）积极营造健康的东亚海洋生态圈，构建海洋生态共同体

海洋环境治理与生态修复是推进海洋生态文明建设的重要措施。涉及东亚海洋环境保护领域合作的内容很多，如红树林保护、沿海地区规划、珊瑚礁修复以及海洋垃圾污染防治等，但目前迫在眉睫的合作是对海洋塑料垃圾的治理。

一是以治理海洋塑料垃圾为试金石，构建海洋环境污染防治共同体。目前全球海洋里漂浮的塑料垃圾超过 1275 万吨。随着亚太捕鱼业的兴盛，海洋塑料垃圾排放量居前十位的国家有五个是东南亚国家，太平洋上的塑料垃圾岛是法国国土面积的 3 倍。废弃物中 99.9% 为塑料，其中 46% 为渔网。近年来，海洋中生活的鱼类、海龟和鲸体内陆续被发现有塑料瓶和塑料袋。曾经的洋垃圾最大接收国中国于 2017 年全面"禁塑"。发达国家的塑料垃圾开始涌

---

① 此观点根据日本东洋学园大学古屋力在中国社会科学院日本所 2019 年 8 月 14 日所做的报告《东亚低碳社会经济共同体构建的意义及实现的可能性》整理。

向东南亚等地,迫使东南亚国家紧随其后也相继颁布了"禁塑令"。2019年在日本大阪召开的G20峰会上,与会代表就2050年前将污染海洋的塑料垃圾减为零的目标达成协议。但如果处理废塑料技术不成熟,塑料垃圾将无法回收,为此加强海洋塑料垃圾治理的国际合作势在必行,这也是构建东亚海洋命运共同体的试金石。

二是建立保护海洋生物多样性合作机制。这方面卓有成效的是中国—东盟制定的"生物多样性与生态保护合作计划"。在东盟生物多样性中心的参与下,合作计划旨在提高双方解决生物多样性和生态保护具体问题的能力。合作内容主要包括遗传资源获取与惠益分享、滨海湿地生态保护和管理、红树林保护、泥炭地保护、生态系统和生物多样性的经济价值、陆源污染管理、管理与消除外来入侵物种、东盟遗产公园和自然保护区管理、生态友好城市发展等。合作计划支持中国和东盟成员国制订和实施国家战略和行动计划,以实现国际上一致同意的目标和任务,如《生物多样性公约》、《生物多样性战略计划2011—2020和爱知目标》、《名古屋议定书》等。

(四)以东亚沿海智慧城市、智慧海洋合作为主体形成海洋城市群建设

东亚各国沿海城市合作具有悠久的历史,特别是以缔结友好城市为纽带,城市间合作已经初具规模。城市是人类最持久最稳定的社会组织形式,目前东亚沿海大城市已经成为东亚各国占主导地位的人口和经济集群。这些大型沿海城市之间具有连通性。曾经彼此相距数百公里的城市如今事实上结合成巨大的城市群岛,如日本

的太平洋工业带，由东京、名古屋、大阪构成的特大都市圈容纳了日本三分之二的人口。中国的珠江三角洲也通过基础设施走向一体化，中国正围绕 20 多个大城市群组织建设，每个大城市群最多有 1 亿人口。韩国首尔的仁川机场周边建立起特别经济区，成为增长最快的经济地带。这些城市群已经构成由资本、人才和服务推动的超级网络。高速铁路、宽带电缆和海运航线将这些城市连通起来，东亚国家的经济发展由城市中心带动。

中国通过海上丝绸之路建设，通过亚洲基础设施投资银行、丝绸之路基金在沿线国家兴建铁路、管道和设施，并建立多个贸易走廊。中国的实践表明，基础设施建设是重要的公共物品，中国是全球领先的基础设施提供者。东亚沿海大的城市群可通过跨国贸易、运输走廊和跨境基础设施项目合作等促进东亚连通性方面合作，促进经济连通性成为 21 世纪国际政治的推动力量。[1]

近年来，智能城市概念和实践迅猛发展，如果能将智能城市发展与友好城市建设相结合，或将大大推进东亚两国民众交流的发展。一方面，通过智慧城市将友好城市之间的城市服务对接，使市民跨国出行更加便利化。推广城市之间共同使用的城市服务手机应用软件，开发东亚智能城市间互通的轨道交通扫码乘车软件，使市民免去跨国旅游时兑换货币，办理交通卡的繁琐程序。进一步推广跨国电子支付功能，使小额跨境电子交易便利化。另一方面，加强智能城市、智慧海洋建设合作，将海洋工业与海洋信息化深度整合，形成互联网＋时代的海洋形态，以东亚沿海智慧城市合作为主体形成海洋城市繁荣共同体。

---

[1] Parag Khanna, *Connetography: Mapping the Future of Global Civilization*, Random House, 2016.

（五）以文明交流互鉴为主要内容形成海洋文明共同体意识

总体而言，东亚之间因历史、领土等问题导致民众之间还存在着互信程度不高的问题。中国正在探讨建设海洋文明，通过"民意相通"带动海洋文明共同体建设。主要方式一是挖掘传统海洋文明。几百年来，中国利用海上丝绸之路向东亚各地输送中国的商品和文化。中国依托海洋文化传统，充分挖掘以涉海、遗址、古建筑等为代表的历史文化和以海岛生活习俗、节日庆典、体育活动等为特色的民俗文化，通过举办各类海洋文化节，带动了东亚文化的交流与互鉴。而海上丝绸之路建设又承载了东亚海洋文明建设的纽带，通过以经济合作为主线，以温和的方式，不断扩大朋友圈，扩大中国在东亚各国的影响力。二是通过移动时代的新媒体新技术，创新与扩大与东亚各国的交流方式。如微信、WIFI万能钥匙、共享单车和支付宝，由中国设计和制造，丰富了人们的日常生活，同时也影响了东亚的日常。一些社交媒体软件正在东亚各地广泛使用。中国的抖音、新加坡的BLGO和日本的mysta软件已经改变了人们的传统的生活方式。同时中国不断涌现的影视作品，也令他国民众看到中国人的生活方式。三是中国大批游客涌向东亚各国特别是各国滨海地区，旅游也成为中国与东亚各国文明交流互鉴的重要方式。

结语

在全球保护主义、单边主义、贸易霸凌主义盛行的当下，区域合作面临不确定性，但东亚海洋合作稳步提升，中国与东盟共同制定了《战略伙伴关系 2030 年愿景》，决定构建以政治安全、经贸、人文交流为三大支柱的多领域合作，在南海问题管控分歧方面凝聚更多共识，在 2018 年与东盟协商一致的基础上争取未来 3 年完成《南海行为准则》[①]。日本在 G20 大阪峰会上提出"大阪愿景即蓝色海洋愿景"，韩国设立 2018"海洋经济再腾飞元年"，东盟提出《印太构想》，将海洋合作置于首要位置，海洋合作的政治互信提高，海洋合作的政策基础不断强化。在东亚海上安全磋商机制中，中日海洋事务高级别磋商作为双方涉海事务的综合性沟通协调机制，成为在东亚建设海洋命运共同体的攻坚克难的突破口。双方外交、防务、海上执法和海洋管理等部门的人员将参加中日海洋事务高级别磋商，从而有助于增进彼此了解和信任。是为从初级合作向深层次合作推进的一个契机。东亚地区提升合作层次，维护好目前友好稳定的局面是东亚各国的共同愿望，进一步加强海洋安全磋商机制的建设符合双方的共同利益。为此未来可在中日现有海洋事务磋商机制的基础上进一步加强合作，提高磋商级别和磋商频率，加强互信，消除误会，减少双方对安全形势的错误判断，从源头管控风险，将冲突的可能性降至最低。同时尝试进行中日韩海洋事务磋商，为东亚建立海上安全共同体奠定基础。

后疫情时代的国际形势对东亚国家的海上非传统安全合作提出了新的要求。美国采取的对华打压与遏制政策，涉及领域广，作为美国的盟国面临选边站的矛盾。中日之间仍然存在着一些结构性的矛盾一时难以得到化解，领土、历史等问题仍横亘其中，特别

[①] 张全、杨瑛:《东亚合作"外交嘉年华"有哪些重头戏》，《解放日报》2019 年 7 月 31 日。

是近期日本以经济安全为名加大重要必需品产业回归的力度,采取措施限制核心产业流出,加大对外资审查和批准力度,经济政策更趋向保守。日韩之间也因历史、领土、贸易等问题矛盾重重。但东亚国家在维护东亚社会稳定,促进和平和合作方面具有共识和意愿。打造东亚地区的海上互联互通,注重加强地区海洋产业的转型合作,提升基于"智慧海洋"的蓝色公共服务能力,是面向全球海洋治理共同献出的东亚智慧。[①] 这符合东亚地区人民的共同利益,是东亚真正崛起的先决条件,只能由也必须由东亚人民自己完成。域外国家企图在亚洲制造亚洲均势,以某几个亚洲国家为支点制衡整个亚洲地区,其意图必然与亚洲一体化的精神相悖。而海洋的连通性和开放性,使得这一地区其他国家面对海洋问题时难以独善其身,"没有哪个国家能够独自应对人类面临的各种挑战,也没有哪个国家能够退回到自我封闭的孤岛"。[②] 东亚是当今世界最具活力和潜力的地区,海洋是东亚合作的与发展的重要载体,为此需要东亚各国以非传统安全合作为契机,形成海洋安全共识,加强制度和规则建设,促进海洋治理合作,共同确保海洋和人类社会的可持续发展。

[作者简介]葛建华,天津社会科学院东北亚研究所研究员。

---

① 张全,杨瑛:《东亚合作"外交嘉年华"有哪些重头戏》,《解放日报》2019年7月31日。
② 《中国共产党第十九次全国代表大会报告》,2017年。

"日本海／东海"名称的历史演变与韩国的对策[*]

金石柱　李琦锡

根据国际航道测量组织的规定,被朝鲜、韩国、日本、俄罗斯围绕的海域叫做"日本海"。然而,韩国方面却以"东海"名称称呼日本海。围绕着"日本海／东海"[①]的名称标记问题,韩国学界以及相关组织做了诸多努力。本文拟从"日本海／东海"的名称标记的历史沿革入手,探讨韩国方面的对策。此外,海域名称的国际分歧,侧面反映了海域内国家行为之间的互动模式。

一、关于日本海／东海名称的国内外研究动向

自20世纪70年代初,韩国对日本海／东海在国际上统被称为"日本海"事宜提出过质疑,韩国各学界对此进行广泛的研究。特

---

[*] 本文为国家社会科学基金重大项目"东亚历史海域研究"(18ZDA207)的阶段性成果。

[①] 本文探讨韩日在日本海地名上的不同见解,故并记两国主张的名称,即日本海／东海。

别是从 1992 年开始,韩国以官方名义向联合国等相关国际机构提出更正要求;1994 年正式成立"东海研究会",每年发表不少研究"东海"名称的韩国学者的论文,并定期召开与"东海"名称相关的国际学术会。但是"东海"名称出现在世界地图上的途径和在世界地图上消失的原因等问题尚待进一步深入研究。

针对上述问题,本文系统地整理了到目前为止对日本海/东海名称的起源和历史方面的研究成果,并且考察中国、俄罗斯、日本及欧洲的古地图中是如何标记日本海/东海的,以便了解其总体轮廓。此外,通过国际航道测量组织(International Hydrographic Organization:以下简称 IHO)了解"日本海"名称是从什么时候开始得到国际认可的。并介绍韩国为了标记"东海"名称所做的努力和今后对策。

在国际舞台上,"东海"名称成为热点问题始自 1992 年 8 月,亦即韩国政府在联合国地名标准化会议上正式提出"东海"名称之时。韩国大韩地理学会于 1992 年 11 月召开了"东海"地名相关的学术会议[1]。在该学术会议上共发表了 4 篇论文,从此韩国学界开始重视"东海"名称问题。此后,开始了对古地图上出现的"日本海/东海"名称的专题研究[2]。

1994 年 6 月,在美国纽约召开的联合国地名专家会中也谈论过"东海"地名标记问题。同年 9 月在首尔召开的北大西洋海洋保护会议(NOWPAP)上使用的资料中标有"日本海"的事实被媒体报

---

[1] 박영한, 특집 :「동해」지명에 대한 지리학 세미나, 대한지리학회지, 27(3), 1992:262-287.

[2] 노정식, 古地圖上에 나타난 東海(日本海)地名 研究, 대구교육대학교논문집, 28 집, 1993:259-279.

道后,东海标记问题再次成为韩国的热点问题。1994年11月韩国外务部(今外交通商部)在其属下设立社团法人"东海研究会",专门研究"东海"标记问题,并广泛收集相关资料。此后,关于"东海"名称的研究,通过收集中国、俄罗斯、日本、法国、美国、英国等国家的资料,从1995年5月到2019年7月为止,在14个国家共召开了25次的国内和国际学术会议,其间发表论文总数达500篇(参照表1)。

表1 韩国东海研究会举办的历届"东海"地名相关学术会议情况表

届次	举办日期	举办地点	论文数	参加国家、地区、国际组织及发表论文数
1	1995.05.24—25	韩国首尔	9	韩国(3)、中国(3)、俄罗斯(2)、日本(1)
2	1996.06.05—07	韩国首尔	6	韩国(2)、中国(2)、俄罗斯(2)
3	1997.06.11—12	韩国首尔	12	韩国(4)、中国(2)、联合国(2)、IHB(1)、俄罗斯(1)、日本(1)、以色列(1)
4	1998.10.27—28	韩国首尔	8	韩国(2)、中国(2)、俄罗斯(1)、美国(1)、匈牙利(1)、伊朗(1)
5	1999.10.26—27	韩国首尔	12	韩国(3)、中国(2)、俄罗斯(2)、日本(2)、美国(1)、南非(1)、联合国(1)
6	2000.08.16	韩国首尔	6	韩国(1)、俄罗斯(1)、美国(1)、法国(1)、挪威(1)、瑞典(1)
7	2001.11.01	韩国首尔	6	韩国(2)、中国(1)、俄罗斯(1)、日本(1)、蒙古国(1)

(续)

8	2002.07.24—26	俄罗斯海参崴	19	韩国(7)、中国(2)、俄罗斯(7)、日本(1)、法国(1)、英国(1)
9	2003.10.15—17	中国上海	16	韩国(6)、中国(4)、俄罗斯(2)、日本(1)、法国(1)、瑞典(1)、阿尔及利亚(1)
10	2004.11.04—06	法国巴黎	14	韩国(3)、中国(1)、俄罗斯(1)、日本(2)、法国(2)、英国(1)、阿尔及利亚(1)、以色列(1)、斯洛文尼亚(1)、匈牙利(1)
11	2005.10.06—08	美国华盛顿	16	韩国(5)、中国(3)、俄罗斯(1)、日本(1)、法国(3)、美国(2)、瑞典(1)
12	2006.10.19—21	韩国首尔	14	韩国(4)、中国(2)、俄罗斯(1)、日本(1)、美国(1)、约旦(1)、奥地利(1)、以色列(1)、瑞典(1)、保加利亚(1)
13	2007.04.26—28	奥地利维也纳	20	韩国(4)、中国(1)、俄罗斯(1)、日本(1)、美国(2)、以色列(1)、匈牙利(2)、阿拉伯联合酋长国(1)、约旦(1)、保加利亚(1)、奥地利(2)、德国(1)、法国(1)、南非(1)
14	2008.08.07—09	突尼斯突尼斯	26	韩国(7)、中国(2)、俄罗斯(2)、日本(1)、美国(3)、奥地利(2)、以色列(1)、南非(2)、法国(1)、英国(1)、约旦(1)、突尼斯(1)、保加利亚(1)、匈牙利(1)

（续）

15	2009.09.03—05	澳大利亚悉尼	15	韩国(7)、中国(1)、日本(1)、美国(1)、英国(1)、奥地利(2)、阿尔及利亚(1)、约旦(1)
16	2010.08.20—22	荷兰海牙	21	韩国(6)、中国(1)、匈牙利(1)、日本(1)、保加利亚(1)、美国(1)、荷兰(2)、斯洛文尼亚(2)、比利时(1)、南非(1)、英国(1)、奥地利(3)
17	2011.08.17—20	加拿大温哥华	28	韩国(11)、突尼斯(1)、加拿大(2)、美国(6)、俄罗斯(1)、阿尔及利亚(1)、奥地利(2)、日本(3)、匈牙利(1)、
18	2012.03.07—09	比利时布鲁塞尔	19	韩国(5)、奥地利(1)、阿尔及利亚(2)、南非(1)、比利时(4)、波兰(1)、越南(1)、英国(2)、荷兰(1)、伊朗(1)
19	2013.08.22—24	土耳其伊斯坦布尔	32	韩国(14)、奥地利(2)、匈牙利(1)、德国(1)、南非(1)、比利时(1)、克罗地亚(1)、斯洛文尼亚(2)、埃塞俄比亚(1)、苏丹(1)、肯尼亚(1)、土耳其(2)、美国(2)、阿尔及利亚(1)、埃及(1)
20	2014.10.26—29	韩国庆州	34	韩国(17+1)、美国(8)、阿尔及利亚(2)、奥地利(2)、英国(2)、俄罗斯(1)、匈牙利(1)、比利时(1)

(续)

21	2015.08.23—26	芬兰赫尔辛基	35	韩国(14)、奥地利(3)、波兰(1)、中国台湾(1)、德国(1)、芬兰(3)、丹麦(1)、英国(2)、匈牙利(1)、美国(5)、拉脱维亚(1)、荷兰(1)、爱沙尼亚(1)
22	2016.10.23—26	韩国济州岛	34	韩国(13)、美国(4)、英国(1)、澳大利亚(2)、芬兰(2)、奥地利(3)、加拿大(1)、阿尔及利亚(1)、丹麦(2)、日本(4)、法国(1)
23	2017.10.22—25	德国柏林	44	韩国(20)、德国(4)、美国(3)、阿尔及利亚(1)、奥地利(6)、丹麦(2)、波兰(2)、英国(3)、加拿大(2)、日本(1)
24	2018.8.26—29	韩国江陵市	25	韩国(15)、美国(4)、奥地利(3)、中国台湾(2)、印尼(1)
25	2019.7.28—31	美国亚历山大	29	韩国(15)、美国(10)、加拿大(2)、奥地利(1)、日本(1)

资料来源：韩国"东海研究会"网站。http://www.eastsea1994.org/.

东海研究会举办的历届国际大会上不仅讨论"东海"标记问题，也包括地名方面的其他论文，并且每次会议在邀请各国学者的同时，也邀请联合国的地名专家和在 IHO 专门从事地名研究的专家，其中包括韩国、中国、俄罗斯、日本、美国、英国、以色列、法国、德国、南非、阿拉伯联合酋长国、加拿大、沙特阿拉伯、蒙古国、约旦、以色列、保加利亚、匈牙利、挪威、瑞典、澳大利亚、奥地利、突尼斯、斯洛文尼亚等国家的学者。东海研究会通过举办这种会议，向韩国以外的专家学者宣传韩国对"东海"问题的见解和研究成果，并促进了各参会国家对"东海"标记问题的了解。从历届会议上发表的论文内容来看，大部分学者认为，相邻2个及以上国家的海域，用其中某一国的名称来标记海域名称确实存在问题。因此，韩国在每次会议后，呼吁相关国家应该通过协商加以解决问题。

二、"东海"地名标记的历史变迁

1. 韩国国内文献和古地图中的日本海/东海标记

韩国自古以来即在众多文献上把现今的日本海标记为"东海"。例如，从广开土王碑（或称好太王碑）（411年）开始，此后很多史籍史料如《三国史记》（1145年）、《三国遗史》（1284年）、《高丽史》（1452年）、《朝鲜王朝实录》（1454年）、《世宗实录地理志》（1454年）、《新增东国舆地胜览》（1530年）、《增补文献备考》（1908年）等中可以见到很多把日本海/东海标记为"东海"的记载。根据李相泰（1995年）的研究，在韩国历史文献中第一次出现"东海"名称是在《三国史记》"高句丽本纪始祖东明圣王记事"中。该记事中记载如下：

其相阿兰弗曰 日者天降我曰 将使吾子孙 立国于此 汝其避之 东海之滨有地 号曰迦叶原 土壤膏腴宜五谷 可都也 阿兰弗遂劝王 移都于彼国号东夫余

由此可知，"东海"名称从朝鲜三国时代之前就已经开始使用了。

"日本海/东海"名称的历史演变与韩国的对策

另外,李相泰①主张"东海"名称同韩国人的护国思想也有密切的关系,当时人们把"东海"名称看作韩国的别称。在朝鲜王朝时期,搜讨郁陵岛时,"东海"成为朝鲜国王和搜讨官们非常关注的对象。在《朝鲜王朝实录》中竟有150多处关于东海的记载。其中最多的是关于东海的地理位置、潮流、盐产、海啸等相关内容;其次为同祭祀相关的东海神祠的记录;另外,也有一些引用中国故事中的中国东海相关的记录。

现存的古地图中,关于日本海/东海的记录可分成全图和地方图来分析。朝鲜三国时代以后的古地图中,全图有好几种②,目前大部分失传,很难追查到了。加上部分地图中没有海洋名称或只标上"海"。韩国古地图中第一次标上"东海"名称的古地图是《新增东国舆地胜览》中的"八道总图"。"八道总图"中把东海、西海、南海标注在祭祀海神的神祠附近。高丽以后,在黄海道丰川设西海神祠,全罗道罗州设南海神祠,江原道襄州设东海神祠,在这些地方进行国家的中祀(参照《太宗实录》卷二八,太宗十四年八月二十一日—1414年山川祠典制度;《世宗实录》卷一二八,《五礼办辩祀》)。朝鲜时期襄阳东海庙是奉存守护和治理东海的海神之处,它在所有海神和江神祠堂中最为重要③。这意味着当时人们在东海、西海、南海中对东海的认识最为重要。

估计在18世纪编撰的官纂地图"舆地图"中收录的"我国总图"中,把日本海/东海标记成了"东海"④,另外,大约在18世纪70年

---

① 이상태,歷史 文獻上의 東海 表記에 대하여,사학연구,50 집,1995:473-485
② 이찬,한국 고지도,서울:한국도서관학연구회,1977.
③ 정영호,동해묘(東海廟)에 관(關)한 소고(小考),青藍史學,창간호,1997:1-12.
④ 이찬,한국의 고지도에서 본 동해,대한지리학회지,27(3),1992:263-267.

97

代或1789—1793年传抄的首尔大学奎章阁所藏的《天下都地图》中,把日本海/东海标记成"小东海"①。从中可知当时朝鲜王朝也普遍使用"东海"名称。但是18世纪编绘的《大东舆地图》中漏记了"东海"名称,对此,李相泰②认为因《大东舆地图》是木版图,没有位置刻上"东海"字样。而19世纪末和20世纪初编制的学校用地图中,对日本海/东海的标记混用着"大韩海"、"朝鲜海"、"日本海"等。

在地方图中也能见到标有"东海"的记录。16世纪编绘的《东国地图》中标记着"东抵大海",但1740年编绘的《岭南地图》和18世纪中叶编绘的官纂地图《西北界图》中均标记成"东海"。还有在首尔大学奎章阁所藏的18世纪以后编绘的《广舆图》《海东地图》《关东胜览》等地图中均使用"东海"名称③。

2. 中国、俄罗斯、日本古地图中的日本海/东海标记

据中国文献记录,从后汉到两晋、南北朝、唐代为止,日本海/东海没有固定名称,只把它认识成"海"、"大海"、"东抵大海"。特别是《旧唐书》卷一九九中的《高丽传》《新罗传》《日本传》和《新唐书》卷二一九中《黑水靺鞨传》及卷二二〇的《高丽传》中,只使用"大海"或"海"等总称。但是《新唐书》卷二一九《渤海传》中标记成"南海"。《初学记》卷六中把日本海/东海记录成"渤海"或"沧海"。此后,中国的辽代(916—1125年)和宋代(960—1279年)称之为"东海",元代(1271—1368年)和明代(1368—1644年)因

---

① 이찬, 同上论文.
② 이상태, 고지도를 통해 본 독도의 영유권, 독도연구, 15 집, 2011:33-58.
③ 양보경, 규장각 소장 고지도로 본 동해 지명, "동해"지명에 관한 국제학술세미나 논문집, 1995:131-144.

在日本海／东海上鲸鱼较多，一度称为"鲸海"。清朝时期把日本海／东海北部称为"东海"，其南部称为"南海"。"鲸海"名称出自《环宇通志》，《满洲源流考》(1778年)中"鲸州之海"中，其意为"鲸州之海"[①]。此后，曹廷杰在1885年(光绪十一年)编写的《西伯利东偏纪要》中开始混用"日本海"和"东海"。这是在中国第一次使用"日本海"名称。

中国古地图中标记"东海"的时期大致是辽代和北宋时期。最典型的地图是元代1265—1274年编绘的《舆地图》。该地图中日本被画成小岛，朝鲜半岛画成大陆东侧边缘的一部分，剩余的东侧海洋标记成"东海"。即把现今的黄海和中国东海以及日本海／东海统称为"东海"。这种传统自12世纪在石头上画的《华夷图》(1137年)中第一次发现后，到16世纪《四海华夷总图》中把朝鲜半岛轮廓准确地画出之前一直延续。

目前为止，在中国保存下来的世界古地图中，历史最悠久的是把明代意大利耶稣会传教士利玛窦(Matteo Ricci)所藏的世界地图翻译成中文后，于1602年在中国板刻的《坤舆万国全图》。该地图把日本海／东海标记成"日本海"。当时大部分地图把中国的东侧海洋标记成"东海"，但是该图中则标记成"大明海"。这意味着当时编绘该地图时考虑到明朝和日本国名，因此把现今的中国东海和日本海／东海各标记成"大明海"和"日本海"。况且，该地图是外国人在中国翻译后制图的，因此他们可能不太了解在朝鲜半岛把日本海／东海标记成"东海"的传统。并且，当时西方人获取日本的信息比获取朝鲜半岛信息更为容易，因此，我们认为利玛窦在制图

---

① 陈才,安虎森,일본해(동해) 지명의 기원-우리의 관점, "동해" 지명에 관한 국제학술세미나 논문발표, 1995:34-53.

中把日本海/东海标记成了"日本海"。

但是，该地图对此后的中国地图制作中并未产生深刻的影响。之后，中国人制作的地图中出现"日本海"名称的地图有好几个。它们依次是1875年邝其照编绘的《地球五大洲全图》、1886年陈兆桐编绘的《万国舆图》、1894年编著的《中外地舆图说集成》中的《亚洲全图》、1911年王先谦编著的《亚洲地理志略》第一卷收录的《悉业尔全图》等[①]。当时中国的地图主要参照英国和法国等西方国家的地图，或参照从日本引进的地图来编绘地图。所以，进入20世纪以后，把现今的日本海/东海标记成"日本海"的地图日益增多。

从上述分析中可知，在中国很长一段时期，把现今的日本海/东海标记为"东海"，但是到19世纪末之后逐渐开始用"日本海"来代替"东海"。但是在政府层面的正式文件中，第一次使用"日本海"名称的是日俄战争（1905年）时期签订的日俄《朴茨茅斯条约》。从此，中国的政府文件中开始通用"日本海"名称[②]。

1943年7月19日，在中国重庆召开的六个主要学术团体（中国科学社，中国地理学会，中国植物学会，中国动物学会，中国气象学会，中国数学会）年度总会上，地理学会会员张国钧提出过把"日本海"标记成"太平海"的议案。虽然他的议案没有得到通过，但是大部分会员认为应该进行更名[③]。此后，于右任于1947年主张

[①] 奚国金, 역사상 중국동북부의 민족과 일본해 명칭의 변화, "동해"지명에 관한 국제학술세미나 논문발표, 1995:17-31; 杨宁一, 일본해（동해）명칭의 역사와 그 표준화의 몇가지 문제, "동해"지명 표준화를 위한 국제 세미나, 1997:130-146.

[②] 朱士光, 중국 역사문헌에서 본 청말 일본해 명칭의 변화, "동해"지명 표준화를 위한 국제 세미나, 1997:52-64.

[③] 《中央日报》1943年7月20日。

使用"太平海"①,而反对使用"日本海"名称。1948年发行的《最新中外地名辞典》中,日本海/东海收录成"太平海"。但是,该名称在中国没有通用。

俄罗斯开始编绘该地区地图的开端是,1639年第一次到达太平洋沿岸以后。即俄罗斯人到达欧亚大陆东部的17世纪至18世纪初为止,把欧亚大陆东部海洋命名为"Vostochnoe More-Akiyan(Eastern Sea 或者 Ocean)"。1687年尼可·维特森(Nic Witzen)在《东北鞑靼》(*Noord en Oost Tartarye*)中把日本海/东海标记成"东洋海(Oceanus Orientalis)",1725年在N.戈曼(N.Goman)的地图中标记成"东海(Eastern Ocean)",1734年伊凡·基里洛夫(I.Kirilov)也标记成"东海(Vostochnoe)"。在俄罗斯具有权威性的圣彼得堡科学院(Peterbourg Academy of Sciences)于1737年出版的亚洲地图中标记成"韩国海(Kopeckoe Mope)"。此后,在俄罗斯从18世纪后期到19世纪初期间编绘的代表性的地图中,均把日本海/东海标记成"韩国海"②。

但是第一次探险日本海/东海的俄罗斯人A. J.克鲁申斯特恩(A. J. Krusenstern, 1770—1846年)于1813年绘制的《大西洋西北部海图》(*Chart of the Northwest Part of the Pacific Ocean*)中沿用了于1787年第一次探险日本海/东海的法国人拉彼鲁兹(La Perouse)绘制的地图中标记的"日本海"名称。之后很多俄罗斯地图延

---

① 杜祥明,일본해 명칭에 대한 예비조사 연구, "동해"지명에 관한 국제학술 워크샵 주제발표, 1996:2-5.

② Alexei V. Postnikov, "The History of Russian Names for Seas, with the Special Reference on the Development of the Korean (Japanese) Sea Presentation on Maps (Seventeenth through nineteenth centuries)," *Proceeding of The International on the Geographical Name of "East Sea"*, Seoul, May, 24-26 1995, pp.36-61.

续了这一标记。但是俄罗斯政府于1844年发行的正式地图中也把日本海/东海标记成"韩国海"。

18世纪以前，在日本绘制的大部分古地图中没有对日本海/东海的固定称呼。但是到了18世纪以后，在日本绘制的权威性的古地图中，大部分在1870年为止把日本海/东海标记成"朝鲜海"。1807年高桥景保受幕府之托于1809年编制的《新镌总界全图》中收录了《日本边界略图》。该地图被评价为日本当时汇集周边地区最新信息的地图。①该地图中把日本海/东海标记成"朝鲜海"。还有1810年高桥景保的《新订万国全图》、1838年阿部喜任的《万国全图》、1850年杉田玄端的《地学正宗图》、1855年松田绿山的《地球万国全图》、1870年的《明治改订·万国舆地分图》等地图中，均把日本海/东海标记成"朝鲜海"②。但是，此后出版的日本地图中，则均标记成"日本海"。这意味着日本政府开始介入日本海/东海标记问题。1871年桥本澄月的《新正舆地全图》中日本海/东海标记成"日本海"。因此，可以断定在日本大约从19世纪末开始使用"日本海"名称。从此，在日本出版的地图中看不到"朝鲜海"标记。同时在中国的地图中也开始出现"日本海"名称③。

3. 西方古地图中的日本海/东海标记

欧洲地理大发现以后，西方各国绘制了大量的各地地图。但

---

① 天理大学附属天理图书馆编：『古地圖の中の日本』，東京：天理Gallery、1993年.

② 任正爀，日本海"朝鮮海"——圍繞名稱的歷史經緯，朝鮮科學文化へのアプローチ，東京：明石書店，1995，209-223；青山广夫，고지도로 본 일본해 호칭，"동해"지명에 관한 국제학술세미나 논문 발표，1995:88-102.

③ 이기석，동해 지리명칭의 역사와 국제적 표준화를 위한 방안，대한지리학회지，33(4)，1998: 541-556.

是，绘制日本海／东海地区的地图相对较少，并且大部分地图均为描绘现有地图而成的。因此，在日本海／东海标记问题上很难评价欧洲古地图的重要性。另外，西方地图在海洋和海的名称方面，无序混用多种名称，很难发现一贯性和准确性。但是，地理大发现后，西欧制作的古地图中，朝鲜半岛的轮廓逐渐清晰，并且通过实地探测以后，标记日本海／东海地名的地图逐渐增多。因此，通过分析这些地图，能够较客观地了解日本海／东海标记的变迁过程。这些地图主要包括第一次进军亚洲的葡萄牙探险家和商人们留下的古地图、法国探险家通过探测日本海／东海沿岸后绘制的古地图、英国进军亚洲后绘制的地图以及瑞典、意大利、德国等国家从15世纪至18世纪绘制的古地图等。

地理大发现后，在欧洲发行的古地图中，第一次出现日本海／东海的地图是1615年葡萄牙的Godhino de Eredia绘制的地图，该图把日本海／东海标记成"韩国海（Mar Coria）"[①]。英国探险家罗伯特·达德利（Sir R. Dudley）于1646—1647年在佛罗伦萨出版的 *Asia Carta Di Ciasete Piu Moderna* 和 *Carta Particolare della Isola de Giapone* 中把朝鲜半岛沿岸标记成"韩国海（Mare di Corai）"。但是该时期的欧洲古地图中朝鲜半岛的轮廓并不准确。一般来说，17世纪出版的大部分欧洲古地图的特征是使用多种地名[②]。

法国地理学家绘制的包括朝鲜半岛在内的地区的地图研究表明，法国的地图对18世纪欧洲地图产生了深刻影响[③]。欧洲

[①] 서정철, 김인환, 동해／일본해 관련 모든 명칭의 배경과 그 지명학적 지위, 월간조선, 2013(1):520-533.

[②] 이기석, 발견시대 전후의 동해의 인식, 대한지리학회지, 27(3), 1992:278-283

[③] 백성현, 동해 표기에 있어 18C 프랑스 지도의 중요성에 관한 고찰, "동해" 지명에 관한 국제학술워크샵 주제발표, 1996:17-35.

第一次标记日本海／东海名称的地图是 1679 年塔韦尼埃（Jean-Baptiste Tavernier）利用中国旅行中获取的信息绘制的日本地图（Carte Des Isles Du Japon），该图把日本海／东海标记成"OCEAN ORIENTAL"和"MER DE COREER"。从 17 世纪后半期开始，在天文学界最负盛名的卡西尼（Cassini）家族，通过 4 代努力绘制的地形图和世界地图使法国成为在标准地图制作领域中最具权威的国家。特别是，纪尧姆·德利勒（Guillaume de Lisle）利用卡西尼家族收集的资料绘制了世界地图。他们制作的地图至今仍被视为最具权威的地图。纪尧姆·德利勒同当时中国地图专家唐维尔（Jean-Baptiste d'Anville）和其女婿菲利浦·布亚赫（Philippe Buache）一同绘制了不少地图。这些地图中，对日本海／东海进行了如下标记：1700 年制作的地球仪中标记成"MER ORIENTALE"；1705 年的亚洲地图中标记成"MER ORIENTALE"和"MER DE COREE"；1723 年的亚洲地图中标记成"MER DE COREE"；1740 年的《新世界地图》中标记成"MAR DI COREA"；1782 年在东半球图中标记成"M. de Coree"；1800 年 Dezauche 修订出版的《亚洲海图》（Carte D'Asie）中，将日本海／东海标记成"Mer de Coree"。但是 1805 年地图中的标记则变成了"MER DE COREE ou du Japon"。总之，大约 1 个世纪以来，法国的比较权威的地图中，对日本海／东海标记保持相对一致性。这意味着当时他们所获取的该地区的信息是比较准确的[①]。

约瑟夫·N. 德利勒（Joseph N. de Lisle）探险归来后，于 1750 年出版了《北大西洋地图》（Map of the North Pacific），他在该地

---

① 백성현, 동해 표기에 있어 18C 프랑스 지도의 중요성에 관한 고찰, "동해"지명에 관한 국제학술워크샵 주제발표, 1996:17-35.

图中也把日本海/东海标记成"MER DE COREE"。他把探险中收集的资料送给在巴黎的地理学家唐维尔后,于1732年、1735年、1737年出版过多张地图。该时期是将通过探险或考察收集的资料首次反映在地图制作中的时期。估计当时在法国出版的迪迪埃·罗伯特·旺戈第(Didier Robert de Vaugondy)的《日本》(*LE JAPON*)(1749)和尼古拉斯·贝林(Nicolas Bellin)的 *JAPAN WITH EZO AND KAMCHATKA*(1752)地图中均把日本海/东海标记成"MER DE COREE"是因为受唐维尔的影响。

从以上分析可知,在法国,日本海/东海名称在1708—1716年间是通过传教士传播的信息来标记的,之后的名称是通过实地考察的信息来标记的。

当时英国的地图制作技术稍落后于周边国家,英国的地图制作受瑞典和法国的影响。因此,18世纪初英国出版的大部分地图把日本海/东海标记成"Sea of Korea"。1680年代在英国绘制地图的瑞典人赫尔曼·莫尔(Herman Moll)于1710年和1712年在伦敦出版日本地图时把日本海/东海标记成"Sea of Corea"。之后,伊曼纽尔·博文(Emanual Bowen)于1744年、1747年、1752年、1760年出版的《世界地图册》(*A Complete Atlas*)中,在亚洲和日本部分的地图中,均把日本海/东海标记成"SEA OF KOREA"。1771年首次出版的《大英百科辞典》中的亚洲部分也把日本海/东海标记成"SEA OF KOREA"。由此可知,当时英国和法国对日本海/东海使用同样的名称。

但是,亚伦·阿罗史密斯(Aaron Arrowsmith)于1790年设立地图制作所,并出版 *A Chart of the World upon Mercator's Projection, Showing all the New Discoveries, …with the Tracts of the Most*

Distinguished Navigators Since 1700 后，于 1798 年和 1799 年连续出版过世界地图。他在这些地图中，把日本海/东海标记换成"SEA OF JAPAN"。《大英百科辞典》也于 1817 年出版的修订版中把"东海"标记换成"日本海"。

到 19 世纪初，欧洲各国的地图受新探险地图的影响，把"东海"标记成"日本海"的频率开始增多。尽管如此，到 19 世纪中叶为止，国际上曾混用过"东海"和"日本海"名称。目前为止，对现存的诸多古地图尚未了解的状况下，很难找出到 19 世纪后期为什么日本海/东海名称逐渐变成"日本海"的原因。但是可以肯定的是，日本非常重视国际交流。他们从 1560 年代开始同葡萄牙进行交流，1641 年开始接受来自瑞典的传教士和商人。1832 年滞留在日本长崎的德国医生 P. F. 冯·西博尔德（Philip F. von Siebold）翻译高桥景保的地图后，在德国出版该地图，1840 年，则利用日资料在欧洲出版了《日本帝国地图》(*KARTE VOM JAPANISCHEN REICHE*)，由此，"日本海"名称逐渐传播到欧洲。

三、"日本海"名称的国际标准化过程

世界地图上"东海"名称逐渐消失的时间大约为 19 世纪后半叶。进入 20 世纪后，朝鲜半岛沦为日本殖民地，因此在韩国出版的教科书里均把日本海/东海标记成"日本海"。至少在过去 100 年间，对"日本海"名称在国际上通用的过程有过不少争论。韩国为了了解该过程，进行过古文献和古地图中的地名研究。但是由于难以收集相关国际机构的资料，相关领域研究停滞不前。特别是国际上"日

本海"名称正式通用的时期正是韩国被日本吞并的时期。因此，相关资料的搜集更为困难。并且，到目前为止也没有搜集到中国和俄罗斯在当时作出何种反应的资料。所以到目前为止，包括联合国在内的国际社会所认可的关于海洋和海的名称基本上遵循1919年确立的IHO的命名原则。

国际上对海洋和海的名称进行规范化的时期是成立IHO的1919年。设立该机构的契机是为了确保国际航海安全和航道业务的规范化，于1899年和1912年在华盛顿和圣彼得堡召开的国际海洋大会（International Maritime Conference）。IHO成立后，1919年在英国伦敦召开了第一届IHO大会，并于1921年成立国际海道测量局（International Hydrographic Bureau，即IHB）。当时参加第一届IHO大会的国家共有24个。日本当时派海军军官左近司政三和山口熊平以及政府官员溱一磨参加此会议，该会裁定了关于海岛和海洋界限的重要决议案，其中海岛部分（Section I.-CHARTS, P）中同海洋和海的名称标记相关的决议内容如下（IHO，1920）：

> 对海洋或海的名称的转录，相关部门进行磋商的结果如下：
>
> Ⅰ. 一致同意采用直译而不采用表音法。
>
> Ⅱ. 一致同意对于没有地名标注标准的国家和岛屿采用受影响国的官方转录方法。
>
> Ⅲ. 一致同意对于那些不使用罗马字符的国家，成立国际水路组织后，应尽快制定国际地名音译和转录系统。

据该决议案，地名并非是标音的标记，而是文字的标记，在地名标记中没有正式标记法的国家应该采用目前受统治的国家的标记法，没有罗马标记法的国家应尽早准备国际标记体系。该决议案是把全球所有海洋和海的名称统一起来的第一次尝试。

根据该决议案，1922年9月以后，各成员国把负责命名海的名称的政府机关或研究所（即联络处）正式上报并登记到IHB（Circula-Letter No.36 of 1922, Transcription of Place-Names, 1922.9.28）。据此，各成员国向IHB报告的相关机构目录于1924年11月刊登在IHB事务局发行的正式刊物上。日本在该报告书中明确表示同海相关的名称是由政府来决定，并把日本帝国海军水路部定为日本的联络处。[①]

另外，1919年的会议上又通过了《关于海洋界限的决议案（Resolution, Section IV-B）》（IHO，1920）。其内容如下：

"为了使航海指南和灯标表一致而制定地理航海通报（航路告知）的建议案"

同意划定封闭海的界限是可取的，并且应该说明连接两个封闭海的海峡应该划入哪个海域。

根据上述决议案，各成员国向IHB递交了关于海的界限的资料。1923年2月13日IHB将这些资料汇编成试行方案，又以传阅书信（No.I-H of 23）的形式发布给各成员国，询问对IHB的决定和提案有无意见。该试行方案第一次把日本海／东海标记成"日本海"，供各国传阅。

该传阅书信中共登记了48个海洋和海的界限和名称。至此，在国际社会上"日本海"名称代替"东海"名称，并从1923年2月15日开始在各成员国中传阅。之后，各国对该试案的意见体现在

---

① 이기석, 동해 지리명층의 역사와 국제적 표준화를 위한 방안, 대한지리학회지, 33(4), 1998: 541-556.

1926年10月26日至11月10日在摩纳哥召开的第二届国际海道会议纪要中，该会议纪要对"日本海"名称没有任何异议（IHB, Report of the Proceedings, 1926）。只是部分国家有小的修改意见，如日本提出了对"Japan Sea"东南和东北侧界限进行修改的意见。在1926年的会议中对各国提出的修改案并没有形成定论，决定事后再讨论。此后，事务局提出了修改案的地区界限后，于1929年在摩纳哥召开的第一次国际海道特别会议上提出"Spec. Pub. No 23（1928年8月出版）Limits of Oceans and Seas"议案，并得到正式的承认（IHB, Report of the Proceedings, 1929）。

至此，国际社会从1929年开始把日本海/东海正式命名为"日本海"。此后，国际社会于1937年和1953年曾两次对《海洋和海的界限（Limits of Oceans and Seas）》进行过改版，但未对"日本海"名称提出异议。1977年4月份召开的IHO会议上，决定把1953年版修改后，将其作为第4版出版，1986年修改版完成，但是该版未得到一半以上的成员国同意，没能按时出版（IHB, 1986）。

另外，目前划定的"日本海"范围同1929年出版的《海洋和海的界限》里划定的范围相一致。当时"日本海"里包括目前韩国的南海。直至今日，韩国的南海在国际上未被认为是独立的海。至此，目前在韩国南海岸发生的所有海上事故均被认为是在日本海上发生的。

四、韩国向国际机构请示"东海"标记

从20世纪70年代开始，韩国的不少学者和市民通过学术界

和新闻媒体不断地提出"日本海"名称的不当性。1991年,韩国和朝鲜加入联合国后,1992年在第六次联合国地名标准化会议上提出修改"日本海"名称问题的议案。对此联合国地名标准会议敦促相关国家进行协商,但日本对此提出反对意见。此后,韩国于1994年和1996年分别在纽约和日内瓦召开的联合国地名专家会议中,向各成员国宣传"日本海"名称的不正当性。

其间,自1994年以来韩国政府的相关机构(韩国国立海洋调查院)向 IHB 提出修改"日本海"标记的请求,并且,还向 IHO 成员国要求使用"东海"标记。韩国政府于1997年4月14日—25日在摩纳哥 IHO 总部召开的 IHO 第十五次会议上,指出《海洋和海的界限》中"日本海"标记的不正当性,同时正式要求并列标记"日本海"和"东海"。另外,IHB 也从1972年以来,裁定关于地名标记的自行决议,并适用在国际上的地名标记中。另外为了地名的国际标准化,IHB 还沿用着1974年采纳的地名标准决议案,该决议案中规定,位于几个国家共同海域的海的名称不能通用于单一名称时,在出台新名称之前,应列标记相关国家现用的名称。

该修改版比较充分反映了韩国政府的要求,但是因同日本的交涉失败,把标有"Japan Sea"的水域部分(7-16和7-17页)予以空白处理,待相关国家之间达成共识后再在修改版里反映,并把修改版传阅给成员国,等待它们的投票。但是 IHO 执行委因受日本的干扰,突然取消了投票。之后,韩国为了通过 IHO 解决"东海"标记问题,做了不少努力,但总是遭到日本的强烈反对。因此,迄今为止,所有的同海道相关的世界地图均把日本海/东海标记成"Japan Sea"。

第四版 *NAMES AND LIMITS OF OCEANS AND SEAS* 的出版工作失败以后,国际社会开始重视地名标记争端问题,为了圆满解决问题，不少国际专家开始活动，其中韩国东海研究会在海参崴、上海、巴黎、华盛顿、维也纳、首尔、突尼斯、悉尼、海牙、赫尔辛基、柏林等地组织召开了关于"东海"名称的国际会议，通过这些会议广泛宣传了"东海"地名的正当性，对强调地名研究和标准化的重要性起了关键作用。值得肯定的是，通过韩国政府和民间的不断努力，不少民间部门出版的地图中，开始并记"日本海"和"东海"。

2007年在联合国地名标准化会议上，IHB对修改版出版问题提出了新的建议，该建议提出出版修改版第一和第二卷，第一卷里应包括成员国之间达成一致的没有分歧的内容，有分歧的部分通过当事国之间达成一致后再出版第二卷。但该方案因日本的反对没有得到实施。

2007年韩国政府为了解决该问题，在2007年召开的IHO总会上提出了设置讨论最终修改版工作组（Working Group）的建议，该建议被IHB接受，于2009年1月12日设立了修改工作组，并于6月份召开了第一次会议，结果7年前被取消的修改版出版问题再次成为相关国家的焦点问题。

在日本海/东海名称问题上，韩国希望外国使用的地图中把日本海/东海标记成"东海"，日本希望外国使用的地图中把日本海/东海标记成"日本海"，通过韩国这几年的努力，标记东海或并记两个名称的地图不断增加。据日本外务省2000年对60个国家392幅地图进行调查的结果显示，97.2%的地图上单独标记了"Sea of Japan"，到2005年，据日本对61个国家116幅地图的调查结果显示，18.1%的地图并记了两个名称；对67个国家的包括教材和教育用地图331幅的调查结果显示，10.8%的地图并记了两个名称。2007年，据韩国政府的调查，75个国家353幅地图中并记的占23.8%。对金砖国家（日本除外）地图调查结果显示，50.4%的地图并记了两个名称[①]。

五、韩国今后的战略

韩国为了在国际舞台上获得"东海"地名的正当性，政府、学界、民间等各界做出了不懈的努力，也取得了一定的成就。但是还没有达到最终目的，今后还有很长的路要走。至此，各界也提出了不同的战略。

首先，在政府设置类似于美国地名委员会功能的机构，使其不仅拥有国内地名的命名、变更和审议、决定的权力，同时，拥有制定海外地名有关原则和章程，以及使用地名程序等权力。

其次，对东海标记变化问题进行深入的研究。在韩国"东海"标记问题成为关注的热点以后，各学科部门进行了广泛的研究，但是这些研究没有形成一个系统，没能究明东海固有标记的历史变迁过程，国外对东海的研究更是如此。到目前为止，"东海"标记研究还应进行如下的研究：经历地理大发现的过程中英国和法国开始使用"Sea of Korea"或"Mer du Coree"名称的原因和经过；查清18世纪末改变日本海/东海标记的具体过程问题；1850—1870年代日本在地图制作中对日本海/东海标记的政策如何变化问题；20世纪初日俄战争时期，在国际文件上如何强加使用"日本海"标记问题；美国地名委员会在1930年代初期把"日本海"标记作为标准地名的过程；IHO于1919—1928年把海洋和海的名称进行标准化过

---

① 한국연합뉴스,세계지도서 동해/일본해 병기 사례 급증,2010년 1월 12일.

程中,是否同日本、中国、俄罗斯进行过政治上的沟通问题等。此外,积极收集和分析收藏在世界各主要国家图书馆和博物馆的古地图,对日本海/东海名称变更进行更加宏观角度的研究。为了对上述问题进行研究,韩国政府应该筹集特别研究基金或韩国学术振兴财团将其指定为长期课题,不同学科部门的学者们进行长期的合作研究,还应同中国、日本、俄罗斯等国家的学者们进行广泛的合作研究。没有这种努力的话,很难找回"东海"名称。

第三,制定应对国际机构和相关会议的对策。韩国政府应在各种国际机构会议上持续反映"东海"标记的正当性,并为下次出版的《海洋和海的界限》上并记"东海"和"日本海"名称做全方位的努力。为了完成这种外交任务,在韩国外交通商部内应设立专门承担"东海标记"问题的课题执行组"Task Force Team",以便在国际机构和相关会议上发生"东海"标记问题时及时承担业务,这会大大提高办事效率。另外,目前在联合国地名委员会上存在的一个问题是朝鲜主张的"朝鲜东海"标记问题。朝鲜政府的这种态度同韩国政府的主张有一些区别。为了达成韩国和朝鲜之间的共识,两国政府应该进行广泛接触,尽早解决问题,以便在国际机构或相关会议上两国处于更加有利的地位。

第四,加强宣传活动。通过韩国政府的多年的努力,目前部分地图出版机构开始并记"东海"和"日本海",为了使更多的国家采取行动,应该加强宣传活动。其中之一就是努力使世界各国的主要新闻媒体使用"东海"名称。还有在中国、日本、俄罗斯等国召开"东海"名称相关的国际学术会议,使这些国家了解"日本海"名称的不当性。为此应该进行国际合作研究,首先韩国同中国共同编辑、制作英文版《东亚全图》,如果这项工作成功的话能够制定解决"东海"名称的方案。韩国建国以后从政府角度出版过一些英文版的小比例尺地图,如1956年公报室(Office of Public Information)出版了 The New International Map of World 1:1,000,000 地图,1966年韩国国立地理院出版了 The New International Map of World 1:1,000,000 地图,1997年出版了 Korea and Vicinity 1:3,000,000 地图。另外,从民间角度,1996年成地文化社出版发行了 Map of Korea 1:1,250,000,韩国海洋水产部也制作过相关海图,并向世界各国发行。但是这些地图在国际社会上的说服力比较差,因此需要发行政府角度的《国家地图集》,于是韩国政府于2009年正式出版发行了英文版的《韩国国家地图集》(The National Atlas of Korea),该地图的出版在全球范围内宣传韩国地名,特别是宣传"东海"和"独岛"名称上起到了重要的作用。

2020年11月,IHO通过线上会议提议,全球水域名称不再用"中国东海"或"鄂霍次克海"之类的名称,而用"数字体系"(a system of unique numerical identifier)来取代。如果该提议获得通过的话,IHO今后使用"数字组合"而不是"海洋名称"来指称特定水域。即维持IHO的海图制作指南(S-23)的基础上,引进符合数字化时代的新的指南(S-130)。至此,韩日双方围绕日本海/东海名称僵持20多年的各方争执将以微妙的"平局"告终。对此,韩国外交部声明:"此次决定虽然与韩国政府为了并记'东海'名称所作的努力有些偏差,但是比较公平地表达韩日两国立场的方案,随着S-23被新的指南 S-130 代替,'日本海'名称的标准地位下降了。"[①]

---

① 한국연합뉴스, 동해병기노력 23년만에 '절반의 승리'… 이제부터 한일진검승부, 2020년 11월 17일.

从上述分析中可知,韩国为了"东海"地名在国际舞台上得到认可,做出了不懈努力,并取得了一定的成果。这种努力虽然有些偏激(其实,"东海"名称也是站在韩国或朝鲜半岛立场上的地名,并非具有普遍的适用性),但是他们为了国家利益,在国际舞台上所做出的努力是值得我们学习和借鉴的。我们国家虽然是个海洋大国,但在海洋相关领域(如海洋资源开发、海底地名命名、海洋经济发展、海洋环境保护等)还要做很多努力,在此过程中应该多借鉴周边重视海洋事业发展国家的经验。

[作者简介]金石柱,朝鲜族,延边大学地理与海洋科学学院教授。李琦锡,韩国首尔大学名誉教授。

东北亚海域"海上命运共同体"的构建基础与进路

陈秀武

在东北亚海域,以相似的心理为前提的"共同体意识"、相同的海洋生态环境、相近的人种以及共同质性的海洋文化等,是构建"海上命运共同体"的历史基础;以东北亚五国为主的区域合作开发、以"经济圈"命名的国际合作研发机构、以"东北亚"命名的学术机构以及时下开拓北极航线的实践等,是构建"海上命运共同体"的现实基础。发挥历史与现实基础的效用,将"海上命运共同体"的精神内核进行哲学化阐释、制定域内国家遵守的海上国际法、导入"可计算一般均衡"模型划分域内经济体的相关利益以及以开辟"北极航线"为牵引等,是构建"海上命运共同体"的有效途径。围绕该主题的探讨,对"海上丝绸之路"与"冰上丝绸之路"的建设,具有重要的现实意义。

21世纪即将迎来第三个十年的历史转型期,站在全球化反动立场的"逆全球化"现象出现了。它以西方民主政治遭遇的重重危机和以美国的霸权主义给世界体系带来的混乱为背景;以西方多数国家混淆"爱国主义"与"民族主义"的概念边界,将二者对接起来,强调民族利益至上为外在表现。尤其是2017年以来,在全球范围刮起了民粹主义之风,使得传统民主政治被肆意践踏。对此,法国总统马克龙在纪念一战结束百年的演说中曾强调:"民族主义是对爱国主义的背叛。民族主义将自身的利益置于首位,我们正在因此失去最重要的道德价值观。"[①]他在批评相关国家领导人时指出,过分强调民族利益反而延缓了全球化历史进程。

这些"逆全球化"动向,主要外化为国内的强权政治以及外交上的封堵政策。例如,美日执政党为达到集中权力的目的而实行的"选举独裁制"、美日联手推行世界霸权战略、美日联手的"印太构想"等。这一国际形势给世界的和平安全带来了威胁。在东北亚海域,这一国际形势与朝核政策纠缠在一起,使得东北亚地区的海域形势愈趋紧张。有鉴于此,抵制"单边主义"与"威权主义",以东北亚海域为场域,探讨"海上命运共同体"的概念、构建"海上命运共同体"的基础与进路,是本文立论的真实命意所在。

一、东北亚海域"海上命运共同体"的内涵与外延

安德森提出的"想象共同体"概念,在不断被演绎与传承过程中,强化了全球范围内"共同体"意识。从字面意义分析,"共"具有共同利益、共同目标以及共同发展趋向等含义,"同"则具有"同质性"与"大同小异"等不同阐释,"体"则具有"整体""一体化"等不同理解。尤其是,党的十八大报告提出的"人类命运共同体",

---

① 《参考消息》2018年12月5日。

已载入我国宪法,并成为我国处理外交的准绳。从其构成看,相毗连的陆地国家有形成"陆上命运共同体"的可能,以海域与相关岛屿的毗连为基础可以形成"海上命运共同体"。可以断言,无论是"陆上命运共同体"还是"海上命运共同体",都是"人类命运共同体"的有力支撑。

然而,与海域紧密相关的"海上命运共同体"为我们留下的持久难题是:如何界定"海上命运共同体"的概念问题。

顾名思义,"海上命运共同体"是指海域(海+岛)范围内的相关各国在彼此尊重各自的文化传统、意识形态、军事部署、经济发展以及政治交往等因素的前提下,形成的具有"共商共建共享"特色的超越国家边界的,本着"同呼吸共命运"的原则处理域内海上交通问题、海洋资源开发与环境保护问题以及连带的海域争端问题,能够为当下成为国际热点的北极战略提供建设性意见的稳定的"共同体"。

以这一定义为判断的基准,因其涉及的是海洋与岛屿,从全球海洋的相通性看,"海上命运共同体"的外延可涵盖与全球海洋水系相通的一切水域。因此,构建"海上命运共同体"是全人类的共同使命。它直接能够对接到我国提倡的"海上丝绸之路"上来。从地理空间的分布看,可分为环太平洋海域、环大西洋海域、环印度洋、环地中海以及环北冰洋海域等。但为了方便起见,当我们聚焦环太平洋海域时,根据太平洋海域约定俗成的方位称呼,笔者提议用"东亚历史海域"的概念将西太平洋海域边缘海等统一起来加以命名。这样,"东亚历史海域"至少应该包括"东北亚海域"、"传统的东亚海域"以及"传统的东南亚海域"等。

因此,当笔者将探讨问题的焦点逐渐缩小,归并在"东亚历史海域"的某一部分时,即本文所指向的"东北亚海域"时,更容易发现这一海域的局部特征,也更便于总结海域问题的普遍特征。

东北亚海域包括以东西伯利亚海、楚科奇海、白令海、鄂霍次克海以及日本海北部为主,以弗兰格尔岛、圣劳伦斯岛、卡拉金岛、堪察加半岛、尚塔尔群岛、库页岛以及千岛群岛为岛链,包括俄罗斯远东沿海地带、美国的阿拉斯加、加拿大的西部沿海、中国东北的三江平原带、朝鲜半岛东北部沿海以及日本北海道等在内的边缘海和岛屿、半岛等。

沿着陆海相接的沿海—半岛—海峡—岛屿—边缘海等逐渐扩展的海域,如何能够构建起命运相连的共同体?这不仅取决于相关各国的原住民的"共同体意识"的高下,还取决于国际合作机制的完善程度。

二、构建东北亚海域"海上命运共同体"的历史基础

不言而喻,经长时段形成的"共同体意识"是构建"海上命运共同体"的历史基础。"共同体意识"是经过长期历史过程积累下来的,包括历史上留存的心理、自然环境、人种以及文化等因素。

(一)构建"海上命运共同体"的心理基础

有学者对东西方的"共同体意识"进行对比分析后强调指出:与西方的共同体思想可以用"连带(solidarity)"进行说明相对,"东方的共同体主义(Communitarianism)是实现共同体价值的社会观

与伦理观"。[①] 中国传统文化中的"大同社会"、"里仁"以及以井田制构建起的"村落共同体"都显出强烈的东方式的共同体意识。这是阐释陆上共同体时的适当表述。

然而，当我们将目光转向海域时，情况会发生相应的变化。以海洋捕捞为生计的族群，最为强悍的心理动力就是在与自然界抗争的过程中顽强地活下去。围绕同一海域或相邻海域的不同族群进行往来与交流之际，相同的海洋生态条件、海洋物产等助推族群间超越言语障碍，从而创造出新型的海洋文化。这个超越民族界限的过程就是构建共同体的努力与尝试。因此在海域，因海上交通工具具有灵活性以及海洋的变幻莫测，海上共同体意识得到强化，海上命运共同体的形成在"生存下去"的心理支撑下悄然发生。族群间在彼此接触过程中逐渐产生信任感，进而在完成相互认同的情境下，意识到彼此是"同呼吸共命运"的存在。

何以理解这种"命运共同体"的真实存在，考古学的工作总是能够为以海域为活动场的"共同体"意识的考察提供线索。考古学研究成果显示，公元前 2000 至公元前 1000 年阿拉斯加西南部居民所用的平底船和金属鱼叉被萨哈林岛民所用的事实，[②] 将东北亚海域的海洋文化交流推至距今 4000 年前。这种发现告诉我们，相同的海洋生态环境是"海上命运共同体"成立的条件之一。

---

① 〔韩〕朴炳铉著：《社会福利与文化：用文化解析社会福利的发展》，高春兰、金炳彻译，商务印书馆，2012 年，第 224 页。

② ジョン．J．ステファン『サハリン：日中ソ抗争の歴史』、安川一夫訳、原書房、1973 年、20 頁．

（二）构建"海上命运共同体"的自然环境基础

东北亚海域有丰富的渔业资源以供原住民的生活。从拉普捷夫海到东西伯利亚海、楚科奇海、白令海、鄂霍次克海以及日本海，都盛产鲑鱼，是岛民的主要食物。① 除此之外，白令海还是鲸鱼、海狗、海豹的栖息场地，周边的主要港口有俄罗斯的普罗维杰尼亚和美国的诺姆，是北极航线的必经之地，也是主要停靠港。鄂霍次克海是寒暖流交汇处，拥有世界最大的捕蟹场，主要港口有俄罗斯的鄂霍次克、马加丹和日本的稚内港。日本海也是寒暖流交汇海域，是大马哈鱼、鳟鱼、鲱鱼等的产地，周边的港口有俄罗斯的海参崴，朝鲜的元山、清津等。

狭窄水道将这几个海域连接起来，将其勾连成一片海域。据说在远古时代，古代中国人曾经是这一片海域的主宰者。他们在4万至2万年前曾经迁徙到这些海域及岛屿、半岛上生存。距今约一万二千至五千年前，古代中国人再次迁移经过白令海峡达到北美洲。② 有学者根据美洲大陆古代居民与中国古人的形体及外貌的相似，而得出了"古代中国人是美洲人祖先"的观点。关于"殷人东渡美洲"成为美洲人祖先的学术探讨源于1590年法国学者提出的"最早的印第安人就是亚洲人"的观点，中经20世纪初期日本学者的重视，进而引起中国学界的关注，并在20世纪末21世纪初引发了"商朝与奥尔梅克文化"关系的探讨。主要观点的立论根据有二：

---

① 楼锡淳、里弼东、苏振礼编著：《海洋》，测绘出版社，2008年，第269页。
② 杨府、左尚鸿：《中华血脉:探秘海外古今华裔族群》，新世界出版社，2011年，第2页。

一是墨西哥达拉文4号遗址出土的"16位小玉人与6根玉圭"的形体特征以及甲骨文字,与殷商时期中国人的相似度和甲骨文阐释内容的吻合度;二是根据殷人祖先"相土烈烈,海外有截"的记载,"殷人实际上是具有相当航海经验和能力的民族",可以跨海征讨。[①]这表明,在公元前2000年至公元前1000年的时段内,中国大陆移民的迁徙活动,已经完成了将东北亚海域分散的边缘海连接起来的任务。这一方面取决于中国古代人的航海技术;另一方面取决于自然环境和古人利用环流季风的能力。

(三)构建"海上命运共同体"的人种基础

从人种学的角度考察,东北亚海域的人种有爱斯基摩人、阿伊努人、鄂伦春族、俄罗斯白种人、鄂罗克族、尼夫赫族、鄂温克族等。

相关研究显示,爱斯基摩人来源于亚洲人种,与蒙古人的容貌相似,但是从DNA来看更接近于藏族人。[②]他们坚韧、强壮、勇敢,凭借简单的舟船便可与波涛汹涌的海洋作斗争。主要活动在阿拉斯加、楚科奇半岛、堪察加半岛以及阿留申群岛等地。

阿伊努族是日本的少数民族,原为北海道和库页岛的原住民,更接近高加索人种(白种人),曾经在阿留申群岛、堪察加半岛、库页岛和北海道居住。"阿伊努人会携带物产经过桦太到达清国沿

[①] 范毓周:〈殷人东渡美洲新证——从甲骨文东传墨西哥看商代文化对新大陆的影响〉,收入曲金良主编:《中国海洋文化研究》第6卷,海洋出版社,2008年,第6、13页。

[②] 陶红亮主编:《极地风云》,海洋出版社,2017年,第66页。

海，交换清朝官服、绢织物、铁制品、玻璃玉等物。"①

鄂伦春族是中国黑龙江北部地区的少数民族，"鄂伦春族的先民一直在莽莽林海中过着游猎生活，其传统文化与游猎紧密地联系在一起"。②

尼夫赫族与生活在黑龙江下游和库页岛的蒙古族后裔具有相同的体征，曾居住在库页岛中部和北海道，处于部落状态，是阿伊努族与鄂罗克族的邻居。因日俄关系，第二次世界大战结束后受到苏联政府的驱逐，迁移至北海道。③

无论是美洲的土著居民印第安人还是阿拉斯加以及北美洲西北海岸的居民爱斯基摩人，都是亚洲大陆先后两次移民的后代。这就为我们发现族群的同质性提供了根据。有学者曾经从语言学角度对东北亚海域土著居民的语言进行了考察，发现了美洲大陆居民与亚洲大陆居民之间的关联性。他们使用的语言虽分属三个不同的语系，即一部分居民使用的语言属于通古斯语系（阿尔泰语系的一支），如中国东北部黑龙江流域的鄂伦春族、鄂温克族等；分布在堪察加半岛的科里亚克语（楚科奇堪察加语系）以及北美洲居民的爱斯基摩语（爱斯基摩阿留申语系）等，但又可将它们作为"连续体"加以把握。④原因在于古代亚洲民族从亚洲大陆来到美洲大陆后，又发生了美洲大陆居民逆向迁移至亚洲大陆的情况。从"西伯利亚美国人"的称呼就可以看到其存在的真实性。多年前的考古发

---

① 宗泽亚：《明治维新的国度》，北京联合出版公司，2014年，第468页。
② 孔令生绘，林平文：《中国少数民族绘本》，云南人民出版社，2015年，第23页。
③ 宗泽亚：《明治维新的国度》，第469页。
④ 呉人恵「環北太平洋諸言語の語彙の接辞」、岸上伸啓編集『環北太平洋地域の先住民文化』国立民俗学博物館、2015年、145頁．

123

现，在阿拉斯加出土的狩猎工具与贝加尔湖附近出土的同类工具具有惊人的相似性，[①]这也成为古代亚洲居民与美洲居民交流的佐证。

上述人种与亚洲大陆息息相关，他们都以渔捞和狩猎为生，共同创造了东北亚海域的海洋文明。

（四）构建"海上命运共同体"的文化基础——渔猎文化

由于海洋资源的丰富，东北亚海域的先住民养成了以海洋渔猎为主的生活方式。其分布的范围大体有四个地域：中国东北地区、日本列岛、朝鲜半岛和俄罗斯沿海州；库页岛、鄂霍次克海北岸、堪察加半岛以及千岛群岛；白令海和楚科奇海沿岸；加拿大的西北海岸地带。[②]

中国东北部的鄂伦春族不仅渔猎还有狩猎习惯，但是多年来他们已经意识到了对自然环境和濒临灭绝动物加以保护的重要性，他们形成了自己的狩猎文化。诸如不射杀成对出入的动物，不捕杀交配期的动物，在狩猎活动中不断培养人类的同情心等。此外，集体主义也是鄂伦春人的外在特征。[③]

中国东北赫哲族的渔猎文化则更为有名。中国民歌《乌苏里船歌》曾唱到："赫哲人撒开千张网，船儿满江鱼满舱。"这首歌主要歌唱的是中国东北地区少数民族赫哲族过上的美好生活。其中，歌

[①] 《阿拉斯加的居民》，赵锦元译自意大利杂志《世界民族》第15卷，载于《民族译丛》，1982年6月，第65页。

[②] 山浦清「北太平洋沿岸における海獣猟の展開」、岸上伸啓編集『環北太平洋地域の先住民文化』国立民俗学博物館、2015年、82頁．

[③] 关小云：《鄂伦春族风俗概览》，黑龙江省民族研究所，1993年，第12页。

词反映了渔猎是赫哲人的主要生活来源。不单是赫哲族人如此,从黑龙江、乌苏里江流域的鄂伦春族、鄂温克族,到生活在俄罗斯的沿海州、日本北海道沿岸、朝鲜沿海地带、鄂霍次克海以及楚科奇海周边、加拿大西北沿岸、阿拉斯加以及阿留申群岛等地的爱斯基摩人、阿伊努人、科里亚克人等,也都以渔猎为主。

在长期的渔捞生活中,东北亚海域的先民形成了十分具有代表性的文化——"鲑鱼文化"。

何以使得"鲑鱼文化"发挥构建东北亚海域"海上命运共同体"的助力作用?似乎从该文化本身的特征及地理分布,就可发现超越族群以及语言障碍的共同体文化存在的可能性。

首先,作为捕鱼工具的网坠、鱼钩、鱼叉或者箭头在整个海域的普遍存在的事实,给人们以海洋生存方式的普遍存在性的认识。这种认识可成为构建共同体的认知前提。

其次,捕捞方式的广泛普适性。猎捕鲑鱼的方式有垂钓式、围堰式(美洲西北部海岸印第安人)、网捕式、敲击法(加拿大西海岸)、矛箭射击法等都是常规的捕鱼法。[①]

再次,鲑鱼的制作方法和储存方法带有地域普遍性。鲑鱼种类繁多。太平洋北部、俄罗斯远东沿海地带以及日本北海道北部盛产的野生的三文鱼是鲑鱼的一种,中国东北部盛产的大马哈鱼也是其中的一种。三文鱼多用来制作生鱼片,营养价值极高。将鲑鱼制成鱼干自古以来就是很好的储存方法。渔民房檐下悬挂的鲑鱼成为一道靓丽的文化风景线。

第四,有关"鲑王"的传说。将鲑鱼尊称为王,并认为其是有

---

① 陈星灿:《考古随笔2》,文物出版社,2015年,第89页。

灵性的鱼类存在。这一鲑鱼信仰自日本北部延伸至北美地区。[①] 这种信仰成为渔猎文化的主要构成，并以这一文化构成可将东北亚海域连接成一个整体。

综上所述，因历史积淀下来的相同的历史基础、自然环境、人种的相似性以及历史上渔猎文化的共通性，故谁都不能否认东北亚海域具有构建"海上命运共同体"的历史基础。

三、构建东北亚海域"海上命运共同体"的现实基础

与上述"海上命运共同体"的历史基础相呼应，构建东北亚海域"海上命运共同体"还应该尊重已然存在的现实基础。它包括"国际合作机制"、各国（地区）的政府开发机构、学术研究机构以及正在建设中的北极航线等。

（一）东北亚五国的"图们江区域合作开发项目"的启动与实施，为构建东北亚海域"海上命运共同体"提供了可资借鉴的样本，并在一定意义上提供了现实基础

该合作项目开始于1992年，至今已形成产学研合作机制，并成功举行了中俄、中韩、中日等双边关系的文化交流活动。与此同时，围绕图们江的东北亚经济合作论坛也成为跨国交流的重要平台。

---

① 〔日〕中西进：《日本文化的构造》，彭曦译，南京大学出版社，2013年，第17页。

东北亚区域合作的长足发展，已经引起世界的注意。目前该区域集中了"中日俄韩等世界第二、第三、第七和第十二大经济体，全球名列前茅的贸易和投资大国，东北亚地区也成为世界经济复苏进程中最具规模、潜力、机遇和活力的发展地区，该地区也因此被誉为世界经济的发动机、亚太区域合作的重心及全球经济的增长极"[1]。如此重要的区域，因为近年来各国的北极战略相继出台，使得这一片海域也成为国际焦点。这也为东北亚海域合作提供了契机。

（二）各国以"经济圈"命名的国际合作开发机构为构构建"海上命运共同体"提供了前提条件

政府层面的合作开发机构有一个共同特点，即以经济发展为核心。早在20世纪60年代由日本学者小岛清提出了"环太平洋经济圈"，截至目前，这一概念虽然不再被提起，但是代之而起的"亚太经合组织（APEC）"、"跨太平洋伙伴关系协定"（TPP）、区域全面经济伙伴关系协议（RCEP）等经济合作机制的出现，似乎很好地诠释了环太平洋地区相关国家为共同体所做出的设想与努力。以至于我国提出的亚洲基础设施投资银行（AIIB）等，在推动环太平洋相关国家在经济技能上的"高度一体化或区域化"、并成为"环太平经济圈构想的实践化和升级版"[2]等方面都做出了贡献。

"环黄海经济圈"是韩国在1986年首倡的，目的在于加强朝鲜

---

[1] 笪志刚:《东北亚国际区域合作的实践探索和发展趋势》，《商业经济》2019年第1期，第1页。

[2] 刘稚、罗圣荣主编:《东南亚概论》（第2版），云南大学出版社，2016年，第288页。

西海岸与中国沿海地带开放区的经济合作，1987年中国政府做出了积极回应。该经济圈的圈域范围包括"韩国西海岸（主要指忠清南道、忠清北道.全罗南道和全罗北道等）和中国邻近黄海的辽宁、河北、山东、江苏、浙江以及北京、天津、上海等"。① 这一构想的传统基础是历史上曾出现过凭借海上通道而来的经济交流活跃的繁荣局面。

"东亚经济圈"，是日本前首相竹下登为了与欧共体、北美自由贸易区相抗衡而提出的构想，是一个想要世界三足鼎立的构想，也是适应日本经济在东亚地区"雁行模式"的构想。其范围包括日本、亚洲"四小龙"和"东盟"。

"环日本海经济圈"设想最早由日本学者岛仓民生在1983年提出，早稻田大学西川润在1987年撰写的文章中将其细化。后来由学者们不断补充，将原先排斥在外的苏联也包含进来。1988年由日本著名的经济学家金森久雄将这一构想的范围明确下来："苏联的西伯利亚和远东地区、中国的东北地区、南朝鲜、朝鲜民主主义人民共和国、日本等面向日本海的地区。"② 其构想的实践活动在20世纪90年代以来颇为活跃，具体有"环日本海地方首脑会议制度"和"构建环日本海国际经济合作体系问题"等机制的成立和相关问题的探讨。③ 因其目标是超越"太平洋经济圈"的泛化性，构建"东北亚共同市场"，因而成为构想"东北亚经济圈"的契机。

在概念上，日本人在1987年印发的《东北亚经济圈——现状及

---

① 李琮：《世界经济百科辞典》，经济科学出版社，1994年，第60—61页。
② 同上书，第61页。
③ 李玉潭、陈志恒、殷立春：《东北亚区域经济发展与合作机制创新研究》，吉林人民出版社，2006年，第137页。

其发展方向》中首次提出"东北亚经济圈"。日本人设想的依据是"雁行模式理论",采取以日本为"头雁",率领"亚洲四小龙"、东盟四国(泰国、印度尼西亚、菲律宾、马来西亚),中国与越南紧随其后的布阵方式。[1] 以"黄海经济圈"和"环日本海经济圈"为基础,在创造性发挥区域经济集团化的综合想象时,东北亚各国学者集思广益,不断丰富"东北亚经济圈"应有的实质内容。其圈域范围与"环日本海经济圈"相重叠,主要目标是开展东北亚边境贸易,在中俄、中蒙、中朝边境地带,在韩国及日本沿海地带建设"自由贸易区"。从国际关系的角度看,以打破单边主义、由双边走向多边为特征。

上述以"经济圈"为主的国际合作机构及其实践活动,为构建"海上命运共同体"提供了前提条件的同时,也可为其提供经验。

(三)各国以"东北亚"命名的学术研究机构,是构建东北亚海域"海上命运共同体"的学理支撑

以东北亚为核心,自20世纪80年代以来出现了大量配合上述"经济圈"的学术研究机构,并在学术界刮起了一股研究新兴学科"东北亚学"的热潮。[2] 相关国家从本国的实际利益出发,以制定经济开发战略为主,以疏通国际紧张局势为己任,为寻求超越传统文化和价值观的有效途径和方法,纷纷构建了东北亚研究机构或学术团体,并推动着这一学科的向前发展。

在我国,因战后日本经济高速增长给世界带来的震撼,周恩来

---

[1] 曾宪植:《世界城市与全球城市区域:北京世界城市的区域经济合作》,知识产权出版社,2012年,第221页。

[2] 宋成有:《东北亚史研究导论》,世界知识出版社,2011年,第1页。

总理于1964年指示教育部在吉林师范大学（现名东北师范大学）、吉林大学、南开大学、河北大学成立日本研究所。这四家日本研究所应该说是我国首批东北亚研究机构。随着突破日本一国界限，整个东北亚地域周边国家及国际关系的热门化，自1988年起，我国直接以"东北亚"命名的机构产生了。其中有吉林省社会科学院的东北亚研究中心、黑龙江省社会科学院的东北亚研究所、吉林大学的东北亚研究院和研究中心、辽宁大学的东北亚研究所、延边大学的东北亚研究院、大连大学的东北亚研究院、上海社会科学院的亚太研究所、南开大学的东北亚研究中心、北京大学的东北亚研究所、天津社会科学院的东北亚研究所等。其中，吉林大学和天津社会科学院分别创办了《东北亚论坛》和《东北亚学刊》杂志，以登载学界最新研究成果。[1]

在日本，新潟大学古厩忠夫的"里日本"研究可谓开启了日本东北亚研究之旅。这成为1988年新潟大学"环日本海研究会"成立的契机。他的贡献在于将东北亚作为一个海陆联动区域一并加以考虑，并将东北亚的区域范围扩展至鄂霍次克海。正当"东北亚"概念模糊不清之际，古厩忠夫与其他日本学者对此加以厘清，使得后来人读后有清晰之感。他们提出了东北亚地域由"西环海圈（渤海、黄海）"、"中环海圈（日本海）"、"北环海圈（鄂霍次克海）"以及"内陆圈"等[2]构成的观点。可以说，这为东北亚海域的实际圈域的界定提供了有力的学理支撑。这样，在今天，我们重提东北亚海域的海域范围时，可以随着时代的变化将其扩展至包括东西伯利亚

---

[1] 宋成有：《东北亚史研究导论》，第2页。
[2] 古厩忠夫『日中戦争と上海、そして私：古厩忠夫中国近現代史論集』、東京：研文出版、2004年、397頁。

海、楚科奇海、白令海在内的整片海域了。此后,日本东北大学成立的东北亚研究中心也成为东北亚的研究阵地之一。

在韩国,"汉江奇迹"的出现使得韩国一跃成为"亚洲四小龙"之一,并因此引发了政府对东北亚问题的关心,"21世纪东北亚和平论坛"、"国会东北亚研究会"、"国会21世纪东北亚研究会"等官方平台,也成为参与东北亚研究的有力团体。[①]

在俄罗斯,1966年成立的俄罗斯科学院远东研究所是东北亚研究的重镇。这个研究机构不仅关注中国问题,还关注远东地缘政治和外交,诸如中美关系、中俄关系、中日关系,此外还关注越南、朝鲜以及日本问题等。此外,俄罗斯科学院下属的东方所也是东北亚研究的主要学术团体,其中主要以当代中国研究为主。[②]

在美国,如果将1993年成立的中国东北地区研究会作为其介入东北亚问题的起点,那么早自1897年的格陵兰岛约克角探险活动开始至今,美国、日本、加拿大学者们从考古学、语言学、文化人类学角度探讨的"环北太平洋诸沿岸文化的比较研究"就已经将研究的视域推到了更广泛的地域空间了。这一点,尤其应该引起中国学者的注意。相比较而言,我们的研究力量相对薄弱。

(四)"北极航线"成为将东北亚海域串联起来的大动脉,是构建"海上命运共同体"的驱动力

近年来,随着北极航线的开辟与北极国家战略的制定等,东北

---

① 宋成有:《东北亚史研究导论》,第2页。
② 赖海榕:《海外中国研究报告(2014)》,中央编译出版社,2014年,第81—83页。

亚海域的重要性更加突显出来,因为它是通往北极的枢纽地带。北极航线问题、相关国家纷纷制定北极战略、各国争夺海上通道、北极海洋环境保护等问题,尖锐突出又刻不容缓,促使我们必须重新思考东北亚海域,也为本文提倡的构建"海上命运共同体"提供了诸多现实可能性。

对于我国而言,积极参与北极事务及建设北极航线,关键在于要与北极国家处理好双边关系。2017年以来出现的可喜成就是中俄两国在"冰上丝绸之路"与"北极航线"问题上找到了合作的契机。中俄两国在建设"北极航道"上达成了共识,将"北极航线与'冰上丝绸之路'相互渗透、交织、联动"关系向前推进了一步。[①] 这种情况,应该就是构建"海上命运共同体"的坚实的现实基础。

有了上述文字所述的范本、前提条件、学理支撑和驱动力等,思考如何构建"海上命运共同体"就成为摆在学者面前的任务了。

四、构建东北亚海域"海上命运共同体"的进路

当今世界,"和平"、"稳定"与"发展"仍是各国关心的主题。"和平"与"稳定"是规避冲突、解决国际矛盾与争端,世界达到"平稳"的一种状态。"平稳"又是一种平衡,而且是需要不断发展的动态平衡。从海域角度观之,"海上命运共同体"或者以达成海域动态平衡的结果加以体现,或者它可以成为达到动态平衡状态的手

[①] 李振福:《"冰上丝绸之路"与北极航线开发》,《人民论坛》2018年第11期,第60页。

段。不管怎样,以上文提及的历史基础与现实基础为前提,能够找到的构建东北亚海域"海上命运共同体"的可能进路有以下几点:

(一)对"海上命运共同体"的精神内核进行哲学化阐释

构建东北亚海域"海上命运共同体"除了要以"人类命运共同体"的"共商共建共享"为理念,还要将其精神内核进行哲学化阐释。笔者认为,孟子交友思想可成为"海上命运共同体"的精神内核,即"不挟长,不挟贵,不挟兄弟而友。友也者,友其德也,不可以有挟也"。①换言之,我们奉行的交友理念是"不以强凌弱"、"不倚财偏重"、"不拉帮结派",将"友其德"思想贯彻到底。在东亚地区,曾经出现过类似的喜人现象,日本里千家茶道祖师千利休确立的"一碗茶中出和平"和孟子交友思想具有异曲同工之妙。十几年来,日本茶道里千家十五世家元千玄室大宗匠每年一次举办的中日韩三国文化交流活动,所遵循的"一个源流,和之精神"理念,已经承认了这个"源"来自于中国的古代文化。可以认为,茶道思想内涵已经内包在孟子的交友思想中。为了更好完成构建东北亚海域"海上命运共同体",对哲学化的"友其德"理念的广泛传播工作将任重道远。

(二)以"直輮中规"思想强化构建"海上命运共同体"的法理依据

中国古代思想家荀子在名作《劝学》中提出了"木直中绳,輮

---

① 方勇译注:《孟子·万章下》,中华书局,2012年,第198页。

以为轮,其曲中规"的劝学思想。这一思想具有广泛的实用价值,可以应用到海域相关国家处理国际事务上来。中国俗语中的"没有规矩何以成方圆",虽然与劝学思想表述各异,但在内涵上具有同质性。从现实国际规则讲,完善相关国际法或重新立法,是使得"海上命运共同体"走向成功的法律依托。这里涉及的相关问题有:我们如何尊重《联合国宪章》,如何以《联合国海洋法公约》裁判海域争端,如何完善新出台的《极地水域航行规则》等。为使这些法律具有广泛的适用性,需要东北亚海域相关国家协商解决、予以完善。例如,中国国务院新闻办公室在2018年1月26日出台的《中国的北极政策》中,曾强调指出:"北极事务没有统一适用的单一国际条约,它由《联合国宪章》《联合国海洋法公约》《斯匹次卑尔根群岛条约》等国际条约和一般国际法予以规范。"[①] 同理,构建"海上命运共同体"也需要多元国际条约做支撑。

(三)导入"可计算一般均衡"模型,以尊重东北亚海域相关国家的自然地理为前提,进行测算并合理划分海域内各经济体的利益以达到域内平衡,从而完成构建"海上命运共同体"的使命

"可计算一般均衡"(Computable General Equilibrium,CGE)模型,20世纪90年代由美国学者提出,是政策分析的有力工具,也是应用经济学的分支。其主要特征可概括为"明确设定所有经济

---

① 《中国的北极政策》白皮书全文,http://language.chinadaily.com.cn/2018-01/26/content_35589695.htm。(2019年3月14日登录)

主体的行为都是优化的,因而是关于一般而非局部经济主体行为的模型"、"刻画了不同经济主体的供给和需求决策对一些商品和要素价格的作用机制"、"是可计算的而非纯理论性的,会生成具体的数字结果"等。[1] 这一模型可以应用到划分东北亚历史海域相关经济体的利益上来。本文的建议是将地理因素考虑在内,优化相关经济体的利益分配,即将各经济体的利益"合理最大化"。在这里,实际上涉及"利"与"义"的问题。中国所持的理念是:"我们希望全世界共同发展,特别是希望广大发展中国家加快发展。利,就是要恪守互利共赢原则,不搞我赢你输,要实现双赢。我们有义务对贫穷的国家给予力所能及的帮助,有时甚至要重义轻利、舍利取义,绝不能唯利是图、斤斤计较。"[2]

(四)以开辟"北极航线"为牵引,带动东北亚海域域内国家向同一目标迈进,以为切实构建"海上命运共同体"贡献力量

近年来随着"北极航线"成为国际热点,相关研究如火如荼地展开了。与此同时,各国纷纷出台了"北极战略"。将推进"海上丝绸之路"与"冰上丝绸之路"结合起来,呈现出合作协商的态势。2017年中俄国家领导人会晤之际,双方达成共识:"共同开发和利用海上通道特别是北极航线,打造'冰上丝绸之路'。"[3] 这也体现了

---

[1] 刘家悦:《环境约束、出口贸易与低碳经济增长:基于中国的理论与经验分析》,武汉大学出版社,2015年,第7页。
[2] 王毅:《坚持正确义利观,积极发挥负责任大国作用》,《人民日报》2013年9月10日,第7版。
[3] 李振福:《"冰上丝绸之路"与北极航线开发》,第60页。

我国提倡的"丝路"与"北极航线"的完美对接。我相信，以"北极航线"问题为牵引，是东北亚海域走向"海上命运共同体"的可行路径之一。

结语

综上所述，东北亚海域在国际乱象丛生的时下，构建"海上命运共同体"已成为时代赋予该海域相关国家的共同使命。该海域既有自古以来古代先民们的交流与往来积淀下来的历史基础，也有为解决当前国际热点问题所准备的现实基础。这些基础为构建"海上命运共同体"的前提条件。在具体思考如何构建"海上命运共同体"时，上文提及的四点应该能够成为行之有效推进路径。

然而，在进一步推进东北亚海域"海上命运共同体"时，我们不应忘记在这一片海域曾经发生过的战争、杀戮等打破域内共同体平衡的残忍行径。例如，第二次世界大战期间，日本追求海上霸权与国际强权，曾以"大东亚共荣圈"的口号将这一海域作为挑起太平洋战争的起点，并将这一口号对接到"文化共同体"建设上来。[1] 再如，第二次世界大战期间日本以这一海域为基础，在与东南亚海域互动上，以"南方共荣圈"的说教将这一海域与传统东南亚海域

---

[1] 陈秀武：《战前日本的"海上帝国"建设与"文化共同体"构想》，《东北师大学报》2017年第5期，第83页。

对接起来。[①] 这些历史事实不容忽视,在推进"海上命运共同体"时,必须引以为鉴,反对任何海上霸权。

(本文原载《东北师大学报》2019 年第 4 期)

---

① 毕世鸿:《日本海上帝国迷梦与"南方共荣圈"的幻灭》,《东北师大学报》2017 年第 5 期,第 91 页。

韩国釜山对日海上交往史论[*]

吕春燕

东亚历史海域[①]是各国间海上交流活动十分频繁的重要区域。其中,朝鲜半岛与日本列岛自古以来就有着密切往来,彼此间在政治、经济和文化上互相借鉴、吸收、融合,成为东亚历史海域中一个密不可分的"共同体"。基于地缘政治的视角,作为东亚历史海域的中心地带,韩国釜山[②]濒朝鲜半岛东南端的洛东江口,扼朝鲜海峡[③]之要冲,与50公里外的日本对马岛遥遥相望。釜山的对日海上交往由来已久。从新石器时代至伽倻国时期,相关遗迹与典籍均表明,釜山曾与日本之间展开过人员及贸易的海上往来。此后,在

---

[*] 本文为国家社会科学基金重大项目"东亚历史海域研究"(18ZDA207)阶段性成果。

[①] "东亚历史海域"这一概念由陈秀武在其《"海洋命运共同体"的相关理论问题探讨》(载《亚太安全与海洋研究》2019年第3期)一文中首次提出,主要指自古以来东亚周边海域疆界的原生态状况及变迁等。

[②] "釜山"一名出现的准确时间不得而知。1402年1月28日,"富山"这个名字第一次出现在朝鲜朝《太宗实录》中。《庆尚道地理志》(1425)、《世宗实录地理志》(1454)等中也有"东莱富山浦"的字眼。1470年12月15日的《成宗实录》中第一次出现"釜山"之名。"釜山"依城市后面山的形状而得名,意为"釜状的山"。为行文方便,本文统一使用"釜山"一名。

[③] 韩国称大韩海峡。

新罗—日本的古代双边关系框架下，釜山的对日海上交往活动虽出现了波折，但在统一新罗时期仍保持着较高水平的官方交往。进入朝鲜朝时期，以釜山倭馆为象征，朝日两国间的贸易活动及人际交往更为普遍，并促进了彼此间社会文化的融合。但是，进入近代以后，日本的对朝侵略扩张导致釜山一度沦为殖民城市。

韩国釜山的对日海上交往，发端于史前新石器时代，活跃于新罗及朝鲜朝时期，直至近代釜山开埠。本文拟依据历史脉络来梳理韩国釜山的对日海上交往轨迹，进而从一个侧面阐释东亚历史海域的演变进程。

一、海上交流的发端：从史前至伽倻

韩国釜山历史悠久，早在旧石器时代就已出现人类活动的足迹。在距今约8000年至7000年前的新石器时代，釜山地区的人们与生活在日本列岛的人们[①]在海上交换黑曜石，并留下了栉纹陶器、鱼叉、钓鱼钩、石斧、贝壳手镯等多种器物。在公元前3000年前后，朝鲜半岛进入青铜器时代，釜山地区贝冢遗迹中出土的黏土绳文陶器，由此前的单面圆形变为日式三角形，据此亦可推测出青铜器时代末期的釜山与日本九州地区之间有交往活动。

自公元前2世纪末至公元4世纪左右，在朝鲜半岛中南部出现

---

① 在中韩两国的古文献记载中，对古代日本的称呼为"倭"。具体来说，"倭"这一名称最早源于中国的《山海经》中第12部分《海内北经》，大概内容为"盖国在钜燕南，倭北。倭属燕"。关于这里的"盖国"，意见不一，但比较有说服力的说法是"盖国"为朝鲜半岛三韩的前身，即辰国。本文为保持一致，除特殊称呼外，统称"日本"。

了马韩、辰韩、弁韩三个部落联盟，合称"三韩"。这一时期被称作"三韩时期"。其中，弁韩（又称"弁辰"）位于朝鲜半岛南海岸，由12个小部落构成。釜山地区隶属于弁韩的渎卢国[①]，与日本对马岛隔朝鲜海峡相望，海路交通十分便利。

釜山地区出土的众多日系绳文陶器表明，该地区在三韩时期与日本之间保持着密切的民众交往。位于釜山市东莱区福泉洞的莱城遗迹，也是渎卢国和日本交流的例证，说明日本人在三韩时期初期（即公元前2世纪左右）就已在莱城居住过。[②] 在釜山机张郡挖掘出土的木胎黑赤漆高杯等日系文物，与日本北九州的元冈遗迹、大阪府的池上遗迹、鬼虎川遗迹等属于同一体系，都是日本弥生时代后期和古坟时代前期（即公元3世纪前后）的产物。釜山莱城遗迹和机张郡出土的日式文物，既是三韩时期日本人在釜山地区活动的证明，又充分说明釜山地区是当时整个朝鲜半岛对日本进行海上交流活动的中心。

此外，根据中国典籍《三国志·魏书·东夷传》记载，公元3世纪左右，弁韩境内大量产铁，并形成一定规模的流通网络，销售至周边部族乃至汉郡县，濊人[③]和倭人等均在此买铁，且铁作为硬通货可以取代货币进行贸易结算。[④] 当时，日本人还以提供劳动力作为代价，购买弁韩的铁。这些日本劳动力聚居在洛东江下游的釜山地区，生产制造了土师器系陶器，其后裔也融入当地社会。釜山地区这一时期古坟中出土的铁器遗物要远远多于其他地区，并在贝

---

① 有韩国学者认为渎卢国的"渎"字为"江河"之意，即该国位于洛东江畔。
② 부산직할시립박물관, 東萊福泉洞萊城遺蹟, 1990.
③ 濊族人和貊族人的统称，是朝鲜民族的前身。
④ 参见《三国志·东夷传·韩（弁辰）传》，原文为"國出鐵，韓、濊、倭皆從取之，諸市買皆用鐵"。

冢里发现了冶铁遗迹。这说明釜山地区是当时的冶铁中心,其冶炼出来的铁通过水营江输出到日本等地。[①] 铁,成为釜山地区与日本进行海上交流活动的媒介。需要指出的是,由于这一时期的国家体制较为松散,《三国志·东夷传·韩传》将三韩人、日本人等统称为"东夷"人,并从政治、经济、文化和历史风俗等多个角度进行了详细记述。其中,有关朝鲜半岛南部地区(包括釜山地区在内)部分居民"男女近倭亦文身"的记载饶有趣味,即釜山地区部分居民也像日本人那样有文身。这说明在东夷人中,居住在朝鲜半岛南部的古代朝鲜人和居住在九州地区的日本人由于距离相近,很早就开始了人文交流并可以自由往来、居住。

自公元3世纪至7世纪,朝鲜半岛进入百济、新罗、伽倻等多个古代国家并存的时期。其中,伽倻是在公元前后,由弁韩发展起来的一个联盟国家,由许多小城邦组成,分布在小白山脉以南、洛东江以西、蟾津江以东地区。釜山地区彼时隶属于伽倻圈,存续有渎卢国及其后的居漆山国。

这一时期釜山地区的对日海上交往活动,必然受到朝鲜半岛内部各王国间相互关系的影响。公元3世纪末4世纪初,以弁韩的渎卢国地区等为轴心势力,洛东江下游流域地区新成立了任那加罗联盟王国[②],任那加罗与日本持续保持人员往来。从4世纪后半期开始,随着百济—伽倻—日本等三国联盟的成立,釜山地区扩大了对日交往的范围与规模。同一时期,任那加罗与新罗敌对,并与日本结成政治纽带关系。公元399年,任那加罗与日本共同出兵攻打新罗,一度包围了新罗都城。但其后,新罗借助外力支持,势力范围

---

① 参见韩国釜山市政府网站,https://www.busan.go.kr/perhistory。
② 伽耶联盟体中的一个国家。

拓展到洛东江下游区域，对渎卢国的影响力进一步加强，任那加罗联盟王国力量衰落并分崩离析，渎卢国维系至5世纪中叶后被新罗合并，一部分渎卢国人移居到日本列岛，创造了须惠器[①]文化。

根据《三国志·魏书·东夷传·韩传》与韩国典籍《三国史记》《三国遗事》的记载，这一时期，原属于弁韩的渎卢国及其后的居漆山国，位于釜山东莱地区，与日本隔海相望，海路交通十分便利。这一海上航线为伽倻（釜山）→对马岛→壹岐→北部九州→濑户内海→畿内。与三韩时期一样，在釜山地区伽倻时期和日本同时期的古墓中均出土了大量"铁铤"，亦即当作货币使用的铁块。可以说，伽倻出产的铁，对于活跃其对日贸易而言发挥了催化剂作用。直至公元562年被新罗合并之前，伽倻一直与日本列岛保持着友好往来关系。但是，有关伽倻时期釜山地区的对日海上交流活动，几乎没有留下直接的文献记载，只能通过考古学研究成果与韩国的《三国史记》和中国的《魏书·东夷传》《晋书·东夷传》中的记载，互相印证。

二、新罗—日本关系框架下的釜山

新罗是于公元前57年，由朴赫居世以朝鲜半岛岭南地区为中心建立的国家，后于7世纪中叶平定了百济等其他国家，最终统一了朝鲜半岛。

新罗与日本之间的关系并非一直敌对或友好，而是随着东北亚国际形势以及双方利害关系的变化相应发生改变。在公元7世纪以

[①] 日本的一种陶器，多为灰色或灰褐色，坚硬密致，其制作工艺受到伽耶陶器的直接影响。

前，军事对立是新罗与日本之间关系的"主旋律"。

4世纪以后，日本在长达120余年的时间里只与百济保持单一的外交关系，而与新罗等国之间均处于断交状态，与新罗甚至是敌对关系。5世纪中叶，随着新罗影响力的日益增强，渎卢国被新罗吞并，原本属于伽倻圈的釜山地区被纳入新罗圈，其后的居漆山国也成为新罗的居漆山郡，管辖釜山东南部东莱地区的多个村子。正是由于新罗在很长一段时间内与日本处于一种敌对关系，釜山地区在被合并至新罗之后，其对日交往关系也必然会随之发生改变，即由此前以铁交易为主的经济文化交流转变为军事冲突，更确切地说，是日本开始对釜山等新罗南部沿海地区实施武力侵略。

其中，402年，新罗17代王奈勿王薨，彼时奈勿王的三个儿子讷祇、未斯欣和卜好尚年幼，由实圣王继位。其后日本国使臣来到新罗，实圣王便把未斯欣当作人质送到日本[①]，但依然没能阻止日本对新罗的进攻。417年，讷祇王即位后，立刻派朴堤上等三人去日本救未斯欣回新罗。但是，日王却令朴堤上和未斯欣当向导启程进攻新罗。随日军一行来到对马岛后，朴堤上指使当地的"边界人"（Marginal man）开船载着未斯欣逃亡到离对马岛最近的釜山地界。这里所谓的"边界人"，即居住在对马、壹岐等岛屿并往来于新罗和日本之间的人们，他们生活在远离新罗和日本列岛中心的边境地带，对任何一方来说都是"异邦人"，但同时也是联系双方的媒介。根据《三国志·魏志·倭人传》"对马岛"记载，"始度一海，千余里，至对马国。其大官曰卑狗，副曰卑奴母离。所居绝岛，方可四百余里，土地山险，多深林，道路如禽鹿径。有千余户，无良田，

---

① 参见《三国史记·新罗本纪》，原文为"奈勿薨，其子幼少，國人立實聖繼位。元年，三月，與倭國通好，以奈勿王子未斯欣爲質"。

食海物自活,乘船南北市籴。"这里的"南"指日本九州地方,"北"则指新罗釜山—金海地方。生活在对马岛上的边界人既会说新罗话,也会讲九州地方话,他们在海边或者江边搭建临时住处,靠捕鱼为生。新罗非常清楚边界人的存在,在与日本的敌对斗争中充分利用了边界人的力量。

此外,根据《三国史记·新罗本纪》记载,从新罗第一代王朴赫居世八年(公元前50年)至二十一代王炤知麻立干二十二年(500年)期间,共有59次有关日本的记载,其中36次是日本侵略新罗的内容。特别是5世纪后半期,日军一般从日本列岛的九州等地出发,途经壹岐,以对马岛为据点,对朝鲜半岛从洛东江河口到东南沿海一带的居漆山郡(釜山地区)进行掳掠。463年,日本人攻击新罗南海岸的歃良城。对此,新罗意识到南部边境的战略重要性,开始在釜山地区修筑城墙,并于493年将其改编为军镇。结果,进入6世纪以后,日本无法再入侵新罗边境。在562年大伽倻(伽倻联盟盟主)被新罗灭亡之后,日本担心遭到新罗的进攻,在以北九州为主的西日本各地设置屯仓①和衙门来加以防范。

另一方面,5、6世纪,在国家统治制度尚不完备的状况下,尽管新罗的势力日益强大且其对釜山地区的管控加深,但釜山地区的民众依然努力寻求与日本列岛保持交往。这从日本列岛古坟中出土的"山形装饰具附盛矢具""燕尾形钢盔""铜铃"等文物中可以得到考证。②

在6世纪中叶新罗合并伽倻之后,显然,长期敌对与互不往来,

---

① 日本古代倭王权的直辖领地,也写作"官家""御宅""三宅"。
② 高田貫太:《5, 6世紀 洛東江以東地域과 日本列島의 交涉에 관한 豫察》、《한국고고학보》50辑、2003年.

并不符合新罗与日本各自的国家利益需求。因此,至 7 世纪前半期,新罗与日本的对外政策都发生了转变。

事实上,日本由于远离大陆,此前一直通过与伽倻、百济的交往来吸收先进的大陆文化,输入包括铁器在内的各种物资。在伽倻灭亡之后,日本不仅需要与百济往来,还必须要改善与新罗的关系,才能继续吸收先进的大陆文化。具体而言,曾隶属伽倻的朝鲜半岛南海岸地区是日本通往中国大陆的必经之地,但在其敌对国家新罗吞并伽倻联盟、掌控南海岸地区之后,日本就无法确保对外海上航路的安全。为此,公元 7 世纪,日本改变了过去"一边倒向百济"的单一外交政策,实行以东亚国家为对象的多元外交,以获得掌控朝鲜半岛南海岸地区的新罗的协助。另一方面,对于新罗而言,在其与百济等国之间战争冲突不断的状况下,通过与日本展开适度交往来避免其受到来自背后的海上威胁,也更为符合国家利益需要。并且,为了维持王室和贵族的权威,新罗还非常需要日本列岛出产的珍贵物品。

在上述国际背景下,新罗与日本之间的关系逐渐趋向友好,官方交流开始活跃。新罗通过派遣使臣、传输佛教文化等方式与日本开展交流,并不断完善对日机构设置。例如,621 年,新罗将专门负责对日外交的机构"倭典"(575 年设置)改编为"领客典",后于 651 年设置了两个名为"令"的官职,662 年又追加设置了两个名为"卿"的副职职位,以便协助"令"处理相关业务。至 668 年,新罗与日本重新建立外交关系,双方间的外交方式被称为"送使外交"。[①] 在新罗的大力协助下,日本一度中断的"遣唐使"对唐外交也得以

---

① 선석열,가야·신라시기 부산지역 대왜교류의 변화와 반전,항도부산 29 권,2013.

重新开始。在日本遣唐使的活动过程中，新罗往往是先让日本使节团在本国境内活动数月后再引导护送其到中国，意图巩固其对新罗的友好亲善，并在使节团返回时也将其平安护送回日本。①

由新罗与日本的海上交通线路，可以一窥釜山地区（居漆山郡）在对日交往中的重要地位。一般来说，新罗的对日交往，主要是利用"庆州—蔚山—机张—兄边（釜山南部）—对马岛—壹岐—博多"这一海上航线。其中，釜山的机张海岸和兄边，发挥着极其重要的中转地作用，是新罗前往日本的海上交通必经之地。据记载，后来成为新罗第二十九代王的金春秋，曾于642年为探察日本动向并制定对策而专程前往居漆山郡。日本方面，其前往新罗的海上交通线路则为：从大和出发，经濑户内海后抵九州的太宰府，再横渡朝鲜海峡，经由壹岐与对马岛，登陆釜山地区。然后，日本使节团或从釜山出发前往新罗首都，或经由釜山南海岸继续驶往西海岸，经过黄海，直奔中国大陆。不论如何，日本前往东亚大陆的海上交通线路，首站必是釜山地区。

从676年至892年期间，朝鲜半岛进入了"统一新罗"时期。这一时期，新罗与日本之间的交往遍及政治、经济、文化等各个领域。双方间贸易往来主要包括矿物、动物、高级丝织品等物品。其中，新罗向日本输出高级丝织品以及中转输出中国的珍贵物品，而日本作为交换，也不再像过去那样提供劳动力奴隶，改为向新罗支付大量较为粗糙的丝绵等低级绸缎。②特别是在进入8世纪以后，由于各自国内局势渐趋稳定，新罗与日本之间的官方使节往来极为

---

① 연민수, 개신정권(改新政權)의 성립과 동아시아 외교, 일본역사연구 6권, 1997.

② 이종봉, 삼국·통일신라시대 부산지역의 대외교류, 항도부산 19권, 2003.

活跃，经常互派遣日本使和遣新罗使。截至双方正式互派使节的最后一年，即 779 年，新罗共计向日本派遣使节 46 次，日本向新罗派遣使节 27 次。对于这一时期的使节团交往，相关典籍中均存有记载。

典籍一，大宰府가 아뢰기를 "신라 왕자 韓阿湌金泰廉과 貢調使 大使 金暄, 送王子使 金弼言 등 700 여 명이 배 7 척에 타고 왔다"고 하였다。① 载明：公元 752 年，以金泰廉为首的新罗大型使节团（包含 700 余名成员）乘坐 7 艘船出访日本，日方对新罗的造船技术叹为观止。此次金泰廉一行的出访与日本东大寺卢舍那大佛开光仪式有着密切关联②，也说明 8 世纪两国间在官方层面上有着活跃的文化交流，有很多日本僧侣在新罗进修学习佛教文化。

典籍二，일본국 사신이 내조하니 총 204 명이었다。③ 载明：703 年，日本派遣由 204 人组成的使节团到访新罗。其背景是，新罗第三十二代王孝昭王于 702 年阴历七月去世后，新罗派使节金福护和金孝元东渡日本报丧④，于是，日本便派遣使节团赴新罗吊唁。此外，在此前的 687 年，日本曾派遣使节赴新罗通报天武天皇的丧事⑤；700 年，新罗也曾派使节赴日通报新罗国王母亲的丧事。⑥

---

①〈續日本紀〉권 18, 孝謙紀 4년 3월조.（转引自：선석열，신라시기 부산지역의 해양교류와 형변，항도부산 32 권，2016）。

② 김지은，고대 香藥의 유통과 불교의례，慶州史學 37 권，2013。

③〈삼국사기〉권 8, 성덕왕 2년조.（转引自：선석열，신라시기 부산지역의 해양교류와 형변，항도부산 32 권，2016）。

④ https://terms.naver.com/entry.nhn?docId=552245&cid=46620&categoryId=46620。

⑤〈일본서기〉권 30, 持統天皇元年 1월 19일.（转引自：선석열，신라시기 부산지역의 해양교류와 형변，항도부산 32 권，2016）。

⑥〈속일본기〉권 1, 文武天皇 4년 11월 8일.（转引自：선석열，신라시기 부산지역의 해양교류와 형변，항도부산 32 권，2016）。

这样，两国间通过互派使节通报或吊唁王室丧事，既表示尊重对方王权，更是强化了彼此间的纽带联系。在703年之后，双方的官方交往愈加友好与频繁。其中，新罗的"遣日本使"平均在日本逗留2—3个月，日本的"遣新罗使"则在新罗逗留约7—10个月，除去处理官方事务以外，多余的时间主要用来游历学习，参观各种手工业。①

另外，为了祈愿航海安全，新罗在海上航线的各个要冲地均设置了以釜山兄边为首的海神祭祀场所。②新罗的使节和贸易商船在远航之前，都要通过祭祀海神来祈愿出航平安。釜山的兄边就是祭祀南海海神的场所。新罗通过南海岸航路去中国或日本列岛时，都会先到达兄边地区举行祭祀仪式、检查航船状况，之后方可正式起航。也就是说，新罗在开展对日交往之前，都要先经过釜山的机张海岸到达兄边，做好一系列远程航海准备。

三、朝鲜朝与釜山倭馆

918年，王建建立高丽国并自立为王。高丽于935年合并新罗，并于次年灭亡后百济，再次统一了朝鲜半岛。在高丽前半期，釜山与日本之间的贸易往来一度迅速发展。但进入13世纪以后，由于倭寇③的出现，釜山的对日交往逐渐萧条。根据《高丽史》记载，倭

---

① 연민수, 7 세기 동아시아 정세와 왜국의 대한정책, 신라문화 24 권, 2004.
② 新罗的祭祀制度分为大祀、中祀和小祀，中祀居于中间，仪式与大祀比相对简单，祭祀对象为东西南北四海。四海是举行海洋祭祀的场所。
③ 特指13—16世纪的日本海盗。

寇第一次侵入朝鲜半岛是在1223年。此后,1350年11月,倭寇入侵东莱;1361年8月,倭寇火烧东莱并强劫漕运船;1376年11月,倭寇对釜山的东莱、机张等地进行烧杀抢掠,持续至12月;1377年10月,倭寇出动40艘船,侵犯东莱;1379年7月,倭寇入侵东莱县,庆尚道上元帅禹仁烈募集士兵迎击倭寇,等等。[①] 据统计,倭寇入侵朝鲜半岛西南海岸共达529次。特别是高丽第三十一代王恭愍王在位期间(1351—1374年),釜山地区受到倭寇入侵多达30次,导致村庄尽毁、土地荒废、民不聊生。对此,高丽采取了怀柔与讨伐相结合的应对策略,一方面向日本国派遣使节求救,一方面下令在海边郡县设置城堡抗倭。其中,庆尚道都巡问使朴葳主导修筑了东莱邑城,釜山地区成为抵御倭寇的重要军事据点。

1392年,高丽大将李成桂自立为王,改国号为朝鲜。此后,倭寇问题成为朝鲜朝对日外交的最大悬案。为防止倭寇来犯,朝鲜朝采取"军事应对"与"和平演变"两手措施。一方面,朝鲜朝重视作为对日交往"腹心"要地的釜山的战略地位,在釜山东莱设兵马使镇,兵马使兼任判县事,其后还在釜山设置庆尚左道水军节度使营,下辖数镇防御海岸;另一方面,朝鲜朝煞费苦心地试图把倭寇改造成"和平使者",即官方认定"倭人(日本人)"为使节,给予其与朝鲜进行贸易的待遇。同时,为了限制日本人随意出入朝鲜港口,朝鲜朝将日本使节船及商船的停泊地限定在"釜山浦"与"乃而浦"两地。1407年,应日方的要求且作为怀柔之计,朝鲜朝在釜山浦设置"倭馆",允许日本使节和商人在此留宿并进行贸易往来。在15至

---

① 한국향토문화전자대전, 고려 시대의 전쟁, https://terms.naver.com/entry.nhn?docId=2817087&cid=55772&categoryId=55810.

16世纪,朝鲜在釜山、熊川和蔚山三处设有倭馆,但在17至19世纪,倭馆只存在于釜山一地。倭馆又被称为"和馆""东莱馆""釜山馆"等,既是朝鲜与日本之间的外交及贸易场所,也是在朝日本人的居住场所,从某种意义上说就是朝鲜领土上的一个"小对马岛"。因此,倭馆可以反映出朝鲜朝与日本的关系动向,且很长一段时间内仅在釜山一地设有倭馆,也是釜山对日海上交往的重要印证。下面,我们将通过梳理釜山倭馆的演变历程及其贸易活动与人际交往,阐释朝鲜朝时期釜山的对日海上交往活动。

(一)釜山倭馆的演变历程

朝鲜朝时期,釜山地区的倭馆共进行了四次搬迁重建,馆内既有朝式建筑,也可见日式建筑,体现了两国建筑风格的碰撞与融合。

1. 釜山浦倭馆(1407—1600年)

釜山浦时为庆尚左右道都安抚使营的所在地,位于今釜山市东区佐川洞甑山一带。釜山浦倭馆设立之初,倭馆取名为"对马殿",约有70名日本人居住馆内,并在倭馆四周设有岗楼,安排守卫,以管控日本人和朝鲜人的随意出入,唯有获得许可方能出入倭馆。1419年,为打击倭寇的掠夺行径,朝鲜朝出兵征伐倭寇的"老巢"对马岛,这就是历史上的"己亥东征"。1443年,根据朝日《癸亥条约》,朝鲜朝开放了乃而浦(今昌原郡熊川面)、釜山浦和盐浦(今蔚山)三个港口(简称三浦),并分别设立了倭馆。1510年4月,长居三浦的日本人发动"三浦倭乱",以呼应对马岛的日本人,导致朝鲜朝暂时关闭倭馆。在1547年《丁未条约》签订后,日本对朝鲜朝采取"善邻"的友好政策,促使釜山浦倭馆再度开放。1592年"壬辰倭乱"爆发后，朝鲜朝不再允许日本使节进京，而是在釜山浦倭馆接见后直接送其回国，以防止日本人将"进京路"变为"侵略路"。"壬辰倭乱"中，日本人在釜山四周修筑城墙，使得釜山倭馆逐渐与城内的其他建筑融为一体，存续了近200年的釜山浦倭馆时代至此结束。

2. 绝影岛倭馆（1601—1607年）

"壬辰倭乱"结束后，为解决来访的日本使节的住宿问题，也为防止日本人再次进入釜山城内，朝鲜朝在釜山东南海岸200米处的绝影岛（今影岛）上临时设立了倭馆，又名"假倭馆"。该倭馆只存续了六年。从地理位置上看，绝影岛是釜山下辖岛屿中最大的一个，处于对日交往的最前沿，既是最容易被侵害的地方，也是首选的两国交流场所。到了朝鲜朝后期，随着外国船舶的出现，绝影岛作为釜山港的咽喉，其战略位置受到高度重视。

3. 豆毛浦倭馆（1607—1678年）

朝鲜朝在"壬辰倭乱"中蒙受了巨大损失，国力大为削弱，面临即将崩溃的危机。而此时在明朝东北地区，建州女真势力迅速崛起，严重威胁朝鲜朝北方边境的安全。在内忧外患的情况下，朝鲜朝的当务之急是营造安定的国际环境，以集中精力重建国家。恰逢日本德川幕府力主日朝复交，以显示其政权的合法性。但事实上，这一时期的朝日两国都有着强烈的"本国中心主义"意识，具有轻看对方的优越感。结果，在日本方面，既宣誓效忠幕府又延续对朝鲜朝贡立场的对马藩，被推到了德川幕府对朝外交的前台。对马藩作为幕府外交目标的实践者，从本藩的切身利益出发，将"促使朝鲜许可釜山开市"作为首要外交诉求。对此，朝鲜朝在权衡利弊后决定恢复釜山港口单一"倭馆贸易"制度，以此为突破口来改善与日本的关系，试图摆脱"南北交困"的不利局面。经过多轮谈判交涉，朝鲜朝于 1607 年恢复了与日本的邦交关系。同年 6 月，占地面积约 1 万坪[①]的釜山机张豆毛浦倭馆（今釜山东区水晶洞市场一带）竣工，时任庆尚道观察使亲赴现场视察。作为首座正规的倭馆，豆毛浦倭馆中央设有宴会大厅，左右分设东馆和西馆，南侧为船舱。

历史上豆毛浦倭馆曾四次发生火灾，朝鲜朝亦多次出巨资重建，足见其对倭馆的高度重视。但后来日本人基于利益考量，提出豆毛浦水深不足，日本的贸易船（也就是岁贡船）不易停泊，故要求将倭馆搬迁至他处。[②]于是，朝鲜朝着手重新物色新馆址，并最终选址在草梁项（今以龙头山为中心的釜山东光洞、大厅洞、中央洞一带）。

4. 草梁倭馆（1678—1876 年）

1675 年，草梁倭馆开始动工建设，1678 年 5 月竣工。此前豆毛浦倭馆里的 489 名日本人和大小船舶等随之迁至草梁倭馆。草梁倭馆面积约 11 万坪，规模宏大，分为东馆和西馆，前者为经济活动场所，后者为外交活动空间。朝鲜朝为兴建草梁倭馆筹措了大量经费，充分体现了其"善邻主义"原则。历史上草梁倭馆也多达六次遭遇火灾，因每次重建时皆有日本匠人参与其中，故建筑风格逐渐趋向日式。作为倭馆内的日本官吏，设有对马藩岛主宗室出身的馆主 1 名，下设审判官、大官等多名官职。馆主负责管理居住在倭馆内的对马岛人以及对朝外交事务等，其俸禄由朝方发放。

在草梁倭馆内，除了进行正常的外交活动和贸易往来，也曾发

---

① 韩国面积单位。一坪约合 3.3 平方米。
② 김정동, 부산, 왜관의 근대성에 대하여 -2 백여 년 간 존치되었던 '초량왜관' 을 중심으로, 《建築・都市環境研究》, 제 6 집, 1998.

生过泄露国家机密、走私、黑市交易等多种不法行为，甚至日本人之间还不时发生赌博、打架斗殴等行为。自 1869 年 12 月起，日本外务省官吏佐田白茅、森山茂等开始在倭馆内从事间谍活动，佐田白茅还撰写《征韩建议书》呈递日本外务省。1872 年 5 月，倭馆内的日本人非法出走，潜入釜山当地社会。同年 9 月，花房义质[①]率领两艘军舰进入釜山港进行武力示威。1873 年，日本明治政府接收草梁倭馆，并且鼓励在釜山的日本商人进行自由贸易，还指使东京商人三井组等假扮对马岛商人进出釜山。针对釜山政府加强管控日本走私商人一事，日本外务省官员广津弘信上报外务省认为这是对日本的侮辱，并把"征韩"问题正式提交给内阁会议。[②]同时，日本人开始在草梁倭馆设置炮台，将之装备成军事要塞，并于 1874 年 11 月进行了威慑发射。釜山前海由此亦成为日本军舰的示威场所。

1876 年 2 月，随着朝日《江华岛条约》的签订，草梁倭馆正式闭馆，转而成为日本专属租借地。

(二) 釜山倭馆的贸易活动

根据 1609 年签订的《己酉条约》，1611 年 9 月，日本的第一艘岁贡船驶抵釜山，此前因倭乱而中断的朝日贸易往来重新得以恢复，对马藩与釜山之间的贸易关系也得到了制度保障。该条约作为朝鲜朝与日本之间进行贸易往来的行为准则，有效维持了 200 余年

[①] 花房义质(1842—1917 年)，日本外交官，曾任驻朝、驻俄公使。
[②] 朴元杓，부산의 고금，현대출판사，1965.

的两国贸易关系，直至 1876 年被日本强行以《江华岛条约》取代。根据《己酉条约》的规定，对马藩每年定期向釜山派出岁贡船，日本使节乘船同行，在位于釜山的倭馆内开展外交和贸易活动。条约还明确规定了来访釜山倭馆的日本人的具体停留时间，例如，对马岛主的特送使可停留 110 天，乘商船来访的日本商人为 85 天，其他使节则从 55 天到 60 天不等。[①] 在停留期间，朝方会宴请日本使节数次，且根据其地位高低，每天配发定量的食品、水果、酒水、柴火、木炭等。日本使节在完成任务后回国途中所需的饮食等，也由朝方供给。[②] 倭馆的维持费用约为庆尚道税收的 22.3%，接待和外交费约为庆尚道税收的 10.6%。而这些庞大的经费支出都来自釜山地区百姓的赋税，给民众造成了巨大的负担。[③] 相反，对马藩则想方设法扩大倭馆贸易规模，通过倭馆贸易获取的利润占其财政收入的近一半。此外，倭馆贸易又是日本幕府获得其所需生丝、人参等商品的重要渠道。通过倭馆贸易流入日本国的这些商品，不仅满足了日本的消费需求，也促进了相关产业的发展。

在具体流程上，倭馆贸易主要通过倭馆内的开市与倭馆外的早市得以实现。开市是在每月的 3、8、13、18、23 和 28 号进行的贸易，一般是用朝鲜产的人参和日本产的银进行直接交易，或者是用中国产的蚕丝、丝绸与日本产的银进行中介交易。交易地点为倭馆内专设的大厅，称之为"开市大厅"或"开市厅"。开市大厅是朝

---

① 두산백과, 기유약조, https://terms.naver.com/entry.nhn?docId=1071388&cid=40942&categoryId=33383.

② 김건서 저, 하우봉·홍성덕 공역, (국역) 증정교린지 제 1 권〈年例送使〉, 1998.

③ 김양수, 조선후기 譯官의 중개무역과 倭館維持費, 역사와 실학 제 32 집 - 하, 2007.

鲜人进入倭馆进行交易的最重要的合法空间，开市是朝日两国进行贸易的最重要的合法渠道。

从事开市贸易的朝鲜商人被称为"东莱商人"，他们是在获得朝鲜政府许可后可以出入倭馆进行合法交易的特定人群，由国家登记在案。在1708年国家取消了东莱商人的定额制以后，倭馆周边的小商小贩和普通百姓出入倭馆的次数增加，经济活动领域也随之扩大。[①]釜山当地政府从开市贸易中收缴税金，且可自主灵活支配，不用上交户曹。[②]

倭馆内的日常用品由釜山当地政府和日本对马岛商人负责筹措，但大米、海鲜、蔬菜、水果等生活必需品尚不能满足需求，需要另设市场，于是作为对开市的补充，早市应运而生。

早市是经朝鲜政府许可，每天早上在倭馆正门前面开设的露天市场。在早市卖东西的人们主要是生活在倭馆周边村落的普通朝鲜百姓，以女性居多，因而有"草梁村女每日朝市，与倭相熟"的记载[③]。交易对象为居住在倭馆内的日本人，交易物为大米、海鲜、蔬菜、水果等少量生活必需品。之所以把早市设在倭馆外面，是为了防止"倭人远出之弊"[④]，即防止日本人四处随意走动、出入民家。早市是让倭馆内的日本人和外面的朝鲜人在离倭馆最近的地方合法见面的场所，是釜山民众在各种限制条件下与倭馆内日本人直接进行接触和交流的场所。原则上来说，早市商人不能出入倭馆，但后来随着限制的松动，加之倭馆的围墙是低矮土墙，故早市商人也

[①] 김동철，17～19세기 부산 왜관의 開市와 朝市，《韓日關係史研究》제41집，2012．

[②] 朝鲜时期六曹之一，负责户籍、贡赋、田粮、食货等事务。

[③] 〈변례집요〉권9，开市附朝市，신해(1731) 3월．

[④] 〈변례집요〉권9，开市附朝市，을사(1665) 5월．

有进入倭馆内部进行交易的。早市也逐渐从买卖海鲜、蔬菜和少量粮食的日用杂货市场,演变为大规模的粮食、布匹市场。1688年,朝鲜政府采取措施,重新下令严禁早市商人出入倭馆。

(三)釜山倭馆的人际交往

在朝鲜朝后期,约500名日本人常居的草粮倭馆,是朝鲜半岛境内唯一的官方日本人居住地,也是东北亚地区最大的外国人居住区。草粱倭馆既是接待和容留来访的日本使节的外交会馆,同时作为朝鲜朝的对日贸易商馆,兼具招待、留宿、交流、贸易等各种功能。因此,在草粮倭馆内部,尽管有各种限制性措施,但朝鲜人和日本人之间还是进行了多种多样的交流和接触,并逐渐扩大到草粱倭馆外乃至朝鲜半岛全境。草粮倭馆内朝鲜人和日本人的交流与接触,可分为正常与非法两种情况。普通的朝鲜人通过参与早市和受雇在倭馆工作与日本人进行正常交往,也有部分朝鲜人通过黑市交易、越界、发生性关系等与日本人进行非正常接触。这些人际交流与接触的效果,在饮食、生活文化领域表现得尤为突出。例如,在饮食文化领域,倭馆内的日本人在早市市场上购买周边村民自己种植或捕捞的蔬菜、生鲜做食材,而诸如"勝歌妓"[①] "素面" "果子"[②] 之类的日本代表性传统饮食也通过草粱倭馆内的官方宴会、个别宴请等途径传播至釜山以外的朝鲜全域。在生活文化领域,日本的美浓纸[③]、日本刀通过草粱倭馆扩散到朝鲜半岛全境。

[①] 日本的一种汤。
[②] 日本点心。
[③] 日本美浓州地区产的高级纸。

另外，在壬辰倭乱之后，朝鲜朝为巩固国家安全而急需掌握日本国内的各种情报。于是，赴日通信使①带回来的不定期情报和通过倭馆搜集到的日常信息，成为朝鲜朝的主要情报来源，并在此基础上决定对日交往政策。例如，据《承政院日记》载："睦性善以备边司言启曰：'今此差倭之来，虽以调兴、玄方物为言，而彼自江户而来，实未知到馆之后，更有何等说话；而至于平成连三年在馆，备知国情，今忽入归，代以他人，其间事情，亦所难测。'"这段话表明，朝鲜朝通过釜山倭馆探知平智连将接替"三年在馆，备知国情"的平成连，进驻釜山倭馆。②因此，釜山倭馆作为人际情报交流的重要窗口，对朝鲜朝而言有着现实的必要性，这也是朝鲜朝缘何愿意支付庞大经费来维持倭馆运营的理由之一。某种程度上，朝鲜朝通过釜山倭馆搜集日本国内动态的主观目的，在客观上也促成了釜山港口"一口通商"的贸易格局。

整体上看，在200余年的时间里，釜山倭馆作为朝鲜朝与日本之间进行外交、贸易以及人际交往的场所，比较灵活妥善地处理了各种矛盾和斗争，可视之为朝鲜朝后期朝日两国友好善邻关系的一个象征。

四、日本侵略扩张与釜山开埠

进入19世纪后半期，日本明治政府以侵占朝鲜半岛为目的，

---

① 历史上朝鲜派往日本的官方正式使节。
② 《清太宗实录》卷四八，崇德四年九月乙丑条。转引自张晓刚、刘钦、万映辰《锁国时期中日韩三国港口城市发展的政治背景微探——以17世纪的广州、长崎和釜山为中心》，《日本问题研究》2013年第4期。

武力威逼朝鲜开放港口。1875年，日本出动5艘军舰，在釜山港进行武力示威，并在江华岛挑起"云扬号事件"。1876年2月，日本强迫朝鲜签订《江华条约》。该条约意味着朝鲜进入了半殖民地半封建社会，并为彻底沦为日本的殖民地做了铺垫。

《江华条约》共十二款。其中，第四款规定："朝鲜国釜山草梁项立有日本公馆，久已为两国人民通商之区。今应革除从前惯例及岁遣船等事，凭准新立条款，措办贸易事务。且朝鲜国政府须别开第五款所载之二口，准听日本国人民往来通商，就该地赁借地基，造营家屋，或侨寓所在人民屋宅，各随其便。"根据该条款，草梁倭馆及其周边地区，成为日本对朝实施侵略扩张的首选据点，沦为专属租借地。此条款也成为日本在釜山设立"日本人居留地"的基础。第五款又规定："京圻、忠清、全罗、庆尚、咸镜五道中，沿海择便通商之港口二处，指定地名，开口之期日本历自明治九年二月、朝鲜历自丙子年二月起算，共为二十个月。"为此，朝鲜在条约签订后被迫逐步开放釜山、元山、仁川等港口，而日本则利用条约赋予的一系列特权对朝鲜实施经济掠夺。

1876年8月，日本又同朝鲜签订了《江华条约附录》。其中，第三款规定："凡日本国人民在朝鲜国所有议定通商各港租赁地基居住，与该地主面议定价。其住朝鲜国政府属管之地，即照朝鲜国人民纳官之租额一体完租。其釜山草梁项日本公馆，从前由朝鲜国派人守门设门，今悉裁撤，按照新定程限，插标定界。其余二港，亦照此例。"第四款又规定："嗣后在釜山港准日本国人民游历之地，所有道路程限，定由埠头起算，旁及东西南北直径十里（此依朝鲜里法），至东莱府一地，虽在程限之外，特准往来。在此程限之内，准日本国人民买卖该地及日本国物产。"

根据上述条约,由草梁倭馆发展而来的釜山日本公馆的存在得到认可,日本以保护日本人和掌管通商事务之名,派外务省官吏近藤真锄赴釜山担任管理官,并与当地政府进行有关在釜山设立日本人居住地问题的会谈。1877年1月,朝日两国签订了《釜山口租界条约》,内容涉及确保日本人在朝鲜的通商权、土地租赁权、房屋建筑权等。稍后,日本政府正式在釜山设立了日本人居留地,并想方设法扩大居留地,加紧推行釜山居留地的日本领土化政策,通过蚕食釜山地区而为侵略朝鲜半岛做准备。1877年9月,日本开始向国内开放至釜山的海上航路,并对赴朝航渡及贸易实施奖励政策。由此,出入釜山港的日本船舶激增。日系金融资本也迅速进入釜山,国立第一银行于1878年在釜山设立分行。在设立釜山居留地仅仅不到两年的时间里,居留的日本人就由设立前的不足百人激增至700余人,至1880年,常住人口更是超过2000人,1895年则增加到4953人。对此,日本报纸惊呼:釜山居留地"简直是对马严原的一个町"。[1]

另外,1883年,在日本的要求下,朝日两国又签订了《朝日通商章程》,规定朝鲜要保障日本渔船在朝鲜全罗、庆尚等地的捕捞活动,从此日本渔民在朝鲜半岛沿海的捕捞活动合法化。在日本政府的支持和鼓励下,日本渔民频频出入釜山沿海捕鱼,逐渐安居于此,导致釜山地区出现了许多日本人移民渔村。其中,绝影岛地区的日本移民村规模最大。日本地方政府全力支持釜山地区移民渔村建设,除县里平均补助给每户移居渔民60日元以外,郡市、村町、

---

[1] 张晓刚、国宇著:《试析19世纪中后期日本冲击下的朝鲜开港》,《辽宁师范大学学报(社会科学版)》2012年第4期。

渔业协会等各级部门也分别给予渡航费、渔具费等各种名目的补贴，这也吸引了越来越多的日本渔民移居釜山。

据统计，1893年，在釜山的日本人为4778名，中国人为144名，西洋人8名。① 在甲午战争后，釜山存有日本商馆132个，中国商馆14个。② 通过这些数据可以发现，19世纪末期，釜山与日本之间的交往非常频繁，远远超过其他国家和地区，釜山的对日贸易依赖度达到顶峰。

与此同时，1880年2月，日本在釜山正式设立领事馆，同年3月，日本又在领事馆配备"警部"及"巡查"，开始在日本居留地行使警察权力。釜山居留地作为"国中之国"，成为事实上的"日本领土"。在釜山的日本住户尚不足200余户之时，日本就未雨绸缪，开始制定长期的道路建设计划，并规划好房屋的结构。在1880年代，日本已经完成了铺设铁路的前期测量工作，为其殖民统治奠定了基础。釜山在开埠不足10年的短暂时间里，已经宛若日本城市，沦为被少数日本人支配的带有殖民印记的城市。③

1905年，日本在日俄战争中获胜后，将俄国势力赶出了朝鲜半岛，成为唯一支配朝鲜的外国势力，并强迫朝鲜签订了《乙巳保护条约》，剥夺了其外交权，设置统监府，事实上掌管朝鲜的内政。朝鲜从此沦为日本的保护国，变成日本事实上的殖民地。1906年2月，日本在釜山设置理事厅，全权负责釜山的一切事务。在原草梁

---

① 台湾"中研院"近代史所：《清季中日韩关系史料》第6卷，1972年，文件编号1873、1874，总署收李鸿章文，釜山府使原稿권6。
② 한우근，韓國開港期의，《商業研究》，1970。
③ 한국민족문화대백과，부산광역시，https://terms.naver.com/entry.nhn?docId=577350&cid=46618&categoryId=46618.

倭馆所在地建立了面积约33万平方米的日本专管居住地，日本政府将釜山作为侵略朝鲜半岛大陆的前哨基地，全力推进釜山港的填筑、土木、铁道、道路等工程建设。

1910年，随着《日韩合并条约》签订，朝鲜半岛彻底沦为日本的殖民地，釜山也彻底成为日本殖民城市。

五、结语

在朝日两国间漫长的交往史上，位于朝鲜半岛东南端的釜山，因其特殊的地理位置而发挥了对日海上交往的枢纽作用。釜山的对日海上交往史，又深刻地折射出了朝日双边关系史的演变脉络。自古以来，釜山与日本间的海上航线，既对边防安全与战争冲突产生了重要影响，又有力地促进了东北亚各国间的人员、贸易往来及文化融合。

有关韩国釜山的对日海上交往史研究亦表明，在陆路交通较为落后的前近代时期，海路俨然是东北亚各国与外界交往的重要路径。因此，紧紧把握海上航路特别是港口地区这一视角，对于东北亚国际关系史研究而言是不可或缺的。

[作者简介]吕春燕，女，战略支援部队信息工程大学教授、博士生导师。

18世纪晚期日本的海洋漂流民与日俄文化交流[*]

钟 放

1782年的漂流民事件开启了日俄关系的新时代。该事件的核心人物是日本渔民光太夫和俄国学者拉克斯曼。多名日本漂流民曾经在伊尔库茨克停留,那里建成了俄罗斯最早的日语学校。本文拟从国家社会层面与个人层面分析事件的进程和影响,以及漂流民事件以后俄语在日本的传播。20世纪以来,光太夫作为日俄关系史上的标志性人物,不断在历史读物、文艺作品中被重新塑造。光太夫还通过互联网进入了中国读者的视野。本文力图通过1782年的漂流民事件和后续的文化现象揭示大航海时代以后东亚国家关系的部分规律。

东亚各国文化交流的历史源远流长。交流方式多种多样,漂流民是特殊的一种。[①]漂流民是指本来不希望到别的国家去,但是偶

---

[*] 本文为国家社会科学基金重大项目"东亚历史海域研究"(18ZDA207)阶段性成果。

[①] 武安隆:《文化的抉择与发展——日本吸收外来文化史说》,天津人民出版社,1993年,第19页。

然在海上遭难而漂流到别国去的人们。[1] 大航海时代，世界各地的造船技术都在进步，东北亚地区的漂流民并未减少反而增多。在东北亚国家中，中国、朝鲜采取闭关锁国政策，日本从1630年代开始断绝了与多数西方国家的贸易。严禁超过一定规模的船只出海，限制了造船技术的推广。这是造成漂流民问题的根本原因。漂流民问题不仅存在于中日韩之间，还涉及俄罗斯、美国、琉球等国家和地区。和西方殖民时代"鲁滨逊式"的漂流不同，古代东亚的漂流民面对的是具备完善政府组织的异国文化，而他们自身没有政府背景，更没有对外殖民开拓的使命。所以，他们多数人成为和平的文化交流的使者。

一、日本的海洋漂流民在俄国的状况

日俄两国最初的交流就是通过漂流民开始的。1699年，俄罗斯人阿特拉索夫在堪察加半岛居民的部落里发现了一个日本大阪出生的商人，名叫传兵卫。他是1696年乘船向江户航行途中，因遇暴风漂流到堪察加半岛的。[2] 沙俄当局向他详细询问有关日本的地理、政治制度和军备情况。彼得一世听到这个消息，1702年在彼得堡亲自召见了传兵卫。同年，彼得一世专门发出敕令，让传兵卫学好俄语，然后由他教俄国人学日语，以便培养对日本工作的翻译人员。1705年10月，俄罗斯帝国加强了对千岛群岛的勘察，并在

---

[1] 中日韩共同编写委员会：《东亚三国的近现代史》，社会科学文献出版社，2006年，第6页。
[2] 周启乾：《日俄关系简史》，天津人民出版社，1985年，第9页。

彼得堡开设了日语学校,由传兵卫担任老师。以后凡流落到俄罗斯的日本漂流民,俄国政府都从中挑选教师。

1710年4月,俄国政府在堪察加半岛又发现了一个叫沙尼玛(音译sanima,真实姓名无文献记载)的日本人。1714年,他被送到彼得堡作传兵卫的助手。在18世纪中期,俄国政府把日语学校从都城彼得堡迁到远东的伊尔库茨克,那里是向东殖民扩张的重要据点。①

需要注意的是,对传兵卫与沙尼玛的记叙全部是间接的历史资料。他们的具体活动并没有经过多国历史资料的相互佐证。传兵卫和沙尼玛没有返回日本,他们在俄罗斯走完了自己的余生。

不过,18世纪在伊尔库茨克成立日语学校却是历史事实。这所学校到1810年关闭为止,总计开办了大约一百年。教学成效并不显著,听课的学生常年保持在五六人左右。在1992年日俄两国合拍的电影《俄罗斯国醉梦谭》中,一个日俄混血的年轻女性谈道:她的父亲曾经在伊尔库茨克日语学校担任教师,但父亲死后,她很多年没有再看到日本人的踪影。直至1789年,又有一批新的日本漂流民被带到伊尔库茨克。

俄罗斯在18世纪继续推行东进政策,包括扩大中俄陆路贸易、打开与日本的贸易大门。1716年,鄂霍次克至堪察加航线开通。1738年,斯潘贝格海军中将赴千岛群岛探察。1727年《恰克图条约》的签订使得中俄交涉告一段落。与日本的交涉到底能够前进到哪一步呢?在18世纪90年代以前,俄国政府并没有周密的对日外交计划。

1782年,日本货船"神昌丸"漂流至阿留申群岛。船上的十七

---

① 山下恒夫『史料集大黒屋光太夫』第二卷、日本評論社、2003年、130頁.

名日本人开启了日俄关系的新篇章，这也是东西方关系的新篇章。日本漂流民和俄罗斯人协作，制造船只，前往堪察加半岛。为返回故乡，光太夫和他的同伴不得不与伊尔库茨克总督交涉，甚至跟随热心的俄罗斯学者拉克斯曼远赴彼得堡，请求沙皇叶卡捷琳娜二世的批准。这些漂流民从欧亚大陆的最东端，冒着严寒，跋涉一万公里的路程，到达俄罗斯帝国的都城。

光太夫与拉克斯曼等人所走的路线是：鄂霍茨克—雅库茨克—格棱斯克—伊尔库茨克—克拉斯诺亚尔斯克—土木茨克—托博尔斯克—叶卡捷琳堡—佩鲁马—喀山—下诺夫哥罗德—莫斯科—彼得堡。返回日本的时候，走同样的路线。

学者拉克斯曼熟悉日本的国情，他向沙皇提出了周密的对日外交计划。虽然同遥远的东方相比，叶卡捷琳娜二世更为重视欧洲外交，但俄罗斯的外交从来都是东西方兼顾。步入晚年的叶卡捷琳娜二世在忙于与奥斯曼帝国作战，应对法国大革命以后的欧洲局势的同时，根据拉克斯曼制定的计划对西伯利亚总督发出训令，并决定派遣拉克斯曼的儿子、近卫军中尉亚当·拉克斯曼担任赴日本的使节。1792年9月，亚当·拉克斯曼携带西伯利亚总督的函件，护送日本漂流民返国。

十七人的船队，在返国的时候只剩下三人：光太夫（41岁）、小市（42岁）、磯吉（36岁）。小市在返国的途中，死在北海道的根室。光太夫与磯吉两人在离开十年后，得以返回故乡，尽管他们将面临日本政府的惩罚和监视。

1782年的漂流民事件对俄罗斯与日本的关系造成了深远影响。虽然1792年的俄国使团没有达到与日本通商的目的，但是战后的日本政府却把这一年视作两国外交关系的开始。1792年，日本政府比以往更为重视对千岛群岛的勘察,并且加强了对俄罗斯的防备。尽管亚当·拉克斯曼没有被允许正式登上日本的领土,但是他却被很多不了解这段历史的人误认为是第一任俄罗斯驻日本大使。

光太夫等漂流民成为俄罗斯学者与社会进一步了解日本的窗口。俄罗斯开始更多地关注东方,成为第一个正式要求日本对外开放的欧洲国家。同一年,英国人马戛尔尼到达广州,要求中国人对外开放,但与日本不同,中国人下至地方官员,上至乾隆皇帝,都无法理解英国人提出的要求。虽然俄国对东方的关注因为拿破仑战争而中断,但1792年以后,在北海道、千岛群岛与库页岛南部构成的日俄"边境地带",日本与俄罗斯的交流和碰撞日益增多。俄国人在此后的半个世纪,不断对日本提出对外开放的要求。

漂流民事件以后,日本政府和民间学者加强了对西方国家的学习,除原有的荷兰语外,俄语、英语成为日本了解西方的工具。这些思想文化上的探索为日本在19世纪60年代走上西方化的道路做了准备。

二、1782年漂流民事件的深层意义

美国国际关系学者约瑟夫·奈(Joseph S. Nye, Jr.)在《理解国际冲突》中,注重从个人、国家、国际社会三个层面分析一个国际关系事件发生的根源与过程。[①] 本文借鉴这种方法,从个人层面和国家层面分析作为近代日俄关系开端的光太夫漂流民事件。

---

① 〔美〕约瑟夫·S.奈:《理解国际冲突:理论与历史》,北京大学出版社,2005年,第78—83页。

1. 个人层面的分析

(1) 光太夫的历史形象

光太夫是一个组织能力很强的团队领袖。他率领一个十七人的运输小队。在从故乡漂流到阿留申群岛整整七个多月的时间，小队中只有一人死亡，团队没有发生内讧。他们没有任何淡水供应和多余的粮食。在半年以上的时间里，光太夫和他的同伴必须随时应付新的风暴，远离故乡的迷茫与绝望。这个船队能够存活到阿留申群岛的阿姆奇特卡岛，固然和日本人的集团意识密切相关，但是一个意志坚强、善于引领团队成员的首领是不可或缺的。

他们到达的阿姆奇特卡岛(Amchitka)地处北纬52°与53°之间，是一个地形狭长、气候严寒的岛屿。到达岛上之后，光太夫率领的日本人没有和俄国人(岛屿的实际统治者)与岛屿的土著居民阿列乌特人(Aleut)发生冲突。三个异质的人群的和谐共存和光太夫的领导能力有密切关系。[①] 在阿姆奇特卡岛上，光太夫与俄国船舰的首领生活在一起，他利用这个机会尽力了解俄罗斯的情况。他每天都在关注自己同伴的健康状况，还必须对去彼得堡请愿做出风险评估，做出整个漂流民团队最重要的决断。

在鄂霍茨克与伊尔库茨克，光太夫据理力争，向俄国当局表达了返回祖国的强烈愿望，再三拒绝了俄国将日本人留在官署的要求，即便在俄国切断了漂流民经费来源的时候，也没有放弃回国的计划。他必须忍受同胞一个一个倒下的现实。他在和拉克斯曼打交道的过程中既虚心学习，又提高了胆略。光太夫获准拜见叶卡捷琳娜二世，并且达到了自己的目的，显然，这种外交谈判的能力，

---

① 山下恒夫『史料集大黒屋光太夫』第一卷、日本評論社、2003年、289—295頁.

面对沙皇时候的自信,来源于他长达十年的与俄罗斯人的交往。

对于归化基督教的同胞(新藏)、与俄国女性结婚而放弃回国的同胞(庄藏),光太夫表达了对他们的理解与宽容,这与日本人高度集团化、敌视"背叛者"的思维模式不一样。所以,光太夫是已经具备近代意识萌芽的日本人。和1580年远赴欧洲的天正遣欧使节、1613年从仙台赴欧美的使节相比,光太夫的"准外交风格"也远在前两者之上。天正遣欧使节有庞大的地方大名(诸侯)集团的支持、欧洲传教士的热心相助,使节团的核心成员是长期受专门培训的四名年轻的日本基督教信徒;1613年赴欧美(墨西哥、西班牙和罗马教廷)的使节团,在财力物力方面都有日本仙台地方政府和西班牙政府的大力支持。而光太夫面对的是俄国地方政府的阻挠,热心的学者拉克斯曼的支持毕竟是有限的,他所有和俄罗斯相关的知识与外交技巧,都来自于与故乡失去联系后的自主学习。

(2)拉克斯曼的历史形象

拉克斯曼是一位学者,他热心远东事务,充满冒险精神,在当时是俄罗斯的日本通。电影《俄罗斯国醉梦谭》中有如下情节:拉克斯曼第一次宴请日本漂流民,竟然说出一连串日本学者的名字,包括桂川甫周。拉克斯曼的学识令日本客人瞠目结舌,一下子拉近了彼此的距离。桂川甫周是非常有名的官方学者,他在光太夫回国以后对其进行采访,写作了《北槎闻略》。但桂川甫周的名字被拉克斯曼提起,有可能是在拍摄电影过程当中,日方蓄意夸大的结果。

拉克斯曼对日本的认识和看法从何而来呢?西方人对日本很陌生,在17世纪末,有一位德国医生肯贝尔(Kampfer),曾经在日本荷兰商馆做医疗服务,回国以后,他写了鸿篇巨著《日本》,这是18世纪初西方国家"日本研究"的集大成之作。尽管只是对他所见所闻的记载,但也可以满足向往了解东方的各类西方学者的需求。

思想启蒙运动时期,法国思想家孟德斯鸠的著作《论法的精神》中和日本相关的内容参考了肯贝尔的《日本》①。19世纪中期,美国海军准将佩里(Perry)在即将率领舰队远征日本之前,也阅读了肯贝尔的《日本》。

18世纪被动来到俄国的日本漂流民总计不超过50人。在结识光太夫之前,拉克斯曼没有接触过日本人。可以推测,拉克斯曼的日本知识主要来源于肯贝尔的《日本》。拉克斯曼开创"日俄官方贸易关系"的计划则是在与光太夫多次见面之后逐渐形成的。

2. 国家层面(民族文化层面)的分析

(1)俄国的南下与东进

俄国南下的道路已经被清帝国阻住,在19世纪中期以前,俄国无法突破1689年的《尼布楚条约》与1727年《恰克图条约》的限制。在叶卡捷琳娜二世统治时期,俄罗斯在文化上学习西方,在对外关系上积极扩张,寻求出海口。开明专制的文化氛围之下,拉克斯曼这样具有官方身份的学者制订的计划才有可能受到领导人的重视,并且付诸实践。

而俄罗斯当时向欧亚大陆另一端扩展的愿望是非常强烈的,东进就成为俄国的选择。北太平洋的贸易利益也在增长,1792年俄罗斯在送还漂流民光太夫等人时要求与日本通商,遭到幕府的拒绝,叶卡捷琳娜二世在1796年去世,俄罗斯虽然经历了政权交替,但迫使日本对外开放的计划并没有停止。

俄国在18世纪末期,将四户人家三十八人,还有二十名猎人,

---

① 〔法〕孟德斯鸠:《论法的精神》,商务印书馆,1993年,第201页。

一起送到了得抚岛，让他们在那里建立基地。[①]1804年，俄罗斯派遣了以科学院院士尼古拉·彼得罗维奇·列扎诺夫为团长的高规格使节团。列扎诺夫主导了俄罗斯海军历史上第一次环球航行，他曾一直积极学习日语。他前往日本所持的凭证是1792年日本幕府发给拉克斯曼的信牌。

俄罗斯人并没有放弃经营千岛群岛，尼古拉·彼得罗维奇·列扎诺夫在1796年建立了俄美公司，取得了北纬55°以北建立殖民地和毛皮贸易的专营权，为期二十年。在被日本拒绝通商以后，他探查了库页岛周边，回到鄂霍次克后继续组织"远征队"，他的部下赫沃斯托夫，在1806年秋天，到达了库页岛的日本人定居点，有官方背景的日俄移民冲突不断。

在北海道附近建立基地、派出高级别使团，这些举措都说明：迫使日本开放已经成为俄罗斯东亚政策的一部分。

（2）日本人的集团意识和协作精神

十七名漂流民依靠有限的粮食，在太平洋上度过了整整七个月，在阿姆奇特卡岛上居住了四年，1787年，六名漂流民与俄国人共同返回堪察加半岛，1788年到达鄂霍茨克，1789年到达伊尔库茨克，过上有规律的城市生活的时候，他们已经离开故乡七年。在这期间，他们忍受的恶劣天气与生活环境，是今天生活在温带气候中的日本人和中国人无法想象的。恶劣的气候夺走了光太夫很多同伴的生命，但是有三分之一左右的人坚强地到达了彼得堡，有三名日本人坚持到回国。这和日本人注重协作、吃苦耐劳的精神是分不开的。

---

① 〔日〕吉田嗣延等：《日本北方领土》，上海译文出版社，1978年，第8页。

日本是一个善于学习异质文化的民族。日本政府的确规定了私自出国返回要判死罪的法律。但事实上，政府没有闭关自守，努力保持着了解西方国家的渠道，"荷兰学"兴起以后，日本政府无法再垄断"西方情报"，民间知识分子开始积极参与西方式样的科学研究。光太夫与磯吉回国以后，被政府官员和官方学者反复讯问，与其说是讯问，不如说是采访。日本政府又增加了难得的了解西方国家的渠道。锁国的法律并没有严格执行。光太夫获得幕府将军德川家齐的接见，光太夫被禁止向外界发表在俄罗斯的见闻，很长一段时间被限制在幕府指定的"药草园"，并且不得与家人团聚。"药草园"实际是一个日本官办科研机构的试验场。最终光太夫的俄国见闻还是流散到了民间。

江户时代日本的识字率高于欧洲一些国家。在光太夫率领的十七人组成的船队中，光太夫在初遇俄国人的时候32岁，年富力强，船队的骨干成员新藏、庄藏、小市和磯吉都能熟练读写，这些骨干成员逐渐醉心于俄罗斯的文化。这也是漂流民的俄国之行能够结出文化成果的一个因素。

三、海洋漂流民对日俄文化交流的推动

到18世纪末，日本已经推行锁国政策一个半世纪了，还没有谁像光太夫这样亲身体验异国文化达数年之久，在光太夫和磯吉回国以后，他们成为政府背景的学者和民间知识分子采访的对象。

1795年1月1日，日本学者大槻玄泽在他开办的学塾"芝兰堂"举行了"新元会"（元旦茶话会），聚集了多名学界同仁。这是东方

人第一次按照西方的历法迎接新年。会场悬挂着西方医学始祖希波克拉底的画像,漂流民光太夫、磯吉到场。在流传后世的《芝兰堂新元图绘》中,光太夫在用纸板对身边的人讲解俄语,磯吉则身穿西式服装,坐在较高的椅子上,神态悠闲自得,颇有俄国贵族的风范。①

桂川甫周是幕府将军的亲信,他把对光太夫的采访写成了《北槎闻略》。书中收录的用日语标注的俄语词汇已有数百个,其范围包括天文、地理、人物、人事(动词)、时令、服装、衣服、用具、饮食、颜色、官职十余个类别。② 光太夫自己制作的俄罗斯地名、人名读音小册子也开始流传。

1796年1月,日本漂流民仪平、善六、晨藏继续在伊尔库茨克的日语学校担任教师,在1810年,由于缺乏师资,学校停止教学。

日语中充斥着外来语,但俄语外来语并未在日语中留下特殊的印记。16世纪是基督教文明在日本开花结果的时代,所以来自西班牙语(如香烟 tobacco タバコ)、葡萄牙语(pan 面包パン)的外来语在日常生活中很普遍,相比之下,漂流民开启的日俄交流没有掀起全面的文化热潮。明治维新以后,日本大学开设俄语系,年轻人学习俄语,都是从国防和安全的角度关注俄罗斯,真正醉心于俄罗斯文化的知识分子少之又少。20世纪,由于众所周知的原因,关于政治组织、社会形态(如"资本主义")等俄语词汇被吸收进日语,但是,这些语言离当代日本人的日常生活比较远。

笔者还注意到:"鱼子酱"在日语中有两种说法:来自法文

---

① 山下恒夫『史料集大黒屋光太夫』第四卷、日本評論社、2003年、31頁.
② 赵德宇:《西学东渐与中日两国的对应——中日西学比较研究》,世界知识出版社,2001年,第203页。

（Caviar）的キャビア和来自俄语（икра）的イクラ。

光太夫去俄罗斯的时候，正是俄国醉心于西方文化的时代，俄国上流社会都在学习法语，鱼子酱在今天依然是闻名世界的俄罗斯美食，"鱼子酱"出现了法语外来语和俄语外来语并行的现象，可能是二百多年前，日本人与俄罗斯人在两国边境地带不断交流和碰撞的结果。

二百余年过去了，光太夫已经成为日俄关系史上的标志性人物。

明治维新以后，日本走向了对外开放。16世纪以来用各种方式在海外积极探索的代表人物，在日本的新闻媒体和通俗读物上，在学者的著作和演讲会上，被重新解读和认知。这些人物有的被塑造成开拓进取与海外殖民的典型，有的则是勇气与国格的象征，前者如曾经担任泰国国王重要辅臣的日本人山田长政[1]，后者的代表就是远赴圣彼得堡谒见俄国沙皇，克服一切困难返回祖国的大黑屋光太夫。这两类人物都被塑造成日本国民学习的榜样。

甲午战争以后，日本走上了与英国结盟，与俄罗斯对抗的道路。1905年的日俄战争是两国数年来对抗关系的总决算。战后，日本与俄罗斯又从仇敌转向了"盟友"，日本更需要挖掘光太夫这样在俄国"不辱使命"又能承担外交角色的历史人物的事迹。[2]1915年，日本的出版物《趣味历史》的第三十八节《拜见了俄国皇帝的船老大》向普通读者讲述了光太夫历经艰难，远赴彼得堡的故事。光太

---

[1] 钟放：《从山田长政看日本与东南亚的文化交流》，收入《第四届东方外交史会议论文集》，澳门大学出版社，2015年，第78页。
[2] 张淑贤：《从"仇敌"到"盟友"的转变——1905年至1907年日俄关系分析》，《东北师大学报》1994年第4期，第67页。

夫俨然成了不辱国格的民间外交家。这本书中还向读者讲述了在古代用自制飞行器飞跃朝鲜海峡的日本人。不过，后者显然缺乏历史根据，不过是为了炫耀对朝鲜半岛的强权而进行的捏造。

20世纪20年代以后，日本加强了对俄罗斯的研究，1934年，日本学者平冈雅英关注到光太夫和他的同伴曾经在回国后传唱两首俄罗斯歌曲，其中一首叫《索菲亚之歌》。而另一位学者龟井高孝对作为光太夫"俄罗斯见闻录"的《北槎闻略》加以校订。

平冈雅英的功绩是对俄语歌词进行复原，他研究的背景是20世纪30年代日本与苏联的对抗。当然，他的研究工作并不是为日本军国主义服务的。他从文化交流和史学考证的角度研究光太夫这样的漂流民。

1965年，龟井高孝把《北槎闻略》翻译成俄语，以此为契机，龟井高孝、中村喜和、村山七郎这三位日本学者访问了苏联。他们进一步搜集资料，将大黑屋光太夫留下的俄文歌曲进行复原。这是和苏联学者与音乐家共同协作的结果。

在1967年9月25日，日本举办了《索菲亚之歌》发表会，发表会先由学者做演讲，随后演奏由作曲家舟田均复原的作品《索菲亚之歌》，不过，演奏效果并不好。1991年，苏联解体，日本国内再次掀起了对俄罗斯的关注。1992年是大黑屋光太夫回国二百周年，在他的家乡举办了各种各样的纪念活动。作家五木宽之也曾经对《索菲亚之歌》进行实地调查，力图复原和普及这首歌。

这首歌可能受到了乌克兰民歌的影响。[①] 日本学者认为，光太夫留下的《索菲亚之歌》包含着复杂的思想感情。思乡之情自不必

---

① 生田美智子「ソフィアの歌と大黒屋光太夫」、『立命館経済学』、2013年、第2号，7頁.

说，他在异地可能爱恋过某位俄罗斯女子，回国后他遭到软禁，很久不能和家人见面。经过光太夫口头修改的歌词，还包含着对日本幕府的不满。

几位日本学者去伊尔库茨克寻找漂流民可能留下的遗迹，但是一切早已毁于大火。在苏联寻访日本漂流民遗迹的村山七郎确认了如下事实：在神昌丸漂流到俄罗斯之前大约六十年，1720年代（日本享保年间），日本西南地区萨摩藩的船夫权藏就漂流到了堪察加，权藏编写了《新斯拉夫语·日语词典》，这是世界上最早的日俄词典。但是，权藏是否就是电影里那名混血女性的父亲呢？日本学者在彼得大帝修建的博物馆里看到了权藏的蜡像。但是，权藏和前文所说的传兵卫、沙尼玛一样，只给后人留下了模模糊糊的形象。和权藏、传兵卫和沙尼玛相关的原始日本资料还没有被发现。

相比之下，大黑屋光太夫的故事则翔实具体、充满了异国情调，这也是他在日本对外关系史上被重视的一个基本原因。

在日本文学史上，作家井上靖在20世纪60年代创作的小说《俄罗斯国醉梦谭》，描写的就是漂流民光太夫远赴俄国，又争取回到祖国的故事。

井上靖（1907—1991）是日本著名的历史小说家，他写的异国题材小说大部分和中国相关，《俄罗斯国醉梦谭》是例外。小说连载发表于1966年至1968年的《文艺春秋》。当时，国际政治风云变幻，新《日美安保条约》签订以后，日苏关系陷入僵局。在日本国内，苏联威胁论很有市场。随着日苏关系的恶化和左倾风潮的影响，日本知识分子出现了关注苏联的热潮，这和十月革命以后，完全从革命理想主义出发的"苏联热"并不一样。井上靖访问了苏联，在博物馆看到了早期漂流民的雕像，他在涅瓦河畔追寻漂流民的足迹，重构那些勇气可嘉的日本人的历史形象。在和平时期，面对俄罗斯这样的大国，追忆远赴彼得堡、谒见叶卡捷琳娜二世的光太夫的事迹，的确可以唤起在国家安全方面仰赖于美国的日本人的民族自信。

1791年11月1日，大黑屋光太夫受邀参加叶卡捷琳娜二世举办的茶会，成为首位品尝到红茶的日本人。① 日本红茶协会在1983年把每年的11月1日定为红茶日。当然，红茶作为饮品引进日本是在明治维新以后。红茶日的确定从一个侧面说明了大黑屋光太夫开启的日俄文化交流对当代日本人生活的影响。

20世纪90年代初，苏联解体。日本计划解决俄罗斯并不承认的"北方领土问题"。1992年，为纪念日俄建交二百周年，两国合拍了电影《俄罗斯国醉梦谭》，充分说明了日本政府对这件事情的重视。光太夫成了日本"电影外交"的素材。不过，这些有外交背景的电影，在国内、国际上都很难得到人们的关注，整部影片展示了光太夫一行团结奋斗克服困难，学习外来文化，最后返回祖国的故事，影片结尾有光太夫和俄罗斯的使节一度被日本当局囚禁的情节，批判了闭关锁国的意识。

四、从天正遣欧使节到漂流民事件的变化

除了文化交流的意义而外，漂流民事件在人类海洋发展史上也

---

① 11月1日は紅茶の日 [EB/OL].http://www.tea-a.gr.jp/knowledge/tea_day/index.html,2013-1-18.

是有特殊意义的,必须重新审视。大航海时代以后,各大洲的联系加强,世界一体化的程度超越了蒙古帝国扩张引发的欧亚大陆一体化。漂流民自古就有,比如中国唐朝诗人王勃在探望父亲的途中落海,阿倍仲麻吕在回国途中漂流到当时的安南。漂流民的增多是大航海时代的产物,东亚主要国家的航海造船技术虽然受到了限制,但是漂流民成为东南亚和东亚国家之间文化交流使者的例子层出不穷。

日本是典型的海洋国家,江户时代的诸多思想家就有了广阔的海洋思维和世界意识,林子平、本多利明等等都认识到了海洋的重要性①。本文所涉及的最主要人物大黑屋光太夫无疑也具备远洋航行的素质,虽然缺乏测量工具和先进的轮船,但是他在近20人的"团队"中自始至终把握着危机处理和重大事项的决策权。这种远洋航行的素质是民族性的一部分,并非来源于学校的系统教育或者个别的师承谱系。

大黑屋光太夫一行远赴欧洲,这一事件应该和1582年的天正遣欧使节团联系起来分析。后者的成员是少年基督徒,他们是在西班牙人的带领和保护下根据预先安排前往欧洲的,走的是海路。

而大黑屋光太夫一行则是偶然海上遇难,但是事件的前半部分是在广阔的东北亚海域发生的,这个广阔的海域远远超过今天中国学者所理解的东北亚,包括今天美国的阿拉斯加还有阿留申群岛。在事件的前半部分,日本漂流民、俄罗斯殖民者和岛上的土著居民结成了一个"命运共同体",和平相处,至少没有发生大规模的械斗和屠杀。在那个特定的环境中,日本漂流民开始学习俄语,与俄罗

---

① 钟放:《本多利明的经世思想》,南开大学硕士学位论文,2001年5月。

斯人交流，他们惊奇地发现这些"异类"在造船和海洋知识方面完全可以成为自己的老师。他们能够顺利地离开阿留申群岛就是因为妥善地处理了与其他人群的关系。光太夫团队的成员以农民和渔民为主，虽然没有远洋航行的经验，但是求生意识和应变能力是至关重要的，这方面也是内陆民族难以企及的。

乘坐在俄罗斯人指导下制造的新船离开阿留申群岛，回到了堪察加半岛也就是欧亚大陆。如果说事件的前半部分是漂流民遇难后在东北亚海域积极求生，临时缔造"命运共同体"，回到大陆之后就变成了积极要求回国无望与被动远赴欧洲的一种苦难的心灵交错，在事件的后半部分，日俄"命运共同体"的特征不够显著，但是，日本漂流民与俄罗斯人深入交流和思想意识在改变是客观事实。

首先，日本漂流民充分认识到了异国法律的重要性，俄罗斯政府对待他们的态度显然比对待东北亚弱小的土著民族要友善得多，因为俄罗斯需要面对日本这个已经被欧洲国家了解的重要东北亚国家，不允许日本人回国也只能以最正式的理由提出"俄罗斯法律不许可"。日本漂流民在努力适应环境，光太夫作为团队的领导人在努力平复成员们久久不得回乡的焦躁情绪。

随着时间的推移，团队的许多成员渐渐接受俄罗斯文化，寒冷曾导致伤残者心中充满了悲情的绝望，但是接受基督教信仰，与俄罗斯姑娘的恋爱却是一种缓慢地融入当地社会的温馨过程。

团队的首领光太夫没有对团队施行军事化的集团主义管理，究其原因首先是他的理性起了决定性作用，返回日本是最终目的，为达成这一目的需要协作和协商式的民主，不需要长官式的杀伐决断，随着十年期间对俄罗斯代表的欧洲文化的了解，光太夫的民主意识逐渐增强，他给予已经接受基督教、不能回国和决定与俄罗斯女性结婚的同伴以完全的自由。如果不考虑那个也回到日本的他的助手，光太夫就是18世纪唯一一位长期近距离接触欧洲文化的日本人。18世纪最后十年，幕府为拯救经济难题而疲于奔命，针对俄罗斯东扩的"北方探查"时断时续，幕府的主要领导人也缺乏行政能力和外交眼光，虽然光太夫回国后接受了很多学者的采访，但是这个欧洲通的作用并没有发挥出来。试想，如果幕府的最高领导人召见并从光太夫那里接受了来自俄罗斯的知识和外交契机，后来的整个日俄关系都会重新改写，甚至中日俄三边关系都有可能改写。

如果说1582年的天正遣欧使节团是被动地执行宗教使命，那么1782年开始的漂流民远行欧洲则表现出很多日本人的主动性，其在日本与欧洲交流的文化史上的意义远远超过了前者。从路线上说，前者走海路远赴欧洲，后者除在东北亚海域的积极奋斗外，经历的完全是西伯利亚的冰天雪地。相隔两百年的两次民间"外交试探"的路线合起来，正好构成一个不规则的图形，而这个图形包围的是整个亚欧大陆还有非洲，这不是历史的巧合，因为西班牙和葡萄牙、俄罗斯这些国家的东进迟早会获得东方国家不同形式的回应。

五、出海口的探寻与命运共同体

作为本事件的另一方，俄罗斯的政策、该国民间人士的反应也应该详细探讨。

俄罗斯在崛起之前是典型的内陆国家，从彼得一世开始不断扩张。扩张的一个重要目标是获得出海口。先是向西寻找波罗的海的出海口。历届俄罗斯领导人的海洋意识都是非常强的,西方的出海口解决以后,就是南下奔向亚速海、黑海。奥斯曼土耳其帝国的扩张也遇到了强劲的反击,在南向政策有了初步的成果以后,俄罗斯帝国已经崛起。

相比之下,东扩要显得艰难和漫长,主要是从俄罗斯的核心部分到亚洲东海岸的距离太过遥远。东扩的历程在彼得一世之前的时代已经开始了。哈巴罗夫等武装殖民集团在17世纪中叶已经入侵到中国东北,威胁我国东北边疆的安全。

人类对海洋的认识有一个漫长的过程,1492年以后,葡萄牙和西班牙两个殖民强国签署条约,划分海洋利益。荷兰法学家格劳秀斯的"海洋自由论"则给"占领海洋"的霸权意识敲了警钟。到17世纪,公海和领海的意识逐渐形成。海洋作为一种资源,殖民主义时代的政治家首先想到的是争夺和抢占,对和平利用和共同开发还完全没有概念。内陆国对海洋的利用是否具备权利呢,经过几个世纪的探索,人类社会已经初步形成了共同利用海洋的意识和相关的法律规范。

内陆国不仅有权在公海上航行、科研考察,还有突破地理限制的"通行权"。[①] 所以,对俄罗斯寻求出海口的行为应该有客观的评价,在人类海洋法还没有完善只处于雏形阶段,具备海洋意识还是积极的和进步的,史学工作者也不能理想化地认定在所有时代都用和平手段解决国家的战略目标,所以,回顾俄罗斯寻求出海口的努力,其武力杀戮行为应该否定,对当地人民造成的损害和灾难应该

---

① 王铁崖:《国际法》,北京大学出版社,1999年,第35页。

正视，但是对俄罗斯历届领导人的海洋战略意识还是应该给予适当的评价。

在寻求东方出海口的过程中，俄罗斯要面对的是中国清朝和日本的德川幕府。17世纪80年代，两次雅克萨战争使得沙俄东扩遭受重创。又大约过了一百年，也就是叶卡捷琳娜二世统治的时代，沙俄重启东向扩张，也就是在这种大的背景下，发生了漂流民事件。当时的俄罗斯政府对东方国家日本的认识也比以前清晰多了，俄罗斯统治集团也都清楚日俄关系的重要性，除了沿黑龙江东下外，必须找机会和日本加强联系。至于正式开展和日本的外交关系则是沙皇接见光太夫之后俄罗斯政府才做出的决策。

黑龙江流域是我国满族、赫哲族和鄂伦春族世世代代居住的地方，回击沙俄的入侵是中国政府的正义行为。[1]但是如果从俄罗斯地方政府和中央政府处理漂流民事件的政策和过程来看，很难和殖民侵略画等号，俄罗斯希望利用这个机会正式打开与日本的交往，这样可以弥补在黑龙江流域扩张缓慢的不足。

如果说俄罗斯政府具备"海洋共同体"意识是过于主观的评价，但不可否认的是，相对于早期中俄关系的武力对抗，早期的日俄关系是以和平为基调的。前文已经分析了热情接待光太夫一行的学者拉克斯曼的情况，他是一位已经搜集了很多日本情报的学者，他对待这些异国人的态度是热情的、平等的，"必须去彼得堡"不是建议也不是骗局，而是唯一能够对双方有利的选择：既能实现日本漂流民顺利回国，又符合俄罗斯帝国的法律和利益。最终的结局是两个日本漂流民回到了故土，而俄罗斯帝国做出了最正式的一次打

---

[1] 《鄂伦春族简史》编写组：《鄂伦春族简史》，民族出版社，2008年，第23页。

开两国国交的外交努力，这是一种微弱的双赢。

探寻出海口，维护海洋权益的外交目标对于近代以来的任何国家都是合理的，至于实现的手段的问题比较复杂。1792年光太夫回国以后，俄罗斯的外交努力没有持续累加到让日本打开北方国门的程度。19世纪上半期，清朝政府持续走向衰弱，俄罗斯在东北亚的扩张的侵略性日益明显。到了19世纪晚期，大约在光太夫事件的一百年后，早期日俄关系的和平属性彻底丧失。从俄罗斯探寻出海口和日本积极了解欧洲形势的微弱双赢，转变成了两国勾结起来侵略和压迫中国和朝鲜半岛。那种"海洋共同体意识"的雏形不但没有强化，反而为了争夺在中国和朝鲜半岛的利益而大规模厮杀和妥协。最初的日俄关系和平模式没有延续下去，造成的后果是两强厮杀——日俄战争，包括大规模的海战，两国政府和人民都深受其害。

这就是本文从宏观的视角，以1782年开始的漂流民事件为中心，对上至1582年天正遣欧使节，下至19世纪晚期的日俄对抗这种四百年的宏观东北亚海域史和日欧关系史的一点点反思。

结语

日本漂流民没有受到民族主义与政治因素的干扰。他们长期受到异国文化的浸润，对异国文化产生了好感，他们对于改善国家关系抱着理想主义的态度。光太夫如此，19世纪中期漂流到美国的中滨万次郎也是如此。无论怎样解说和评价光太夫，他们在东西方文化交流史上的贡献是不容否定的。可以看出，这件事情在俄罗斯与东亚国家文化交流的历史上，具有特别重要的意义，光太夫是东亚国家和俄罗斯开展官方交往的第一位使者。俄罗斯与日本的相互认识由此得以加深。

1792年，俄罗斯已经成为海洋强国。日本社会内部开始涌动着建设海洋强国的暗流。林子平、本多利明等人都在关注俄罗斯，他们纷纷提出武力防俄和开发库页岛的计划。光太夫的回国加速了日本的"俄罗斯学"的兴起。日本的海洋强国计划迟早要和俄罗斯的东扩发生一定程度的碰撞。包括日本海军建立后其内部的所谓"文化建设"，都要涉及俄罗斯这样的"假想敌"[①]。可以说，20世纪日本的"北进"政策在光太夫的时代就已经有了雏形。

日本与俄罗斯是中国的重要邻国。日俄关系史上的所有重大事件都直接或间接影响到中国社会。富有传奇色彩的光太夫的故事也流传到中国。特别是21世纪以来，互联网对东北亚国家的文化交流与相互认知产生了重要影响。"大黑屋光太夫"这个普通的日本渔民被收入"中文百度"的搜索词条。一方面是因为日本与俄罗斯都是中国的重要邻国，而这个普通渔民却是历史上沟通两国关系的标志性人物；另一方面，他远赴俄罗斯谒见沙皇的故事，包含着许多能够吸引中国读者的要素和情节：在惊涛骇浪中求生、同伴的生死别离、对故乡的思念、异国情调、西伯利亚的冰天雪地，甚至动人的爱情等。

[作者简介]钟放，文学博士，东北师范大学日本研究所副教授。

---

① 孙雪梅：《海军军歌与日本的海上帝国梦想》，《东北师大学报》2017年第5期，第98页。

东北亚海域的"零和博弈":
1870年代日俄两国对科尔萨科夫的争夺 *

程 浩

科尔萨科夫港作为库页岛南部最重要的港口,无论是在俄罗斯远东地缘政治还是海上交通方面都发挥着重要的作用。从历史的角度来观察,我们不难发现,自1853年日本开国伊始,时为日本占有的久春古丹、科尔萨科夫港就已经进入俄罗斯远东扩张的视野。在《桦太千岛交换条约》签订之前,俄罗斯就以久春古丹为核心对其及周边地区进行了一系列的占领及开发行为。至1875年《桦太千岛交换条约》签订后,俄罗斯在该地区已经进行了一系列的殖民行为。可以说,《桦太千岛交换条约》的签订,从战略上使得俄罗斯远东殖民政策更加稳定,同时也解决了与日本的领土问题。而对科尔萨科夫地区发展变迁史的考察,可以使我们能够更加深入了解19世纪后半叶俄罗斯的远东及东北亚政策,为我们更加深刻地认识东北亚海域交流史提供有益参考。

---

* 本文为国家社会科学基金重大项目"东亚历史海域研究"(18ZDA207)阶段性成果。

一、1853年之前日俄两国对库页岛的探险及殖民

库页岛在历史上曾是我国固有领土，这在《中俄尼布楚条约》中有已有明确规定，即"以格尔必齐河及其流入之石勒喀河及附近之希尔卡河为两国之国界。且依此而延伸之外兴安岭之各峰顶直至大海，皆为两国之国界……"[①] 可见，自《中俄尼布楚条约》始，至《中俄北京条约》止，库页岛就是我国无可争辩之固有领土。而在此后的一百多年中，由于种种原因，清政府逐渐失去了对库页岛的有效管辖，这就使得日俄两国的民间及官方人士开始在库页岛地区进行探险、殖民贸易等活动。据俄方资料记载，1741年，曾跟随俄罗斯航海家什潘别尔克[②]首次发现赴日航路的俄罗斯海军军官阿列克谢·耶列阿扎洛维奇·谢利金戈[③]就曾驾驶"圣娜塔莉亚"号在库页岛东岸地区进行巡视[④]。之后，在拉彼鲁兹伯爵环球探险的基础上，俄罗斯海军军官克鲁森什捷尔[⑤]及利相斯基[⑥]在1803年也对库

[①] Болное собрание законов Российской Империй с 1649 года том III. 1346, Печатано в типографий II Отделения Собственной его Императорского Величества Канцелярий, 1830, CTP.31. 俄罗斯国家图书馆在线档案馆 https://dlib.rsl.ru/viewer/01003821638#?CTP.=33.

[②] 马尔忒恩·彼得洛维奇·什潘别尔克（Мартын Петрович Шпанберг, 1696—1761），丹麦裔俄罗斯航海家，首次发现自堪察加半岛至日本本土航线的欧洲航海家。

[③] 阿列克谢·耶列阿扎洛维奇·谢利金戈（Алексей Елеазарович Шельтинг, 1710—1780），俄罗斯海军少将，探险家。

[④] А.И.Алексеев: Курилы: Русско-японский рубеж//Южно-Сахалинск, Издательство обкома КП РСФСР, 1991, CTP.16.

[⑤] 伊万·费奥多洛维奇·克鲁森什捷尔（Иван Фёдорович Крузенштерн, 1770—1846），俄罗斯航海家，后任俄罗斯海军上将，首次俄罗斯环球航行参与者之一。

[⑥] 尤里·费奥多洛维奇·利相斯基（Юрий Фёдорович Лисянский, 1773—1837），俄罗斯航海家，首次俄罗斯环球航行参与者之一。

页岛进行了勘察,并认为库页岛是一个半岛。1806年10月7日,俄罗斯海军军官赫沃斯托夫率领护卫舰"朱诺"号到达阿尼瓦湾,并对设有松前藩阵所的阿依努人聚居地久春古丹进行劫掠。12日及24日,赫沃斯托夫又向当地的阿依努长老出示文件,声称"此地及此地之人民皆属于全世界最慈爱之沙皇亚历山大陛下领有"[①],并且这次所谓的"宣誓主权"被俄罗斯认为是其对库页岛南部正式行使主权的开始。但由于当时航海技术的落后,俄罗斯并没有发现库页岛是一个独立的岛屿,这就直接导致了俄罗斯在此之后的几十年里并没有对其倾注太多的注意力,直至1852年涅维尔斯科伊的北方探险。

日本对库页岛南部地区的扩张始于17世纪后半期,宽文十二年(1672年),松前藩派遣藩士数名前往桦太(库页岛)进行调查。并以此为基础,藩士厚谷四郎兵卫乘坐"吉祥丸"船只于阿依努人聚居地久春古丹设立阵所,但不久之后就于贞享元年(1684年)废弃。虽然日本方面将这次探险扩张活动视为日本对库页岛南部最早"主权领有"之象征,但无论从当时日本对虾夷地区的控制力,还是从在当地活动的主要族群等方面来讲,其主张都是站不住脚的。并且自此之后的一百多年,日本方面再无踏足库页岛南部的记载。而日本再次进驻久春古丹,则是在天明六年(1786年)最上德内虾夷探险之后的事了。出于加强北方防御的需求,宽政二年(1790年),松前藩士高桥清左卫门被派遣至库页岛,修复了被废弃的久春古丹阵所。在文化三年(1806年)久春古丹阵所被劫掠之后,幕府于次年将包括库页岛南部在内的虾夷地划归"天领",并进一

---

① А.И.Алексеев: Курилы : Русско-японский рубеж//Южно-Сахалинск, Издательство обкома КП РСФСР, 1991, СТР.16.

步加强了虾夷地区的防卫。

二、19世纪中叶后的俄罗斯远东探险活动与
穆拉维约夫哨所的兴建

19世纪中叶,由于中国国门被敲开,沙俄政府重新将注意力转向远东地区。自1844年始,俄罗斯在远东地区的探险扩张行为达到了一个高潮,随之而来的就是俄罗斯对西北太平洋地区探险活动的再兴。1849年6月,受当时东西伯利亚总督穆拉维约夫[①]的派遣,涅维尔斯科伊[②]乘蒸汽运输船"贝加尔"号自黑龙江河口南下,对库页岛进行了测绘,纠正了库页岛是半岛、自黑龙江河口以南至鞑靼海及日本海不能通行海船等错误认识。在对库页岛进行了重新勘察之后,俄罗斯再次对库页岛产生了野心。1852年,沙俄海军上将康斯坦丁·尼古拉耶维奇亲王在获悉美国总统菲尔莫尔派遣东印度舰队司令佩里前往日本进行交涉的信息后,一方面派遣普提雅廷[③]为全权特使,前往日本交涉开国贸易之事,一方面向东西伯利亚总督穆拉维约夫发出组织对库页岛进行殖民探险活动的训令。

穆拉维约夫在得到训令后,向还在远东地区进行探险的涅维尔斯科伊传达了俄罗斯政府的命令。穆拉维约夫这样说道:"海军大将亲王殿下通知我,圣上于1853年4月11日亲王殿下在场时,批

[①] 尼古拉·尼古拉耶维奇·穆拉维约夫(Николай Николаевич Муравьёв, 1809—1881),俄罗斯东西伯利亚总督、将军。

[②] 根纳季·伊万诺维奇·涅维尔斯科伊(Геннадий Иванович Невельской, 1813—1876),俄罗斯海军上将,远东地区探险家,曾规划建设了尼古拉耶夫斯克。

[③] 叶费米·瓦西里耶维奇·普提雅廷(Евфимий Васильевич Путятин, 1803—1883),时任俄罗斯海军中将,俄罗斯外交家。

阅帝国一等文官呈递的有关萨哈林岛的奏折,确立了如下原则:1.应由俄美公司占领萨哈林岛,并根据它在其特权范围内控制其他土地的原则,控制萨哈林岛。2.允许俄美公司为占领萨哈林岛并保护该公司在岛上的机构,可全权调遣士兵与军官,并且官兵薪水由公司支付。3.俄美公司不应允许任何外国人移居萨哈林岛,该公司只能将此岛移交政府。4.为保卫该岛屿之沿海及其港口不受外国侵犯,俄美公司应备置足够数量之船只,但遇有武装侵犯,则可向政府要求派军队保护。5.政府因需要可于萨哈林岛上无偿开采当地煤矿。6.本年应自堪察加至少调拨百人前往萨哈林岛。7.为弥补此次开支,立刻从西伯利亚总督管理之基里亚克事业特别基金中调拨5万银卢布,此款项日后不需归还及结算……"[①]1853年9月19日,涅维尔斯科伊指挥"尼古拉"号海船来到"托马拉—阿尼瓦"并对该地进行调查。21日,涅维尔斯科伊作出了登陆并在当地建立哨所的决定。

"托马拉—阿尼瓦"即为日本人所称的久春古丹,"其源自于荷兰探险家马丁·黑利德松·弗里斯[②]与克鲁森什捷尔[③],为当时俄罗斯档案中对阿尼瓦湾区的称呼,而涅维尔斯科伊则将这个名称用在了对久春古丹的称呼上[④]。当时久春古丹作为阿尼瓦湾地区最大的据点,同样是松前藩在库页岛地区的渔业中心。此处不但是当

---

① 〔俄〕Г. И. 涅维尔斯科伊著:《俄国海军军官在俄国远东的功勋1840—1855》,郝建恒、高文风译,商务印书馆,1978年,第253页。

② 马丁·黑利德松·弗里斯(Maarten Gerritsz Vries、1589—1647),荷兰制图员及探险家,首位留下对鄂霍次克海和萨哈林岛纪录的欧洲人。

③ 伊万·费奥多洛维奇·克鲁森什捷尔(Иван Фёдорович Крузенштерн,1770—1846),俄罗斯航海家,后任俄罗斯海军上将,首次俄罗斯环球航行参与者之一。

④ Л.Шренк: Об Инородциах Амурского края, Императорская академия наук, Санктпетербург, 1883, СТР.75.

地阿依努人的聚居地，同时也驻扎有松前藩之藩役所及运上屋，同时还拥有大量的物资仓库。并且久春古丹作为当时松前藩的管辖所在地也有伊达屋林右卫门、栖原屋六右卫门等场所管辖人驻扎此地。[1]涅维尔斯科伊的到来使得驻扎当地的日方人员高度紧张，由于当时日本刚刚经历了"黑船事件"，整个国家都处于高度戒备状态，并且久春古丹在40多年前还曾经遭受过俄国海军的掠夺和焚毁，所以日方人员开始对涅维尔斯科伊一行进行了驱逐。根据涅维尔斯科伊的记载，"我们的舢板刚刚靠近岸边，从板棚内突然闪出一伙爱奴人，他们由四个挥舞着马刀的日本人带领，顺着浅滩，径向舢板迎来……通译告诉我说，日本人命令爱奴人不许让我船靠岸"[2]。涅维尔斯科伊命随行的阿依努语翻译向懂日语的阿依努人称："我们是罗刹（俄罗斯人），我们从阿穆尔迁居到他们托马拉来是为了保护他们不受外国船员的欺凌，因此我们毫无加害他们的意图。"[3]日方人员通过随行阿依努人了解到涅维尔斯科伊并没有使用武力的意图，便请他们靠近。在与日方人员近距离接触后，其称："我们来到并进入自古以来就属于俄国的萨哈林岛，完全是抱着爱好和平的目的的……同时，圣上命令我，不仅不得阻挠日本人在岛上的生产和贸易，而且必须严格保护日本人的正当利益，使其免受侵犯。"[4]涅维尔斯科伊的表态使得驻扎久春古丹的日本人员对其产生了好感——这支来自俄罗斯的舰队并未如40年前那样对当地进

---

[1] 秋月俊幸「嘉永年間ロシヤの久春古丹占拠」、『スラヴ研究 Vol.19』、北海道大学スラブ研究センター、1974年、67—68頁．
[2] 〔俄〕Г.И.涅维尔斯科伊著：《俄国海军军官在俄国远东的功勋 1840—1855》，第274页。
[3] 同上。
[4] 同上书，第275页。

行劫掠，相反却保护日本在当地的利益。而正是在这种看似和平的假象下，涅维尔斯科伊兵不血刃地完成了对久春古丹的占领。就在当日，涅维尔斯科伊正式将久春古丹命名为穆拉维约夫哨所，并在此后开始了哨所的建设工作。

1853年9月22日，在对当地进行实地勘察后，涅维尔斯科伊将据点建设地选在了久春古丹南部一高岬之上。从此地可俯瞰海岸及松前藩之久春古丹阵所，并且一旦哨所建成，日方已有建筑皆在俄军大炮射程之内。并且此哨所附近还有多处仓库可供俄军使用。自22日至24日，俄方人员将包括八门大炮在内的大量武器、建筑材料、食物等物资陆续运至该地。在哨所的建设过程中，涅维尔斯科伊收到了日方提供的木料600根，并又砍伐了300根木料以作建设之用。哨所建成后呈四边形，以原木为材料。哨所内部有士兵营房三间及军官营房一间，各居四边形一角。其中两营房对角线之两侧各建有六边形瞭望塔一座，并有火炮射击孔充作防卫之用。哨所外有一位当地士兵所开设之交易场地，河边另建有浴室一间。

哨所建成后，俄军在久春古丹地区的军事实力对日本形成绝对优势。同时，由于"文化露寇"事件中赫沃斯托夫曾支持阿依努人对日方人员的复仇行为，此时久春古丹附近的阿依努部落对驻地的俄军怀有很大的期望，并数次向俄方人员提出愿意协助俄军占领久春古丹，接受俄国国籍并满足俄方提出的进行宗教改宗等方面的条件，但俄军探险队副领队布谢[①]却对此有自己不同的看法。在这个由沙皇直接派驻探险队的彼得堡军人看来，涅维尔斯科伊的很多行

[①] 尼古拉·瓦西里耶维奇·布谢（Николай Васильевич Буссе，1828—1866），俄罗斯政治家、军事家，海军少将、首任萨哈林地区行政长官。

动过于鲁莽,并且对久春古丹的占领也过于草率。他认为,即使俄军需要在库页岛南部进行长期驻扎,也不应将地点选在日方人员集中的久春古丹。因为与日本人的朝夕相处难免会产生冲突和误会。一旦不可预料的事件发生,将会直接影响到与日本及阿依努人之间的交易活动,进而刺激到幕府方面。在他看来,由新兵及哥萨克组成的69人的探险队虽然在当地算是最强大的一支军事力量,但如果幕府方面从北海道源源不断派出军事人员,将极大地威胁俄罗斯对库页岛的控制。[①] 所以,出于本国对日交涉战略目的的需要和其个人不愿使俄军实力受损的原因,其并没有介入当地日本人及阿依努人之间的事务,只是保持了对日本人相对友好的接触。并且就算其多次收到阿依努人对日方人员所表达的不满,俄军也未做出任何回应。俄军在当地的"武装中立"行为招致了阿依努人的不满,当地阿依努人由于备受日本方面的压迫,在俄军到来后,一直谋求通过俄罗斯的军事介入,将日方势力彻底赶出当地。甚至当地阿依努长老也曾公开抱怨说,"萨哈林岛是俄罗斯而非日本领土,故除非阿依努人被(俄罗斯)宣布是自由人,否则(我们)别无他法"[②]。但同时,布谢的"武装中立"政策却为其赢得了当地日本人的信任。在俄军到来之初,当地日本人曾产生过极大恐慌,甚至有场所管理者手下人员逃亡的事情发生。但在经过了布谢等人的解释并发现俄军并没有妨碍他们在当地的捕鱼和交换等经济活动后,日方人员很

[①] Н. В. Буссе: Остров Сахалин и экспедиция 1853-54 гг. Дневник. 25 августа 1853 г. - 19 мая 1854., Санктпетербург, Типография Ф. С. Сущинский, 1872, СТР.76–77.

[②] 秋月俊幸「嘉永年間ロシヤの久春古丹占拠」、『スラヴ研究 Vol.19』、北海道大学スラブ研究センター、1974年、72頁.

快就接受了俄军在当地的存在，甚至认为俄军的存在保证了其不会受到阿依努人反叛的伤害，自此，在久春古丹就形成了俄罗斯人、日本人、阿依努人三方杂居的局面，俄罗斯人在其中充当维持当地秩序的"警察"角色，三方保持了一种微妙的平衡。

三、日俄交涉与穆拉维约夫哨所的废弃

前文已述普提雅廷于1852年10月受沙俄政府派遣，率领舰队前往日本进行开国交涉一事。使团于涅维尔斯科伊正式建立穆拉维约夫哨所前的一个月，即1853年8月22日到达长崎，向幕府方递交了国书并正式提出了开国要求。其实在普提雅廷到达长崎以后，其并不知道远东地区穆拉维约夫下达的对库页岛进行探险和占领的命令。在滞留长崎期间，普提雅廷派遣"东方"号舰长、时任海军上尉的里姆斯基-科尔萨科夫[①]前往鞑靼海峡进行考察。在考察过程中，里姆斯基-科尔萨科夫得知久春古丹被涅维尔斯科伊占领的消息。在返回长崎后，其将此信息汇报至普提雅廷处。普提雅廷在得到消息后认为"只要保证在阿尼瓦湾附近那一小部分日本人的渔业活动及其收入，并令其保证服从俄罗斯的管理，则可将当地

---

① 沃恩·安德烈耶维奇·里姆斯基-科尔萨科夫（Воин Андреевич Римский-Корсаков，1822—1871），俄罗斯海军中将、航海家、水文学家、地理学家、作家、俄罗斯海军教育体系改革家。需要注意的是，里姆斯基-科尔萨科夫家族是俄罗斯古老的贵族家族，其远祖可追溯至中世纪立陶宛大公国之维陶塔斯大公，其姓氏中"里姆斯基"则来自于神圣罗马帝国所给与其家族之"罗马的"尊号。但此人并不是后文中科尔萨科夫港命名之原型，东西伯利亚总督米哈伊尔·谢苗诺维奇·科尔萨科夫。

视为已在俄罗斯帝国管辖之下的领域"[1]。在长崎滞留期间,由于幕府方向普提雅廷承诺三个月内会派遣正式谈判代表与俄方进行谈判,故普提雅廷在得到消息后的俄历11月6日(阴历十月十八日),正式向幕府方递交了外交文书,并在文书附加了之前没有提及的关于库页岛地区领土划分的内容。而在具体领土划分的细节中,普提雅廷则将自己的观点写进正式文本中并递交幕府方。

此时的幕府方,其实早在近一个月前的9月28日就已经得知久春古丹被俄军占领的事实,只是由于各方面条件所限无法采取有效措施,其间松前藩于12日上报幕府,其曾向库页岛地区先后派出由物头三轮持率领的第一队共85人及检使氏家丹右卫门率领的第二队共77人以做当地防卫之用,而普提雅廷提出的库页岛应交由俄国政府管辖的要求等于将这一事件摆到了桌面上。而此时以老中筒井政宪为首的幕府方,由于接连面对美国及俄罗斯的开国要求已感到应接不暇,所以最开始在领土问题上并没有做出过于强硬的回应。而这就给了俄罗斯方面得寸进尺的机会,在第一轮谈判中,普提雅廷曾一度要求将整个库页岛划归俄罗斯所有。但令其始料未及的是,日方谈判代表为曾受教于间宫林藏,拥有扎实兰学及俄罗斯相关知识的川路圣谟。彼时川路圣谟已经看出,俄军驻扎久春古丹,距离本土过于遥远,补给不便,所以出让一部分开港的利益以换取领土完整应该是可行的策略。故在谈判之前,听取了川路圣谟建议的筒井政宪回复普提雅廷的书信中就曾写道:"择阿尼

---

[1] Елизарьев В. Н.: Южный Сахалин и Южные Курильские острова в российско-японских отношениях :XVIII - середина XIX вв., Владивосток, 2003 г., СТР.266.

瓦湾之俄军夺原属我国之地无非为防备外寇，故自国境之事底定之日起应自该地撤离……和亲贸易之事历来为祖宗严禁，回信中已于贵方说明。然当今世事变迁，以古法定今事者已不足取，但其事是否能行仍须决于公议，非一时可定。"① 在谈判过程中，川路圣谟也认为"俄房虽为遥遥大国，然其海陆航行至此亦如云壤之隔。其虽据桦太已久，然文化初其不幸与法兰西之拿破仑兴兵，国都亦被攻夺。今逢交涉国境之事，此情一旦为我等说破，则久春古丹阵所可得矣"②。

而作为以交涉开国为首要任务的普提雅廷一行人，在舰队出发前，沙皇尼古拉一世就在其信中特别强调："在划定国境与我国此次的交涉重点（指开港贸易）之间（进行选择），会使日方（对我方要求）难以拒绝。所以，正确利用相关问题，必要时我方可以对日本政府进行一些让步。相对于我国此次的交涉要点，在国境问题上可以表达我方一定程度的宽大，通商利益为我国此次需要达成的首要目标，这对我们来说是最重要的。"③ 可见对于普提雅廷来说，放弃一部分过于遥远的领土来获得开港特权对他来说是完全可以接受的。并且就在谈判期间，由于俄土克里米亚战争的爆发，普提雅廷所率领之"缅希科夫公爵"号战舰曾遭到英国的攻击。据"东方"号传回的消息，英法两国在舟山群岛附近布下防御，一旦俄舰进入该地区则予以攻击。此时的俄罗斯方面，也担心如果克里米亚战争的

---

① 和田春樹『開国―日露国境交渉』、日本放送出版協会、1991年、102頁.
② 川路聖謨著，藤井貞文、川田貞夫校注『長崎日記・下田日記』、中央公論社、1972年、170頁.
③ 日本国外務省，ロシア連邦外務省『日露間領土問題の歴史に関する共同作成資料集』、日本国外務省、1992年.

消息被日本得知，并且日本如果在英法的威逼利诱下联合对库页岛地区的俄军驻点发起进攻，其后果将不堪设想。同时在 1854 年的 4 月间，驻扎穆拉维约夫要塞的俄军爆发了严重的坏血病，总共 70 余人的驻军超过 40 人染病，情况十分严峻。而松前藩派出的 162 名军事成员及 9 门大炮已于 3 月 28 日进入久春古丹，这就直接导致当地的军事强弱立时易位。出于尽早达成开港协议且尽量避免与英法两国发生冲突的目的，普提雅廷决定放弃久春古丹的俄罗斯哨所来作为自己与日方谈判的诚意。

当松前藩派出的军事人员到达久春古丹后，布谢马上派出了哥萨克别廖斯金[①]去收集日方人员之情报。在得知松前藩派来的 100 多名军事人员及 9 门大炮已驻扎进松前藩勤番所，同时还有当地渔场支配人清水平三郎携渔场人员 60 多人共同前来后，布谢再次派出别廖斯金同松前藩人员进行接触，以期进行进一步的谈判。在别廖斯金同清水平三郎等日方人员接触后，别廖斯金乘坐日方人员的船只回到穆拉维约夫哨所，布谢同三轮持等日方人员于四月十四日开始就俄军撤离久春古丹等问题进行了交涉。在经历了数轮交涉，尤其是四月二十二日布谢等人目睹了久春古丹附近的一次鱼汛后，布谢首次了解到了此地渔业资源的丰富，同时也对松前藩无论如何也要保住久春古丹产生了深刻的认识。自五月十日至十五日，"贝加尔"号、"戴安娜"号、"缅希科夫公爵"号等俄舰数次将穆拉维约夫要塞的俄军及物资装船运至堪察加半岛。至此，俄罗斯完全退出久春古丹及库页岛南部。

---

① 别廖斯金（Березкин），驻扎于穆拉维约夫哨所之哥萨克，其生卒年月及事迹不详。

四、《下田条约》签订后俄罗斯重返库页岛南部始末

由于《下田条约》①中并没有对日俄两国的库页岛划界问题进行明确规定,所以在达到了对日本开国贸易的目的之后,对库页岛的谋求就又被提上了沙俄政府的日程。1856年克里米亚战争结束后,确定英法不会在远东地区给自己构成威胁的俄罗斯,又将目光转向了库页岛。 安政四年(1857年)六月十四日,两艘俄罗斯蒸汽船到达纳约罗②地区,后转至久春内③地区,并在当地竖立十字架等标志物。次年五月,有俄军22人在军官马尔噶索夫④的率领下在久春内地区登陆并建立了小型越冬据点,并与当地幕府派驻人员进行了接触。虽说在接触的过程中并没有爆发冲突,但是由于双方都引用《下田条约》中并不清晰的条款来证明该地的归属权,所以当地日俄双方人员曾陷入一度紧张状态。

1859年5月底,东西伯利亚总督穆拉维约夫大公率领俄罗斯舰队自尼古拉耶夫斯克出发,旨在视察俄罗斯自《瑷珲条约》及《下田条约》所获得之新领土,并通告幕府将于视察过程中访问日本。当年农历七月十八日,穆拉维约夫所率领的由九艘军舰组成的舰队

---

① 《下田条约》,即1855年日俄两国签订的《日俄和亲通好条约》。
② 即第二次世界大战前日本旧桦太厅泊居郡名寄村,现为俄罗斯萨哈林州托马林斯基区本森斯科耶村(Пензенское, Томаринский район)。
③ 即久春内村,第二次世界大战前同属泊居郡,现为俄罗斯萨哈林州托马林斯基区伊里因斯科耶村(Ильинское)。
④ 普·伊·马尔噶索夫(П. И. Маргасов),俄罗斯海军军官,1857年率领俄军在久春内设立越冬点。

出现在了品川港。这次出航是穆拉维约夫精心策划组织的,在其5月2日给海军上将尼古拉耶维奇亲王的信中,他就曾经提到自己"将率领尽可能多的战舰前往中国及日本,意在当地宣示我国之武力"①。而在6月24日写给时任外交大臣的戈尔恰科夫②的信中,穆拉维约夫提到自己是"毫无疑问地,要为萨哈林的归属问题划上一个终止符"③。可见此时以穆拉维约夫为首的远东军方,已将占领库页岛作为自己最重要的任务之一。7月23日,幕府派遣外国事务挂但马守远藤胤统④与酒井右京亮忠毗⑤正式与穆拉维约夫会面,7月26日,谈判于天德寺内举行。7月28日,谈判正在紧张进行的过程中,老中间部诠胜接到英法两国外交代表的警告,告诫幕府方不可将库页岛全岛交与俄方,并称"若移交全岛之事将成,则英法两国将租借本虾夷地,并接管当地防卫云云"⑥,即若日方将库页岛移交俄罗斯,则租借北海道地区用于对俄防卫。并且英法两国外交代表联合老中间部诠胜向俄方施压,认为无论是出让全岛还是出让

---

① Елизарьев В.Н.: Борьба за Сахалин после Симодского трактата (1855—1867 гг.), Новый исторический вестник, Издательство Ипполитова, 2007, СТР.37.

② 阿列克谢·米哈伊洛维奇·戈尔恰科夫(Александр Михайлович Горчаков, 1798—1883),外交家,亚历山大二世时期俄罗斯外交大臣。

③ Елизарьев В.Н.: Борьба за Сахалин после Симодского трактата (1855—1867 гг.), Новый исторический вестник, Издательство Ипполитова, 2007, СТР.37.

④ 远藤胤统(1793—1870年),近江三上藩第五代藩主,三上藩远藤家第十代家督,江户幕府若年寄,历任从五位下但马守、从四位下民部大辅、中务大辅。

⑤ 酒井忠毗(1815—1876年),越前敦贺藩第七代藩主,江户幕府若年寄,主要负责幕府外交事务,曾先后参与穆拉维约夫谈判、亨利·修斯肯杀害事件、生麦事件、萨英战争、下关战争等事件的交涉。

⑥ 秋月俊幸『日露関係とサハリン島 幕末明治初年の領土問題』、筑摩書房、1994年、142頁.

久春内及马阿奴伊^①地区都是俄罗斯"无理之粗暴言论"^②。由于英法两国的介入,穆拉维约夫的强硬态度一时间并没有奏效。

但就在谈判的关键时刻,7月27日在神奈川横滨发生了俄国海军少尉罗曼·墨菲特与海军士兵伊万·索科洛夫被浪人袭击死亡的事件。此突发事件给本就艰辛的谈判又带来了更大的变数,穆拉维约夫以此袭击事件为突破口借题发挥,向日本一再提出对库页岛的领土要求。本来希望借助英法协调在领土问题上顶住俄罗斯压力的老中间部诠胜此时也毫无办法,幕府方目前仅仅寄希望于俄罗斯不要以此为借口对日本使用武力,在领土问题上则以"俄罗斯人可前往北纬50度线以南与日人杂居,边界暂时不予划分"^③进行了无奈的退让。在得到了日本方可允许俄罗斯人前往北纬50度以南与日本人杂居的许可后,穆拉维约夫喜形于色。10月17日,其在写给戈尔恰科夫的信中说道:"作为日俄两国未定区域之萨哈林岛,上谕有云务须使其尽快纳入我国,为此可于尼古拉耶夫斯克开航后派遣两连之士兵前往……。"在这封信的末尾,附有沙皇亚历山大二世"同意"的御批。^④可见,针对此次谈判,俄方早就做出了一整套预案,穆拉维约夫甚至在谈判前就获得了沙皇极大的授权。而日本的退让给了俄罗斯相当大的操作空间,并且这种操作空间也得到了俄罗斯最高层的许可,自此之后,俄罗斯对库页岛南部的蚕

---

① 第二次世界大战前日本旧桦太厅丰荣郡白锋村真缝,为库页岛最狭窄处靠近鄂霍次克海之地区,现为萨哈林州阿尔森其耶夫卡(Арсентьевка)。

② 秋月俊幸『日露関係とサハリン島 幕末明治初年の領土問題』、142頁.

③ Л. Н. Кутаков: Россия и Япония, Москва, 1988, СТР.142.

④ Елизарьев В.Н.: Борьба за Сахалин после Симодского трактата((1855—1867 гг.), Новый исторический вестник, Издательство Ипполитова, 2007, СТР.38-39.

食一日更甚一日。

五、科尔萨科夫要塞的建立与明治政府的北方扩张

进入18世纪60年代后，由于日俄双方都力争自己对库页岛的领有权，所以双方不断向该地加派人手，在当地驻扎的日俄双方人员均能够感到局势日益严峻，在这种严峻的气氛之下，较为严重的冲突时有发生。19世纪60年代中期，日俄两国在库页岛的实际控制线大概为久春内—真缝一线。但在1866年秋，俄罗斯方面首先打破了已有的实际控制线，将自身的实际控制区推进到真缝以南75俄里的地区。10月，俄军在内渊河附近修建了一座军事哨所"加列金"[①]。俄罗斯突然将实际控制线向南推招致了日本方面的不安，次年10月12日，幕府派出以小出秀实[②]为正使、石川利政[③]为副使的使节团，乘坐法国客轮前往彼得堡交涉。1867年1月2日使团到达彼得堡，沙皇亚历山大二世接见了使团成员，并且下旨由俄罗斯帝国外交部亚洲事务司司长斯特列莫乌霍夫[④]主持与日本代表团的谈判事宜。在谈判中，斯特列莫乌霍夫建议日本方面放弃库页岛南部，以北纬48度之阿尼瓦湾作为日俄两国边界。作为交换

[①] 俄文写作"Гарезин"，内渊河俄文写作"река—Найбучи"，此地属第二次世界大战前日本旧桦太厅落合町管辖，现为俄罗斯萨哈林州多林斯克。
[②] 小出秀实(1834—1869年)，旗本出身，先后被委任为箱馆奉行、外国奉行，历任从五位下美浓守、大和守、左卫门尉。
[③] 石川利政(1832—1868年)，旗本出身，先后被委任为外国奉行、冰库奉行、江户北町奉行，从五位下骏河守。
[④] 彼得·尼古拉耶维奇·斯特列莫乌霍夫(Пётр Николаевич Стремоухов, 1823—1885)，俄罗斯外交家、政治家，俄罗斯帝国外交部亚洲事务司司长。

俄罗斯可将得抚岛交予日本，但日本代表团却指出这样的交换对日本来说并不对等，谈判一度陷入僵局。为了让代表团在此次谈判中不至于无功而返，日本代表团同意与俄罗斯方面签署一份临时性的协议。3月18日，双方签署了名为《日俄桦太岛暂定规则》的临时性备忘录，在《暂定规则》中，日方承认了俄方在库页岛南部自由杂居的权利，同时《暂定规定》中指出，可以"于无建筑物及庭园之地，以己方产业为目的，进行任意之建设"①。这条规定，给日后日俄两国在库页岛问题上埋下了争端的隐患，俄罗斯利用此条款开始向库页岛南部大举扩张。就在《暂定规则》签订后不久，隶属于东西伯利亚军区的四个营的俄军开至布谢湖东岸地区，并在当地建立了要塞，此要塞则又是以"穆拉维约夫"命名，并且较之之前久春古丹的穆拉维约夫哨所进一步向南推进，距离真缝—久春内一线足足向南深入了350俄里。此时的久春古丹周围，已有俄罗斯建立的切彼萨要塞、穆拉维约夫要塞，并且切彼萨要塞距离久春古丹仅90俄里，已对其构成严重威胁。1868年9月，萨哈林分队军事长官、少校杰普列拉多维奇②向滨海边疆州③发出报告，指出应在久春古丹穆拉维约夫要塞附近的阿卡图瓦里村④建立一座军事要塞。滨海边疆州接

---

① 秋月俊幸『日露関係とサハリン島 幕末明治初年の領土問題』、176頁．
② 费奥多·米哈伊洛维奇·杰普列拉多维奇（Федор Михайлович Депрерадович，1838—1884），时任海军少校，1877年俄土战争后升任俄罗斯海军少将。
③ 滨海边疆州（Приморская область），俄罗斯政府1856年设立，主要为管理掠夺自中国东北地区之领土，首府为尼古拉耶夫斯克。当时库页岛也在其管辖之下，被称为萨哈林分队（Сахалинско отряд），1884年库页岛被转至阿穆尔总督直辖。
④ 阿卡图瓦里村（селение Аккатувари），《日俄桦太暂定规则》签订后，俄罗斯于久春古丹距离旧穆拉维约夫哨所3/4俄里处设立的俄罗斯人定居点，为旧日本桦太厅所属之函泊（ハツコトマリ）。

到报告后,随即派出部分人员前往该地。

1868年4月,明治政府改箱馆奉行为箱馆府,任命冈本监辅[①]为箱馆府权判事并命其全权负责桦太事务。8月1日,冈本监辅带领80名行政人员及200名移民到达久春古丹。到达久春古丹后,冈本监辅随即在久春古丹宣布了明治政府已取代幕府政权,并在当地张贴了"王政复古"的布告。在调阅了箱馆奉行所保存在当地的相关文书及档案后,冈本认为《暂定规则》是幕府腐败妥协的产物,之后其就向俄方人员宣布,新政府不承认幕府与俄罗斯签订的《暂定规则》[②]。就在同年,俄罗斯政府对远东地区的军事和行政权进行了部分调整,负责库页岛地区的萨哈林分队被划为独立军区,这就给了杰普列拉多维奇少校处理库页岛问题更大的自主权。这年12月,杰普列拉多维奇携随行人员秘密前往久春古丹并对当地进行了侦察。就在同月,东西伯利亚总督科尔萨科夫向沙皇亚历山大二世呈上了《关于阿穆尔地区组织建设》的奏疏,1869年4月亚历山大二世下达上谕,命科尔萨科夫加强库页岛地区的军事力量,并从滨海边疆区调拨一个营(1000人)驻扎库页岛。5月中下旬,杰普列拉多维奇乘坐日本船只自久春古丹前往新穆拉维约夫要塞,在这次行程中,杰普列拉多维奇考察了久春古丹沿海,以确定沿岸是否有可以登陆的地点。

1869年7月,先是"满洲"号运输船将东西伯利亚第四步兵营的三连、四连运至布谢湖畔的穆拉维约夫要塞,之后滨海边疆州总

---

① 冈本监辅(1837—1904年),通称文平,号韦庵,北方地区探险家,幕末明治时期北方领土开拓者。

② A. B. Трехсвятский: Сахалин в системе русско-японских отношений в XIX столетии, Краеведческий бюллетень, 2004. № 4, СТР. 10.

督伊万·瓦西里耶维奇·伏卢盖里姆①乘坐"美洲"号蒸汽船也来到此地。7月20日，伏卢盖里姆率领东西伯利亚第四步兵营三连、四连士兵共50名，并携带各种建筑材料、生活物资及六匹马，乘坐"满洲"号运输船前往阿卡图瓦里村，旨在当地建立一座属于俄罗斯的要塞。在久春古丹地区登陆后，伏卢盖里姆向当地日本人强调，自己前来是遵循既有协议，并且不会干扰日本在此地的渔业活动。7月31日，在对阿卡图瓦里村哨所进行改建的过程中，伏卢盖里姆将新建要塞命名为科尔萨科夫要塞，其名取自时任东西伯利亚总督的米哈伊尔·谢苗诺维奇·科尔萨科夫。

俄罗斯人在久春古丹的建要塞的活动引起了日方的强烈不满，冈本监辅向俄方发出了措辞强硬的通告，命令俄方停止一切建设活动。但杰普列拉多维奇也干脆地回复了冈本监辅，在回复冈本的信函中写道："俄罗斯的建设活动是受到1867年日俄政府间《暂定规则》保护的，并且我们进行建设的地区并没有日本人活动的，我认为（根据条约）我们有权利在此地砍伐木材、割取草料并进行房屋的建设……在来年的春天，我们可以在此地就这一问题进行进一步的谈判并达成一致……。"②

俄罗斯在库页岛南部的占领和建设行为使西欧国家感受到了远东地区来自俄罗斯的威胁。1869年9月，英国皇家海军"鸬鹚"号战舰自北海道起航并前往阿尼瓦湾地区。根据船上英国访日代

---

① 伊万·瓦西里耶维奇·伏卢盖里姆（Иван Васильевич Фуругельм，1821—1909），俄罗斯海军上将，历任波罗的海舰队指挥、滨海边疆州总督、西伯利亚舰队司令、东海港口总司令。

② Елизарьев В.Н.: Южный Сахалин и Южные Курильские острова в российско-японских отношениях :XVIII - середина XIX вв., Владивосток, 2003，СТР.500.

表团秘书约翰·奥德里斯科尔的回忆,俄罗斯人在当地"建起了基地仓库,并且在里面储藏了大量的食物"①,而根据俄方记载,该仓库所储存之食物绝大多数是供应当地军队使用,因为当地并不出产粮食,所以该地区的粮食供应全靠俄罗斯政府部门的支出。而对于俄罗斯来说,当地日本驻军究竟有多少一直是一个谜。根据苏联历史学家法因别尔格的描述,美国商船"扬子"号协助日本将350名士兵及150名垦农运至久春古丹。② 但时任海军准尉的维特根夫特在1870年前往科尔萨科夫要塞时却说并未发现日方武装人员。虽然彼时英国已经认为俄罗斯在远东地区对其构成了威胁,可是对于库页岛这种鞭长莫及的地区来讲,英国也没有什么更好的应对策略,只能是在日本对库页岛南部进行调查及往来时,提供交通运输及情报共享等各方面的方便。由于此时俄罗斯在库页岛南部地区的势力急剧增长,仅驻扎科尔萨科夫要塞的士兵就有640人、移民120人,所以英国驻日公使巴夏礼③建议日本在领土问题上不要激怒俄罗斯,尽量隐忍行事。就在英国对日本提出隐忍意见后不久,爆发了科尔萨科夫栈桥事件。

1870年1月15日,俄军在科尔萨科夫要塞外规划建造一座宽3.5米、长60米的栈桥。针对俄军的建设行为,日本外务省派驻当地的六名官员于22日前往科尔萨科夫要塞对俄军提出抗议,声称

---

① Елизарьев В.Н.: Южный Сахалин и Южные Курильские острова в российско-японских отношениях: XVIII - середина XIX вв., Владивосток, 2003, СТР.358.

② Э. Я. Файнберг: Русско-японские отношения в 1697 - 1875 годы, Москва, 1960, СТР.264.

③ 巴夏礼(Harry Smith Parkes, 1828—1885),英国外交官,历任英国驻华领事,英国驻日公使,英国驻朝鲜公使。

203

日方正常的渔业捕捞作业受到严重影响。而俄方则以寒冬港口封冻，渔业捕捞根本无法进行，日方所说都是借口为由对日方要求一口回绝。日方人员在与俄军理论的过程中发生了冲突，俄军趁势将外务省的六名官员尽数扣押并将其佩刀毁坏，用佩刀缠绳将此六名官员捆绑后塞入浴室监禁。并且对外宣称，"在驻地俄军进行栈桥施工的时候，这几名日方武装人员开始强行阻止我们，并对我方人员拔刀相向……因此我们的回应是正确且合理的"①。经过了一番交涉，这六名外务省官员最终被释放，并于3月22日随外务省前来久春古丹交涉的20多名工作人员一同离开了久春古丹。经此事件后，本来已接受英国隐忍处理库页岛事务建议的日本政府，再度充斥了强硬回击的声音。

由于日俄两国不断加强在库页岛地区的殖民活动，当地的殖民人口数量不断增加。据统计，在1869—1871年间，在久春古丹及阿尼瓦湾附近的日本人口已不下700人。但由于当地气候条件的限制，这些日本居民往周边地区扩张的速度极为缓慢。②出于加强对库页岛南部的控制，彻底压制日本在当地的势力的需要，沙皇亚历山大二世于1869年4月18日下达上谕，其中提到为了加强俄罗斯在库页岛地区的实力，可将流放者与服苦役者送至库页岛俄罗斯各定居点及要塞。③根据这一上谕，1870年有150名服苦役者被运

---

① Елизарьев В.Н.: История Сахалина и Курильских островов в российско-японских отношениях Кн.3, Изд-во «Лукоморье», Южно-Сахалинск, 2006, СТР.501-502.

② В. Н. Елизарьев: От Временного соглашения об острове Сахалин (1867 г.) к Санкт-Петербургскому договору (1875 г.), Россия и АТР, 2007. № 1, СТР.108.

③ К.К.Кораблин: Каторга на Сахалине как опыт принудительной колонизации, Российская история, Вестник ДВО РАН. 2005. № 2, СТР.72.

送至科尔萨科夫要塞，并在当地开展殖民活动。由于当地不断增长的人口，科尔萨科夫要塞开始了新一轮的建设过程。

六、1870年代俄罗斯的库页岛扩张与科尔萨科夫要塞的发展

进入19世纪70年代后，俄罗斯库页岛地区的殖民建设活动不但成为滨海边疆区的主要任务，同样也颇受俄罗斯国家中枢的重视。但大量的囚犯被送至库页岛地区，一方面为当地的治安带来了很多问题，另一方面由于当地驻军粗暴对待这些囚犯所导致的反抗行为，也给俄罗斯在库页岛地区的殖民统治带来了相当大的不稳定因素。1871—1872年，俄罗斯外交部曾派遣专员弗拉索夫前往萨哈林地区进行实地考察。在其寄往彼得堡的信件中，他描述了自己目睹的各居民点的现状：各个殖民点都被囚犯填满，营房像牲口棚一样脏乱不堪，殖民点的军事长官则粗鲁地采取暴力对待这些囚犯，而这种对待囚犯的粗鲁态度也招致了他们的反抗，囚犯杀死据点守卫并越狱逃亡的事件也时有发生。[1] 为了解决这一系列的问题，以科尔萨科夫要塞为例，驻扎当地的俄罗斯人进一步开展了要塞的建设活动。而针对当地俄国人精神无法得到慰藉的问题，俄罗斯政府开始向库页岛地区派驻宗教人员。1870年，东正教神父西蒙[2]被派至库页岛地区。5月，西蒙神父来到科尔萨科夫要塞，在他的提

---

[1] А. П. Чехов: Остров Сахалин, Владивосток – Южно-Сахалинск, 2010, СТР. 706.

[2] 西蒙神父(отец Симеон)，又被称为西蒙·尼冈诺洛维奇·喀山斯基(或被称为喀山的西蒙·尼冈诺洛维奇 Симеон Никанорович Казанский)，东正教牧师。

议下，当地驻军建立了一所教堂，并以基督教圣徒圣尼古拉的名字命名。自 1870 年始，在科尔萨科夫驻扎的军民开始拥有经常性的宗教活动，并且每逢俄罗斯传统宗教节日，当地都会举行庆典，而驻地长官也会在当日为要塞内军民送上节日祝福。自此之后，科尔萨科夫当地的治安及社会环境大为好转。同时由于俄罗斯派驻当地的囚犯和哥萨克出身的殖民者"较为粗野和放荡，只要有伏特加他们就觉得相当满足"，并且殖民者中还有一定数量的妇女存在，"她们没有固定的营房，一般被安排在面包房里居住……她们是作为满足部队生理需求的必要手段"，所以对于俄国殖民者来说，在库页岛地区生存下来并不是特别困难的事情。[①]

与之相对，日本在久春古丹的移民情况则不容乐观。1870 年 5 月底，英国博物学家托马斯·布拉基斯顿[②]以商人的身份跟随北海道开拓使船只前往久春古丹地区。在他的记载中，久春古丹遍布低矮的棚户，当地居民由于在捕获大量鱼后无法及时处理，腐烂变质的鱼类使得整个要塞弥漫着刺鼻的气息。并且由于鱼类的腐烂，当地人皮疹和伤寒等疾病多发，很多人病得卧床不起。在开拓使到达久春古丹港口后，疾病甚至使当地人无法前来迎接。布拉基斯顿在当地停留了三周，也曾经染上了疾病。而开拓使随船运去的殖民人员也多是服刑犯人，当地日本人在看到殖民人员之后都面露忧色。6 月中旬，开拓使船只离开久春古丹时，被送回箱馆的孩子们发出

[①] М. В. Гридяева: Остров Сахалин во второй половине XIX – начале XX века: административное устройство и управление., Южно-Сахалинск, 2008, СТР. 23–25.

[②] 托马斯·莱特·布拉基斯顿（Thomas Wright Blakiston, 1832—1891），英国探险家、博物学家、商人，19 世纪 60 年代末 70 年代初在日本活动，曾提出生物学上的津轻海峡线。

东北亚海域的"零和博弈":1870年代日俄两国对科尔萨科夫的争夺

了阵阵欢呼声,而开拓使殖民官员却忧心忡忡。由于条件的恶劣,日本已经无法维系在当地的殖民活动,到他们返回箱馆的6月下旬,殖民活动事实上已经停止了。①

日方殖民活动趋于停滞之后,俄罗斯在库页岛地区的殖民活动达到了一个高潮。1871年春天,在科尔萨科夫要塞以北3俄里的河谷平原中,殖民者平整出了一块1107平方米的土地,并在上面种植了土豆和卷心菜。秋季收获时,这些种下的作物产出了100普特② 土豆和1200棵卷心菜。并且自1871年起,当地的农业活动就成为了常态,要塞中的妇女负责土豆、卷心菜等蔬菜的种植,而男性殖民者则主要在当地试种大麦。③ 这对于当地俄国殖民者来说具有十分重大的意义。前文已述,直至19世纪60年代末,在科尔萨科夫地区活动的俄国殖民者只能通过政府采购调拨来解决在当地的吃饭问题。科尔萨科夫地区农作物种植的成功,使得俄罗斯政府在库页岛殖民事务中节省下大笔开支,同时对殖民地的经营以及鼓舞当地殖民者的士气起着很重要的作用。随着农业生产的开展,当地人口进一步增加,殖民地的附属设施,如专门设在要塞外的牲畜饲养圈、砖瓦厂甚至转运站也逐渐建立起来。1871年秋天,不算要塞周围附属地区的人口,仅在要塞内就驻扎有东西伯利亚步兵营的三连、四连及100名殖民者,并且在9俄里外的索洛维约夫山谷,还驻扎有一个连的兵力,这一个连的兵力是为了看护在山谷中饲养

---

① Ю. А. Вакуленко: Становление поста Корсаков (1869 – 1875 годы), ВЕСТНИК САХАЛИНСКОГО МУЗЕЯ № 24, ГБУК «Сахалинский областной краеведческий музей», 2018, СТР.65.

② 普特:沙俄时期计量单位,一普特约合16.38千克。

③ М. С. Мицуль: Очерк острова Сахалин в сельскохозяйственном отношении., Санкт-Петербург, 1873, СТР. 103-104.

的牛群而专门设立的。人员的增加甚至令科尔萨科夫地区出现了军官缺乏的现象，要塞及周围附属设施的建设及驻扎都需要相应的指挥管理人员，仅仅两个连的军力就已使得军官数量入不敷出。自1871年至1872年的一整年里，滨海边疆州最高长官伏卢盖里姆不断接到请求调拨军官至南萨哈林地区的报告。[①] 而此时的久春古丹仅仅拥有150名日本殖民者，相较于1868—1869年明治政府雄心勃勃移民500人来此的往事，日本在久春古丹当时的实力已是大不如前。

自1872年春季始，科尔萨科夫要塞加大了住宅及生活设施的建设。因为在经过了一年的殖民活动后，俄政府认识到有必要将一个营的兵力由穆拉维约夫派驻科尔萨科夫要塞。但在生活区域的建设过程中，一起突发事件打乱了俄罗斯的殖民部署。1872年2月3日，四名流放犯自穆拉维约夫要塞监狱越狱出逃。成功出逃后，这四名罪犯躲进了距离切彼萨地区4俄里的一户日本人的家中，在将一家三口全部杀害并进行了一番抢掠之后，放火焚烧了这户日本居民的房子。这件事对当地日本移民刺激很大，开拓使桦太支厅长官长谷部辰连[②] 于5月份亲自前往穆拉维约夫要塞要求了解事件的详细经过，俄方也向日方发出了协助抓捕的请求。不久之后，四名逃犯落网，俄罗斯当地法院对这四名逃犯进行了审判，日方代表也列席其中。但令人始料未及的是，这四名逃犯坚决否认其杀人并纵

---

① М. С. Мицуль: Очерк острова Сахалин в сельскохозяйственном отношении., Санкт-Петербург, 1873, СТР.62.

② 长谷部辰连(1844—1910年)，福井藩士出身，明治时期政治家、官僚。历任山形县知事，贵族院议员等职务。

火的行为，并称在被捕过程中被搜出随身携带的大米、日本茶具、斧头等物都是在那户日本人家中偷窃得来的。他们在成功窃取物品准备逃走时，发现了杀害并放火烧毁民房的人，并且俄罗斯当地法院也接受了此种说法，仅仅判决这四名囚犯每人鞭刑10下[①]。经此一事后，当地日本移民的情绪更加低落，在面对汹涌而来的俄国罪犯时，当地的日本移民只盼着能早日离开此地。虽然此时日本殖民点中的居民都想早日离开此地，但毕竟就当时来说，他们仍然要和俄国人生活在一起，这就决定了二者虽然互相敌视，但也不得不经常性地进行相互之间的合作。1872年12月，科尔萨科夫地方长官向当地日本居民提供了一万块砖，用以交换一条日式浅底筏船。[②]

1873年，日俄双方又爆发了一次围绕鱼油加工的冲突。作为19世纪库页岛南部地区的传统产业，鲱鱼鱼油的制造在当地的手工加工业中占据非常大的比重。阿依努人自古就有把提炼出来的鲱鱼鱼油用作照明、船只养护、房屋防水等方面的用途，并且后来的日俄两国殖民者也学会使用鲱鱼鱼油，所以在库页岛南部地区，鲱鱼鱼油一直是当地一项重要产业，日俄两国都在自己的据点内进行不同规模的鱼油生产活动。由于鲱鱼鱼油的生产过程会产生大量对身体有害的气味，所以科尔萨科夫要塞内一直以来也饱受其所带来的各种恶臭及腐烂鱼类边角料的侵袭。就在这一年的春天，科尔萨科夫要塞长官出于扩大鱼油生产及改善要塞内部居住条件的需要，将鲱鱼鱼油的生产从要塞内迁至海岸边。迁至海岸边的俄国

---

① В. Н. Елизарьев: История Сахалина и Курильских островов в российско-японских отношениях Кн.3, Изд-во «Лукоморье», Южно-Сахалинск, 2006, СТР. 509.

② 同上，СТР.507。

鱼油生产点没有了环境方面的顾忌,开始大肆生产鱼油。一时间阿尼瓦湾沿岸恶臭弥漫,沿岸从事渔业的日俄两国居民皆苦不堪言。①同时为了独霸当地的鱼油加工业,1873年初,科尔萨科夫要塞中的士兵在长官加日列洛夫的授意下袭击了函泊当地的日本据点。他们焚烧了日本据点中储存之用于鲱鱼油加工的木柴,殴打并且用刺刀驱逐了前来救火的日本低级官员,还毁坏了日本人携带的救火设备。同年5月,一群俄国士兵受长官指使企图放火焚烧日本在函泊的鱼油及大米仓库,结果其放火行为暴露,最终其企图未能得逞。②

根据《日俄桦太岛暂定规则》中的条款,函泊地区的日本鱼油加工点是受到条约保护的,俄军这一行为明显违背了《暂定规则》中的条款。开拓使驻当地干事堀基③一边向加日列洛夫提出严重抗议,一边将此事件上报开拓使。8月初,黑田清隆④派遣开拓干事安田定则⑤前往久春古丹调查此事件的详细情况。安田到达久春古丹后,经过多方调查掌握了此事件的来龙去脉。将事件汇总后,安田第一时间把事件报告呈报至黑田处,黑田则向外务省提出,由外务省对俄罗斯提起对此事件的交涉要求。俄罗斯外交部在接到日本

---

① Ф. М. Депрерадович: Этнографический очерк Южного Сахалина. Сборник историкостатистических сведений о Сибири и сопредельных ей странах, Санкт-Петербург, 1875, СТР. 43.

② 秋月俊幸『日露関係とサハリン島 幕末明治初年の領土問題』、210—211頁。

③ 堀基(1844—1912年),萨摩藩士出身,明治时期实业家,北海道炭矿铁道株式会社首任社长、贵族院议员。

④ 黑田清隆(1840—1900年),萨摩藩士出身,政治家,日本陆军中将,曾任开拓使、内阁总理大臣,后被授予伯爵。

⑤ 安田定则(1845—1892年),萨摩藩士出身,明治时期政治家、官僚,历任茨城县知事,元老院议官、贵族院敕选议员。

的交涉要求后,向时任东西伯利亚总督的西涅里尼科夫[①]转达了日本的态度。西涅里尼科夫在接到外交部的消息后就给海参崴地区行政长官发出电报,在电报中,西涅里尼科夫下令道:"这位外交部的官员说,日本人向他抱怨发生在萨哈林岛阿尼瓦湾附近的冲突,并对我们有所指责。我请你立即严惩肇事者,并以此来证明我们是负责任的,关于这件事情的处理结果,请将其汇总之后交于我处并另送一份至日本代表处。"[②]

发生在函泊的俄国军人焚烧日方鱼油加工点的行为在俄国人有意拖沓的办事效率下终于在1875年得到解决。1875年6月,滨海边疆省军区军事法庭对这一事件作出判决。如同1872年的事件一般,俄方向日方递交的文书中提到,所有的俄军士兵殴打日方人员、焚烧日方物资活动都属于其醉酒后的个人行为,并且其中的主要责任人已离开军队,若要对其进行审判须向其所在地之地方法院提出申诉。可能是感觉己方法院对罪犯过于偏袒,俄方人员也觉得日方人员如果阅读完这份文件的话,很可能会产生不满并招致新一轮的外交风波。[③]

但此时日方殖民人员已自顾不暇,在恶劣的环境、俄方不法之徒的骚扰以及渔业活动大受阻挠的影响下,日本在当地获得的殖民利益已经无法维持当地驻军及殖民者的日常生活,日本在久春古丹地区入不敷出的殖民活动使得日本政府在1873年决定停止在库页

[①] 尼古拉·彼得洛维奇·西涅里尼科夫（Николай Петрович Синельников, 1805—1892）,俄罗斯骑兵大将,参议员,曾任东西伯利亚总督。

[②] Ю. А. Вакуленко: Становление поста Корсаков (1869 – 1875 годы), ВЕСТНИК САХАЛИНСКОГО МУЗЕЯ № 24, ГБУК «Сахалинский областной краеведческий музей», 2018, СТР.71.

[③] 同上,СТР.70。

岛南部的殖民活动。日本外相副岛种臣[①]向俄罗斯驻日总领事布尤措夫[②]提议，愿意将库页岛南部地区让渡给俄罗斯，以换取日本在对朝战争中俄罗斯的中立态度，以及从俄罗斯登陆借道前往朝鲜半岛。布尤措夫对借道一事进行了回绝，但对以库页岛南部换取日朝战争中立的态度不置可否。[③]

由于日本政府已经做好了放弃库页岛南部的准备，所以自1873年俄罗斯的纵火事件后，日本政府就甚少过问当地居民的情况了。而这就更加助长了俄方的气焰。在日本学者看来，自1874年始，当地俄国军队与日本居民之间的关系比较类似"占领军与被占区民众"的关系，俄军的抢劫、入室盗窃等行为愈演愈烈，并且已经发展到军队上下皆以此为常态的程度[④]。不过在俄罗斯学者看来，这种状况也是俄军和当地日本人商业交流增加的结果。部分俄罗斯学者认为，由于当地俄军与日本商业活动的加剧，以及日本居民亟待解决自身生计问题，酿酒并向俄国军人售酒就成为当地日本居民的一大产业。一方面，绝大多数都是文盲的俄罗斯士兵在酒精的刺激下很难说会做出什么事；另一方面，俄军微薄的薪水也很难支持他们大量酒类饮料的日常消费，而在没有钱买酒的时候，能做

---

① 副岛种臣（1828—1905年），佐贺藩士出身，明治时期政治家，外交官，历任内务大臣，枢密院副议长，外务大臣。

② 叶甫根尼·卡尔洛维奇·布尤措夫（Евгений Карлович Бюцов，1837—1904），德裔俄罗斯外交家，曾任俄罗斯驻华及驻日总领事。

③ Файнберг Э. Я.: Русско-японские отношения в 1697 - 1875 годы, Москва, 1960, CTP.277.

④ 秋月俊幸『日露関係とサハリン島 幕末明治初年の領土問題』、213—214頁．

出什么事也就不言而喻了。① 面对这种情况，驻科尔萨科夫的东西伯利亚第四步兵营长官致信驻久春古丹的开拓使干事堀基。信中说："我特向您转达这封信，是要通知您，袭击日本人的我军士兵已被抓获并处以 5 天监禁的惩罚，作为惩罚，在监禁过程中，除了面包和水他什么也得不到。关于您所说的日本人遭受盗窃的事，我们将派人进行调查并会尽快给您一个答复，但是由于我们目前并没有多余的官吏，调查一事暂时还没有结果。"②

1874 年 3 月，经过一番调查后，开拓使桦太支厅得出结论，曾经花费 70 万日元在库页岛南部与俄罗斯争夺殖民地的行为是失败的，日本在库页岛南部基本没有进一步发展的希望，下一步的开拓重点应集中在北海道地区。同年的 9 月，日本撤回了除当地官员外的库页岛南部各个据点中的驻军及殖民者共 458 人，并将当地殖民点、渔业生产点及办公地点一一关闭③。可以说，1874 年日本自库页岛南部的撤离，标志着 1870 年代日俄两国在库页岛南部的殖民争夺过程中，日本完全败北，而日俄两国于 1875 年签订的《桦太千岛交换条约》不过是立足于现实的利益交换而已，作为俄罗斯在库页岛南部最重要据点的科尔萨科夫，则进一步得到发展。1875 年 9 月，在科尔萨科夫开设了第一所小学，用以教授当地士兵及农民的

---

① В. Н. Елизарьев: История Сахалина и Курильских островов в российско-японских отношениях Кн.3., Изд-во «Лукоморье», Южно-Сахалинск, 2006, СТР. 511.

② В. Н. Елизарьев: История Сахалина и Курильских островов в российско-японских отношениях Кн.3, Изд-во «Лукоморье», Южно-Сахалинск, 2006, СТР. 509.

③ А. В. Трехсвятский: Сахалин в системе русско-японских отношений в XIX веке., Владивосток, 2003, СТР. 26-27.

孩子。这所小学被命名为"阿列克谢·亚历山德罗维奇小学",用以彰显1872年前往符拉迪沃斯托克并下达加强远东殖民活动的阿列克谢·亚历山德罗维奇大公[④]的功绩。

1875年9月7日,日俄双方于久春古丹举行了交接仪式,日方正式移交了了库页岛南部的一应权力。就在同月,库页岛被俄罗斯分为北萨哈林区和南萨哈林区,南萨哈林区的首府则是之后囊括了久春古丹的科尔萨科夫。但随着俄罗斯完全控制库页岛之后,其逐渐失去了经营库页岛的热情。特别是在常驻科尔萨科夫的东西伯利亚第四步兵营被调回符拉迪沃斯托克后,科尔萨科夫地区有将近一半的军政岗位处于长期空缺的状态。并且自1870年代后逐渐改善的生活条件也慢慢复归常态。科尔萨科夫再次迎来兴建的高潮,则是在十几年之后的19世纪八九十年代大批流放者到来之后。

结语

纵观科尔萨科夫的发展史,我们可大致发现俄罗斯在库页岛地区殖民的特点,那就是在殖民初期,如果己方实力弱于对方或没有对对方形成明显的优势,则以相对友善和怀柔的面目来使对方保持麻痹,并且在殖民地的建设过程中不惜代价超过竞争对手并保持与其之间的优势。而在己方优势达到一定程度后,其就会撕下之前友善的伪装,纵容己方人员在当地的行为。而这种纵容往往能够起到

[④] 阿列克谢·亚历山德罗维奇大公(Великий князь Алексей Александрович, 1850—1908),沙皇亚历山大二世第四子。历任俄罗斯海军上将,海军部部长。

两方面的作用,一方面是能够在不同程度上震慑对方,一方面则是通过纵容己方人员的行为扰乱对方在当地的经济活动及社会治安,达到将对方排挤出当地,最终将该地区收入自身版图的目的。

同时,以科尔萨科夫为代表的库页岛南部,从19世纪的生产力水平来说,很难讲其能够带给俄罗斯何种程度的经济利益,这一点从1875年俄罗斯占领库页岛全境以后,对科尔萨科夫的经营几乎停滞就可以看出,同时这也能够从某种程度上印证俄罗斯民族性中对领土极端执着的部分。

从日俄两国的争夺来看,作为东北亚海域重要的港口,科尔萨科夫要塞的近代发展已诠释了日俄两国介入海域发展的互动实情。从国际关系理论的角度看,为了争夺岛屿及其周边海域和海上航道,殖民者的活动是你死我活的"零和博弈"。从俄罗斯的情况看,争夺库页岛,构成了近代俄罗斯外交中的欧亚并重的双头鹰战略的一个侧面。

在东北亚海域互动共生的时下,以近代海上扩张为鉴,共同探讨构建东北亚海域海上命运共同体的可能性与可行性,将在"非零和博弈"的国际关系下展开。科尔萨科夫港,作为目前俄罗斯在库页岛地区最大的港口,在北太平洋海运、连接北极航运与东亚海域上依然发挥着重要的作用。

[作者简介]程浩,历史学博士,太原师范学院历史系讲师。

"东亚历史海域"的"殖民话语"问题 *

李海涛

自 16 世纪初至 20 世纪中叶,"东亚历史海域"经历了漫长的被殖民化过程。在这个过程中,为了实现侵略和扩张,西方世界构建了"殖民话语",并完成了对"殖民话语权"的攫取。最终,促使"东亚历史海域"华夷秩序崩溃,建构了殖民主义国际关系格局。以历史进程为背景,"东亚历史海域"不同阶段的"殖民话语",具有服务于西方中心论国际秩序需要的特征。历史地反思东亚历史海域的"殖民话语"的发生及其建构,及时总结经验教训,对于讲好中国故事、贡献中国智慧、提供中国方案,推动"东亚历史海域""海洋命运共同体"格局的形成具有重大的现实意义。

在海域的合作与发展问题上,有学者探讨了在"东亚历史海域"构建"海洋命运共同体"的相关理论,并强调:"本着尊重海洋相通相连的自然属性,将'东亚历史海域'置于西太平洋乃至全球的视域下,将陆地、岛屿与海域连接起来加以深入研究,才能找寻出构建'海洋命运共同体'的可行路径与内在逻辑";"从水域角度,'东亚'、'东南亚'以及'东北亚'等概念所涉及的海域范围,都可以

---

* 本文为国家社会科学基金重大项目"东亚历史海域研究"(18ZDA207)的阶段性成果。

归并到'西太平洋海域'世界中来。""因此,支撑'海洋命运共同体'概念的'东亚历史海域',具有将东北亚、东亚、东南亚等概念统括起来的功能。"[1]

本文拟以16世纪初到20世纪中叶"东亚历史海域"为重点,探讨西方文明400多年不断强势冲击东亚文明的历史结局,及其与"文明"、"殖民主义"、"殖民话语"、"殖民话语权"等概念对接的历史过程。

一、"文明"与"殖民话语"

古汉语"文明"一词,最早出自《易经》:"见龙在田,天下文明。"孔颖达将其解释为"经天纬地曰文,照临四方曰明","天下文明者,阳气在田,始生万物,故天下有文章而光明也"。意在指出,"文以化人,天下光明",对文化作用加以褒扬和赞许,被后人引申为对思想、事物、人自身价值的肯定和评价。例如汉代焦赣的《易林·节之颐》有"文明之世,销锋铸镝",唐代李白的《天长节使鄂州刺史韦公德政碑》有"以文明鸿业,授之元良",宋代司马光的《呈范景仁》有"朝家文明所及远,於今台阁尤蝉联",元代耶律楚材的《继宋德懋韵》有"圣人开运忆斯年,睿智文明禀自天",明代宋应星的《天工开物》有"掩映几筵,文明可掬",清代钮琇的《觚剩·石言》有"文明之璞一旦割裂而出,天地真蕴,山川元气,渐至竭耗"等。

哲学上的"文明"指被人类赋予意义的所有自然事物、社会事

---

[1] 陈秀武:《"海洋命运共同体"的相关理论问题探讨》,《亚太安全与海洋研究》2019年第3期,第28页。

物、自然关系、社会关系、自然与社会关系所构成的存在。政治经济学的"文明"是指经济基础和上层建筑,生产力和生产关系,生产方式和生活方式的总和。社会学的"文明",指通过历史积淀、创造和传承的社会知识、社会意识、社会行为、社会制度、社会财富及创造财富方法的总和。"文明"具有累积性、发展性和流动性。"文明"主要有三个作用,一是凝练社会智慧和社会共识,二是维护社会利益和社会秩序,三是积累、创造物质财富和精神财富。"文明"的三个性质、三个作用决定了"文明"是质、场、势三个维度的辩证统一体。由于发展的时空要素不同,必然形成"文明"类型和层次的不同。

近代国际关系中的"文明"是基于综合哲学、政治经济学、社会学意义上的"文明"概念所衍生而来的价值标准,是对国际关系行为主体定义国家性质、地位、外交能力、外交方式及国际关系准则、国际关系原理的基本立场和观点的评价。

殖民主义将"文明"与"野蛮"两个概念对立起来。近代殖民主义者,将西方哲学、政治经济学、社会学视域下的西方状态,定义为文明的状态。因而在国际关系领域,将西方对于"国家性质、地位、外交能力、外交方式及国际关系准则、国际关系原理的基本立场和观点"就定义为"文明"的标准。进而出现认为技术先进、制度领先,文化优越就代表"文明",否则即为"野蛮"的二元论殖民主义观点。得出"殖民主义是上帝的事业,文明战胜野蛮天经地义"的结论。

第一次工业革命发生后,"文明"时代被定义为学会对天然产品进一步加工的时期,是真正的工业和艺术产生的时期。体现了"文明"概念为诠释时代性而异化的需要。19世纪中叶后,"东亚历史海域"中"文明"一词的概念，源于英文"Civilization"。"Civilization"本意指国家、公民社会活动能力的状态，引申为社会进步、文化发展的状态。显然接受了西方意识形态视域中"文明"的意涵和价值。

20世纪中叶后，经过对文明史的反思，及后现代主义对"文明"的解构和重构，"文明"被重新定义为人类所创造的物质财富和精神财富总和。重构后的"文明"分物质文明、精神文明两种内容，制度文明和技术文明两种属性，类型文明和层次文明两种标准。回归了"文明"概念应在的中性哲学视域之中。

"殖民主义"产生于古代奴隶主、帝王、贵族通过军事扩张，掠取财富、土地和奴隶的漫长历史时期。文艺复兴和地理大发现、新航路开辟，将世界带入近代历史，西班牙、葡萄牙等国以海上霸权，强行变美洲、非洲地区为殖民地，使"殖民主义"进入新的历史时期。殖民主义者建立商业、军事据点，垄断跨洋贸易，获得巨额财富，供自身挥霍的同时也促进了自由资本主义萌芽。17初至18世纪中叶，部分殖民主义者开始开发被殖民、被侵略地区的商品、资源市场，满足资本主义商品交换、货币供应、扩大再生产需要，构建了世界性殖民贸易体系，使"殖民主义"成为典型和活跃的自由资本主义成长的重要路径。18世纪后半叶到19世纪，由于工业资本对殖民地、被侵略地区丰富资源、廉价劳动力的贪婪需要，"殖民主义"经过政策调整之后，继续为资本主义蓬勃发展提供支撑。19世纪末、20世纪初，金融资本与工业资本高度融合，"资本"从垄断国内市场逐渐发展到对垄断世界市场的强烈需求，帝国主义时代的"殖民主义"越发展现出其掠夺和霸占殖民地、被侵略地区利益、资源和市场的工具属性。

"殖民话语"这一概念是由文学理论家与批评家萨义德提出的。"话语"源于英文（discourse），指叙述或写出来的语言，是语言学概念，因"话语"能通过人的互动过程发挥社会学作用，所以有了社会学属性。社会学的"话语"研究对象包括人们叙述什么，如何叙述，以及叙述带来的社会后果等内容，具有工具意义。借用"话语"理论，萨义德指出，19世纪西方国家认识中的东方（主要指阿拉伯和中东）是凭空想象出来的另一个世界，西方国家对东方人民和文化有强烈的偏见，西方文化中对东方长期臆想的印象系统化后即产生"殖民话语"，"殖民话语"为"殖民主义"提供了温床和借口。殖民者首先建构了被殖民者失声的语境，成为话语主体，其次通过对被殖民者种族、风俗等差异性描述将被殖民者贬低为与殖民者相对的愚昧、无知、野蛮、杀戮、落后、非理性、未开化等形象，将被殖民者诠释为一群人类属性退化了的种群，因而得出殖民者有责任为沉默的、尚缺乏理解力的被殖民者代言的结论，以使殖民者对被殖民者的征服合法化。殖民统治者利用"殖民话语"来美化殖民统治是给被殖民者带来了"文明"，将"殖民话语"作为真理性规范确立起来。实际上，"殖民话语"就是要创造一种意识形态，既为西方社会所相信，又为西方国家所实践。在殖民地，殖民者通过建立对被殖民者进行文化桎梏及教化的体制，使用"殖民话语"为殖民者实现殖民统治而服务。

"殖民话语权"是一种国际话语权。在国际关系中，"权力可以分为联系性权力与结构性权力"[①]。联系性权利是一种能力，这种

---

① 〔英〕苏珊·斯特兰奇：《国家与市场》，杨宇光等译，上海世纪出版集团，2012年，第21页。

能力使主体得以控制客体去按照主体的意愿行事,而不论这种意愿是否符合客体的利益和需要;结构性权利是形成和决定国际关系惯例、规则、机制等等内容,以至于塑造世界政治经济格局的权利。"殖民话语权"属于结构性权力,是对"殖民主义"国际关系的定义权,"殖民主义"国际规则的制订权,"殖民主义"国际事务价值的裁判权、"殖民主义"国际事件价值观评议权。硬权力、软权力、巧权力是西方"殖民话语权"形成的基础。硬权力一般由国家的自然禀赋、经济体量、军事力量、科技水平等资源的作用和成长而培养起来,体现为国际影响力、外交政策执行力、国家利益扩张力等,与"殖民话语权"形成具有同步性。"软权力是影响其他国家预期的能力,有可能与文化、意识形态、制度等无形的权力资源相关联。"[1] 软权力资源的发展,决定了"殖民话语权"力的属性。巧权力是对硬权力资源、软权力资源综合运用的方法和手段,以使硬权力和软权力资源效益最大化。[2] 巧权力推进了"殖民话语权"形成的深度、速度和广度。

  自16世纪初至20世纪中叶,"东亚历史海域"经历了漫长的被殖民化及被殖民统治的过程,贯穿了世界近代史和资本主义发展史各个历史时期。为了实现侵略和扩张,西方世界首先完成了"文明"与"殖民主义"的话语衔接,赋予"殖民主义"正义性和合法性。其次完成了"殖民话语"建构及"殖民话语权"的攫取,影响"东亚

---

[1] 〔美〕约瑟夫·S.奈:《硬权力与软权力》,门洪华译,北京大学出版社,2005年,第107页。

[2] Joseph S. Nye, Jr., *The Future of Power*, New York: Public Affairs, 2011, pp. 208-209.

历史海域"在"殖民话语"语境及"殖民话语权"中重构了对于民族特征、国家属性、国际关系及国际秩序的认知。

以下结合历史进程，围绕"殖民话语"的形成、内容、影响等，研究其在"东亚历史海域"的展开实态。殖民者在"东亚历史海域"构筑"殖民话语"的过程，大致可分为三个阶段。第一，重商主义的"殖民话语"阶段。第二，工业资本主义的"殖民话语"阶段。第三，帝国主义的"殖民话语"阶段。

二、重商主义的"殖民话语"（16世纪初—19世纪初）

东南亚盛产香料及其他热带资源，是西方殖民主义者重要的活动场域。1511年起，葡萄牙人、西班牙人、荷兰人、英国人等先后来到东南亚，为了控制贸易港口、香料产地、商业据点、开拓殖民地，他们之间进行了长达300多年的争夺。大致可分为三个历史时期。

第一，葡萄牙人独霸东南亚贸易时期。

1511年开始，葡萄牙人先后占领马六甲、马鲁古，赶走蒂多雷岛的西班牙人。根据1529年的条约，1565年西班牙人把菲律宾变为殖民地，葡萄牙人得以独占东南亚香料产地，建立多个商业据点及霸占多个贸易港口，几乎垄断了东南亚全部国际贸易，这一局面维持了100多年。

16世纪末，随着荷兰、英国的相继崛起，葡萄牙人的殖民活动受到严重挑战。1595年荷兰人远航船队经好望角、印度洋抵达万丹，访问了雅加达、马都拉、巴厘岛等地，后经爪哇岛南海岸驶入印度洋，而后返回欧洲。此后荷兰人发展了与东南亚之间的贸易。他们和当地人合作反对葡萄牙人的残酷掠夺,逐渐扩大商业势力。1602年,荷兰成立了东印度公司,与葡萄牙展开激烈贸易竞争。1603年,荷兰人联合当地人,打击了马六甲、柔佛、苏门答腊等地的葡萄牙人势力,1605年夺得安汶岛要塞、蒂多雷要塞。不久,控制了整个马鲁古群岛。葡萄牙人最后的要塞马六甲,在1606年、1608年、1630年、1640年四次被荷兰人及当地人攻击,摇摇欲坠,1641年1月,葡萄牙人弹尽粮绝,不得不出城投降,葡萄牙人的"东方帝国"最终崩溃。

第二,荷兰人建立东南亚殖民霸权时期。

1585年英国与西班牙爆发战争,1586年英国船队穿越大西洋,经麦哲伦海峡进入太平洋到达关岛和菲律宾。1588年英国击败西班牙舰队后,便开始准备绕过非洲前往东南亚的航行。1598年,英、荷缔结了联合打击葡萄牙人的协定。1600年,英国组建东印度公司,直接在东南亚同葡萄牙人开始争夺利益,但由于实力有限,英国人只是充当助战角色而已。1609年起,葡萄牙人在东南亚愈加势微,荷兰人统治了马鲁古群岛。1611年1月,荷兰东印度公司完全占有了马鲁古、安汶和班达的商业利益。随之而来的是英、荷矛盾加剧。荷兰人通过与土邦缔结协议,以控制这些地区。英国势力进入苏拉威西、加里曼丹和泰国,并向爪哇、苏门答腊、安汶和班达岛渗透。此时,荷兰拥有商船数量和总吨位均为世界第一,商船数量超过英国的十倍,海外投资比英国多十五倍,显然这场冲突的初期,荷兰人处于绝对优势地位。1618年至1619年,英、荷在爪哇附近海域爆发海战,英国舰队全军覆没。鉴于葡萄牙人残余势力的威胁,1619年7月,英、荷签订了共同对付葡萄牙人的"防务条约",分担防卫义务和军费,对爪哇及东南亚贸易利益进行瓜分。

1621年，西班牙、荷兰又起战端。英国人却拒绝履行条约义务，荷兰人恼羞成怒，随后将英国人逐出班达群岛，并在安汶以谋反罪清洗了一些英国人，荷兰人和英国人的矛盾激化，关系完全对立起来。由于荷兰人的驱赶，到1624年初，英国人在东南亚的利益几乎丧失殆尽。[①]1641年1月，荷兰人将葡萄牙人最终赶出东南亚，荷兰人成了维持一百多年控制力的东南亚霸主。

第三，英荷瓜分东南亚殖民地时期。

18世纪60年代第一次工业革命首先在英国发生，英国实力迅速超越荷兰。1780年，荷兰向英国宣战，英国人顺势开始进击荷兰人在东南亚的势力，1786年，英国人建立槟榔屿殖民地。这一时期，荷兰东印度公司经营情况每况愈下，"1789年财政赤字高达七千四百万盾，两年后增至九千六百万盾"。[②]1795年初，法军入侵荷兰，逃到英国的荷兰国王命令荷兰东印度公司向英国人移交所有权和财产，使荷兰在印度、苏门答腊、马六甲、安汶和班达的财产全部落入英国人手中。1808年1月，法国人接收爪哇。1811年9月，英国军队占领爪哇。拿破仑战败后，1814年，英国依据大陆均衡战略需要，与荷兰签订协定，允许荷兰人重新统治爪哇和马六甲。但1819年9月，英国人莱佛士擅自破坏两国协定，在新加坡建立殖民地，迫使双方重新谈判交换利益及划分势力范围。1824年3月英荷新协定出台，荷兰承认英属新加坡殖民地，转让在印度的商馆和马六甲，英国用苏门答腊的财产和明古连进行交换；英国人、荷兰人分别占有马来半岛和印度尼西亚群岛。这一东南亚地缘政治格

[①] 〔英〕D.G.E.霍尔：《东南亚史》，商务印书馆，1982年，第381页。
[②] 《马克思恩格斯全集》第25卷，人民出版社，1974年，第372页。

局,基本稳定地延续到日本开始侵略东南亚。

由于从16世纪初到19世纪初,"殖民话语"的形成原因、内容和影响都主要是在重商主义的圭臬下发生的,所以,可称为重商主义的"殖民话语"阶段。

重商主义在自由资本主义成长阶段扮演着决定国家实力积累和变化的重要角色,通过重商主义赋予殖民政策正义性和合法性成为欧洲国家调整国际关系构成和变化的主要内容。构建重商主义"殖民话语"回应了近代欧洲国家间关系两个特征内在逻辑的需要,"第一,构成国际秩序的基本准则是至少在法律上的平等关系。第二,试图称霸的努力,以及……力求恢复'实力均衡'时,其结果都要导致扩张"[①]。导致"殖民话语"成为欧洲国家对体系外国家、地区进行侵略和掠夺的工具和依据,这促使16世纪初到18世纪后半期近三个世纪欧洲国家体系、国家关系变化过程成为欧洲"殖民话语"在"东亚历史海域"不断积累"殖民话语权"的过程。

重商主义的"殖民话语"阶段,随着葡萄牙人独霸东南亚贸易时期,荷兰人建立东南亚殖民霸权时期和英荷瓜分东南亚殖民地时期的东南亚海域霸主前后接续更替,不同的殖民活动方式呈现的却是基本相同的"殖民话语"内容。

葡萄牙人把主要力量放在占据重要贸易港口,建立军事要塞,使用武力垄断东南亚海域贸易,掠夺殖民地资源和利益上。西班牙人16世纪60年代来到菲律宾,菲律宾当时虽然有大约50万居民,但散居、孤立、语言不统一,缺乏联系。西班牙人遂行"殖民主义"的方式是打破菲律宾群岛氏族、部落、种群社会的自然状态,推动

---

① 〔日〕信夫清三郎编:《日本外交史》上册,商务印书馆,1980年,第16、17页。

人口的集中和政治的统一，并通过"殖民话语"支持其残酷的殖民统治，持续压迫和剥削菲律宾人民。荷兰人更加重视通过贸易获得超额利润。[①]17世纪荷兰人在印度尼西亚建立殖民统治，荷兰东印度公司一度垄断了印度洋、太平洋海上贸易，"荷兰东印度公司实力之强大，其他各国的东印度公司不能望其项背。"[②]英国则强调对殖民地的开发和利用，开始向殖民地输出资本，以缓和殖民地人民和殖民当局之间的矛盾，及获得持续稳定的贸易、商业、资源、市场利益。

葡萄牙、西班牙和荷兰殖民者都是以"福音"为"殖民话语"的主要内容，在拯救异教徒灵魂的"殖民话语"语境下，来东南亚从事殖民活动的。宗教世俗化后，进入东南亚的各国传教士把发财致富作为了"福音"的主要作用，这种思想的蛊惑性，使得传教士不需使用任何武器，单凭他们的言行，就得到了当地民众好感，使殖民者受爱戴，为殖民者送去大量基督子民。但是东南亚有佛教、伊斯兰教和儒教传统思想的根深蒂固的影响，若要发展更多教徒、扩大教区规模，敛聚大量财富，殖民者就不得不使用军事力量作为主要的征服手段，保护和伴随"殖民话语"传播，并通过"殖民话语"传播，加强军事手段的效果。英国、荷兰、法国先后成立了垄断性的东印度公司，以垄断商业利益及财富掠夺，同时为实施军事手段准备了资源和基础。此外，荷兰人、英国人在"殖民话语"中加入了帮助"土邦"和人民反对葡萄牙殖民者残酷统治的内容，获得了"土邦"和

---

① 〔英〕D.G.E.霍尔：《东南亚史》，第362页。
② 〔法〕布罗代尔：《15至18世纪的物质文明、经济和资本主义》第3卷，生活·读书·新知三联书店，1993年，第245页。

人民的支持。

　　重商主义"殖民话语"的影响，在"东亚历史海域"受到一定程度的限制。这是由于一方面，东南亚大多数国家在政治上仍保持独立，经济上也基本上是自然经济、传统经济，除了一些沿海地区和岛屿沦为殖民地外，东南亚社会形态特征没有发生质变。另一方面，近代欧洲和古代"东亚历史海域"有着不同的国际关系范式。他们的差别主要表现在：社会形态背景不同，欧洲以商业资本主义萌芽和初期发展为背景，"东亚历史海域"以皇权制度、封建制度为背景；协调机制不同，欧洲以力量均衡和大国协调为机制，"东亚历史海域"以中心边缘协调为机制；关系调整原则不同，欧洲以民族国家主权平等为原则，"东亚历史海域"以互不干涉内政为原则；关系调整方式不同，欧洲国家以国际法来调整，"东亚历史海域"以华夷秩序来调整；内外关系性质不同，欧洲国家对域外关系处理方式主要是进行侵略和殖民，"东亚历史海域"国家对域外国际关系处理方式基本采取友好和防御政策。重商主义的"殖民话语"阶段，作为"东亚历史海域"国际关系范式的主导力量的中国，在大部分时间里并没有受到西方列强的直接、强烈冲击，规定"东亚历史海域"秩序的朝贡体系，仍然在发挥着作用，它决定了"东亚历史海域""殖民话语"到19世纪初，只不过一直处在不断成长和向"东亚历史海域"秩序渗透的过程，仍然只有局部的意义，而缺乏全局的影响。

　　站在人民立场来看，这段重商主义"殖民话语"形成的历史，是西方殖民主义者占领、经营、争夺东南亚殖民地的历史，是肆意侵略、残暴统治、混战连年的历史，给东南亚人民所带来的苦难和损失难以估量，正如马克思所揭露的那样："展示出一幅背信弃义、贿赂、残杀和卑鄙行为的绝妙图画。"[1]

三、工业资本主义的"殖民话语"(19世纪初—19世纪末)

18世纪中叶后,西方各资本主义国家相继发生第一次工业革命,工业品产量大幅度增加,大量廉价的工业商品涌入"东亚历史海域",各资本主义国家力图把"东亚历史海域"变为自己的原料产地和商品市场。1824年3月,经过近200年竞争,英荷终于达成瓜分东南亚殖民地的最后协议。马克思称这段历史,"是一部商业资本从属于工业资本的历史"。[2] 英国的工业资本最终战胜了荷兰的商业资本。英荷尤其是英国霸占的贸易港口和商业据点已经难以满足本国工业资本主义发展的需要,开始向东南亚腹地进犯,通过一系列战争、欺诈和收买不断扩大控制地域。1826年,英国人在马来亚建立海峡殖民地,1824—1885年,通过三次战争征服了缅甸,把缅甸吞并为印度殖民地的一个省。荷兰人从19世纪30年代开始,在印度尼西亚主要地区推行"强迫种植"制度。1884年,越南被法国人以"保护国"名义占领。更多内陆地区被卷入世界市场,原有经济模式逐渐解体,社会形态一步步发生了质的变化,东南亚整体快速进入殖民化的时期。1853年,"黑船事件"迫使日本打开国门。第一次鸦片战争和第二次鸦片战争将中国拖入半殖民地半封建社会泥淖。19世纪初至19世纪末,伴随着主要资本主义国家

---

[1] 《马克思恩格斯全集》第23卷,人民出版社,1972年,第820页。
[2] 《马克思恩格斯全集》第25卷,人民出版社,1974年,第372页。

推进殖民主义政策的步伐,代表工业资本利益的工业资本主义"殖民话语"登上"东亚历史海域"的舞台。

工业资本主义"殖民话语"包括对殖民地进行军事、政治直接统治,以使殖民地"文明开化";扶持傀儡政权,以使殖民地人民享有更多民主权利;投资殖民地工矿企业和市场,以开发殖民地经济;充当殖民地矛盾调停人,以使殖民地社会更安定;输入西方文化和教育,在政策上保证受到过西式教育的殖民地属民社会地位,以提升殖民地人民"文明"素质;西方国家政治、经济、文化、外交制度代表"文明",东方国家处于"野蛮"、"未开化"状态等等。"殖民话语"实现了帮助宗主国从政治、经济、社会、文化各个层面控制殖民地发展命脉的目的。实际上,为了巩固殖民地统治,防止殖民地人民的反抗,殖民者经常使用的统治策略是挑拨种族矛盾,笼络社会上层,通过不同的殖民统治方式对殖民地各种势力"分而治之"。在经济上,他们采取对殖民地市场进行残酷的利益剥削和对殖民地的资源进行贪婪掠夺的政策。在文化上,他们惯用精神麻痹和宗教蛊惑手段。经过近百年的进程,工业资本主义的"殖民话语"在东南亚完成了整体建构。

对于"东亚历史海域"固有秩序的创造者、延续者和维护者——中国,由于其地大物博、人口众多、历史悠久、文明璀璨、人民勇敢的自然历史禀赋,西方殖民主义者难以短时间鲸吞。为了满足工业资本不断扩大再生产的贪婪需求,殖民者只能在侵略政策上采取由远及近、步步蚕食、强取租界和租借地、划分势力范围、培植代理人和代理势力、制造边疆危机和瓜分危机等手段来进行。在经济政策上通过攫取路矿利权、获得投资和贷款特权、控制商品倾销市场和资源掠夺目标来完成。在文化政策上采取宗教渗透、西式教育输入和创造"殖民话语"进行洗脑等方式来实现。

西方殖民者为了将以条约为主的国际关系体系植入"东亚历史海域",必须以摧毁"东亚历史海域"固有秩序为前提,以重构"东亚历史海域"的新型国际关系为路径。为此,他们以中国为中心,在确立以"中外友好"为语境的"殖民话语"上,寻求可能性。换言之,他们要在"东亚历史海域"创造"殖民话语"及独占其话语权,以取代中国的影响。他们凭借的武器是船坚炮利和《万国公法》。

船坚炮利是军事实力的体现,而《万国公法》则是新型国家关系确立的法律保障及法理依据,也就是一种新的游戏规则。在"东亚历史海域",中国的洋务运动和日本的明治维新,都是对西方船坚炮利认知后的具体回应对策。与此同时,在对游戏规则——《万国公法》的认知上,中日两国开始了迥异的历史进程。

学界的相关研究成果显示,中国对于国际法的认识始于19世纪30年代。1839年鸦片战争前夕,林则徐担任钦差大臣来到广州禁烟,为了获取外夷情报,指派他的下属收集了很多西文书籍,其中就包括瑞士著名国际法学家滑达尔的著作《万国法》。林则徐请美国医生伯驾将《万国法》的一部分译为中文。[①] 另外,冯桂芬的《校邠庐抗议》中也涉及一些国际法的知识。19世纪60年代初,为说服清政府派遣驻外使节,英国人赫德译出亨利·惠顿的《国际法原理》关于使节权的内容。此后,在赫德和美国公使蒲安臣的全力支持下,美国传教士丁韪良等很快译出了《国际法原理》的全部内容,译名为《万国公法》。该书在"凡例"中说明,因《万国公法》主

[①] 王维俭:《林则徐翻译西方国际法著作考略》,《中山大学学报》1985年第1期,第60页。

要内容系各国通行规范，与各国律例相似，故亦名为《万国律例》。1864年由教会学校崇实馆刊印发行。《万国公法》得到总理衙门认可，认为西方各国皆畏其威而怀其德，现在地球上国家，能生存下来，都在于遵守盟约，遵循本书要义，西方各国无论公使、大臣还是教士、商人均将此书奉为经典，今大清也必将曲体其情而俯从其议。既然总理衙门认为该书极有助于与西方列强进行外交事务交涉，故首版即印行300本，发到了各个省和地方以供使用。[1]《万国公法》是第一部全书被翻译成中文的西方法学著作，向中国引入了近代国际法理论体系、基本原则、法治宪政观念，输入了许多专门的法律概念和术语，包括："公法"、"权利"等等。[2]

《万国公法》对中国政界、外交界及知识界产生过积极影响。从国际实践角度看，当时中国官员曾运用《万国公法》原理成功地处理了1864年"普丹大沽口船舶事件"[3]和1874年"中秘条约事件"[4]。从理论建构角度看，《万国公法》的翻译出版，为创建中国国际法学奠定了基础。其后到中华民国成立前，清政府陆续出版了丁韪良及其学生翻译的一批国际法学著作，例如：德国人马顿斯的《星轺指掌》，美国人伍尔西的《公法便览》，瑞士人布伦智理的《公法会通》，国际法学会编的《陆地战例新选》，英国人霍尔的《公法新编》

---

[1] 王铁崖：《中国与国际法——历史与当代》，《中国国际法年刊（1991）》，中国对外翻译出版公司，1992年，第26页。
[2] 杨焯：《丁译〈万国公法〉研究》，法律出版社，2015年，第72、75页。
[3] 王维俭：《普丹大沽口船舶事件和西方国际法传入中国》，《学术研究》1985年第5期，第84页。
[4] 杨泽伟：《近代国际法输入中国及其影响》，《法学研究》1999年第3期，第127页。

等，还出版了其他学者翻译或编著的几十部国际法研究成果。①《万国公法》在中国的传播，具有对人类近代文明成果加以引进的启蒙意义。但是，《万国公法》并不是解决中外争端的灵丹妙药，清政府官员、知识分子、外国驻华官员对于《万国公法》及国际法的研究、引入有着复杂的态度和想法。清政府官员虽然认识到了了解西方国际关系规则、法律和制度的必要性，但又不相信国际法有调整国家之间关系的权力，认为它仅能在制服领事官的蛮横无理，或者解决边疆危机时发挥辅助作用。因而清政府对落实国际法的各项原则一直处于消极、怀疑和摇摆状态。

国际法是外来的，与华夷体制不相兼容。由传统"华夷秩序"所构建起来的"中心对边缘"的思维模式，遇到西方文明挑战的时候，带来了晚清外交思想的混乱。林则徐有效利用《万国公法》解决国际问题的成功，实际上变相地承认了《万国公法》所代表的西方文明的效用，②意味着放弃传统的世界秩序观和朝贡制度，这是当时清政府所难以接受的。知识界对于西方国际法知识、理论等的引入也颇有矛盾心理，一方面，他们对国际法的研究、翻译、引进、教育和传播等工作孜孜不倦，希望中国通过国际法摆脱西方的控制，获得应有的国际地位。另一方面，当看到西方列强明火执仗破坏国际法的基本原则，在中国攫取领事裁判权、通商口岸和租界、协定关税、宗教和教育、路矿及工业投资、鸦片贸易、苦力贸易等等特权时，③他们就会不时地发出国际法"有用吗"的疑问。帝国主义的所

---

① 程鹏：《清代人士关于国际法的评论》，《中外法学》1990年第6期，第23页。
② 陈秀武：《"万国公法"的思想权威》，《东北师大学报（哲学社会科学版）》2015年第1期，第148页。
③ 杨泽伟：《近代国际法输入中国及其影响》，《法学研究》1999年第3期，第126页。

"东亚历史海域"的"殖民话语"问题

作所为,"种种不合情理,公于何有?法于何有?""由是观之,公法仍凭虚理。强者可执其法以绳人,弱者必不免隐忍受屈也。是故有国者,惟有发愤自强,方可得公法之益,倘积弱不振,虽有百公法何补哉?"① 国际法的理论和实践出现了严重的背离现象。从西方列强的态度来看,一部分外国驻华官员支持将国际法的知识传入中国,而另一部分对此持反对态度。支持的有英国公使、美国公使等,反对的主要是美国代办和法国代办等。②

西方殖民者利用"硬软"两手打开了中国的大门。1842年以后西方列强首先使用"硬权力"强加给中国一系列不平等条约,为摧毁"东亚历史海域"的华夷秩序打开了缺口,然后运用"软权力"向中国输出以《万国公法》为代表的西方国际秩序价值观。中国虽然最终承认了国际法所规定的国际关系原则、准则和内容,但中国并没有进入以国际法为基础的近代国际秩序当中,中国对外关系所适用的仅仅是不平等条约所规定的扭曲的国际秩序,这种情形充分证明,对西方列强而言,当时国际法的主要任务是保障和补充不平等条约的执行,制造"东亚历史海域"的"殖民话语权"。

在中国引入《万国公法》的同期,日本在"文明开化"的口号下,引入国际法,并在反向运用《万国公法》逻辑上,获得了"成功"。明治政府利用《万国公法》,通过侵略扩张,迫使西方列强接受日本为"东亚历史海域"的"文明"国家。

"在幕末维新期,以坂本龙马为代表的维新志士,极力宣扬'万国公法'是以文明手段解决国际冲突的实用工具。在与明治政府成

---

① 引自郑观应:《盛世危言·公法》,辽宁人民出版社,1994年,第111页。
② 王维俭:《普丹大沽口船舶事件和西方国际法传入中国》,《学术研究》1985年第5期,第86页。

立的同期，福泽谕吉1868年编译出版了《西洋事情外篇》。他在书中详细介绍了西洋各国情况，并将各国的文明发达程度与'万国公法'有效地对接起来。'万国公法'在发挥思想权威的现实状态下，充当了消解东亚旧有观念的概念工具。"但其后，明治政府的外交实践使日本官僚、知识分子们认清了"万国公法"的本质，1878年，福泽谕吉发出了"公法不如大炮，条约不如炸药"的慨叹。这种慨叹伴随的是日本迅速将反向应用"万国公法"的效用发挥在了侵略邻国的实际活动中来。[1] 当"东亚历史海域"朝贡体系被西方国际秩序侵蚀与摧毁之际，日本通过明治维新为建成近代国家，进入西方国际秩序，提供了强有力的政治、经济、军事支撑。日本顺应条约体系调整内政外交的同时，以"万国公法"为武器营造了新的"殖民话语"，通过一系列侵略战争的胜利，迫使西方列强承认了其"东亚历史海域"新势力的地位。

综上所述，19世纪中叶以后，工业资本主义"殖民话语"在"东亚历史海域"完成了内容建构和确立地位后，成为侵略这一海域的"殖民主义"意识形态工具，又为在"东亚历史海域"创造"殖民话语权"提供了基础，进而促进"东亚历史海域"殖民主义新势力的形成。"殖民话语权"作用于"东亚历史海域"，使这一海域发生了三种国际关系演进过程："封建主义国家之间的宗主藩属关系，在资本主义国家的侵略扩张中土崩瓦解了；资本主义国家和封建主义国家的关系变为宗主国与殖民地半殖民地的支配依附关系；资本主

---

[1] 陈秀武：《"万国公法"的思想权威》，《东北师大学报（哲学社会科学版）》2015年第1期，第149页。

义国家之间的关系确因争夺殖民地半殖民地而急剧发展起来。"[①] 中国由朝贡体系的中心逐渐变化为国际社会的一员。代替"东亚历史海域"朝贡体系的是"东亚历史海域"的国际条约体系。这一条约体系也被称为"万国公法体系"。[②]

四、帝国主义的"殖民话语"（19世纪末至20世纪中叶）

帝国主义形成的内部原因主要是资本主义国家国内消费不足、资本过剩等。外部原因主要是垄断资本（由商业资本、工业资本、金融资本融合生成）的利益需求推动以资本输出、争夺殖民地和势力范围、重新瓜分全球利益资源为目的的国际关系出现。19世纪中叶，以蒸汽机为核心技术的大规模工业生产已经相当发达，垄断资本形成后，获利空间很快因国内市场狭窄、生产要素约束而萎缩。工业资本需要向外输出，殖民地和势力范围便成为新目标，垄断资本投资殖民地和势力范围可以获得超额利润，但必然借助政权当局的统治地位赋予其超经济特权才能实现。于是，争夺、攫取统治权或开拓新势力范围，成了垄断资本获得利润最大化的关键步骤。帝国主义思想开始萌芽，资本输出、争夺殖民地和势力范围的国际关系有了基础。19世纪70年代以后，资本主义国家在第二次工业革命的推动下，轮船、铁路、设备、武器制造等重工业发展迅猛，为建

---

① 崔丕：《近代东北亚国际关系史》，东北师范大学出版社，1992年，绪论，第4页。
② 陈秀武：《日本的"万国公法"受容与"霸权体系"构想》，东北师范大学出版社，2015年，第5页。

立联系更为紧密服从于垄断资本利益的全球经济体系提供了技术和武力上的可能；旧有世界经济体系中，受西方列强影响和控制的农业国需要大量资本输入以发展民族工业，改变资源和劳动力被廉价收购和使用的窘境，进而改善在国际关系中经济和政治上的不利地位，垄断资本所带来的重工业产品的特殊属性深受他们欢迎；殖民地宗主国实力此消彼长。以上三种条件为资本主义强国提供了重新瓜分全球利益资源的机会和国际关系，促使资本主义强国的帝国主义战略和帝国主义"殖民话语"同步生成。而当已有国际格局必须被打破才能满足资本主义强国的扩张需求时，他们已经有足够的资源和政治支持来发动战争了，于是世界进入帝国主义时代。"帝国主义是资本主义的垄断阶段"[1]，"帝国主义是高度发展的工业资本主义的产物"[2]，国际秩序垄断和"殖民话语"共同成为帝国主义为海外垄断利益准备的政策工具。

美西战争是世界进入帝国主义时代的标志之一，也是促使帝国主义"殖民话语"首次出现的重要历史事件。美国结束南北战争后，工业能力迅猛提升，1894年超过英国，成为世界第一大工业国。那些追求利润最大化的金融寡头在垄断美国国内市场之后，开始把目标指向海外市场，从垄断世界的粮食供应，到垄断世界的工业品生产，再到垄断世界贸易及证券交易，都是美国垄断利益集团的愿望。获得殖民地，谋求地区和世界霸权，无疑能够加速上述愿望实现的进程。为垄断利益集团服务的商界、学界、政界、军界领袖开始炮制美国的法律、秩序、文明以及盎格鲁-撒克逊种族优越论、旧殖民

---

[1] 列宁：《帝国主义是资本主义的最高阶段》，人民出版社，1964年，第80页。
[2] 〔德〕考茨基：《帝国主义》，史集译，生活·读书·新知三联书店，1964年，第2页。

地黑暗血腥论为美国扩张和侵略政策造势，帝国主义思维已经形成气候，称霸世界的战略构想呼之欲出。让加勒比海、拉丁美洲成为自己的后院，染指东部亚洲，把太平洋作为自己的内湖，是这一构想的序曲。夺取古巴和菲律宾将成为序曲的前奏。古巴北邻美国佛罗里达半岛，相距217公里，位于加勒比海航道之上，是美国原料获取、市场开发、资本输出的重要方向，"对美国政治和贸易利益具有非常重大的意义……将古巴并入……势在必行"①。菲律宾既可以建立殖民地，又可以作为军事支点，塑造太平洋霸权和拱卫美国在华利益，占有菲律宾使美国"对于整个太平洋的控制，加倍地强固起来，好好地运用……就可以使太平洋成为美国的内湖"②。

19世纪90年代，古巴和菲律宾的宗主国西班牙已经衰落。1895年古巴人民展开了民族独立战争，至1898年已经取得了一系列重大的胜利，西班牙殖民者的统治即将土崩瓦解。此时美古贸易额早已超过了西古贸易额，美国的投资控制了古巴的蔗糖业，美国购买了古巴百分之九十以上的糖，垄断了古巴的采矿业。美国国会以保护美国公民的人身和财产安全及美国在古商业利益为由，要求发动军事干预。1896年菲律宾人民组织了大规模的起义，后来虽然受挫，但一直在坚持斗争。连续的武装镇压，消耗了西班牙大量的实力和资源，使其逐渐进入精疲力竭的境地。战争发生前，德国曾企图建立反美同盟，但没有得到列强支持，英国人同情美国的态度和立场，甚至发出英国海军可以提供某种军事援助的信号。

1898年2月15日傍晚，美国军舰"缅因"号在哈瓦那港发生

---

① 〔古〕艾·罗依格·德·卢其森林：《古巴独立史》，生活·读书·新知三联书店，1971年，第103页。

② 卿汝：《美国侵华史》第2卷，人民出版社，1962年，第348页。

严重爆炸而沉没。美国国会在没有确凿证据的情况之下，宣称该船是被西班牙人布设的水雷炸毁，美国各界随即制造舆论，煽动战争。虽然西班牙政府为避免战争，在回应美国要求方面作了很大的让步，但一场帝国主义战争终于还是打响了。西班牙在经济和军事上，都无法与美国相抗衡。在军队数量、武器装备质量、战斗力上，美国都处于绝对上风，战争很快呈现一边倒的态势。美西战争中的四次大战役，美国都取得了胜利。从1898年5月1日开始到8月13日结束，历时共一百零五天。1898年12月，美国、西班牙签订和约，美国获得古巴、菲律宾群岛、波多黎各岛、西印度群岛西班牙属岛、关岛等控制权或主权。美西战争期间，美国吞并了夏威夷群岛，美西战争结束的第二年，占领了威克岛。美国还同德、英瓜分了萨摩亚群岛。美西战争及美西战争后的美国一系列领土扩张行动，使美国在拉丁美洲和东亚的战略布局基本完成。1899年9月至10月间，美国提出"门户开放"政策，以达到削弱列强在中国的"势力范围"作用，之后美国加入了在太平洋地区与日本争夺霸权的角逐，朝着"太平洋帝国"既定目标继续推进。美西战争加速了美国经济垄断化的进程。美西战争之后，短短十几年时间，美国银行业更加集中，银行资本与工业资本联合加速，金融资本取得了经济主导地位，垄断利益集团逐渐控制了国家经济命脉和政治权力，美国成了典型的托拉斯帝国主义国家。

美西战争前，美国垄断大资本家和参议员的帝国主义妄语，"黄色报纸"歪曲事实、策划新闻，用无中生有的捏造和别有用心的蛊惑煽动帝国主义战争，[1] 开启了帝国主义"殖民话语"形成的序

---

[1] 杨柳：《报纸与美西战争》，《新闻爱好者》2004年第2期，第20、21页。

幕，战争的过程使帝国主义"殖民话语"找到了更多的素材加以丰富，美西战争结束后帝国主义"殖民话语"就首先在美国形成和确立起来。

美国帝国主义"殖民话语"主要内容包括：拯救殖民地人民，使其摆脱西班牙人的殖民统治，帮助殖民地建立美式民主政权，让殖民地人民获得独立、自由和权力，援助殖民地，使其经济、社会、卫生、教育等得到发展。美国的"殖民话语"不同于老牌殖民国家，是因为美国曾为独立、民主进行了长期斗争，同时又没有经历封建社会，资产阶级民主理念和传统有比较牢固的社会基础。为了充分调动舆论和各种资源的支持，美国实施殖民扩张战略时往往会披上维护"和平"、提供"援助"、"拯救"危难等等道义外衣，选择用较为隐蔽的方式把名义上独立的国家变为本国事实上的殖民地。但是，美国在战争中及战后的所作所为很快就扯掉了帝国主义"殖民话语"的遮羞布。美西战争中，美国得到了古巴和菲律宾起义者的鼎力支持。古巴起义军包围了西班牙军队，保证了美军能顺利登陆，美军胜利后，却禁止古巴起义军进城。1901年，美国政府通过了萨拉特修正案，把古巴变成为美国的保护国。菲律宾起义者在美军司令杜威亲口保证美国承认菲律宾战后独立的情况下，与西班牙人作战，付出很大的伤亡代价，但战斗刚一结束，杜威悍然撕毁了协议，不许起义军进入马尼拉市。美国占领菲律宾后，镇压了菲律宾人民的反抗，在菲律宾移植受制于美国驻菲总督权力及意志的"美国模式"。主要由菲律宾人组成和任职的议会、政府和法院建立起来。由于政权中的菲律宾人长期受美国文化熏陶，热衷于引进美国的社会制度和思想文化，使美国在菲律宾的统治和利益得到巩固，也使得"菲律宾依赖美国的程度比东南亚任何其他国家依赖自己宗主国的程度更加严重"。①

日本帝国主义"殖民话语"伴随日本的"文明国家"、"东亚新势力"地位得到西方国家认可，及日俄战争取得胜利而建立起来，包括：日本是东亚"文明"的代表者，有义务将"文明的荣光"注入到野蛮的邻国，高举"亚洲主义"、"亚洲门罗主义"旗号，建立"王道乐土"、"东亚协同体"，实现"五族协和"等等。但这些"殖民话语"不过是彻头彻尾愚弄"东亚历史海域"人民的宣传工具而已。历史事实证明日本对殖民地实行的是只取不予和惨无人道的军政统治，比老牌殖民主义国家更为凶狠、残酷和野蛮。这主要是由于日本各个方面的发展程度和水平与西方国家差异巨大。军事上，日本确立军国主义体制后，法西斯主义和武士道相结合，注定日本在帝国主义争霸战争中对殖民地的侵略和统治更加凶残和野蛮。政治上，19世纪末以前，欧美国家经过长期激烈的经济、贸易竞争和军事斗争早已经瓜分了世界，建立起自己的殖民地和势力范围。"东亚历史海域"、"殖民话语"对殖民地体系产生了全方位、多层次，难以剥离的影响。而日本在19世纪大部分时间里，都是"极其遥远和比较贫困的"②，在国际上少有存在感，地区影响力不足，限制了日本殖民统治政策的选择空间。经济、文化上，在19世纪，西方宗主国普遍加强了对殖民地文化渗透的经济支持，在殖民地开设学校、报馆和医院等机构可以得到当局资助，其资本主义价值观浸入大批亲西方知识分子的头脑及社会机体，统治基础比较牢固。而日本对大部分殖民地的统治时间过短，经济实力不足，不断扩大的

---

① 《新编剑桥世界近代史》第12卷，中国社会科学出版社，1987年，第437页。
② 〔美〕斯塔夫里亚诺斯：《全球分裂：第三世界的历史进程》上册，商务印书馆，1993年，第359页。

侵略又导致迫切和庞大的战争需求，对殖民地财富和资源的急功近利和竭泽而渔就难以避免。

在帝国主义"殖民话语"阶段，东南亚各殖民地人民受到的政治压迫、经济掠夺和精神控制程度进一步加剧。荷兰人大量增加了对印尼的资本输出，石油、橡胶、蔗糖、茶叶和咖啡等近代工厂出现，垄断印尼橡胶、石油、锡、椰子等生产资本，平均每年获得2.5亿荷兰盾利润，印尼原有经济社会结构走向解体。英国用直接统治加间接统治的方式，实行某些宪政改革，霸占马来亚，垄断马来亚84%的橡胶、67%的锡矿资本。法国占领中南半岛，采用集权统治与分而治之相结合的策略，将越南、老挝和柬埔寨三国组成的"印度支那联邦"，分为直接统治区、间接统治区和"保护领"三种统治形式；加紧资本输出，大量投资采矿、水泥、电力、铁路、烟草和酿酒等行业，控制了这一地区的经济命脉；采取同化政策，加强宗主国对殖民地人民精神层面的影响。法国人在殖民地学校向学生灌输法兰西的语言、历史、价值观和宗教信仰，而"这种学校被人们认为是进身的阶梯，显宦子弟便蜂拥而来"[①]。20世纪30年代，东南亚各殖民地贸易总额占宗主国贸易总额的比重从一成半到七成半不等，凸显了帝国主义国家和殖民地间的经济关系变得更为紧密。帝国主义"殖民话语"描绘了"一个开发殖民地的新阶段，它比以前更紧密地把东方同西方的生产体系联系在一起"。[②]

垄断资本的输入对殖民地经济社会发展起到了一定促进作用。例如"资本主义终于不仅给印度带来了它的剥削，它还带来了交通

---

① 〔英〕D.G.E.霍尔：《东南亚史》下册，商务印书馆，1982年，第861页。
② 《新编剑桥世界近代史》第12卷，第432页。

事业、邮政、铁路、新闻事业等等"①。"英国在印度要完成双重的使命：一个是破坏性的使命，即消灭旧的亚洲式的社会；另一个是建设性的使命，即在亚洲为西方式的社会奠定物质基础。"② 但殖民地人民若想通过帝国主义"殖民话语"带来的客观结果，使工业、经济、社会各领域都得到发展，进而获得独立却是不可能的。因为殖民地的立法、行政、司法、军事、外交等大权都牢牢掌握在殖民者手中。殖民者惯用"分而治之"之策，对殖民地社会加以影响和控制。对殖民地的资本输出，产生的最主要后果是殖民地的原有经济体系彻底崩溃，不合理的殖民地经济结构被固化到了帝国主义全球经济体系之中。不同帝国主义国家的"殖民话语"内容虽有差异，但运用帝国主义"殖民话语"蒙蔽和欺骗殖民地人民，麻痹他们的反抗精神以实现稳固殖民统治的企图是一样的，给殖民地人民造成深重灾难和巨大财产及生命损失的后果是一样的，打破殖民地社会自然发展过程和规律，造成经济社会畸形状态的结局是一样的。

结语

经过 400 多年的历史进程，"东亚历史海域""殖民话语"经重商主义阶段、工业资本主义阶段进入到帝国主义阶段，也进入到了一个对殖民地人民最有欺骗力、对国际秩序最有破坏力、对国家最有毁灭力的阶段。随着法西斯国家的溃败，第二次世界大战宣告

---

① 〔德〕卡尔·考茨基：《民族国家、帝国主义国家和国家联盟》，叶至译，生活·读书·新知三联书店，1973 年，第 45 页。
② 《马克思恩格斯全集》第 9 卷，人民出版社，1961 年，第 247 页。

结束。联合国建立之后，本着《联合国宪章》的宗旨和原则，西太平洋乃至全球殖民地人民的民族意识觉醒，被压迫民族纷纷走向独立。1960年12月14日，联合国大会第1514号《给予殖民地国家和人民独立宣言》决议，宣布"需要迅速和无条件地结束一切形式和表现的殖民主义"，"殖民话语"终于退出历史舞台。纵观本文主题，可以得出以下几点结论：

第一，本文探讨的"东亚历史海域"的"殖民话语"，是以东南亚海域为中心展开的。异质的西方势力进入之前，以中国为中心的东亚海域与东南亚海域是连接为一体的"海洋命运共同体"。随着西方势力的介入，这一共同体被打破后，西方势力所创造的"殖民话语"不断营造了"殖民侵略合理"的价值观。亦即，重商主义的"殖民话语"是为遂行重商主义内政外交政策而创造的"话语"，属于自由资本主义产生和发展的范畴。工业资本主义的"殖民话语"是为遂行工业资本主义内政外交政策而创造的"话语"，属于工业资本主义产生和发展的范畴。帝国主义的"殖民话语"是为遂行帝国主义内政外交政策和战略而创造的"话语"，属于帝国主义产生和发展的范畴。

第二，"东亚历史海域"的"殖民话语"是伴随着近代世界政治格局的构成与变化发生的。依据马克思主义国际关系理论，决定世界政治格局构成与变化的因素，包括：国际关系利益和资源的分配与再分配；国家关系尤其是大国关系调整与重新组合；国家关系行为主体力量对比，特别是新旧霸权交替；大国国际战略及外交政策；具有全球影响的重大事件和国际形势的重大演变等五个方面。

16世纪初至19世纪初，从发现欧洲到达"东亚历史海域"的新航路，到争夺国际关系新利益和新资源，再到新利益和新资源的分配与再分配，推动了世界政治格局的变化。这体现在，一方面欧洲国家不断对体系外国家、地区进行侵略和掠夺，另一方面，"东亚历史海域"的华夷秩序遭到持续侵犯和蚕食。重商主义"殖民话语"实现了迷惑、麻痹、瓦解、同化殖民地人民的排异反应和反抗精神的价值。19 世纪初至 19 世纪末，工业资本主义蓬勃发展，随着世界科学技术中心、文化中心的形成与转移，新兴资本主义国家渐次崛起，大国关系调整与重新组合不断发生，新旧霸权交替频繁出现，世界政治格局、经济格局进入不稳定状态，殖民地的价值、作用被重新认识和评估，给予殖民地、半殖民地经济社会一些发展的可能和空间，并使殖民地、半殖民地统治阶层在工业资本主义"殖民话语"语境中及"殖民话语权"压迫下重构对于本民族特征、国家属性、国际关系及国际秩序的认知，以构造符合工业资本主义野蛮生长需求的殖民地、半殖民西方式政治经济制度和国际关系格局成为工业资本主义"殖民话语"内容和特点的依据。19 世纪末至 20 世纪中叶，崛起大国纷纷开始极其重视国际战略及外交政策的研究、制定与实践，具有全球影响的重大国际事件在精密策划下令人疑惑和震惊地不断突现，国际形势的重大演变时有发生，原有国际格局进入崩溃期和重建期，不同帝国主义国家"殖民话语"内容差异性明显并互相冲突，成为世界战争与和平进程的历史映像。

  第三，历史上，"东亚历史海域"的"殖民话语"服务于西方文明摧毁东亚文明的需要，服务于西方霸权构建以西方利益为中心的"中心边缘"国际秩序需要，其逻辑规律、发生规律及建构规律，值得日益走向世界舞台中心的中国学者去认真研究。其认识和研究的深度及广度决定了我们能否充分回答：(1) 在全球化时代，"殖民话语"是否会异化出"民主话语"、"自由话语"；抑或"殖民话语"

是否会借助"民主话语"与"自由话语"而还魂?(2)中国传统文化中的"和合共生"价值观在抵制西方"殖民话语"、构建"东亚历史海域"、"海洋命运共同体"乃至"人类命运共同体"时,应有的逻辑与战略是什么等问题。

"东亚历史海域"的"殖民话语"虽已不复存在,但研究近代以来"殖民话语"的变迁轨迹,总结数百年来的经验和教训,对于构建"东亚历史海域"的"海洋命运共同体",大有裨益。

[作者简介]李海涛,历史学博士,长春人文学院教授。

日本海洋国家论探源[*]

——以《海国兵谈》为中心

郭 丽

"海洋国家"是与"大陆国家"相对的一个概念,是指在地理上濒临海洋,或在战略上倚重海洋资源,抑或在意识上注重维护海洋权益的国家。日本的海洋国家论,可追溯到日本近世兵学家林子平(1738—1793年)的《海国兵谈》(1787—1791年)。林子平指出,与中国等"山国"不同,日本是一个四面环海、不与邻国陆上接壤的"海国"。其实,日本作为一个岛国,四面环海的地理形势,曾经是它免遭外族入侵的天然屏障,也是德川幕府实施"锁国"政策的有利条件。然而,随着欧洲国家海上交通技术的飞速发展,以及殖民主义者的触角不断向东方伸展,日本的处境发生了显著变化。林子平认为,将环绕四周的大海视为天险的传统看法已不合时宜,海路四通八达使日本很容易遭受来自海上的外寇侵袭,加强海防刻不容缓。林子平的《海国兵谈》,比美国海军战略理论家马汉(1840—1914年)的《海权论》(1890年)早了一个世纪,它主要论述了日本

---

[*] 本文为国家社会科学基金重大项目"东亚历史海域研究"(18ZDA207)阶段性成果。

加强海防的相关策略等,尚未论及海军建设、海上贸易发展、海洋资源开发等有关海洋权益、海洋战略的内容,是一种朴素的海洋国家论。值得关注的是,林子平倡导一种先发制人、以攻为守的海防策略,其设想与近代日本向海外扩张的路径高度契合,是自丰臣秀吉侵略朝鲜失败以来日本对外侵略扩张思想再次开始萌动的体现。

一、内忧外患:《海国兵谈》之问世

《海国兵谈》是日本近世著名兵学家、经世思想家林子平的代表作,日本最早论及海洋国家的著作。18世纪后半期的日本,内忧外患日益严重:幕藩政治腐败、奢靡成风、财政困窘,武士因常被减俸、征借而苦不堪言,农民被连年的自然灾害和苛捐杂税压得喘不过气来;俄罗斯势力的南下,敲响了北部边患的警钟,并使海防问题突显出来。林子平的《三国通览图说》(1785年)和《海国兵谈》等,就是在这种内忧外患日益严重的背景下成书的。

林子平名友直,是一名幕臣(旗本)之子,出生于江户;两岁多时因其父成为浪人并远走他乡,与兄长林嘉善(友谅)等兄弟姊妹五人转由当医生的叔父抚养;后移居仙台藩,并成为该藩藩士。林子平生活俭朴、喜好游历,除了江户、大阪、京都、长崎等政治、经济、文化中心和对外交流的窗口城市外,松前、虾夷地等偏远地区也留下了他的足迹,且对所到之处的政事、地理、气候、物产、风土人情等一一详加考察。林子平博学多才、结交甚广,除了与仙台藩藩医工藤平助(1734—1800年)等交往甚密外,还多次前往江户、长崎等地拜访知名儒学者、洋学家,以及驻留长崎的荷兰人、中国商人和出使江户的朝鲜使臣等外国人。特别是，林子平曾于1775年、1777年和1782年三次游历长崎并与荷兰商馆馆长费伊特（Arend Willem Feith）交好，不仅通过费伊特了解到欧洲国家向海外扩张的动向，还近距离观摩了荷兰商船、实测了船上装备的武器等。长崎之行，使林子平对世界大势有了更多的了解，也丰富了他关于舰船、火炮、世界地理等方面的知识，并激发了他的危机感和海防意识。

林子平非常关注时政，他于1765年、1781年和1785年三次向仙台藩上书，为藩政改革建言献策。在《第一上书》（1765年）中，林子平一针见血地指出了仙台藩法度不严、士风颓废、政事困窘、武备废弛等弊端，并提出了相应的改革建议。他说："因太平之世持续日久，人人趋向放荡奢侈，（武）士民（众）皆懦弱成风。"要矫正这一弊端，"政事须严上加严"。由于定法不备、政行不力，致使风俗恶化，"武家无论身家大小，悉数陷于困窘，如此便导致武备废弛，且人性向恶"。"总体而言，恶劣习俗大行道而纯良风俗难觅踪影。"在诸多恶习中，影响最坏者当属不事学问、武备废弛，饮食、服饰、居所等竞相追逐奢华享受，沉迷于歌舞声色，荣辱心丧失等。归根结底，"因制度法令不正，人人恣意妄为，导致当前崩坏的局面"。因此，为政者应当机立断、破旧立新，以革除弊政。[①] 改革的对策，包括学政、武备、制度、法令、赏罚、地利、节约、章服、杂项等九个方面。其中，关于"武备之事"，林子平指出：加强武备的关键，在于"积存谷物、储蓄钱财、排兵布阵、训练兵马、储备武具马

[①] 林子平『第一上書』、山岸徳平、佐野正巳編『新編林子平全集 3 経世』、東京：第一書房、1979年、18頁。

具、增加马匹"等六个环节。为此,首先须改善武士困窘的经济状况,以使他们有条件专心于武备。要从根本上解决这一问题,应当废止武士的城下町生活,使他们复归往昔的在乡居住,如此必将杜绝奢靡之风,加强武备便水到渠成了。[①] 林子平上书的着眼点,在于通过严正法度、开发地利、厉行节俭等,使仙台藩成为国富民强、风俗淳朴、文治武备的理想藩国。

林子平的上书切中了时弊的要害,当时仙台藩的境况实为全日本的一个缩影。到18世纪后期,由于政治腐败、奢靡之风盛行,再加上商品经济的冲击,幕藩财政困难重重。面对日益严重的财政危机,幕藩领主往往会削减家臣的俸禄甚至向他们征借。靠向领主领取禄米维持生计的武士、尤其是中下级武士,原本生活就不算富足,一旦被减俸、征借便常常入不敷出,难免对领主心存不满,便谈不上为奉公而潜心学问、精进武艺了。此外,为了克服财政危机,幕藩领主往往以提高年贡、提前征收年贡等方式加强对农民的封建剥削,并以铸造劣币和滥发无法兑换的"藩札"、垄断和专卖特产品、强制商人捐献等方式压榨城市市民,致使商人怨声载道、民众不堪重负。再加上火山喷发、雨涝、霜冻等严重的自然灾害频发,农作物绝收、物价高涨,农民起义和城市贫民暴动风起云涌,对幕藩体制造成巨大冲击。林子平对此怀有强烈的危机感,他的关于藩政改革的建议体现了他对于现状的认识和思考。

林子平有强烈的忧患意识,对国防问题甚为敏感。自德川幕府开始实施"锁国"政策以来,日本仅通过长崎、对马、萨摩、松前这几个"窗口",与中国、荷兰、朝鲜、琉球和虾夷之间保持着经贸往

[①] 林子平『第一上書』、山岸徳平、佐野正巳編『新編林子平全集 3経世』、21—22頁.

来与信息流通。在这种闭关自守的太平局势下，人们普遍觉得日本凭借四面环海这样险要的地理环境，并无遭受外敌侵扰之忧，况且历史上也未曾被外族侵袭蹂躏过。林子平则认为，长久太平只是一种表象，有志者应当居安思危、未雨绸缪。他指出：治不忘乱乃圣人的训诫。在古代，无论日本还是中国，武备都很严密。后世武道衰落，当前日本的武备形同虚设。因为武士领取厚禄而悉数居住在城下町，如同公家一般生活起居追求奢侈而武艺日益退步，再加上不善于排兵布阵，作战派不上用场；人马平常缺乏训练，人们不仅不懂战法，就连武具、马具都不会使用；军用马匹的数量、训练不足，等等。丰臣秀吉攻打朝鲜时之所以败于明朝军队，主要因为明军平时训练有方，且善于调兵遣将。"日本与朝鲜、琉球、虾夷三国接壤，万一这几个国家横生意外以训练有素的兵马前来侵袭，日本将势如破竹趋于溃败。"纵令训练全日本的兵马力所不能及，至少希望能精心训练本藩国的人马。[①]《三国通览图说》、《海国兵谈》中的相关内容，与《第一上书》中的这些主张一脉相承。

俄罗斯势力南下的消息，直接触动了林子平对于海防问题的敏感神经。1739年6月，由俄罗斯海军中校什潘别尔格率领的探险船队到达陆奥国（今宫城县）牡鹿，在确认发现了日本本岛，并与当地官民有所接触后离去。此事当时并未引起幕府的注意。1771年，被俄罗斯流放于堪察加的匈牙利人比奥尼奥夫斯基——因参加波兰旧教徒反抗俄罗斯的斗争而被捕——出逃后，归途中在经过奄美大岛时给长崎荷兰商馆馆长发出信件，信中指出：俄罗斯有进攻虾夷的企图，已在千岛群岛建立了一个要塞，并已准备好弹药、大炮和

---

① 林子平『第一上書』、山岸徳平、佐野正巳編『新編林子平全集 3 経世』、21頁.

仓库,等等。此即伴五郎事件(当时日本人称比奥尼奥夫斯基为伴五郎)。消息传来,幕府当局仍不以为意,但对林子平等兵学家来说却犹如晴天霹雳,他们敏锐地意识到来自外患的威胁,并开始着手研究对策。

林子平是在游学长崎期间,从荷兰商馆馆长费伊特那里了解到欧洲国家向海外殖民扩张的动向,以及俄罗斯对虾夷觊觎已久等信息的。他说:"费伊特曰:虾夷与日本隔海相望,尽管地势与他国相似,日本若稍加招谕,会仰慕上国风尚迅速改变习俗。习俗改变了,其国可成为日本的一部分。荷兰自不待说,欧罗巴诸国之风习,即便是万里之遥的国家都予以招谕使之归顺,当作分国永久为本国之助。故此,近年来,欧罗巴的莫斯科有远涉北海招谕虾夷的意图。"荷兰人费伊特还说:"北地攻取南国易,南地攻取北国难。"有鉴于此,"应尽早招谕虾夷,若不早行动,后世莫斯科之贼必至,到那时悔之晚矣。暗自思忖,似有移风易俗经邦一洲,取其金银增加上国宝货,招其九百里土地作为上国一郡之术"①。在林子平看来,俄罗斯对虾夷的威胁已近在咫尺,若不采取对策便等同于拱手相让,莫如日本抢先侵占虾夷为上策。

总之,林子平清醒地认识到,德川日本不仅面临财政困顿、士风颓废等日益严重的内忧,来自俄罗斯等外患的威胁也在步步逼近,但幕藩当局者乃至全国上下的海防意识却相当薄弱,江户等地的武备更是形同虚设,便试图通过著书立说以警醒世人。他说:"小人乃性情直爽的独夫,胆敢不顾忌讳,照直写出以伴五郎事件为始所有外寇易于前来之事由,为了使世人知晓作为海国之命脉的武备

---

① 林子平『三国通覧図説』、山岸徳平、佐野正巳編『新編林子平全集 2地理』、42頁.

竟然如此松弛,纂辑所见所闻,写成此书。"①

二、水战为先:《海国兵谈》之主题

《海国兵谈》是一部兵学巨著,它基于对当时国际形势的分析,论述了日本作为海国面临外患侵扰的威胁,以及加强海防的必要性及海战的战略战术等。《海国兵谈》提出了"海国"这一概念,并以"水战"(第一卷)为论述重点,其主题可概括为:日本是一个海国,极易遭受外寇的侵扰;海国日本亟需加强海防,海防的根本在于水战;水战的关键在于大炮,大炮的配备应遍布日本所有海滨。

首先,林子平认为,日本是一个海国,很容易招致外寇的侵扰。他说:"何谓海国?曰:无陆地接壤之邻国、四方皆大海延伸的国家之谓也。故此,海国有与海国相应的武备,与唐山兵书及日本古今流传的诸流派的主张全然不同。不知此理,便无从论及日本的武术。海国有外寇容易前来的特点,也有不易前来之说。所谓(外寇)容易前来,是指在顺风情况下,军舰自距日本二三百里的远海航行一天即可到达。因(外寇)如此易于前来,必须严正加强海防。所谓(外寇)不易前来,是指有四方皆大海之险要,轻易不能到来。然而,不可倚仗大海之险要而懈怠海防。有鉴于此,知晓防御外寇之术,乃日本武备的当务之急。"②林子平所说的"唐山"指中国。由于日

---

① 林子平『海国兵談』自序、山岸德平、佐野正巳编『新编林子平全集 1 兵学』、東京:第一書房、1978年、84頁.
② 同上书,81页。

日本海洋国家论探源

本的传统兵学深受中国兵学的影响,且林子平将中国视为"山国"、将日本视为"海国",他对日本兵学及海防问题的论述,往往是在与中国进行比较的基础上展开的。

　　林子平所说的外寇,主要指中国和俄罗斯。他将中国视为潜在的外敌,其理由:尽管历史上未曾对日本造成现实的威胁,但当前的清朝与以往的历朝历代都不同,不仅疆域辽阔、国力强盛,还沿袭了北方民族的传统,勤于修炼武艺、性情刚毅,而且与日本往来频繁,对日本的海路国郡等很了解。日后,清朝皇帝在无内患之忧的情况下,一旦"思慕元朝古业"、贪欲膨胀,难保不会鲁莽行事。① 关于来自俄罗斯的威胁,林子平指出:据说俄罗斯近年来积极向外扩张,业已占据了堪察加,并伺机向虾夷以东的千岛伸手。早在明和八年(1771年),就发生过莫斯科派往堪察加的豪杰名叫伴五郎者,由堪察加发船,前来日本在各港口停泊并测量其深度,绕行了半个日本的事情。尤其是,在土佐藩时还向荷兰人发信确认已在日本国。"此等事,其心术可憎又可怕。因是海国,本非来日本的船只,只因乘船者临时起意便可能随意到来,应明察之。"② 对于伴五郎事件,林子平除了从中获知俄罗斯逼近虾夷的信息外,还将之视为海国容易遭受外寇侵袭的例证。如果说,林子平对俄罗斯的警惕有事实依据,那么,他视清朝为潜在的威胁则完全是一种臆测,这与后世日本政客为了推行海洋战略而鼓吹"中国威胁论"有异曲同工之处。

---

　　① 林子平『海国兵谈』自序、山岸德平、佐野正巳编『新编林子平全集　1兵学』、82頁.
　　② 同上书,83页。

其次，林子平认为，日本海防的根本在于水战，水战的关键在于大炮。他指出：与中国等"山国"的军政不同，日本作为海国，"防御外寇之术在于水战，水战之关键在于大炮"。[①]在林子平看来，容易招致外寇侵扰以及海防的根本在于水战，是作为"海国"的日本与作为"山国"的中国在军政方面最显著的差异。然而，日本传统的兵家一味地推崇中国兵书、传授中国式兵学思想，尚无人认识到海国军政的特殊性，是"只知其一而不知其二"。自己著述《海国兵谈》以"水战"为开篇第一卷，即因其为日本武备之根本。[②]他还指出："海国之武备在于海边，海边之兵法在于水战，水战之关键在于大炮，此乃海国自然之兵制。"[③]实际上，日本的传统兵学，主要针对国内战争展开，以陆战为主要研究对象。《海国兵谈》在强调"海国"之独特性的同时，旨在论述针对来自海上的侵袭进行水战等相关事项，是日本最早的有关海防战略战术的论述。

林子平认为，与以往为了通商前来日本的中国船只等不同，欧洲国家的舰船庞大坚固，只有性能超强的大炮才能对付。他说：日本面对的异国舰船，是"为了吞并日本而来"，形制庞大。日本要在海边加强武备、击碎异国的大船，必须先了解异国舰船的构造及其坚固程度。与以往前来长崎港的那些中国、朝鲜、琉球等国不堪一击的船只截然不同，欧洲国家的舰船"如同小城"一般、"坚固至极"，没有更好的大炮无法击碎。就前来长崎的荷兰商船而言，在

---

① 林子平『海国兵談』自序、山岸徳平、佐野正巳編『新編林子平全集 1 兵学』、81頁.
② 同上。
③ 林子平『海国兵談』第一卷、山岸徳平、佐野正巳編『新編林子平全集 1 兵学』、87頁.

规模、火炮装备和灵活性等方面,"其精妙程度无法用言语形容,日本和中国望尘莫及"。"用于水战没有比此船更好的,在威慑敌人方面没有能超过此船者。故此,绝非寻常的火炮所能击碎。"面对这样的坚船利炮,"首先要在如何击碎方面下功夫,此为海国第一战法"[1]。荷兰船上装备的大炮,"是坚固的大船之间相互击碎的设备,若模仿此大炮制度,坚固的大船亦可轻易击碎"[2]。林子平曾在长崎仔细考察过荷兰商船上装备的大炮,他主张以其人之道还治其人之身,仿制这种西式大炮来对付来自欧洲国家的舰船。

再次,林子平认为,日本应大量制造大炮,配置在沿海所有要塞。他指出:因尚未意识到海国容易遭受海上来袭这一点,日本的火器制造很不充足,"但愿能多多制造上文所说的大炮,将之作为日本的宝物"。然而,当前无论公私,在追求华美方面花费的杂费过多,根本无法顾及大炮制度等。应当明令严禁奢华,确立崇尚自然、质朴的法度,减少杂费开销以使国家富裕,在此基础上,使大名各自根据俸禄的多寡或藩国的贫富等差,拿出一定数额的金钱作为"大炮役",每年定量制造一些荷兰式大炮,备置于日本所有海滨,以作为日本永久的武备。"不在日本所有海岸配备这种大炮,就不能说日本的武备周全完备。"[3] 林子平还详细介绍了自己在荷兰商船上所测量的大炮的数据,并结合手绘的"荷兰船上大炮之图",介绍了炮筒和火药的制造和使用方法等。同时,林子平还介绍了其他几

---

[1] 林子平『海国兵談』第一巻、、山岸徳平、佐野正巳編『新編林子平全集 1 兵学』、88—90頁.
[2] 同上书,90页。
[3] 同上书,92页。

种能够远距离击碎坚固的异国船只的武器及其制造、使用方法等，如大弩、石弹、柱弓等，同样也附有相应的手绘示例图。①

林子平主张，日本首先应重点加强濑户海口的海防，在此基础上将武备扩展至所有海岸。他指出：暗自思忖，当前只在长崎配置有海防设施，在安房、相模的海港却无相应的武备，极为不妥。"从江户的日本桥至中国、荷兰，为无边境之水路。然而，此处不设防而仅仅在长崎设防，此为何故！以小人之见，应在安房、相模两藩派驻诸侯，在入海的濑户严加设防。加强日本所有海岸的武备，应先从此港口开始。这是海国武备中最为关键之处。"②林子平认为："升平日久则人心松弛，人心松弛则忘却战乱。"当世的俗见，"异国船只入港仅限于长崎，别的港口绝不会驶入"。但事实上，因为是海国，外国的舰船可能随意驶入停靠任意一个藩国的港口，即便是江户亦不可掉以轻心。有鉴于此，日本全国不论东西南北，"悉数如长崎港那样防备，是为海国武备之基本方针"。现在开始确立新制度并逐渐推行，五十年后日本所有海滨定能防备严密。到那时，"以大海为池，以海岸为石壁，将日本筑成方圆五千里的大城。岂不愉快哉"。③林子平力陈江户湾设防的重要性，直指德川幕府海防松懈的弊端。

此外，林子平非常重视军事战略战术，主张对相关国家知己知彼。他认为：各国的战略战术各有所长，日本善于小规模的肉搏战，

---

① 林子平『海国兵談』第一卷、山岸徳平、佐野正巳編『新編林子平全集　1 兵学』、100—103 頁．
② 同上书，88 页。
③ 同上书，87—88 页。

但谋略少、难持久；中国善于谋略和持久战，但不善于肉搏战；欧洲诸国火器发达，战争以大小火器为中心，尤其舰船之制精妙，长于海军。特别是欧洲国家有妙法善治，国内无攻伐之事，总是侵略他国占为己有。这是日本和中国所无法企及的。"统领军队者，若能深刻领会此三种军情而随机应变，定能横行天下。"① 林子平很重视军事技术，一再强调演练的重要性。他说："仅以文面意思为悦而不具备器械，并非善之善也。仅具备器械而缺乏操练，也非善之善。深刻领会文面意思，并具备器械，进而善于操练，方可称得上善之善。"即便是常见的陆地战，操练都很重要，更何况是水战，必须经过操练才能进退自如。"水战的操练，是操练中最重要的操练。"当然，若一味地拘泥于操练，肉搏战会变得迟钝，应当使彼此交融，以操练、肉搏战二者兼顾为妙。② 林子平主张对日本、中国及荷兰的军事理论博采众长，且理论、武器与演练并重。

总之，《海国兵谈》是林子平兵学思想的集大成之作，其中关于海国及水战的论述是重点。他在"水战"卷的结尾处说："开篇至此，乃小人之千古独见，日本武备的纲领即在于此，窃以为值得自豪之处。"③ 他在自序中还指出："日本为海国，当前的清朝优于往古的中国、日本不可掉以轻心，（日本、中国和欧洲）三州的军情战法各有不同。此三点，是日本以往的兵家未曾发现的。"以往的"军学先生"一味地推崇中国兵书，难免受中国式认知的局限，未能领悟

---

① 林子平『海国兵談』自序、山岸徳平・佐野正巳編『新編林子平全集 1 兵学』、83—84頁.
② 林子平『海国兵談』第一巻、山岸徳平・佐野正巳編『新編林子平全集 1 兵学』、125頁.
③ 同上。

到"海国自有海国之兵制"的道理。[①]他在自跋中又强调:"在日本论述武备的书籍中,再无此兵谈这般,亲自与异邦人接触,知晓遥远的异国蛮夷之军情,新增尽述奇计妙策,详论海陆全方位武备之真意者。实乃开天辟地以来未曾有之发明也。"[②]显然,《海国兵谈》也是林子平最得意的著作。

三、强兵富国:《海国兵谈》之宗旨

《海国兵谈》不仅是一部兵学巨著,也是一部综合性的政论书。在林子平看来,海防问题归根到底是强兵富国的问题,他主张通过改革兵制、振兴经济、发展教育等,以扩大武士阶层的规模并提高他们的战斗力和综合素质,从根本上提升国防实力。

首先,林子平认为,强兵是提升海防能力的关键,各大名应着力扩大武士阶层的规模。他说:"多胜少、强胜弱,乃自然原理。各藩郡的领主要知晓使人增多、强大之术,乃兵家第一要务。孔子亦告知子贡足食足兵,教导冉有庶、富、教。值得深思。使人增多强大之法,在于使武士在乡居住。武士在乡居住,便不会有奢侈。不奢侈,便不会陷于贫困。不贫困,便能根据俸禄多寡世代相传豢养家臣并持有武具、马具等。而且,若武士在乡居住,在山林狩猎鸟兽,在水边渔猎,且平时骑马驰骋,自然会马术高超。此外,由于与远方

[①] 林子平『海国兵談』自序、山岸德平、佐野正巳編『新編林子平全集 1兵学』、84頁.

[②] 林子平『海国兵談』自跋、山岸德平、佐野正巳編『新編林子平全集 1兵学』、288頁.

的人相互往来，习惯于山川路途的险恶，筋骨形体强壮，便称得上是真正的武士。世代相传豢养的家臣数量多，军役数量也会增多。"③林子平还指出：在古代，兵来自于农。因此，数量是现今的二十倍之多。中古以来，兵农分离兵不再来自于农，兵的数量大幅减少。然而，武士皆在乡居住，数量是当今的十倍之多。天正年间以来，武士不再居于乡下而聚居在城下町，军兵的数量再次大减，仅相当于中古的十分之一。应厉行改革，以三十年为期，使军兵的数量达到上古的水平。④增兵的具体措施，林子平建议确定一定的标准，大小领主根据各自所领受知行的额度，豢养一定数量的家臣等。

在林子平看来，复归古代的武士在乡居住制度，不仅是扩大武士规模的基础，也是提高武士战斗力的前提。他指出：在古代，武士居住在乡下，与百姓无异。到了近世，武士离开封地居住到主君的城下町。随着众多人聚居在一起，衣食住行日益奢侈，言行举止刻意追求高雅，终致丧失了作为武士的本性。原本作为军用所领受的俸禄，都花费在衣食住和妇人方面，奢侈之风盛行，导致生活困窘而武备疏失。"应当知晓，武士生活困窘武备疏失，必定是因为制度不完善。望各藩郡的领主奋发图强，确立制度、严禁奢侈，使武士真正做到在乡居住，或者类似于在乡居住，以再兴武术。"⑤林子平还指出：当前的嫡长子继承制，导致次子、三子等与父母亲人间"骨肉之情日渐淡薄"，主从之间"只有礼节而不亲密"。在古代，

---

③ 林子平『海国兵谈』第十六卷，山岸德平、佐野正巳编『新编林子平全集 1 兵学』、271—272页．
④ 同上书，272页。
⑤ 林子平『海国兵谈』第十四卷、山岸德平、佐野正巳编『新编林子平全集 1 兵学』、231—232页．

次子、三子等也留在父母身边，就连佣人及其子弟也都共同生活，"上下、长幼肩并肩一起成长，亲情日渐浓厚。由于亲情浓厚，在战场上相互之间不会临危不顾，而是齐心协力共进退，其战斗力甚强。此乃天道自然之人性，无须教化所及。此亦武家蓄养家臣、乡党之根本宗旨。"大名等各级武士根据俸禄多寡豢养相应数量的家臣、饲养一定数量的战马等，只有在在乡居住的前提下才能实现。若如当前聚居在城下町，奢侈之风盛行，一年的收入不够半年用，根本顾及不到豢养家臣之事。"意欲再兴武术的武将，应采取措施，废止家中上级武士的领地轮换制，以使他们世代领有封地，并使各自的家臣在乡居住，以增加人数。复兴质朴之风，乃武政之根本。"[①]武士在乡居住，恢复到古代那种质朴的状态而摒弃崇尚高雅的习气，自然就能扩大规模和提高战斗力了。

其次，林子平认为，强兵需先富国，各藩国应积极开发地利发展经济。他说："领有国郡者，应熟知各自领国气候之寒暖，用心经营。"尤其是地处北纬三十六七度以北的藩国，应选取种植适合当地的林木、经济作物等，并采取一些保护当地物产的制度。此外，所有藩国都应积极推动农业、手工生产和商品经济的发展。在《六韬》中，也将"大农、大工、大商"视为"三宝"。"之所以倡导富国富民，是为了张武。即使国君三令五申，人们也跃跃欲试喜好武艺，但贫困则张武之事难成。国家无武备，则国非其国也。因而唐山古圣人论政，也以教化农事与节俭、富国富民以张武之事为第一要义。阿兰陀之政事，因其国地处寒带五谷不丰，故与万里之遥的

[①] 林子平『海国兵談』第十四卷、山岸徳平、佐野正巳編『新編林子平全集 1 兵学』、235—236頁.

外国通商，将诸国的宝货带回国，以大商之道使国家大富，尽量展现武力，尽管是夹在大国中间的小国，千八百年来未曾遭受过来自他国的兵祸，而且在万里之外领有爪哇国，还在美洲也取得了一国，命名为新阿兰陀作为自己的领国。美哉！勇哉！"① 在倡导广开财源的同时，还主张通过立法推进勤俭节约。"应匡正制度，严厉法令，专事节约抑制奢侈，摒弃崇尚华美的世风，树立纯朴风尚，教化人们勤勉敬业，使各级武士达致富庶。各级武士达致富庶后，严加教喻，令他们严格按照各自的俸禄蓄养家臣、乡党。"法令若能得到贯彻执行，便能实现不费俸禄、不生骚乱、军役无不足而武术勃兴的目标。②

林子平主张，强兵富国是经邦济世的根本目标，也是执政者的基本职责。他说："主掌天下国家之人，须懂得经济之术。夫经济，经邦济世也……。"③ "升平日久，必然滋生华丽。华丽盛行，诸侯士大夫陷于贫困。陷于贫困，武备名存实亡。""经济为武备之根本，武备为经济之辅助。"④ 在林子平看来，当局者失职是武士阶层陷于贫困的根源。"国君与家老不学无术，则国家贫困。"幕藩领主入不敷出，便向诸武士征借俸禄。征借一年的不够便征借三年、五年的，甚至征借三十年、五十年的也是常事，致使诸武士悉数陷于贫困，不仅无法整备与俸禄相应的武备，还使世代相传的家臣闲散，本该

---

① 林子平『海国兵谈』第十六卷、山岸徳平、佐野正巳编『新編林子平全集 1 兵学』、277—278 页．
② 林子平『海国兵谈』第十四卷、山岸徳平、佐野正巳编『新編林子平全集 1 兵学』、235 页．
③ 林子平『海国兵谈』第十六卷、山岸徳平、佐野正巳编『新編林子平全集 1 兵学』、280 页．
④ 同上书，284 页。

用于购买武具、马具等的费用贴补了生活，诸武士武备废弛。"武备废弛则人心惰弱，人心惰弱则背弃义理、不守法制，形成无赖不法的风气，国家终将倾覆。这完全取决于国君一人贤明与否，既为天灾亦是人祸。""大名的贫困，起因于心性放荡而忘却了武道。"[①]亦即说，当政者无德无才，不仅会导致武备废弛，甚至可能亡国。

再次，林子平认为，经邦济世需执政者智勇双全、德才兼备。他在叙述了海国容易招致外寇侵扰，以及有朝一日清朝或许会进犯日本之后，接着说：在明确了日本为海国及中国的时势后有所感悟，那就是希望不要陷于"偏武"而做到"文武两全"。"偏武，则粗野无智。原本，兵者凶器也。"故此不可将关乎国家生死存亡的头等大事，委任给"粗野无智的偏武之辈"。在古代，日本全国上下都很重视文武之教。孔子的"有文事者必有武备矣"，即文武两全之意。[②]他还认为："文武乃天下之大德，不可偏废。礼乐、刑政，所有经济国家之事，废文则不会有好结果。讨伐暴逆为国家除害之事，非动武不可。""物有本末，文乃武之本也。不知文，则无法领会武之本质。"大凡兴兵有两种情况，有为安定国家而用兵者，有被利欲驱动而用兵者。执掌国家者平素不忘武艺，谨防意想不到的动乱，此即用兵的积极面，"武备之真谛也"。正如《司马法》中所言："天下虽安，忘战必危。""领会武之本质当基于文，文以读书为本。博览群书，便可通达和汉古今之事，领悟损益得失，即便无人教授，自然便能领会文武之本质。"因此，一国一郡之主政者，"不懂文武之道，

[①] 林子平『海国兵談』第十六卷、山岸徳平、佐野正已編『新編林子平全集』1 兵学』、278—279頁．

[②] 林子平『海国兵談』自序、山岸徳平、佐野正已編『新編林子平全集』1 兵学』、83頁．

乃尸位素餐者也"①。

在林子平看来，执政者的素质主要取决于文武一致的教育是否到位。他指出："身为人主者，对臣下施以文武两方面的教育乃天然职分，但知晓此职分的人主少之又少。"当世少有人主兴办文武一致的教育，原因在于"没有对幼主施行文武两方面教育的父君和家老"。他们在成长过程中，或喜好游乐，或喜好武艺，或喜好诗文、茶汤、狩猎等，或厌恶工作、厌恶国政，情形各异。"物有本末，对人主而言，学文以治国、张武以强国为本，茶汤、狩猎等杂事为末。使他们只知末而不知本，是其父君和家老之过，甚为可悲。"此事乃"武政之宗旨"，关乎国家存亡。②尽管不少藩开设了藩校对臣下传授文学武艺，但讲习的内容浅显而不够充分。因此，应根据藩俸建立相应的"文武兼备的大学校"。"无论如何，子弟之恶是由于父兄愚蒙之极，臣下之恶是由于主君暗愚。"身为人主者，切不可懈怠。"若其主德才兼备，其臣即忠义勇敢。若其主无德无才，其臣下便会不忠不义而懦弱。身为人主者，应潜心经营。"③亦即说，对臣下、子弟实施文武一致的教育，是主君、父兄的责任。而且，通过文武兼备的教育，可达致君臣相和，使在下者总能为其君上着想。

总之，在林子平看来，兵学的根本在于经邦济世、治国安民，执政者的才干和器量至关重要。他指出：随着世风日趋奢靡，人君执政之心日益懦弱，便难以苦其心志厉行节俭。若无苦其心志厉行

---

① 林子平『海国兵談』第十六卷、山岸徳平、佐野正巳編『新編林子平全集 1 兵学』、259—260頁.
② 同上书，260页。
③ 同上书，264页。

节俭以改变政治腐败、财政困窘的器量,武备难以复兴。便"应尽早让渡藩国去做浪人"。身为人主者自不必说,即便是下级武士也应用心于此。以此为武政之根本。①概言之,内忧外患当前,不仅身居高位者要励精图治,中下级武士也应奋发图强。

四、结语

林子平的《海国兵谈》于1791年全部(十六卷)刻印出版,1792年阴历五月便连同《三国通览图说》一并被幕府没收销毁。同时,林子平被勒令蛰居(即闭居一室,江户时期对武士的一种处罚)。幕府当局给出的理由为:纵令非利欲所致,但图一己之声名,据不确定的传闻或推测,著述以异国可能侵袭日本为宗旨的"奇怪异说"等,且其中书写了"要害"等事宜,还添加了与地理不相符的绘图,予以刻板发行。②在一幅太平盛世的景象下,林子平的相关言论无异于危言惑众,而他妄议幕藩海防薄弱的内情等更是不为当局所容忍。然而,林子平的警世之言很快就得到了证实。1792年阴历九月,俄罗斯使节拉克斯曼来到虾夷的根室,护送伊势漂流民大黑屋光太夫回国,并要求与日本通商未果。于是,俄罗斯开始筹划向千岛群岛殖民扩张,并于1794年首先染指得抚岛,再次要求通商遭到拒绝后,在1806—1807年间多次出兵袭击虾夷。此外,英、美

---

① 林子平『海国兵談』第十六卷、山岸徳平、佐野正巳編『新編林子平全集 1 兵学』、266—267頁.

② 『前哲六無齋遺草』、山岸徳平、佐野正巳編『新編林子平全集5 記錄』、東京:第一書房、1980年、411頁.

等国的舰船也开始频频闯入长崎、浦贺等港口。1853年在美国海军舰队的威胁下，日本最终被迫打开国门。

俄罗斯武力侵袭虾夷，以及英、美等国的舰船频繁出现在日本近海，证明林子平的《海国兵谈》和《三国通览图说》等并非沽名钓誉的"奇怪异说"。在林子平去世四十八年之后的1841年阴历六月，他的侄子收到了来自幕府的赦免状。明治维新以来，朝野上下对林子平给予了充分肯定。1876年阴历六月，明治天皇巡行东北途经仙台时，给林子平下赐了祭祀金；1882年阴历六月，又追赠其正五位。[1] 此外，1879年阴历十一月，时任参议兼内务卿的伊藤博文在巡视东北途中探访了林子平墓，因"慕子平之为人，惜其淹没"，并"欲使其卓行伟节表著于后世"，为其捐建了新墓碑，碑文中有这样一段话："呜呼，天明宽政之际，天下无事恬熙，不复知海警为何事，独子平怀魁伟之资，察海外形势，深究攻守之策，著《海国兵谈》《三国通览》诸书，欲警醒天下耳目，以谋绸缪于未雨，而庙堂不察，斥为狂妄，禁锢终身，不得展其抱负。厥后时事一变，世之言海防者纷纷而起，要皆不能出乎子平之范围。此所谓先天下忧而忧者，岂得不谓豪杰之士哉。"[2] 伊藤博文给予林子平很高的评价。

还需指出的是，林子平的海防设想与近代日本积极向海外殖民扩张的发展路径高度契合。有人认为：《海国兵谈》中并未言及建造侵略用的舰船，可见它是以"专守防卫"为目的的国防论著作。[3]

---

[1] 二战前日本的官位由官职和位阶两部分构成，位阶从初位、八位至一位由低到高共分为九等。

[2] 『前哲六無齋遺草』、山岸徳平、佐野正巳編『新編林子平全集 5 記録』、320—321頁．

[3] 平重道『林子平：その人と思想』、仙台：宝文堂、1977年、246頁．

也有学者指出：林子平提倡的水战方法，并未考虑到要建造军舰和建设海军，以"大船"来对抗"大船"，他的《海国兵谈》仍然是一种"陆战兵谈"。[1]的确，林子平的《海国兵谈》并未论及建造军舰、发展海军等内容，即尚未触及现代语境下的海洋国家、海洋战略等的主题。显然，作为一名封建幕藩体制下的下级武士，林子平的视野、思想有其局限性，但不能据此认定他主张"专守防卫"。实际上，林子平的海防论中隐含着更大的战略野心。他说："予曾著述《三国通览图说》，其书明了了日本的三邻国朝鲜、琉球、虾夷的地图，意在当日本的雄兵勇士进入此三国时，能谙熟此图随机应变。此番著述《海国兵谈》，意在当上述三邻国及唐山、莫斯科等诸外国的海寇来袭时，能详悉防御之术。由此，方可说调和了本邦内外武备。"[2]林子平称朝鲜、琉球、虾夷为"邻国"——基于华夷世界秩序观视之为日本的属国，称中国、俄罗斯为"外国"。著述《三国通览图说》是为了给日本攻取"邻国"提供可资参考的地图，《海国兵谈》的主题则是如何防御可能来自"外国"的侵袭，二者的综合即所谓调和了"内外武备"。日本近代以来先后侵吞虾夷（今北海道地区）、琉球（今冲绳）和朝鲜，并与中国、俄罗斯兵戎相见，与林子平的海防设想并无二致。不同之处在于，事实上是日本侵略了中国，而非林子平所臆测的——日本受到中国的侵袭。

［作者简介］郭丽，女，南开大学副教授。

---

[1] 〔日〕信夫清三郎著《日本政治史》第一卷，周启乾译，上海译文出版社，1982年，第74页。

[2] 林子平『海国兵談』自跋、山岸徳平、佐野正巳編『新編林子平全集　1兵学』、287頁．

第一次世界大战与日本海运造船业的世界性扩张*

杜小军

第一次世界大战给日本海运、造船业带来巨大商机,而日本海运、造船业界也及时抓住了这一机会,进行了规模扩充与航线扩张。在"船成金"①辈出的同时,也涌现众多新公司。其结果是日本海运造船业的世界市场份额大幅扩大,大大提升了国际地位。

第一次世界大战给日本经济带来的巨大影响表现在以下两个方面:一方面,商品需求增大,出口急剧增长;另一方面,国内产业勃兴,日本从国外进口原料的数量激增。从1915年至1918年第一次世界大战的四年间,日本出口总额为54亿日元,进口总额40亿日元,顺差14亿日元。与此同时,海上运费和雇用船舶的费用暴涨,海外贸易的活跃使运费收入进一步增加。进而由于保险费用增加,贸易外收支也增大,收益达13亿日元。国际收支的好转,带来27亿日元的外汇储备,日本从债务国一举转变为债权国。

经济整体繁荣也给日本的产业界以良好刺激,特别是乘国际上

---

* 本文为国家社会科学基金重大项目"东亚历史海域研究"(18ZDA207)阶段性成果。

① 日文的"成金"即暴发户的意思。

船舶不足之机,日本海运业获得莫大的利益,"船成金"不断涌现。第一次世界大战爆发前,世界的船舶总吨位约 4500 万吨,其中英国拥有约半数,执世界海运界的牛耳。而德国、美国作为世界海运的新生力量,特别是德国作为强敌,令英国海运界关注。而日本的船舶总吨位仅 170 万吨,在世界海运业中的地位无足轻重。到第一次世界大战结束的 1918 年底时,日本的船舶总吨位达 250 多万吨。[①]在船舶总吨位大幅增长的同时,日本海运企业出现改组旧公司及创设新公司的热潮。从 1914 年 7 月大战爆发到 1919 年大战结束的 5 年间,日本海运公司新设及改组组织架构者达 30 家。以 1914 年 12 月内田汽船公司的创立为开端,1915 年有日本汽船公司创立,1916 年有 8 家公司(大正汽船、松昌洋行、原田汽船、东和汽船、互光商会、胜田汽船、帝国汽船,辰马汽船)创立,1917 年有 11 家公司(山下汽船、太洋海运、屿谷汽船、泽山汽船、神户汽船、组合汽船、神港汽船、日本海运、东京海运、日下部汽船、滨根汽船)创立,1918 年有 5 家公司(新田汽船、枥木汽船、三菱商事船舶部、原商事、饭野商事)创立,1919 年有 4 家公司(太洋汽船、川崎汽船、国际汽船、乾汽船)创立。[②]

这一时期,日本海运世界性扩张还主要表现在国际航线的扩张上。日本邮船、大阪商船、东洋汽船的南洋汽船公司等"社船"公司[③]渐次扩张航线,而"社外船"公司的活动也达到令人震惊的地

---

① 「世界に覇を称うる日本郵船」,神戸大学付属図書館新聞記事文庫・海運(08-118)、『万朝報』1918 年 12 月 16 日.

② 松井邦夫『日本商船・船名考(XXXXIX)』(太洋海運の部),全日本船舶職員協会, https://www.zensenkyo.com/_bk/kaiho/95kaiho/nihonshousen/nihonshousen49.htm.

③ "社船"与"社外船":从 1892 年左右开始,日本政府决定将日本邮船股份公司及大阪商船公司(后来包括东洋汽船公司)的船只叫做"社船",其他船只叫"社外船"。

步。①在"社外船"就航区域扩张的同时,"社外船"公司拥有的船舶总吨数也激增,1915年3月末,日本社外船主拥有1000吨以上的船舶272艘,共计75.5897万吨,而到1916年11月末时增加到317艘,共计83.0709万吨。其活跃程度可见一斑。②"社外船"船主们还谋求采取共同举措,实施合同计划,建立统一的大公司,在航线扩张方面与"社船"公司分庭抗礼。船舶需求的旺盛也给造船业带来黄金时代③。

一、一战与日本海运造船业的总体扩张概况

(一)战争初期日本海运市场的恢复

1914年7月,第一次世界大战爆发,东亚海运市场一时低迷,究其原因是由于外汇汇兑困难、贸易量减少,英国、德国等交战国的商船队移往东亚海运市场,而作为日本海运业最大宗货物的燃料煤的需求急剧减少。尤其是以运输该物资为经营基础的三井物产船舶部更陷入运输合同解约、运费降低、船舶过剩的危机状态。但

---

① 副島八十六「日本国家の天職の遂行」(一~八)、神戸大学経済経営研究所新聞記事文庫・日本の対外貿易(4-014)、『東京日日新聞』1915年12月5日—1915年12月13日.
② 「阪神社外船の発展」、神戸大学経済経営研究所新聞記事文庫・海運(05-068)、『神戸新聞』1917年1月6日.
③ 寺谷武明『近代日本の造船と海軍』、東京:成山堂書店、1996年、134—135頁.

随着同年 8 月 23 日日本对德宣战,陆海军征用的船舶增多,日本海运市场又趋活跃。而从世界范围看,首先是英国造船能力大部分被用于直接军需品的制造,德国的无限制潜艇战也造成了船舶的大量损失。另外,船舶的大半被征作军用。德国也遇到了同样的问题,德国的船舶大半被协约国方面或中立国捕获或扣留,而由于制海权被协约国方面掌握,德国的世界贸易也受到限制,几乎全部蛰伏国内。[①] 故此,几个海运大国——德国、澳大利亚及俄罗斯的商船约 700 万吨退出世界海运市场,使船舶需求进一步失衡,东亚海运市场的运费、船舶佣金及船价高涨。外商对日本船舶运输需求增大。[②] 上述情况令中立国的船舶和日本船舶意外获益,它们利用交战国留下的市场间隙,在世界市场更自由地活动。

(二)经济调查会与交通第二号提案

1916 年 4 月,日本设立经济调查会,该调查会是第二届大隈重信内阁的直属经济政策审议机构,其主要职能是调查审议应对第一次世界大战的经济对策等必要事项,其下设贸易、租税、交通、金融及产业五个部,各部可单独召开部会,必要时也可召开联席会。针对特定议案进行审议时,还可设专门的临时特别委员会。例如当时为审议有关海运政策的交通部第二号提案,于 1916 年 5 月 19 日设置了交通第二号提案特别委员会。其特别委员包括贵族院议员田健次郎及有地品之允、通信次官汤河元臣和内田嘉吉、农商务省

---

① 「世界に覇を称うる日本郵船」、神戸大学付属図書館新聞記事文庫・海運(08-118)、『万朝報』1918 年 12 月 16 日.

② 中川敬一郎『両大戦間の日本海運業』、東京:日本経済新聞社、1980 年、73 頁.

参政官町田忠治、大藏省参政官加藤政之助、第十五银行董事长松方严、东京海上保险公司社长未延道成、日本邮船营业部部长林民雄、大仓组副董事长门野重九郎、增田合名公司代表中村方次郎、三菱合资银行部长串田万藏、国联经济会议特派委员长阪谷芳郎、东京帝大法科大学教授松冈均平，其临时委员包括海军次官铃木贯太郎、三菱合资造船部长丸田秀实、川崎造船厂董事田中泰董、南洋邮船社长绪明圭造、岸本汽船社长岸本兼太郎、大阪商船社长堀启次郎。该委员会从1916年9月1日至1917年3月针对海事金融、海上保险、造船奖励及航线问题进行了数十次的讨论审议，最终通过交通第二号提案。①

（三）德国无限制潜艇战与日本战时船舶管理令

1917年，德国宣布实施无限制潜艇战，同年4月，美国对德宣战，船舶短缺更加明显，引起运费、船舶佣金及船价暴涨。从日本九州至新加坡间的煤炭运费创下了每吨25.5日元的纪录（1914年每吨仅为3.7日元），大型、中型船的雇船费也达到40日元。日本邮船、大阪商船、东洋汽船等定期船企业乘机在之前受到强大的先进国家海运同盟阻碍的欧洲、南美、北美、大洋洲、加尔各答等区域开设新航线，"社外船"船主们也竞相向远洋航线配船，进而活跃于外国诸港口间的运输领域。② 日本海运业全面繁荣，神户成为中心地带，一时间成为左右世界海运的枢纽。这一时期，法人利润

---

① 杉山和雄『戰間期海運金融の政策過程』、東京：有斐閣、1994年、11—14頁．
② 中川敬一郎『両大戰間の日本海運業』、73—74頁．

分配一般为五成、六成，也有利润翻番甚至更高者。除上述三个大公司外，还有以三井船舶部门、三菱商事船舶部门为首的，在神户、大阪、东京等地从事航运的众多的个体经营及公司组织者。

为了应对德国 U 型潜艇的无限制潜艇战，防止因日本本国船舶遭受攻击而导致的经济混乱，日本政府于 1917 年 9 月 28 日公布《战时船舶管理令》。该法令规定：第一条，除递信大臣许可的场合外，不得将自己所有的日本船舶让渡、租借、供担保或移交，制造中的船舶亦同；第二条，除递信大臣许可的场合外，不得通过向可拥有日本船舶（日籍船）者订制船舶；第三条，日本船舶，除政府命令或递信大臣许可的场合，不得仅从事外国诸港间的航行；第四条，递信大臣可禁止或限制日本船舶从外国一港至外国其他港口间运送旅客或货物；第五条，递信大臣可命令日本船舶进行指定航线的航海或运送特定旅客或货物；第六条，递信大臣可限制日本船舶的运费；第七条，递信大臣可确定相当的补偿金额，征收或使用日本船舶、造船厂或造船厂需用的材料、器具、机械，制造中的船舶亦同。在前项的场合，递信大臣可让船舶、造船厂及其船员或操业者提供使用，《远洋航线补助法》第十一条第三项及第四项规定的对第一项的补偿金额不服者准用本法；第八条，递信大臣可对用于依据远洋航线补助法补助航海的船舶的资格作另行规定；第九条，递信大臣可对日本船舶的船员保护或船舶设备相关的、必要的认可事项发布命令；第十条，违反第一条乃至第三条规定者、违反依第五条规定的命令者，或拒绝依第七条规定征收、使用或提供使用者处二年以下徒刑；第十一条，违反依第四条规定禁止或限制者，或是违反依第九条规定的命令者，处一年以下徒刑或 5000 日元以下罚金；第十二条，收领超过依第六条规定限制的运费者处三个月以下徒刑或3000日元以下罚金。前项的场合，超过运费限制的部分没收，如果不能全部或部分没收，追征其价款。

9月28日，日本政府又公布了《战时船舶管理令施行细则》。该细则规定：

第一条，依《战时船舶管理令》第一条规定接受许可者应向递信大臣递交记载其事由及以下事项的申请书：①船舶的种类、名称及总吨数；②接受让渡者、借入者、抵押权获得者，或接受移交者的国籍、住所及姓名；③买卖价款额、租借费，或应担保的债权额；④合同日期及租借时的租借期限、提供担保时债务的偿还期；⑤船舶移交的时间及场所；⑥制定上述各款外特殊事项时的事项。关于制造中的船舶，填写上述第一项事项时，应填写船舶的种类及资格、发动机的种类、计划总吨数、计划马力、计划速度、开工年月日与竣工年月日；

第二条，依《战时船舶管理令》第二条规定接受许可者需向递信大臣递交记载其事由及以下事项的申请书：①第一条第二项提出的事项；②订购者的国籍、住所及姓名；③承接制造价款额；④制定上述各项外特殊事项时的事项。接受许可者，其船舶安装龙骨、进水、试运转或移交时，每次都应呈报递信省；

第三条，依《战时船舶管理令》第三条规定接受许可者需向递信大臣递交记载其事由及以下事项的申请书：①船舶的种类、名称及总吨数；②预定航线；③从事运航的期间；④运费；⑤以全部船舶签订运送合同的场合，应写明佣船者的国籍、住所姓名，并复印佣船合同书。接受前项许可者，需向递信省呈报依递信大臣指定的场所航运概况；

第四条，从事从外国的一港到外国其他港口运送旅客或货物运送的日本船舶所有者应向递信省呈报前条各项事项。但依政府命令的场合，依《战时船舶管理令》第三条规定接受许可的场合，或在近海航线航行的场合不在此限。前条第二项规定在前项的场合准用本条规定；

第五条，递信大臣在《依战时船舶管理令》第五条的规定指定航线，让相关船舶进行航海时，应指定航线的起点、终点及靠港地，以及航海的期间及次数，并向当该船舶所有者发布命令；

第六条，递信大臣在依《战时船舶管理令》第六条规定，限制日本船舶运费时，可指定佣船费用或运费的最高额度，并发布告示，同时向该船舶所有者发布命令；

第七条，有能制造数千总吨以上船舶制造设备的造船厂的所用者应向递信省呈报如下事项，但依《造船奖励法》呈报的场合不在此限：①造船厂位置；②工厂、船台及船坞的设备；③制造船体及发动机必要的机械的种类、数量及马力。变更前项呈报事项时，应呈报其宗旨；

第八条，着手制造数千总吨以上船舶者应向递信省呈报第二条各项事项，但依《造船奖励法》呈报的场合及依《战时船舶管理令》第二条规定接受许可的场合不在此限。第二条第二项及前条第二项规定在前项的场合，准用本条规定；

第九条，递信大臣在依《战时船舶管理令》第七条的规定命令征收和使用相关船舶时，可指定船舶移交的时间及场所、造船厂移交的时间，材料、器具、机械移交时间及场所及种类和数量，并向该船舶、造船厂及物件的所有者发布命令。前项的场合，在船舶或造船厂及其船员或操业者提供使用时，应向该船舶或造船厂的所有者下达说明相关宗旨的命令。

第十条，在递信大臣告示或指定危险区域航行的日本船舶的所有者应事先向递信省呈报对船舶班组船员的支给方法；

第十一条，本法令中有关船舶所有者的规定适用于船舶借入人。本法令中对于船舶所有者的命令应向依《商法》第566条规定的船长权限的该当船舶的船长发布；

第十二条，对懈怠于第二条第二项、第三条第二项、第四条、第七条、第八条及第十条所规定的呈报义务者，处3个月以下徒刑或100日元以下罚金。①

虽然制定公布了如上详细的实施细则，但《战时船舶管理令》并没有得到严格施行，实际上只有禁止规定得以实施，运费统制等措施并没有实行。故此，以德国无限制潜艇战为借口的海运公司加价导致运费高涨，也对物价造成影响。这也成为海运业界等行业产生众多暴发户的一大原因。该法令在1920年6月28日失效。

1919年，川崎造船厂提供11艘汽船（各重9100DWT）创立川崎汽船。1920年，松方幸次郎（川崎造船厂、川崎汽船、国际汽船三社的社长）以"'K' LINE"之名，让该公司作为铃木商店的总代理店，开始从事以大西洋为中心的航运业务，三社的船舶共有100艘计80万DWT。日本海运界一时呈兴隆之势。②

（四）造船业的发展高潮与造船奖励的停滞

第一次世界大战也使日本造船业出现了一个发展高潮。由于

---

① 『戰時船舶管理令』勅令第百七十一号（大正六年九月二十八日公布）、神户大学附属図書館新聞記事文庫・船舶(2-198)、『法律新聞』1917年10月3日．

② 古田良一『海運の歷史』、東京：至文堂、1961年、132—135頁．

各交战国船舶被军队征用、被击沉、被敌方扣留者不断增加,运送军需品的船舶显著不足,纯货船的需求量增加。而日本海军又为了加速建造驱逐舰,而向民间造船厂大量订货。进入1916年后,由于世界大战范围扩大及德国的无限制潜艇战,商船损失巨大,造成世界性的船舶不足,船价高涨。上述种种情况也刺激了日本造船业的发展。一方面旧有的造船厂得以扩充设备,另一方面,新造船厂大量涌现。① 日本造船业前所未有的盛况首先在船舶进出口方面得以体现。战前进口船舶11艘共计2万吨,而1916年则出口船舶19艘共计8.28万吨。②

鉴于造船业的繁荣,造船奖励已显得没有必要。故此,《造船奖励法》于1917年7月暂时停止实施,到1919年12月,该法实施期满,自动失效。

(五)船铁交换措施的促进作用

然而,喜中有忧,由于战争导致钢铁需求激增,造成世界性钢铁紧缺。这给造船用钢铁一向依赖进口的日本造成冲击。而就在此时,英国于1916年4月禁止钢铁出口。美国于1917年4月站在协约国方面宣布参战后,忙于本国的军需生产,严格限制对外贸易,8月2日也宣布禁止对日本出口钢铁。为缓解造船用钢铁短缺问题,

---

① 造船協会编『日本近世造船史』(大正时代)、東京:工業図書株式会社、1935年、185頁。
② 大久保利謙『日本全史・第10卷・近代3』、東京:東京大学出版会、1964年、89頁。

日本递信省同美国政府进行了船铁交换协商。日本方面提出向美国提供现有船舶15万吨,同时要求美方为日本提供钢铁17.5万吨,但美国方面要求日本提供新船35万吨。由于双方提出的条件相差悬殊,一时难以达成协议。作为应急措施,日本政府决定对于已经开工建造的船舶,由八幡制铁所为其提供不足的材料1.8万吨。其后,经过日美双方反复协商,最终签订了到1918年4月第一次,同年5月第二次的船铁交换合同。依据上述合同,第一次按照1吨铁1吨船的比例,由日本向美国提供船舶12艘,换取美方12万吨的铁。第二次按照1吨铁换2吨船的比例,由日本向美国提供30艘船,换取铁约24.6万吨。这样,日本得到了所需的铁,同时向美国提供了其所需的船舶。剩余所需的铁视日本自身需增加船舶的数量而定,按照预定日本向美国提供船舶45艘(37万吨)。[①]

这笔交易在解决了造船用钢铁短缺问题的同时,进一步刺激了日本海运、造船业的发展。从造船厂的数量来看,1000吨以上的造船厂1918年达到57所;从船舶年建造量看,1916年超过10万总吨,1918年超过63.6万总吨。而与此同时,船价也进一步高涨,1918年与1919年之交到达顶峰,创下每吨1000日元的纪录。

需要补充的是,在利用一战繁荣大批建造钢船的同时,日本造船业还建造了大量的大型木船。[②]

---

① 造船協会编『日本近世造船史』(大正时代)、127頁.
② 同上书,186页。

二、造船企业的扩张性发展

（一）三菱财阀造船企业的发展

　　1914年第一次世界大战爆发前夕，三菱财阀所属的三菱造船厂包括长崎港西海岸与神户港西端和田岬北部两处分厂。长崎港西海岸分厂占地面积约11.6万坪，再加上位于对岸小管的船坞用地及工场附属地共占地15.5万坪，再加上神户港分厂占地约4.9万余坪，合计占地面积约20.4万坪。长崎分厂有石船坞3座，其内径长728英尺、宽121英尺，深度高潮时34英尺，低潮时29英尺，为日本第一大船坞。神户分厂有1.2万吨和7000吨浮力的浮动船坞2座。两厂合计在职管理人员1100多人，员工1.2万余人，年造船能力约7万吨。该厂建造的主要舰船包括通信舰"最上"号（排水量1350吨）、大型驱逐舰"山风"号（排水量1150吨）、二等巡洋舰"矢矧"号（排水量4950吨）、"天洋"型三姊妹舰（另两艘为"地洋"号、"春洋"号，排水量各为1.3万吨）、"纪洋"和"安洋"两姊妹舰（9000吨级）、"香取"号（1万吨级）。[①]

　　1914年8月，第一次世界大战爆发后，由于日本与德国开战，三菱长崎造船厂的职工也有被征召入伍者，而长崎造船的新造船工程以"雾岛"号军舰为首，还有"諏访"号、"伏见"号等大型工程。再加上9月份日本政府又命令长崎造船厂紧急建造驱逐舰"松"号

[①] 『造船業の現况』，神户大学付属图书馆新闻记事文库·造船業（01-021）、『時事新報』1914年10月31日．

和"柏"号，所以人手不足的问题更加严重，最终不得不从神户造船厂借调职工以应急。① 同年 12 月，三菱财阀在下关市外的彦岛町兴建彦岛造船厂。

1915 年，三菱长崎造船厂新接造 8 艘货船订单，另外还有大型驱逐舰"滨风"号，以及 4 艘长崎造船厂自己的预制以备出售的船，其业务极其繁忙。其间，巡洋舰"雾岛"号竣工，并于同年 4 月 19 日交付海军服役。

如前所述，进入 1916 年，由于德国潜艇的袭击，商船的损失增大，世界船舶不足问题日益加重，尽管船价暴涨到惊人的程度，但是造船订单仍然激增。三菱长崎造船厂也接到了大量的货船订单。尽管造船材料的进口不能如意，但是尚能维持。以日本邮船公司订制的 4 艘货船为首的大量的货船，无论哪一艘都是匆忙完工而交付的。另外还计划预制 3 艘船，并接受法国政府委托日本建造的 2 艘中型驱逐舰的订单。②

进入 1917 年，日本本土的机械类产品，特别是电力机械的需求激增。长崎造船厂等造船机构都接受了大量此类订单。同年 3 月，三菱财阀在长崎市设立长崎兵器制作所。4 月，三菱长崎造船厂承建的 3 万吨级的战列舰"日向"号竣工。8 月，美国政府禁止钢铁出口。随着钢铁的采购变得困难，日本造船业者不得不尝试建造木船，长崎造船厂也建造了若干艘木船。10 月，成立三菱造船股份公司，并从 11 月 1 日继承了原三菱合资公司造船部的所有业务，开始营业。长崎造船厂也归属该公司。

三菱造船股份公司资金总额 5000 万日元，总部设在东京市麹

① 造船協会編『日本近世造船史』(大正時代)、198 頁.
② 同上书，199 页。

町区八重洲町一丁目一番地,在长崎市、神户市及山口县丰浦郡彦岛町设造船厂。三菱造船股份公司经营的项目包括船舶、舰艇、飞机及汽车的制造、修理和改造;电机、内燃机、蒸汽机、汽缸及冷冻机器的制造,以及其他钢铁工业;水雷及其他兵器的制造;制铁业;上述各项事业的附带事业。组织结构方面:总部设总务课、营业课、会计课及技术课;长崎造船厂设庶务课、会计课、营业课、材料课、搬运课、职工课、船型试验场、营缮(建筑物的营造、修缮)、材料实验场、造船设计、发动机设计、造船工务、造机(发动机)工务、外业工务、船坞、医院;神户造船厂设总务部(庶务课、会计课、营业课、材料课、职工课、建筑课、医院)、造船部(设计课、船壳课、艤装课)、造机部(设计课、工作课、制缸课、铸造课)、修缮部(船坞课、船体课、发动机课、电气课);彦岛造船厂设总务课、工务课和船坞课;长崎兵器制作所设总务课、设计课、工作课及检查课。[①]

1918年日本和美国进行船铁交换时,长崎造船厂也负责建造了其中的一艘"Eastern Clown"号。同年9月,以实现钢铁自给为目的,在长崎市茂里町兴建长崎制铁所建设事务所,1919年5月开始营业。1918年12月宣布成立三菱造船股份公司研究所,并在公司总部内设立该研究所虚体的事务所。1919年8月在东京市驹入相关设施完备后,该研究所迁到了驹入。[②]

(二)川崎造船厂

川崎造船厂以神户川崎滨为本部,在兵库有分工厂,在大连及

---

① 造船協会编『日本近世造船史』(大正时代)、190—191頁.
② 同上书,187页。

上海有事务所，共占地13万多坪（大连事务所用地为借用南满铁道株式会社的土地，不计算在内），建筑面积3.5万多坪。川崎造船厂本部有船台5座，其中第4船台能制造的最大型船舶长720英尺，3.5万吨。拥有长达428英尺石船坞的兵库分厂主要从事各种机械类的制造。大连及上海事务所以修缮船舶为主要业务。除造船外能制造各种机械，这是川崎造船厂与三菱造船企业的不同之处。川崎造船厂有管理人员890人，普通职工11688人，年造船能力约6万吨。①

（三）大阪铁工厂

与三菱造船厂、川崎造船厂相比，大阪铁工厂在制造小型船舶方面有技术优势，另外如同在大阪的工厂三厂分立一样，其在其他地方的工厂也由3个分厂组成，也是大阪铁工厂的特色。

除在大阪市内的各厂外，大阪铁工厂在兵库县尼崎、广岛县因岛及日据台湾基隆有分厂，占地面积9.78万余坪，工厂建筑用地14593坪。安治川工厂主要制造机械。樱岛工厂有船台6座，专门制造新船船体。天宝山、因岛、基隆三座工厂专门从事船舶修理。尼崎工厂专门从事水道用铸铁管件的制造。大阪铁工厂制造的舰船主要有驱逐舰"朝雾"号及"疾风"号（航速31海里/小时以上）、货船"北京"号和"南京"号（各为3000吨级，采用Isherwood系统的新型货船）。②

---

① 「造船業の現況」神戸大学付属図書館新聞記事文庫·造船業(01-021)，『時事新報』1914年10月31日.
② 同上。

（四）横滨船坞的发展

横滨船坞在1910年4月和中央仓库合并后曾长期获得稳定收益，但是到1914年度上半期，其收益锐减到12.7万日元。之所以如此，一方面是由于受到一般产业萎靡不振的影响，另一方面，外国人经营未必是万能的。故此，横滨船坞对经营方针进行了重新探讨，以期打开新局面。1914年6月30日的股东大会对管理人员进行了改选，哈奇森辞职。由会长原六郎，专务董事山田真吾、近藤兹弥，董事须田利信、茂木惣兵卫等五人组成新的经营团队。技师长汤普森也辞职，其后由专务董事山田真吾兼任。

第一次世界大战爆发后，进入横滨船坞修理的船只数量激增。在其他同行都相继扩充或新建造船部门时，横滨船坞却没有建造新船，这在外界看来有些不可思议。之所以如此，是由于横滨船坞有外国人股东，不能享受《造船奖励法》的恩惠，只得消极经营，没有培育船舶建造等领域的人才。

如前所述，《造船奖励法》是日本政府对造船业的待遇优厚的保护政策，于1896年制定公布，最初对700总吨以上，1909年修改后对1000总吨以上的钢船建造者给予一定的奖励金，由此刺激了民间造船业的发展。当然，其保护对象严格限定为仅有日本人社员和股东的企业，以摆脱外资的影响，是具有民族主义色彩的政策。横滨船坞只能忍受被排除在保护对象之外的尴尬处境。在外国人社员于大战爆发前离去后，外国股东还在。

横滨船坞为了获得政府保护，也积极策划要建造新船。横滨船坞首先设法去除经营体制中的消极性因素，即排除外国人股东。为此，该公司于1916年6月修改了章程，限定股东只能是日本人。此前的5月底，横滨船坞有外国股东65人，占有股份6901股，占发行总数75000股的9.2%。上述外国人股东中在京滨地区居住者居多，少数股东是英国本土人，或法国、瑞士、美国等国人。修改章程后，横滨船坞的外国人股东锐减，但没有完全退出，到1917年5月，还有8人452股。其后，虽进一步减少，但最终没有根绝，这使得想建造新船以获得政府补助的横滨船坞受到的制约继续延续。尽管如此，鉴于船舶不足的风潮依旧持续，横滨船坞还是决定造船，并着手建设新船台。由于缺乏造船技术人才，由工学博士今冈纯一郎（前递信省船舶课长）负责造船事业计划的制定和实施，并让其担任专务董事。1917年1月，横滨船坞的造船部门开业，决定建造4种类型的标准型船舶。5月底，横滨船坞第一号造船台还未全部竣工，就开始建造一艘2000吨钢船，同年11月完工，这也是横滨船坞新造船第一号。同年8月，美国宣布禁止对日本出口钢铁。这对横滨船坞之前的造船计划造成不利影响。专务董事为解决钢铁短缺而奔走，莫大的喜讯就是参加了第二次日美船铁交换合同。依据该合同，横滨船坞建造了同一船型的大型船4艘，成为日本国内有实力的造船厂之一，而入渠修理的船只也激增，其资金也大幅增长，到1917年度下半期达1000万日元。分红也增加，1917年度下半期为三成，1918年度上半期为三成五，下半期为三成。每一期的收益相当于战前10期的收益[①]。

1918年3月，横滨船坞第1号船台竣工，随后又在短时间内建成2号至5号船台[②]。

[①] 寺谷武明『近代日本の造船と海軍』，143頁.
[②] 同上书，137—140頁.

（五）浅野造船厂的创立与发展

以横滨为中心的神奈川县早从幕末开始就成为日本造船业的中心。第一次世界大战期间，神奈川县不仅扩充了既有的造船厂，还新建了大型造船厂，其代表性企业之一就是浅野造船厂。1916年4月，浅野总一郎创建横滨造船厂，同年12月，改称浅野造船厂。

浅野总一郎是当时日本仅次于三菱日本邮船和大阪商船的，居第三位的海运企业东洋汽船的社长。由于感到有必要使船主和造船业者密切协作，所以计划在靠近横滨的地方建立自己的造船厂。早在1911年，浅野就向神奈川县知事申请在生麦附近填海造地11万坪（约36.3万平方米）。1912年7月，在与安田善次郎联署的基础上，再次提出申请，将计划用地扩大到34.6万坪（约114.18万平方米），在造船用地基础上，增加了一般工业用地。计划兴建包括造船台6座、船坞2座的大型造船厂，预定填海造地费用及造船厂设备费合计480万日元。

1911年9月，东洋汽船的技师原正干被派往欧洲考察造船厂设施及组织架构，此后制订了造船厂设计方案。关于在横滨港内填海造地的问题，有必要得到内务省所属的港湾调查会的认可。港湾调查会出于航线安全的需求，坚持在离开海岸一定界线外不许建造设施的原则。浅野计划中建造防波堤的计划与上述原则相抵触，故遭到港湾调查会反对。故此，浅野填海造地的方案最终没有被认可。

浅野总一郎在造船厂用地还没有着落的情况下就急于建厂。1916年4月15日成立横滨造船厂（注册资金375万日元），浅野兼任社长。之所以最初用横滨这一名称，是由于造船厂在横滨港内，且想得到当地有实力者的援助，也希望得到作为先发企业的横滨船坞的提携。正是基于上述考虑，所以注册资金也和横滨船坞相同。

在经营方针方面，浅野总一郎采取了英国式的造船分工法，其设备不仅是船舶组装工厂，还建设发动机制造等分厂。既存的造船企业都是将船舶用品在一个厂内制造，结果导致固定设施庞大。浅野不仅在船体组装及船舶用品制造方面贯彻分工原则，而且进行船型的标准化设计，以期通过反复建造同型船降低船价。为了得到横滨船坞的协助，浅野在横滨造船厂成立前就尝试购买临近横滨船坞的土地或租借官有地，但都无果而终，更重要的问题是与横滨船坞的交涉没有进展。随后向横滨县知事申请在临近高岛町的地方填海造地，但未能得到港湾调查会的认可。

横滨造船厂的准备工作由原正干全权负责。技术人才募集方面，由川崎造船厂的技师加藤良招募关西地区的技术人员，在造船厂成立的同时入厂。加藤良和原正干都成为横滨造船厂的董事。作为原材料的铁材在建厂前就从美国订购。横滨造船厂建立之初，首先得到东洋汽船的全部 3 艘 A 级船（8300 吨，航速 15 节）的订货。

尽管横滨造船厂已开业，但用地问题一直没有结果，等到 1916 年 6 月底，结果是在横滨港内建厂的方案未得到认可。得知这一消息后，浅野于翌日将顾问寺野精一等造船厂的首脑召集到鹤见开会。会上，浅野一方面对获得在前几年已得到填海造船权且即将完工的潮田村的土地表示期待，一方面向大家展示准备在鹤见埋筑公司（填海造田公司）的第六区填海造田预定地建设新造船厂的方案。而此时部分铁材已经到货，必须尽快决定公司用地，故此不得不决断在鹤见建设造船厂。从 1916 年 9 月中旬造地 7000 坪开始，到

1917年2月共造地4.5万坪（约合14.85万平方米）。工厂建设也从1916年10月至1917年3月，在新造土地上建成第一工厂和第二工厂。一方面修建防波堤、码头，另一方面，在造地工程还在进行期间就于1916年8月上旬开始着手建设造船船台。到1917年3月，建成4座造船台，到7月又增设2座。在新造船厂初具雏形的1916年12月，横滨造船厂改名为浅野造船厂。从1917年2月开始建造第一艘船，陆续开工建造3艘。4月7日，浅野造船厂举行了开业仪式[①]。同年8月2日，美国禁止对日本出口钢铁。为了解决钢铁问题，横滨船坞派遣技师前往欧洲的浅野合资公司分公司，同时希望东洋汽船公司能优先为浅野造船厂运送钢铁。但受到钢铁短缺问题的影响，工程量减少到58%，员工的实际收入减少，在籍员工数1918年1月为5290人，5月减少到3720人。为解决上述问题，日本政府和民间通过各种渠道与美国进行了交涉。业界，关东地区以浅野造船厂，关西地区以铃木商店为中心，试图通过向美国提供船舶，以换取美国的钢铁。浅野造船方面，社长浅野总一郎带头奔走，成为日本交涉的参谋本部，不仅提供联络场所，还担当英语翻译、通信、交涉的事务。1918年3月，日本和美国驻日大使莫里斯签订非正式合同，4月和美国政府签订第一次船铁交换合同，5月又缔结第二次船铁交换合同。日本造船业者得以继续生产所必需的铁材得到确保。浅野造船厂利用第一次船铁交换合同得到的钢铁，建造船舶6艘，从1919年1月到5月完工，受惠于高船价，纯收益1400万日元。利用通过第二次船铁交换得到的钢铁建造船舶7艘。这样，浅野造船厂迎来了从1919年至1920年的发展盛况[②]。

---

① 寺谷武明『近代日本の造船と海軍』、134—137頁.
② 同上书，142—143页。

（六）内田造船厂的诞生与发展

在第一次世界大战期间日本的造船热中诞生的另一个引人注目的造船厂是内田造船厂。内田造船厂的缔造者是有名的"船成金"内田信也。内田在神户建立内田汽船公司，通过从事汽船的买卖和出租获得巨额收益。故此，不仅想在关西根据地，在关东地区也要拓展业务，经营造船业。内田信也不像浅野那样建设全新的造船厂，而是先参与经营既成的造船厂，然后掌握其经营权。

内田信也首先看中位于山下町的横滨铁厂，并参与其经营。横滨铁厂的前身是英国人在1898年创立的横滨发动机铁工厂。第一次世界大战爆发前的1913年，该工厂年销售额40万日元，员工300人，原动力发动机8台，175马力。1916年12月，进经太从英国人手中购买了这家厂，并将其改称横滨铁厂，继续从事船舶修理、制造及发动机的制造。进经太曾在法国和英国学习造船工程学，有在石川岛造船厂担任技师长的经历，是熟练的造船技术人才。尽管已在横滨开始从事船舶造修业务，但为了拓展事业，他还是欢迎内田信也作为投资者加入，于1917年开始共同经营。

1918年4月，横滨铁厂在千若町建设新造船工厂，改称内田造船厂。内田信也自己担任社长，由其长兄和进经太担任专务董事。内田造船厂资金200万日元，在山下町设发动机制造厂，在千若町设船舶制造厂，在守屋町设分工厂。员工总数在1918年底达3000人以上。船舶制造厂有造船台3座，每座都可制造当时最大的6000吨级船，建造能力超过了横滨船坞，成为京滨地区最大的造船厂。[①]

[①] 寺谷武明『近代日本の造船と海軍』、141頁．

三、海运"社船三社"航线扩张及规模增长

(一)日本邮船公司的发展

一战期间日本邮船有大量船只被政府征发军用：1914年青岛之役前后，日本邮船被征用的船有29艘合计11.7万余吨。日本海军出兵地中海、西伯利亚、中国东北时，日本邮船被征用的船有11艘合计3.9万余吨。此外，根据日本和美国的协议，日本邮船还向美国提供社船8艘约6万吨作为军用。总体而言，战争期间，日本邮船公司提供了31艘约17万吨，包括雇佣船在内的近62万吨船舶。

与此同时，日本邮船自身也乘机得到长足发展，1917年11月底时资产总额2.6亿日元，航线扩张到横跨世界各地。在国内外主要地点设置了100多处分店、事务所、代理店或交易所，雇员约3000人[1]。一战期间，日本邮船每年运用货物最多时为540万吨，运送旅客最多时为26万人，航海哩数495万哩，营业收入达2.23亿日元[2]。

在商船队发展方面：1915年，日本邮船在战前订购的6艘7000吨级的远洋航线用货船竣工，其中4艘在国内制造，2艘在英国制造。1916年，开战后向国内造船厂订购的6艘7000吨级船先

---

[1] 「世界に覇を称うる日本郵船」，神戸大学付属図書館新聞記事文庫·海運(08-118)，『万朝報』1918年12月16日。

[2] 造船協会編『日本近世造船史』(大正時代)、164—165頁．

后竣工就航。1916 年至 1918 年间，日本邮船公司又在国内新造或购入 5000 吨级货船 2 艘、3000 吨级货船 4 艘。总体而言，在第一次世界大战期间，日本邮船公司共获得新船 18 艘合计 11.2 万余吨。另一方面，作为战争损失，1915 年至 1918 年间，日本邮船公司欧洲航线上"八阪"号等 4 艘客船、货船 1 艘合计 4 万余吨被德国的舰艇击沉。另外因海难损失 4 艘、出售 2 艘合计 2.3 万余吨。到 1918 年底，日本邮船共有远洋汽船 95 艘合计 45 万余吨。此外还有十几艘乃至 40 艘雇佣船。

在航线发展方面：日本邮船除运用传统的递信省管辖或直辖的各相关官厅的命令航线，对自营的远洋、近海及内地沿岸航线稍作调整，还应时局的需要开辟了几多新航线，其中多数在第一次世界大战结束后仍继续经营。

1914 年 1 月，日本邮船开通环球航线，逐次将新造货船作为临时船向英国发船。该航线经停日本、新加坡、迪拉果阿湾（莫桑比克）、南非、达加纳（塞内加尔）、欧洲、北美、南美、巴拿马、日本。这些船运载的都是日本的出口货物，弥补了定期船运载量的不足。返航时，横渡大西洋，先停靠纽约及其他北美、南美港口，再经由巴拿马、苏伊士或非洲南端回国，或者去程经由巴拿马港。这成为后来利物浦、汉堡两条航线的先驱。该航线预定使用大型货船，每月发船 1 次。该航线在同年 6 月一度中止，1916 年度上半期又重新开始[①]。

1914 年 11 月 7 日，日军占领青岛后，日本邮船公司于 1915 年

---

① 「戰時中開始せる主要航路」，神戸大学附属図書館新聞記事文庫・海運(09-016)、『大阪朝日新聞』1919 年 2 月 28 日．

1月开辟青岛航线。

为回避战时地中海航行的危险,在1916年1月以后走绕行非洲南端好望角的航线。同年6月21日,三菱日本邮船加入纽约同盟,开通经由巴拿马的纽约线,该航线使用大型货船,经停香港、菲律宾、上海、门司、神户、四日市、横滨、旧金山、巴拿马、西印度群岛、纽约,约1个月发船1次。8月16日,开通新西兰及澳大利亚临时线,预定新西兰航线2个月发船1次,澳大利亚每月发船3次。11月,开通新西兰线,该航线经停日本、新西兰的奥克兰、惠灵顿、澳大利亚,约2个月发船1次。

1917年2月以后在海军省监督下对船只进行武装,同年5月以后,应英国政府开通青筒线的要求,让开战后以伦敦为终点的定期船隔班靠港利物浦(1919年3月以后代之以定期船,用货船开辟利物浦线,使日本海商取得英国西海岸的航海权)。4月25日,开通经由南非的南美东岸定期航线。该航线的船搭载日本去往巴西的移民及货物,经新加坡、南非,航行到南美的桑托斯(巴西)、里约热内卢(巴西)、布宜诺斯艾利斯(阿根廷);返程经纽约、巴拿马,航行到日本。该航线使用3艘船,每个季度发船1次(1918年4月改为每2个月发船1次),另外使用临时船2艘。9月,三菱日本邮船开辟塞得港航线。该航线从日本到埃及塞得港,使用4艘汽船,预定每月发船1次。作为塞得港航线的接续,开通地中海线,为运送往来法国的货物,使用2艘汽船,航行塞得港和马赛,预定每月从两地发船1次。10月开通南美线。同月以后,为保护高级船,将6艘大型客船转用北美航线,用中型船代替。11月,在同海军省签订合同的基础上,三菱日本邮船开通与旧德领的南洋诸岛间的联络航线,简称南洋线。该航线使用汽船2艘,A干线经停横滨、横须贺、二见、塞班、特鲁克,约 1 个月发船 1 次;支线 1 经停特鲁克、波纳佩、特拉克,约 1 个月发船 1 次;支线 2 经停特鲁克、雅浦、帛硫群岛、昂戈尔岛,约 1 个月发船 1 次。日本与南洋间约每月发船 1 次,南洋诸港间约每月发船 1 次。

1918 年 3 月,三菱日本邮船开通日本爪哇线、爪哇加尔各答线、加尔各答纽约线。日本爪哇线,使用小型货船直航爪哇,预定每月发船约 2 次;爪哇加尔各答线,日本邮船加入爪哇"孟加拉"同盟,以小型货船从爪哇直航加尔各答,预定每月发船约 2 次。同年 8 月,该航线变更,新航线经停日本、爪哇、加尔各答,1 个月发船 2 次;加尔各答纽约线,从加尔各答经由科伦坡、好望角,航行纽约,使用大型货船,经停日本、爪哇、科伦坡、约翰内斯堡、圣路易斯、纽约、加尔各答、日本,预定每月发船 1 次以上。同年 8 月变更,经停日本、加尔各答、科伦坡、开普敦、纽约、加尔各答、日本,约 1 个月发船 1 次。同月,三菱日本邮船还开通加尔各答西雅图线。该航线使用大型货船从加尔各答航行西雅图,预定每月发船 1 次以上。

总体而言,第一次世界大战爆发后,三菱日本邮船开辟的新航线包括埃及塞得港航线、地中海航线、经由巴拿马的纽约航线、英国利物浦航线、新西兰航线、日本在南洋新占领地航线、加尔各答纽约航线、经由南非的南美航线、日本爪哇航线、爪哇加尔各答线、欧洲纽约航线、加尔各答西雅图航线共十二条。再加上第一次世界大战爆发前的欧洲线、美国线、横滨墨尔本线、横滨上海线、横滨北中国线、神户上海线、神户北中国线、桦太(库页岛)线、基隆神户线、函馆网走线、小樽稚内线、小樽网走线、大泊稚内线、横滨小笠原线等指定航线,以及美国线、澳洲线、孟买线、加尔各答线、神户浦盐(海参崴)线、大阪天津线、大阪青岛线、东回线、横滨小樽线、横滨基隆线等私设航线,具备了称霸世界海运业的实力[①]。

资产方面,如前所述,在1885年最初开业时,三菱日本邮船的资本金为1100万日元,第一次世界大战爆发前达4400万日元。1917年11月,日本邮船最活跃时,三菱资本金一跃而增长至1亿日元[②]。

(二)大阪商船公司的发展

船舶投入方面,在国内造船厂订造的两艘1万吨级"夏威夷"型船于1915年建造完成,成为大阪商船公司首屈一指的高级客船。其后,2艘同型船也于1918年完工。另有7700吨级的"阿尔卑斯"号型船于1917年至1918年间完工下水,为欧洲航线用纯货船注入新的力量。另外还有1200吨级至5000吨级客船及货船13艘完工下水。其中的4500吨级"志yam"型船2艘用于孟买航线,是装备先进的纯遮浪甲板的货船,其后在川崎造船厂大量建造,成为5900吨级船的先驱。1917年竣工的"婆罗洲"(Borneo)型船3艘也是"志yam"同型船。大连航线所用的"哈尔滨"号船是按特定计划新造的客船,其船内设备在同一航线的船舶中属优秀。总体而言,在第一次世界大战期间,大阪商船共造新船28艘合计13.2万吨,另外购入船2艘。

航线方面,大阪商船公司在战乱中冒着被德国潜艇击沉的危

---

① 「世界に覇を称うる日本郵船」、神戸大学付属図書館新聞記事文庫・海運(08-118)、《万朝報》1918年12月16日.
② 「海運界の権威-日本郵船の業績」、神戸大学付属図書館新聞記事文庫・海運(08-138)、『報知新聞』1919年1月3日.

险,于 1915 年 1 月开辟大阪—青岛定期航线,同年 8 月开辟横滨—旧金山航线。1916 年 4 月开辟日本—南洋诸岛航线。同年 10 月开辟横滨—澳洲航线。该航线经停横滨、名古屋、神户、马尼拉、悉尼、墨尔本,1 个月发船 1 次。同年 12 月 29 日开辟从横滨出发,经由南非,至南美东海岸的航线。该航线经停横滨、神户、长崎、香港、新加坡、德班、开普敦、里约热内卢、桑托斯、布宜诺斯艾利斯,每年 7 次。

1917 年 5 月,大阪商船开通南洋航线,干线经停大阪、神户、门司、基隆、厦门、香港、马尼拉、塔瓦乌、雅加达、三宝垄、泗水、望加锡、山打根、香港、高雄、基隆、神户,1 个月发船 1 次。1918 年 3 月,扩张南洋航线,开始以新加坡为起点至南洋诸岛间的航线。支线 1 经停新加坡、曼谷、坤甸、巴达维亚,1 个月发船 1 次;支线 2 经停加尔各答、兰贯、新加坡、巴达维亚,1 个月发船 2 次;支线 3 经停新加坡、巴生港、德里、巨港,1 个月发船 2 次。

1918 年 4 月,大阪商船又开辟了从孟买到马赛的南欧航线,进而开辟从日本国内到马赛的直航线。该航线经停横滨、神户、新加坡、萨丹、塞得港、马赛,1 个月发船 1 次。同年,大阪邮船公司还继承了久原矿业股份公司经营的孟买定期航线,进而以孟买线为中介,将日本与欧洲连成一线。此外,为便于协约国方面作战,大阪商船还根据日本政府的命令,将"爪哇"号、"印度"号及"马来"号 3 艘船提供给美国使用。

到 1917 年 5 月,大阪商船公司的资金增加到 5000 万日元[①]。1920 年 11 月时,大阪商船股份公司的资金增长到 1 亿日元。特别

---

① 造船協会编『日本近世造船史』(大正时代)、169—170 頁.

是1916年其开设南美航线，利用"笠户"号承担了往巴西运送日本移民的任务，1917年运送260人，到1933年增长到2.3万人。

（三）东洋汽船的发展

1914年第一次世界大战爆发后，日本也宣布参战，主要是为了夺取德国在西太平洋地区的势力范围。德国舰艇频频出没于夏威夷檀香山（当时称火奴鲁鲁）以南的太平洋洋面上，受其威胁，太平洋上航行的所有船舶都经常到各地避难停止航行，一些航线尤其是南美航线一时处于停止状态。但进入1915年后，由于德国被日本打败，太平洋上的德舰绝迹。故此，东洋及北美、南美的交通贸易恢复。而就在此时，巴拿马运河于1914年8月15日开通试航。洛杉矶港和巴尔博亚（巴拿马运河区）成为南美航线船只新的靠港地。而作为太平洋海运界重镇之一的美国太平洋邮船公司受美国公布《海员法》的影响，将其7艘大型船只从北美航线撤走，其业务也相应停止。而英国汽船公司的船只也从旧金山航线撤走，因此，北美航线完全被东洋汽船公司垄断。由于南美航线的船舶也停靠旧金山港，使东洋汽船在旧金山航线的垄断地位进一步巩固。

另一方面，由于往欧洲的货物和乘客都必须经由北美和南美航线，故此上述两条航线上的货物和客运量激增。为应对上述情况，东洋汽船几乎对所有的船舶都进行了改造。将货船都改成两层底及在舱内建水槽以储藏重油，主要是为了将北美、南美及南洋的重油与煤炭并用，以增加货船的载货量，同时购买了一艘客船"波斯"号，且雇用了3艘货船。此外，又雇用了大阪商船公司的2艘大型货船。尽管采取了上述措施，船舶缺乏问题依然没有彻底改变。

1916年3月,"地洋"号在香港的担扞岛海面触礁损毁,最后不得不废弃。为此,东洋汽船又购买了美国太平洋汽船公司的2艘大型快速客船,将其投入到北美航线。1916年6月资金增加到3250万日元。与此同时,东洋汽船还改变过去偏重旅客的营业方针,准备新造两三艘货船。1918年,首先计划建造载货量8600吨的"朝洋"号型纯货船2艘。上述2船于1919年竣工,成为东洋汽船自创立以后最早的新造货船。其间,由于油槽船的需求量也非常大,油船价格暴涨,故此于1917年将"相洋"号和"武洋"号卖给其他国家。到1918年11月,由于德国海军从1917年2月开始无限制潜艇战,所以贸易船舶都尽量避开欧洲航线,故此美洲东西两洋的交通多依赖太平洋航线,美国东西两岸间的贸易及旅客往来极其繁盛,往返船舶都能保证满载,故此东洋汽船也达到空前繁荣[1]。

四、海运业"社外船"公司的扩张

(一)旧有"社外船"公司的扩张

三井物产船舶部相继建造"生驹山"号、"三池山"号、"蓬莱山"号、"宝永山"号等新船,进出香港、曼谷、西雅图、圣佩德罗、梅希约内斯、安托法加斯塔、诺福克、火奴鲁鲁等地。1915年,"金刚山"号作为三井船舶所属船首次通航巴拿马运河。此外,还有"天

---

[1] 造船協会编『日本近世造船史』(大正时代)、173—173页.

拜山"号环航世界等。1917年,三井物产船舶部拥有社船10万吨、定期用船33万吨、不定期用船85万吨,成为世界性的海运公司。

村井汽船公司1918年10月开通神户—台湾航线,该航线经停神户、大连、芝罘、青岛、上海、香港、广东、台湾、神户,1个月发船3次[①]。

作为三大"船成金"的山下龟三郎于1911年创立的山下汽船合名公司于1917年成立山下合名公司。在该公司下设立山下汽船股份公司,并在新加坡设分公司。1918年开始进出台湾定期航线[②]。第一次世界大战爆发之际,山下公司首先将公司的船舶租借给欧洲的海运业者,获得巨额租船费收入。为了上述业务,还向英国伦敦派遣了工作人员。但是,对于山下龟三郎来说,这种租赁船舶的意义并非只是获得莫大的收益,而是在于让自己公司的船舶作为定期佣船就航于世界航线,让船长以下的成员获得更多的关于海外配船的知识与经验,从而加深海外配船的自信[③]。1914年11月上旬,山下龟三郎召集公司干部训示公司方针,第一项就是要和船主们喝酒,通过搞好关系确保佣船,并指示要充实营业部门。此外,龟三郎还展望公司能拥有1万吨级的新船。当然,龟三郎也因无法判断战争持续到何时而苦恼。此时,龟三郎接到了派往伦敦的工作人员关于铃木商店大量买铁的电报。他马上拜访了铃木商店的金

[①] 「戦時中開始せる主要航路」,神戸大学附属図書館新聞記事文庫・海運(09-016)、『大阪朝日新聞』1919年2月28日。
[②] 上岡一史『第一次大戦期における船成金の出現:内田信也と山下亀三郎』、東京:法政大学イノベーション・マネジメント研究センター、2012年、10頁。
[③] 山下新日本汽船株式会社社史編集委員会『社史・合併より十五年』、東京:山下新日本汽船株式会社、1980年、405頁。

子直吉。直吉向龟三郎说明自己估计战争要持续两年以上。由此获得自信的龟三郎马上采取了积极对策，制订了1915年初向银行借贷资金计划，向川崎造船所订购"吉田"号（8990吨）[1]。

如前所述，从1915年2月开始，以进口、出口都增加为开端，货船的需求急增，运费、佣船费都高涨。同年6月24日，在大连设立山下汽船合名公司。山下汽船的自有船舶及佣船都满负荷运转。龟三郎进而向浦贺船渠订购了"第二吉田"号（4745总吨）、"第三吉田"号（4753总吨）等，增加了新造船。另外，还购入比较新的半旧船，1915年4艘、1916年6艘、1917年1艘，以图提高船舶质量。龟三郎进而通过出售自己持有的船舶提高收益。亦即在以135万日元订购的前述新船"吉田"号于1917年4月完工的同时，将其以388万日元的价格卖给意大利[2]。另外，将大战以前购入的"彰化"号、"加贺"号、"中越"号、"武州"号，与大战爆发后购入的"帝国"号、"严岛"号等船舶出售，获得巨大收益。其中，"彰化"号是1910年以45000日元购入的，虽然为船龄36年的旧船，但在1916年12月以80万日元左右的价格出售，价格差达到18倍。另外，山下公司自己的船舶如被德军击沉，还可获得保险理赔。例如，1917年1月，"第三喜佐方"号在被法国的铁路公司雇用从事英法间运输途中，在大西洋的比斯开湾被击沉。大战前以18万日元购入的该旧船在被击沉后，领取的理赔费达100万日元[3]。

---

[1] 上岡一史『第一次大戦期における船成金の出現：内田信也山下亀三郎』、東京：法政大学イノベーション・マネジメント研究センター、2012年、13—14頁．
[2] 八木憲爾『日本海運うら外史・第一巻』、東京：潮流社、1986年、125頁．
[3] 山下新日本汽船株式会社社史編集委員会『社史・合併より十五年』、東京：山下新日本汽船株式会社、1980年、406頁．

1917年1月20日，大连的山下汽船合名公司解散。5月，成立山下汽船股份公司，资本金1000万日元，在神户市荣町通2丁目47番地新社屋设置本部。5月3日，在东京市日本桥区北岛町1丁目37番地设分公司。公司运营第一期，从1917年5月1日至11月30日的半年间，获得近500万日元的收益。第一期末期，该公司拥有船舶15艘合计5.8万吨、定期佣船27艘合计6.6万吨，合计增加到42艘12.4万吨，其中三分之二为自营运航[①]。

为扩展海外业务，1916年，龟三郎将立野仪光派驻东南亚海运中心新加坡。1917年秋，立野的报告指出从以新加坡为中心的东南亚到印度的地域，有要运往欧洲、印度、南洋的"滞货之山"。9月，日本政府公布《战时船舶管理令》，运费、雇船费下降。山下汽船的铸谷常务、白城定一营业部长等干部紧盯这一情报，得到龟三郎裁断"尽快制订一扫这一异常滞货与接受一手的三国间运输的计划"。12月，山下汽船公司将新加坡的派出机构升级为支店，将白城定一为首的营业部主力20余名派往新加坡，并从东南亚各地向远到埃及的亚历山大港派遣业务员[②]。同月，山下汽船公司开通日印美航线。该航线往返经停的城市包括大连、香港、新加坡、彼南、加尔各答、科伦坡、孟买、马尼拉、日本、北美太平洋沿岸港口城市、海参崴，约1个月发船1次。1918年2月，开通南洋航线。该航线往返经停的城市包括：支线1—新加坡、西贡、香港；支线2—新加坡、婆罗洲（加里曼丹）、爪哇、西贡；支线3—新加坡、加尔各答、科伦

---

① 田中正之輔『大道』、佐世保：大同海運株式会社、1964年、225頁.
② 上岡一史『第一次大戦期における船成金の出現：内田信也と山下亀三郎』、東京：法政大学イノベーション・マネジメント研究センター、2012年、15—16頁.

坡、孟买、卡拉奇、塞得港，上述3线每个月约发船2次[①]。这样，山下汽船在获得巨额利益的同时，积累了在远洋航线上，作为真正的不定期船经营者的经验[②]。

辰马汽船于1915年8月30日修改公司运营条款，将自己的营业目的改为海运业，1916年改组为辰马汽船股份公司，资本金150万日元，董事社长为辰马勇治郎。同年1月31日，辰马汽船的第一号新船"悠纪"号在大阪铁工所因岛工厂竣工，2月13日从神户向北美的维多利亚出航。1917年1月20日，辰马汽船的"染殿"号（8462吨）在三菱长崎造船所竣工，2月24日，"绫叶"号（8465吨）在三菱神户造船所竣工。8月15日，辰马汽船资本金增资859万日元，新资本达1000万日元。10月28日，大型船第一艘"白鹿"号（11475吨）在浅野造船所竣工。11月30日，辰马汽船股份公司第1期决算，收益190万7228日元52钱，年分红率40%。12月20日，"织殿"号（8661吨）三菱神户造船所竣工。1918年2月1日，辰马汽船股份公司购入"锦江"号、"天长"号、"香取"号、"哈得孙"号等6艘船合计2.49万吨。7月31日，"喜春"号在三菱长崎造船所竣工。11月30日，辰马汽船股份公司第2期决算，收益达763万9188日元59钱5厘，年分红率70%[③]。

冈崎汽船在其他海运公司纷纷处理旧船，购进新船以谋求更大利益之时，逆潮流而动，乘机以低廉价格购进其他公司的处理船。

[①] 「戦時中開始せる主要航路」，神戸大学附属図書館新聞記事文庫・海運（09-016）、『大阪朝日新聞』1919年2月28日．
[②] 田中正之輔『大道』，佐世保：大同海運株式会社，1964年，229頁．
[③] 山下新日本汽船『社史：合併より十五年』（年表），渋沢社史データベース，https://shashi.shibusawa.or.jp/details_nenpyo.php?sid=12850&query=&class=&d=all&page=22.

到1918年时，其资金持续增长70万日元、100万日元，从而巩固了公司的运营基础[①]。

日清汽船公司于1918年8月开通"日支航线"。该航线经停大阪、神户、门司、上海、汉口，每4周发船1次。[②]

（二）新社外船公司的成立与扩张

三菱合资营业部本着"立业贸易"的方针，于1918年作为综合商社性质的三菱商事而独立。三菱商事公司1918年8月开通南洋航线。该航线主线经停城市为神户、门司、基隆、香港、马尼拉、新加坡，1个月1次；支线1经停新加坡、磐谷、西贡、海防、香港、汕头、厦门，2个月一次；支线2经停新加坡、沙捞越、拉布安岛（马来西亚）、亚比、通克、圣卡塔、塔瓦乌，1个月发船1次；支线3经停基隆、厦门、汕头、香港、广东、马尼拉，两个月发船1次。同月开通"日支航线"，该航线经停大阪、神户、门司、上海，1个月发船1次。

作为三大"船成金"之一的内田信也购入半旧船"大正"号，于1914年12月14日创立内田汽船股份公司。1915年5月，以27.7万日元从三井物产购入"彦山"号。1915年下半年（6月1日至11月30日），又新购入"空知"号、"爱国"号、"第二欧罗巴"号及"第二云海"号等4艘船。依据"佣船主义"的经营理念，内田将上述

---

① 松井邦夫『日本商船・船名考XXXXXVI』（冈崎汽船・冈崎本店汽船部），全日本船舶职员协会，https://www.zensenkyo.com/_bk/kaiho/92kaiho/nihonshousen/nihonshousen46.htm.

② 「戦時中開始せる主要航路」，神户大学附属图书馆新闻记事文库・海运（09-016），『大阪朝日新聞』1919年2月28日．

6艘船都运用于贷船中心。同年11月26日,内田公司出售了"彦山"号,其所有船舶变为5艘。该年度,内田公司总收入58.5万日元,销售收益率达惊人的68.8%。1917年上半年,内田公司将新船3200吨出售给野口汽船,销售额147万日元。同年,其资金一举达到1000万日元[①]。

作为"船成金"之一的胜田银次郎创设胜田汽船股份公司,以神户为据点拓展业务。胜田汽船通过建造新船及购买旧船等运作,在第一次世界大战期间进入其发展的最盛期,成为拥有船舶20艘共计15万吨的大船主,成为神户海运业的代表者。1917年时,胜田汽船的资金达到1000万日元,同年8月,胜田汽船卖给神户商船的新船每吨价格约780日元,通过该项买卖,获得巨大收益[②]。

在胜田汽船的帮助下,太洋海运公司于1917年7月19日成立。到同年11月第一期决算时,该公司共拥有船只13艘,主要作为日本—北美、印度—北美间的定期船就航[③]。该公司在1917年度的下半期开通以下几条航线:日本北美线,支线1经停神户、横滨、西雅图,1个月发船2—3次;支线2经停神户、横滨、旧金山,1个月发船1次;满洲北美线,经停日本、大连、天津、秦皇岛、北美、日本,直航或接续,1个月发船1—2次;香港北美线,经停神户、香港、西雅图、日本,1个月发船1次;南洋北美线,经停神户、新加

---

① 上岡一史『第一次大戦期における船成金の出現:内田信也と山下亀三郎』、東京:法政大学イノベーション・マネジメント研究センター、2012年、4—6頁.
② 上岡一史『第一次大戦期における船成金の出現:内田信也と山下亀三郎』、東京:法政大学イノベーション・マネジメント研究センター、2012年、6頁.
③ 松井邦夫『日本商船・船名考(XXXXIX)』(太洋海運の部),全日本船舶職員協会, https://www.zensenkyo.com/_bk/kaiho/95kaiho/nihonshousen/nihonshousen49.htm.

坡、西雅图、日本，1个月发船1次；日本南洋航线，经停神户、香港、巴达维亚、三宝垄、泗水，1个月发船1次。1918年5月，太洋海运公司开通日本澳洲航线，该航线经停神户、横滨、悉尼、墨尔本，1个月发船1次。同年9月开通大连西雅图航线，该航线经停大连、西雅图、横滨、神户，1个月发船1次。此外，太洋海运公司还开通了上海、马尼拉、爪哇、加尔各答、科伦坡各港、北美间的不定期航线[①]。

此外，还有诸多小型"社外船"公司如雨后春笋般涌现。日本汽船于1915年12月设立；1916年10月，帝国汽船设立；屿谷汽船于1917年5月成立，同年8月18日，泽山汽船设立，12月1日，东海运设立；1918年2月2日，桥本汽船设立，4月，桦太汽船设立，12月27日，饭野商事设立（此即饭野海运的前身）；1919年3月29日，栗林汽船设立，4月10日川崎汽船设立。

为了改变规模小、单打独斗的不利局面，特别是为了能在开拓国际航线及海外市场的过程中与"社船"三公司分庭抗礼，"社外船"船主还发起了合同运动。如前所述，日本海运业界在明治末期及大正初期大体形成两股势力。其一是日本邮船、大阪商船及东洋汽船组成的所谓"社船"三社，它们受政府之命从事指定航线的航运，另外还拥有几条不定期航线，都是大规模的公司。另一股势力则是大量独立自主经营，以运营不定期航线为主体的，被称为"社外船"的中小规模的海运公司。另外，"社外船"公司经营处于一种没有统一规则和协调行动的混乱状态。为了改变上述状况，早在

---

① 『戦時中開始せる主要航路』、神戸大学附属図書館新聞記事文庫・海運（09-016）、『大阪朝日新聞』1919年2月28日．

1906年前后，"社外船"船主们就曾试图联合成立一个大规模的合营公司，与已经走向海外市场的"社船"比肩，但由于日俄战争后的经济危机问题而暂时遭遇挫折。

1914年第一次世界大战爆发后，内田信也、山下龟三郎、胜田银次郎等所谓"三大船成金"抬头，日本海运业呈现繁荣局面。在上述背景下，"社外船"船主们联合成立大公司的构想再次被提上议事日程。

如前所述，在第一次世界大战进程过半的1917年8月，美国下令禁止向日本出口钢材。故此，日本和美国于1918年3月签订了船铁交换协定，由日本向美国提供其需要的船舶，而美国方面则向日本提供钢铁及船舶附属品，但是日本造船业界的船舶大量建造行动进行到一半的时候，第一次世界大战即宣告结束。结果专门建造的船舶大半为过剩船舶。川崎造船所尽管将以"第一大福"号货船为首的几艘船卖给了美国船主等买家，但还是有大量库存。在实在没有办法的情况下，川崎造船所只能在所内设立船舶部，将过剩船舶作为货船运营，进而设立了专门的海运企业川崎汽船。而面临同样问题的"社外船"船主们也将目光重新投向联手成立大海运公司的合同运动。

"社外船"船主们提出两种合同计划：其一是以三大"船成金"，即川崎造船所社长松方幸次郎、铃木商店领导人金子直吉和东洋汽船社长浅野总一郎为中心的日本国内船主的合同计划；其二是由久原、山下氏等构想的日美汽船计划。其具体构想是以松方幸次郎、金子直吉、浅野总一郎三氏为中心，再吸收三井、三菱、辰马汽船等"社外船"船主加入，进而通过前递信次官内田嘉吉，与美国的船主合作。与美国船主合作案之所以能作为具体方案提出，主要是递信次官内田嘉吉赴美后，以美国交通运输业巨头范德比尔特（Vanderbilt）为首，美国方面提出出资1亿日元的合作意愿。故此，由川崎、铃木、浅野、久原、胜田、内田、山下七船主发起，得到阪神十二船主（上西、白洋、栈桥、互光、东和、广海、丰崎、神户商船、三井、三菱、大正、犬上各汽船公司）赞同。1919年3月12日下午，这些船主在神户商业会议所会面，发表了日美汽船合作计划具体案。依据该计划，由日美双方各出资1亿日元作为将来新公司的资本金。以五六千吨型的新造船（1916年以后建造）船价，每吨约350日元作为船舶出资条件。航线方面计划顺次充实扩张三大航线，即南美线（以印度加尔各答为基点，经过日本、巴拿马、巴西、纽约）、俄罗斯线（以纽约为基点，经过巴拿马、符拉迪沃斯托克、地中海、俄罗斯敖德萨、汉堡、彼得格勒）及欧洲线（以日本为基点的欧洲航线）。计划在上述三大航线上，每条航线配置船舶12艘，共计配备船舶36艘。对于为达成上述计划的新造船，美国方面应在钢铁供给上给予便利[1]。就上述计划案，3月15日又举行了第二次协议会。出席者包括内田嘉吉、浅野总一郎、互光商会、丰崎汽船、神户商船、三井、三菱、大正汽船、山下汽船（山下铸谷）、川崎（松方阿部）、桥本汽船、内田汽船、胜田汽船（村田）、新田汽船、铃木（金子）。会上，铃木商店的金子直吉就将来新公司的资本金及运转资金、公司债券发行，以及赞成者提供其所有船舶及接受新公司股份等问题做了说明。而内田嘉吉、浅野总一郎就新公司的架构及运营方针等问题进行了说明。就航线扩张问题，浅野总一郎提出新

---

[1]「日米汽船成案 社外船合同計画進捗」（日米合同汽船会社問題・三）、神户大学经济经营研究所新聞記事文庫・海運（09-056）、『大阪朝日新聞』1919年3月13日。

公司经营的航线应包括以加尔各答为基点的汽船南美线、以纽约为基点的汽船俄罗斯线、以日本为基点的汽船欧洲线三线,进而可分割为四线、五线,由日美共同经营。那样的话,日本方面汽船与美国方面汽船有必要等分。[①]

1919年7月1日,合同运动所构想的"社外船"船主联手的大公司正式宣告成立,在位于神户市海岸大道的川崎汽船本部内设立事务所,从8月1日开始正式营业。该公司的第一任社长由当时川崎汽船社长川崎正藏的养子川崎芳太郎担任。关于船舶出资方面,考虑到当时一部分债务缠身的出资船主觉得以股票方式交付不安全,所以采取以实物出资和现金支付船价一半的形式。现金支付价款,一方面利用日本兴业银行、第一银行、十五银行及浪华银行发行的公司债券收入补足,另一方面利用大藏省存款准备金补足。由于仰赖政府出资,所以公司名称暂时称为"国策公司"。

结语

总而言之,第一次世界大战给日本海运造船业带来了千载难逢的发展机遇与动力,而日本政府与相关业界也及时抓住了这个机会,制定实施了相应的政策措施,从而造就了所谓"战争景气"及"成金"者辈出的繁荣与飞跃发展局面。通过上述繁荣与飞跃发展,日本海运造船业实现了前所未有的世界性扩张,首先是其在世界市场

[①] 「汽船合同範囲」(日米合同汽船会社問題・十五)、神戸大学経済経営研究所新聞記事文庫・海運(09-075)、『大阪毎日新聞』1919年3月16日.

中占据了举足轻重的地位,其次是其业务,尤其是日本海运的国际航线无论从数量,还是里程上都大为增长,真正成长为世界性的企业。而海运造船业的上述世界性扩张是与当时日本经济的整体发展态势相辅相成,互为表里的。

[作者简介]杜小军,山西大学历史学院副教授。

恭顺与对抗：日本海军外交中的隐含逻辑 *

——以美国"大白舰队"访日为中心

季泓旭

1908 年美国"大白舰队"访日事件被视为与"黑船事件"历史地位相当的"白船事件"，对日本及此后的国际发展走势影响深远，致使日本最终发动太平洋战争。事件背后体现出日本的"被害者意识"与遭受外界军事刺激后的"刺激—反应"模式，深刻地影响了日本的外交逻辑。只有破除意识中作为假想敌的"大白舰队"与"被害者意识"，日本才能正确处理国际间的交往信息，从而在当代中日交往中真正达成互信，摆脱两国间的"安全困境"。

2019 年 4 月 23 日，庆祝中国人民解放军海军成立 70 周年的多国海军活动在青岛隆重举行，60 多个国家的海军代表团、13 个国家的 18 艘舰艇参加。日本海上自卫队也派遣驱逐舰"凉月"号参加国际阅舰式[①]。海上阅兵是一种军事外交行动，主权国家的现役军舰享有《国际法》赋予的完全豁免权，因而被称为"流动的国土"，

---

* 本文为国家社会科学基金重大项目"东亚历史海域研究"（18ZDA207）阶段性成果。

① 参见《走互利共赢的海上安全之路》，《中国国防报》2019 年 4 月 23 日。

规模庞大的舰队更是一国海军力量的直接体现,往往在国家间交涉中发挥重要作用。众所周知,日本与军舰外交有着极为复杂深刻的历史渊源。1853 年 7 月美国海军佩里舰队强行驶入江户湾,要求进行交涉,日本举国震惊。这场强烈的外部军事刺激,最终导致幕藩体制瓦解,日本由此进入了明治维新的深刻历史变革。

以"黑船来航"为始,日本在遭受外部军事刺激后,通常表面会恭顺接受强大势力的影响。而事实上,日本在"被害意识"的支配下,依然固守本国思考方式,努力将外部压力转变为革新动力,以图取而代之。这一"刺激—反应"模式,在近代日本海军参与的多次外交事件[①]中均有所体现。20 世纪初期,美国海军大西洋舰队完成美国海军史上首次环球航行,并于途中访问日本,因其船舰通体涂白,遂被称为"大白舰队"。在近代日本外交史上,美国"大白舰队"访日因被视为与"黑船来航"历史地位相当的重大外交事件而称作"白船事件",激起了日俄战争战胜国日本的应激反应,甚至为多年后挑起太平洋战争埋下伏笔,堪称影响深远。相对于学界有关 1853 年"黑船来航"事件的丰富研究成果,有关 1908 年美国"大

---

① 简要归类,明治时代对日本产生重大影响的海军外交事件大致有五次。第一次即 1853 年佩里舰队来航,成为日本打开国门乃至明治维新的契机。第二次是同年俄国公使普提雅庭率俄国舰队来航,使日本第一次掌握了西式船舶的建造技术,奠定了近代日俄交往的基础。第三次是清朝北洋水师主力于 1886 与 1891 年两度出访日本,致使日本国内产生了"北洋舰队威胁论",加速了日本海军的扩张步伐,并成为日本准备大力侵华的舆论掩护。第四次是 1905 年日俄战争胜利后,英国舰队访日,这是英日同盟框架内的海军军事交流,也是日本明治时期少见的常规军事外交。第五次即是本文所述 1908 年 10 月 18 日,日本接待环球航行途中的美国"大白舰队"。这次来访对当时的日本造成了重大影响,堪与 1853 年佩里舰队"黑船来航"相提并论,被称作"白船事件"。

白舰队"访日事件的研究,国内相关成果不多,且研究视角集中于美国舰队对厦门的访问。[①] 美国"大白舰队"访日事件对日本战略心态的影响,尤其是日本海军外交行为背后的隐含逻辑,应受到进一步关注。

一、"大白舰队"抵达日本前的日美交涉

日俄战争后,远东的俄国势力遭到驱逐,日美在西太平洋地区的利益冲突日渐凸显。20 世纪初期日本移民大量涌入美国西海岸地区,以出卖廉价劳动力为生,对当地美国人的生计造成严重冲击,"黄祸论"甚嚣尘上。1906 年 10 月,旧金山市因日本学生转学问题引发了美国西海岸地区对日本移民的排斥举动。1906 至 1907 年间,日美因移民问题导致的矛盾愈演愈烈,终于酿成了美国的反日骚动。美国加州当局实行带有种族歧视色彩的政策,排挤日本移民,举动之激烈甚至激起日本媒体以威胁的口吻回应:"当我们伟大的海军将领出现在太平洋另一端时,要打破美国固执的梦想是很

[①] 国内有关"大白舰队"访日事件的相关研究可见:孙鹏:《"大白舰队"吹响美国逐鹿大洋的号角》,《解放军报》2015 年 6 月 19 日;崔德龙:《"大白舰队"与美国海权兴起的再思考》,《黑龙江史志》2015 年第 1 期;戴海斌:《也说 1908 年美国大白舰队访问厦门——为马幼垣先生补充》,《史林》2013 年第 6 期。战后日本与本论题直接相关的研究成果主要有:谷光太郎「ルーズベルトの外交政策とグレート・ホワイト・フリートの世界巡航」『波涛』通卷第 141 号(1999 年 3 月)、横浜開港資料館館報『開港のひろば』101 号(2008 年 7 月)及び 102 号(2008 年 10 月);川井裕「外国軍艦の日本訪問に関する一考察—1908(明治四十一)年の米国大西洋艦隊を対象として—」,『防衛研究所戦史研究年報』第 14 号(2011 年)。

容易的……为什么我们不坚持派出军舰?"[①] 在国家利益的碰撞以及日俄战争胜利所导致的对本国海军实力的盲目自信的双重作用下,"日美战争无法避免"的论调已经成为当时的政治语境。

日美矛盾的激化以移民问题为表象,其深层原因是日俄战争后迅速崛起的日本海军成为了美国在西太平洋地区利益的有力挑战者。19世纪后半叶的美国海军还是一支以岸防为主的弱小海军,但美国经济的转型与扩张使得美国人将目光投向了广袤的太平洋及其彼岸,并最终发展出具有美国特色的"门户开放"殖民理论。寻求新的市场和原材料产地的美国人逐渐形成一种认识,即只有开辟新的市场才能够更好地促进美国经济的繁荣。然而当时美国海军舰艇破旧不堪,不足以保护美国在海洋上的贸易航线安全与利益。1890年,阿尔弗雷德·马汉的著作《海上力量对历史的影响1660—1783年》出版,阐述了马汉的主体思想,即一国只有拥有强大的海上力量,才能扩张并保护其经济利益,国家才能富强。这一思想迅速改变了美国政府与民众对海军的看法,希望着手打造一支新式海军。1898年美西战争之后,美国在西太平洋地区获得了菲律宾等地,为了维护美国在太平洋地区的利益,建立一支强大海军刻不容缓。西奥多·罗斯福总统上台后,推动新的海军建设计划,应用新兴技术,致力于将美国海军打造成为贯彻"胡萝卜加大棒"政策的绝佳工具,"大白舰队"的编成也是受马汉"主力舰队要集中使用"理念的影响。

日本针对美国的国家危机感在很久之前就已经产生了。日本

---

① 猪瀬直樹『黒船の世紀 ミカドの国の未来戦記』、小学館、1993年、85頁.

恭顺与对抗：日本海军外交中的隐含逻辑

海军军令部次长佐藤铁太郎被称为日本马汉，是日本早期著名海军战略家，他的国防观的一大特点就是强调日本面临的危机以及鼓吹日本为对抗危机需要有与大国海军相当的实力。早在1892年，佐藤铁太郎在其著作《国防私说》中即将美国列为与清朝和俄国相并列的潜在海上威胁。"美国已经从数十年来的沉睡中觉醒，海军扩张取得了长足进步，甚至凌驾英法的海上扩军计划。其志之所向并不难理解，盖掌握海上通商权尔，所须之威力强大海军尔……其海军大计划之下总有一天会掌握东西两洋的制海权。以美国之富饶，再加之正在进行的军事整顿，如根据其计划在东洋大举雄起，极有可能会出现我国与美国在东亚角力的情况。"① 并指出为应对来自美国的挑战应优先发展海军，即"海主陆从"政策。其人在"大白舰队"访日当年撰写的《帝国国防史论》中说，"没有任何一个国家是因为过度发展海军而衰亡的"②，此语成为日本后来大幅增加海军投入并与美国展开军备竞赛的圭臬。

在日美矛盾激化的情况下，美国一改美西战争以来将海军舰队的建造及部署集中于大西洋一侧的常规，开始调整主力舰部署，将太平洋方向作为美国海军战略重点。罗斯福以日本的激烈回应为借口，"决意通过'大白舰队'，用'礼貌的方式'给日本一个教训，并为美国对日交涉提供武力后盾"。③ 因此，美国政府决定派遣大西洋舰队进行环球航行，向日本表明美国利用其海上力量维护其在亚

---

① 佐藤鐵太郎『日本民族の世界的使命』、奉仕会本部、1939年、134頁．
② 佐藤铁太郎『帝国国防史論抄』、東京印刷、1912年、1頁．
③ 伊藤泉美「白船来航—米国大西洋艦隊に沸く100年前の横浜・東京」、『開港のひろば』101号、横浜開港資料館、2008年、1頁．

太地区利益的决心与能力。①

日本获悉美国"大白舰队"环球航行的消息,反应复杂而矛盾。当时日本社会弥漫着反美情绪,日本政府于1907年确立"帝国国防方针",将美国作为第一假想敌,刚刚战胜俄国海军的日本海军,已经转而研究对美决战。在日本人看来,美国的举动无疑传递了一个信息:美国海军将全力维护本国在西太平洋地区的利益,即便从大西洋沿岸调遣舰队也在所不惜。"日本怀疑美国舰队在访日过程中重演一次'缅因号事件'②,将利用出访中的优势舰队将武力炫耀转换成事实中的战争。"③日本海军省内部也存在反对美国舰队访问日本的声音。

访日的美国"大白舰队"由16艘战列舰组成,搭载官兵12733人④,罗比·埃文斯海军少将(Robley Evans)担任司令。舰队中全部16艘战列舰均为舰龄不超过10年的新锐战列舰,代表着前无畏舰时代列强海军主力舰的先进水平。舰队出发时,新一代全重炮战列舰"南卡罗来纳"号已经完成舾装,远比日本正在建造中的任何一艘主力舰都要先进。与之相对,彼时日本海军仅拥有11艘战列舰并且其中5艘为日俄战争中掳获之俄舰,舰艇设备整修与人员整

---

① 从军事意义上而言,"大白舰队"环球远航的真实目的是测试美国军舰在横跨太平洋后立刻投入战斗的能力。其测试结果令人满意,表明美国海军战列舰有长时间航行后立刻投入激烈战斗的能力。同时这次远航锻炼了美国海军在海上对舰艇的维护能力,并为后来美国新式战列舰的设计积累了宝贵经验。

② "缅因号事件"是指1898年2月15日当时在西班牙控制下的古巴哈瓦那港访问中的美国战列舰"缅因"号因弹药库自燃爆炸沉没,死伤260余名官兵,美国断定此事是西班牙海军破坏所导致,此事为美西战争的导火索。

③ 外務省編纂『日本外交文書 四十一卷第一冊』、日本國際連合協會、1960年、151頁.

④ 日本海軍省『明治四十一年公文備考艦船二十卷二十七』、日本海軍省、1908年、189頁.

训尚未完成,且日本依然处于日俄战争造成的财政困难中,无力与美国海军对抗。

美国"大白舰队"访日时编成表[①]

舰名	排水量（吨）	航速（海里/时）	主要火炮	建造时间
第一分舰队				
"康涅狄格"号	16000	18	305mm×4;203mm×8	1907年
"堪萨斯"号	16000	18	305mm×4;203mm×8	1906年
"佛蒙特"号	16000	18	305mm×4;203mm×8	1906年
"明尼苏达"号	16000	18	305mm×4;203mm×8	1906年
第二分舰队				
"乔治亚"号	16094	19	305mm×4;203mm×8	1906年
"新泽西"号	16094	19	305mm×4;203mm×8	1906年
"罗德岛"号	16094	19	305mm×4;203mm×8	1906年
"弗吉尼亚"号	16094	19	305mm×4;203mm×8	1906年
第三分舰队				
"路易斯安那"号	16000	18	305mm×4;203mm×8	1906年
"弗吉尼亚"号	16094	19	305mm×4;203mm×8	1906年
"密苏里"号	12500	17	305mm×4;155mm×16	1903年
"俄亥俄"号	12500	17	305mm×4;155mm×16	1904年
第四分舰队				
"威斯康星"号	11552	17	330mm×4;155mm×14	1900年
"伊利诺伊"号	11522	16.2	330mm×4;155mm×14	1900年
"奇尔沙治"号	11500	16.5	330mm×4;203mm×8	1900年
"肯塔基"号	11500	16.5	330mm×4;203mm×8	1900年

① 资料来源:谷光太郎「ルーズベルトの外交政策とグレート・ホワイト・フリートの世界巡航」,『波涛』通卷第141号、1999年3月。"大白舰队"的环球航程实际可分为四段:美国汉普顿锚地到旧金山,旧金山到普吉特海湾,普吉特海湾到菲律宾,菲律宾到汉普顿锚地。每一段航程中,舰队的列编都有变化。因此,早期出版物与今日网络上对访日的美国舰队误读颇多。

日本对于"大白舰队"环球航行一事向外界传递的信息稍有不慎即有可能进一步激化日美矛盾，于是日本外交部命令驻美外交官试探性地提前邀请美国舰队在环球航行途中访问日本。"美国舰队马上到达旧金山，因其沿途访问夏威夷、萨摩亚、悉尼、菲律宾等诸地，最后返回纽约，这样的话就给我们一个机会来邀请美国舰队。我希望快点办这个事，我希望快点得到答复。"① 但美国十分担心日本此举实为阴谋，据当时日本驻美使馆代办的汇报，"美国出于对日本发动突然袭击的提防，舰队出访过程中，如受到日方邀请，将只派遣四艘战舰在副司令官率领下代表整个舰队访日。如此会留下日本的恶劣的负面印象，造成此类新闻亦无必要，因此本人建议之前电报提到的(尽快妥善处理邀请美国舰队访日之事)应从速办理"②。1908年3月14日，日本驻美大使高平小五郎在了解到美国海军环球航行计划后，也向国内报告并建议："日本应仿照接待英国舰队的规格，正式邀请美舰队访日，并借此机会及时展现日本对美友好态度，以消解美国舰队对日本的示威行动乃至日美关系危机。"③ 同月18日，高平的建议获日本外务大臣林董批准，日本正式发布邀请美舰队访问的训令。

两天后，美方针对日本的邀请发表回应："总统深为日本人民的好意所感动，本该欣然答应邀请，但美国舰队航行日程紧张，只能访问日本的一个重要港口。"④ 经过一些波折，美国国会最终于4

---

① 外務省編纂『日本外交文書 四十一卷第一册』、日本國際連合協會、1960年、154頁.
② 外務省編纂『日本外交文書 四十一卷第一册』、152頁.
③ 外務省編纂『日本外交文書 四十一卷第一册』、152頁.
④ 日本海军省『明治四十一年公文備考 艦船十八卷二十五』、日本海军省、1908年、27頁.

月24日通过决议,"大白舰队"所有舰只拟于1908年10月17日到22日访问日本横滨港。以强大的海军实力作为后盾,美国将舰队环球航行视为对日本的实力展示与武力恐吓。《纽约美国人》杂志对此吹嘘道:"大白舰队的规模将决定日本的热情程度。"①

在无力对抗的情况下,日本决定对来访美军舰队采取完全恭顺态度,并极力将此态度传递给美国。明治天皇甚至通过高平大使向美国表示:"请不必担心发生类似'缅因号事件'的情况。"② 针对美国担心的访日舰队安全问题,受高平小五郎指派的日本驻美大使馆植原书记官,在同美海军次官纽贝利(Newberry)会见时表示,"帝国政府理解美方对舰队安全的忧虑。为保证军舰与军人的安全,我国政府一定采用万全之策,充分贯彻政府之信用,贵方不必对此抱有忧虑。我方接访之下士官与上等兵将选拔会英语者充实到迎接美军登岸队伍中"。③ 日本另成立了以海军省为中心的美国舰队接待委员会,并于1908年5月28日制定《本年十月美国舰队横滨来航的准备事项》,以此为基准,参考1905年接待英国远东舰队的经验,制定了详细的欢迎计划大纲,同时向世界传达日本对美来访舰队的欢迎态度。

根据来访美国舰队的规模,日本海军组织了由6艘战列舰和10艘巡洋舰组成的接待舰队,采用一对一陪访的方式负责对应来访美舰的接待工作。为避免出现不必要的摩擦,并统一、美化日美关系的报道口径,日本海军要求国内媒体记者在"来访美国舰队人

---

① 川井裕「外国軍艦の日本訪問に関する一考察—1908、(明治四十一)年の米国大西洋艦隊を対象として—」、『防衛研究所戦史研究年報』第14号、2011年.
② 齋藤子爵紀念會編『子爵齋藤實傳』、齋藤子爵紀念會、1942年、93—95頁.
③ 外務省編纂『日本外交文書 四十一卷第一冊』、161頁.

员登岸参观时,如果出现不道德行为以及与其他国内外人员的纷争事故,在新闻报道时不要使其蒙受耻辱,要将其视为贵客,这一点需要特别注意"。① 在 7 月 18 日海军大臣所写的日本海军对于招待美舰队的意见中称:"日本海军衷心欢迎美国海军来访,并愿意尽力进行欢迎,对此期望采取以下措施,包括为管理登岸士兵,期望设立武装的风纪卫兵,并且希望在接待美舰队登岸官兵时,由我军水兵作为向导同行;因为横滨港除双方舰队外还有大量舟船舰艇出入,所以很有必要设立临时栈桥;美舰队上陆人员数量预期会有很多,期望东京、横滨两市对此进行便宜安排。"② 体现出日本对美舰队来访一事极为重视、认真对待的态度。

二、日本对来访美国舰队的接待

美国"大白舰队"访日过程中,日本对美国的政治示好态度通过举行盛大的欢迎仪式向美国直接传递。神奈川县为迎接美国舰队动员了大批市民,并为应对美国海军到来时可能出现的突发情况做了周全准备。10 月 19 日神奈川县知事向外务省报告神奈川县对美国舰队欢迎的情况:"这次美舰队来航,发动了一般市民进行热烈欢迎。为此,早在数十日前就开始毫不懈怠地对其进行准备,其准备之丰盛周全远超想象。"③ 为对来访美舰队表达热烈欢迎之诚意,神奈川县民众在街道路口建造大型欢迎拱门,并以彩灯作为装

---

① 日本海军省『明治四十一年公文備考 艦船二十卷二十七』、897 頁.
② 外務省編纂『日本外交文書 四十一卷第一冊』、168 頁.
③ 同上书,第 181—183 页。

饰，日美两国国旗遍布街区。"室内各町各团体各取所长，采用各种方法装饰了各町的出入口，建造了大型拱门，在拱门上写了巨大的 WELCOME 字样，并在文字周边装饰了无数的电灯。其上由日美两国巨大国旗交叉设置，各家各户用日美两国国旗与提灯进行装饰。各町的状况如同由国旗与球灯所组成的隧道一般，以期进行不失礼数的欢迎。"[1] 横滨全城的市容装扮无处不体现出对美舰队的欢迎姿态。

神奈川县的五艘满载欢迎人员的汽船在美军舰队登岸之前即已经等候在上陆地点，众多市民在美舰队成员所到之处列队夹道欢迎，并有小学生向美来访人员赠送花束，欢迎声、万岁声不绝于耳。"舰队入港之前，观音崎附近准备了五艘满载欢迎员的汽船，从上陆地点到海岸大道，在美舰成员所通过的道路进行夹道欢迎。欢迎者总共聚集了数万人，以至于街道上毫无立锥之地。在街道两侧美国舰队成员通过时，欢迎人员夹道列队，手持日美两国小国旗，同时奋力高喊万岁。又安排市内各小学学生在所有的道路两侧列队欢迎，向美舰成员赠送花束，同时高喊万岁"[2]，将美舰队来访人员笼罩在一片热烈欢迎氛围中。

为了达到盛大的欢迎效果，神奈川县在欢迎仪式中还使用了大量烟花，在美舰队入港时以及夜晚的欢迎晚会中不间断燃放。"为进行盛大的欢迎，舰队入港同时，发射了数百发烟花，同时在园游会、晚餐会、夜会会场附近不间断发送焰火。"[3] 为了表达神奈川县

---

[1] 外務省編纂『日本外交文書 四十一巻第一冊』、181—183頁．
[2] 同上。
[3] 同上。

的欢迎诚意,整个横滨市在欢迎美舰队到达的夜晚,成为了一片灯火辉煌的海洋。"为表达欢迎之诚意,在通往夜会会场的马路上,在几个街区以外,就设置了以电灯制作的灯笼。在知事官邸楼上楼下凡是有电灯的地方,都加以装饰。桥梁、船舷与我舰队都进行了装饰,可谓海陆美景充实的壮观之大观舰式。"① 为了保证欢迎仪式能够顺利进行,横滨市还为来访美舰队人员提供了可供短暂休息的休息室,并提供向导服务。"美舰队来航时,按照预定,我们准备了各种设施,在市内各处设置了休息处、案内所等各种设施,以保证活动没有遗憾地顺利进行。"② 经过神奈川县为欢迎美军来访人员所做周密细致的准备,欢迎仪式事实上成为一场狂欢。

10月19日外务大臣向驻美高平大使发电报,通报了日本国内对美舰队的欢迎情况,从中可以看出对美来访舰队招待规模之盛大情况。"美国舰队于昨天入港之后,司令长官以下的官兵同横滨市长一同参加横滨市长主办的游园会。在前往会场途中,学校儿童将大量的花与日美两国国旗投向美国官兵所乘坐的马车,舰队成员表示非常满意。之后横滨市长举办了晚餐会,出席者有两百多名。夜间神奈川县知事举办了盛大的夜会。"③ 美国"大白舰队"相关人员到访日本当日所受到的热情接待令美舰队成员十分满意。

10月19日上午,美舰队司令长官一行人员乘专列前往东京,东京市长及大批接待人员早已达到车站迎候。"19日上午9点38分,美司令长官及幕僚和其他军官乘坐专列前往东京,东京市长及

---

① 外务省编纂『日本外交文書 四十一巻第一册』、181—183页.
② 同上。
③ 同上书,第180页。

接待员等到车站迎接。"①东京各界也在美舰队到访日本的八天里为登岸美军官兵提供了为期五天的免费特别乘车券,在日本家庭的住宿提供便利安排。受到接待的美军官兵对其评价甚高:"横滨和东京欢迎仪式是世界各国中最热烈的,舰队人员均沉浸在友情之中"②,对日本热烈的欢迎甚为满意。

在当天晚上举行的欢迎美舰队访日特别晚餐会上,日本外务大臣在美国大使面前进行了演讲:"阁下与诸君,我于今晚设置此宴并为大使阁下的来访表达谢意……55年前,佩里提督在没有得到我们招请的情况下突然访问我国,当时提督受到了我等的欢迎,他的来航为日本的历史及国际关系揭开了新的一页。现在,施佩里提督在我等邀请下来访,自然是我等欢迎之嘉宾。余相信提督的来访将会更加振作由前任者所创定的和平通商以及善邻关系,产生更为积极的效果。两国间友好和谐的联系也将为更加巩固。"③日本外务大臣的这一演讲将此次美国"大白舰队"访问日本的外交行为与半个世纪前的佩里来航事件相提并论,在美国大使面前将两事件同样解读为促进日美两国友好关系发展的契机,公开表达了日本官方对美舰队访日的崇敬之意。

10月20日美国海军代表谒见天皇,并同天皇共同进餐,当时天皇对美国代表说了以下话语:"朕对同合众国的传统关系之敦睦亲善极为重视,期望两国间的友好关系日益牢固,善邻友好之联系

---

① 外務省編纂『日本外交文書 四十一卷第一册』、180頁.
② 川井裕「外国軍艦の日本訪問に関する一考察——1908(明治四十一)年の米国大西洋艦隊を対象として——」、『防衛研究所戦史研究年報』第14号、2011年.
③ 外務省編纂『日本外交文書 四十一卷第一册』、180—181頁.

交流、博弈与征服

不绝,朕期望两国关系将来犹既如此。朕期望卿将此意传达给总统,并祝卿回程平安。"①从中可以感受到明治天皇与美国海军代表所举行会谈之亲切,以及天皇对日美两国未来关系朝向友好发展的期盼。

美国"大白舰队"访日的本意是向日本展示美国海军强大的实力,对日本形成武力恫吓。然而,在受到日本方面下自普通民众,上至高级官员,甚至是明治天皇的恭顺、亲切、郑重的接待后,美国对日本的态度竟然发生了转变,偏离了其访问日本的初衷。10月23日,日本驻美大使向日本外务大臣汇报美国普通人对日本的感情:"美国人在舰队访问之初对日本的接待状况仍然抱有疑问,但见到日本郑重亲切的接待后,颇感意外,尤其是得知日本儿童唱美国国歌时,产生了与众不同的好感……认为舰队访问使两国关系亲密了一个档次。"②通过日本对于访日"大白舰队"的恭顺接待,日本确实扭转了日美关系恶化的势头,甚至令美国认为"大白舰队"访日事件促进了两国亲密关系的发展。

然而,盛大的欢迎仪式背后,日本面对强敌美国的心境十分微妙。通常所说的"佩里来航"被称为第一次日美危机,而"大白舰队"到访时,日本主动将"白船"与"黑船"加以联系,视之为文明的象征。美舰队驶入横滨港当天,日本发布了由著名文学家山路爱山在日本海军军歌乐曲基础上重新填词的《美舰欢迎歌》。从歌词中可以窥见当时日本人欢迎"大白舰队"时的微妙心境,其大意如下:

深深太平洋,巍巍富士巅。高昇日相伴,迎接友人船。……

---

① 外务省编纂『日本外交文書 四十一卷第一冊』、181頁.
② 同上书,第186页。

沉睡惊唤起，自此相交联，友人之谏言，至今萦耳边，已然五十年。

歌词开头写景部分，暗合美军舰队于10月18日清晨早8点入港时的情景。歌词又将来访的美军"大白舰队"，同五十年前叩开日本国门的"黑船"佩里舰队联系在一起。歌词居然还将五十年前日本在美国军事威胁下开国的事件美化为"沉睡惊唤起"，表示美国因此得到日本的感谢，也可见日本为迎合美军舰队，已经自我否认了美国曾对日本有军事侵略行为的事实。

承蒙友人谏，共舞列强间，无尽荣光里，感激情不禁。

通过"谏言"一词可以窥见，日本虽处于劣势，却仍然具有与美国对等的意识，甚至试图在用词表达方面获得一定的优越感。

剑影之仁义，存然武士心，日美之艋舯，破浪前进时，……惺惺武人心，友心即我心。①

歌词使用的日本刀剑意象，乃是军人与武器的象征。歌词在表达对美军欢迎与恭顺的同时，也表达着对日本本国海军舰队的自信。歌词把军舰比为武士的宝刀，把军人之间的交流比作武士之间自重气氛的英雄相惜，这隐约体现出日本海军希望在未来与美军在太平洋取得对等地位，更毫不隐饰地表现出对武力与强权的崇拜。

在刊发《美舰欢迎歌》的同时，日本各大报纸纷纷设增刊。《朝日新闻》副刊以"WELCOME"为题，《东京新闻》则采用更加直接的标题《美国舰队万岁万岁万万岁》。这样谄媚的题目之下，其内容是面向日本国民的说教，要求日本国民对来访的美军官兵以礼相

---

① 山路愛山「米艦歓迎歌」、『国民新聞』、1908年10月18日．

待:"商人诸君,车夫诸君,青年诸君,请一定要注意,不要误解两国间纯正的感情,切记不要对其加以伤害。"① 可见日本在极其复杂微妙的心态下,以舆论控制的方式,抬高美国的地位。

日本前首相、早稻田大学校长大隈重信在美舰队入港后发表了题为《美舰来航观》的讲话。他完全是站在美国的立场上,用的是对日本国民训示的口吻:"幕末黑船来航,对于日本有非常重大的意义。其结束了群雄割据的封建制度,作为外部压迫唤起了日本举国一致的新国家思想,即尊王论,使国家与天皇得以连结在一起。"② 大隈重信将美国对日本的军事侵略行为,完全解读成促使日本转变为统一国家的契机。"佩里舰队来航将日本国民从惰眠中唤醒,才有了日本开国五十年来的伟大历史。借这次美舰来航之机,必须要先对佩里舰队来航之事进行纪念。"③ 他呼吁日本应借助"大白舰队"访日的机会,对"黑船事件"加以纪念。"这次友邦的大舰队前来我国,不单是联系航海的目的,更是遵循半世纪前祖先的脚步来担任日本文明的向导……我国在佩里提督的指导之下,开眼看世界,以开国进取为国是,国运昌隆,时至今日终于晋身为列强中的一员,必须要向友邦舰队报告此等之喜事。"④ 大隈重信完全将日本近代以来的飞速发展归功于美国,试图以此对来访美海军官兵示好。

为配合欢迎计划,日本桂太郎内阁将日美保持友好关系作为基本方针。"鉴于列国对日态度,美国与帝国在政治上有亲善的必要。

---

① 「米艦万歳万歳万歳」、『東京新聞』、1908 年 10 月 18 日.
② 大隈重信「米船来航観」、『朝日新聞』、1908 年 10 月 18 日.
③ 同上。
④ 同上。

就太平洋问题,如在适当时机加以协商,并去除普通美国人的不安心理,就会使美国排日论者失去离间的基础,以维持日美永远和平。"① 尤其是考虑到日本的经济发展,日本必须解决日美矛盾。"美国等诸国对我国移民持排斥态度,如此下去可能成为关系上的危险因素,并妨碍我国对外经营,作为对外经营主要目的之工商业发展,必须维持现状。"② 在此对美方针政策下,日本驻美大使高平小五郎借由美舰队访日的良好机会,与美国展开新一轮谈判。

日本采取的一系列措施,在当时被统称为"白船欢迎作战"。作为其重要的一环,舰队随行的五名美国新闻记者受到了日本政府的特别接待。"自从到东京访问以来,始终由数十名日本精干的新闻记者迎接、陪同,进行参观,并专门举办午餐会和晚餐会加以招待。"③ 日本希望以此达到影响美国媒体报道的效果。美国《纽约时报》11月24日的社论对日本的欢迎行为评价道:"至今以来日美两国的交谊已经向世界表明,曾发生过的或未来可能发生的影响两国友谊的事情一扫而空。"④ 日本的"白船欢迎作战"十分成功,消解了美国对于正在崛起的日本海军势力的警惕,事实上缓解了日美矛盾,并为日本海军在日俄战争后的恢复与进一步强大争取了宝贵的时间与外部环境。

---

① 川井裕「外国軍艦の日本訪問に関する一考察—1908(明治四十一)年の米国大西洋艦隊を対象として—」、『防衛研究所戦史研究年報』第 14 号、2011 年.
② 同上.
③ 同上.
④ 伊藤泉美、上田由美「白船来航—米国大西洋艦隊を迎えた人・街・メディア」、『開港のひろば』101 号、横浜開港資料館、2008 年 7 月.

三、美舰来访的余波与双重反响

美国派遣"大白舰队"展开环球航行是美国在外交上的胜利。"大白舰队"的环球航行使原本用于应对西太平洋潜在战争危险的战备行动,转化成为向世界各国展示力量的标志。其获得了日本对美国在亚太地区权益的保证,缓和了日美之间的紧张矛盾,在维护了国家利益的同时,还提升了美国的国际形象。通过"大白舰队"访日时日方向美国展现的友好态度,美方认为:日美危机已经成功解决。

美国"大白舰队"离开日本一月后,日本驻美大使高平小五郎和时任美国国务卿的鲁特签署了《高平—鲁特协定》。主要内容为:两国政府同意维持太平洋地区的现状,日本承诺限制移民入美,美国承诺改变对日本移民的歧视性政策。该协定的签订宣示了日美紧张局势的缓和,也标志着日本成功应对了美国通过舰队航行对日本造成的武力威胁。事实上,这是美国凭借"大白舰队"的海军实力为后盾而争取到的外交胜利。

但是,必须指出的是,当时美国强大的海军实力事实上也激起了日本的"被害者意识"。在这种"被害者意识"之下,日本将美国视为"加害者",而将己方视为"被害者"。应该说,日本方面并未将"大白舰队"来访当做日美矛盾的结束,与之相反,这恰恰是后来数十年间,日本针对美国海洋对抗意识的起始。日本东京大学教授猪濑直树将1853年佩里舰队来航直到太平洋战争爆发之间近百年的时段称为"黑船的世纪"。在此期间,美国舰队作为"海上来的不祥使者,担任了外压的角色,对后来日本无论是转向和平主义还是军国主义都起到了重要的作用"①。

如果说"佩里来航"被日本视作对锁国体制下的日本向近代转型的巨大契机,美国"大白舰队"访日则是给正处于因战胜俄国海军而跻身海军列强行列而膨胀阶段的日本迎头浇来的一盆冷水。表面看来,日美关系重新恢复了平静,但是,如果说"大白舰队"访日让日本人心怀畏惧,野心收敛,从而促进了两国关系真正向友好发展,则明显与事实不符。日本应对美国"大白舰队"的来访行为只是日本表面的"建前",其背后深藏的"本音"恰恰相反,美国舰队的来访更加刺激了日本海军的扩张欲望。

早在1907年,"帝国国防方针"已经将美国海军列为日本海军的重要假想敌。但当时日本海军对美作战仍然处于摸索阶段。"美舰队来访三周后,日本联合舰队举行了第一次以美国海军为假想敌的大规模演习。演习内容为:由第一舰队扮演美军占领奄美大岛,向日本本土进攻;第二舰队和第三舰队分别从吴港和佐士保港出发,对前者进行拦截;双方在九州岛以东海面依次进行拦截作战,此即主要演习科目。"② 值得一提的是,扮演敌军的"南军"进攻路线与美国"大白舰队"从菲律宾来访时的航路如出一辙。随后的十年间,日本倾注国力打造了一支能够比肩英美的强大舰队,与美国一道跨入无畏舰时代,太平洋两岸的海军造舰竞赛愈演愈烈。

除了日本海军的实际军事演习及军备竞赛以外,从"大白舰队"访日至太平洋战争爆发,日本出版了多达五百余种包含对日美未来

---

① 猪瀬直樹『黒船の世紀 ミカドの国の未来戦記』、小学館、1993年、解題.
② 防衛研修所戦史室『戦史叢書大本営海軍部・联合舰队(一)』、朝雲新聞社、1975年、132頁.

战争预测内容的出版物[①]，许多对日美关系心怀忧虑的日本人，通过文学作品表达了日美海军终将开战的预测。这些数量庞大的出版物的出现本身即说明了"大白舰队"访日使日本人实际上产生了生存危机感。该类作品的第一部，也是最重要的一部，是日本海军省研究员水野广德以个人名义出版的《下一场战争》[②]。

水野广德在《下一场战争》中虚构了未来日美两国的大海战，提出对于美国以武力舰队压迫日本之事，只有加强海军实力与之对抗的言论。书中所预想的未来日美海战情形基本上是日俄战争中日俄海战的重演。但与日俄战争中日本所取得的辉煌胜利不同的是，这场发生于未来日美两国之间的战争以日本海军的惨败而告终。书中预言，日本联合舰队在勉强击败美太平洋舰队（书中称为美第一舰队）后失去了一半的战斗力，面对随后赶来的美大西洋舰队（书中为第二舰队），发出了"呜呼！要是打的话，兵力不足了，弹药也不足了，如果退却的话，因为军舰受伤，速度也不够了，帝国舰队终于迎来了全军覆没之时……联合舰队在占有优势的美舰队打击下全部被击沉了"[③]的悲叹。书中最后以日本丧失制海权，国土惨遭美国蹂躏为结尾，并对此进行了详细的描写，并明确点出"大白舰队"访日对日本造成了不可忽视的负面影响这一事实："佩里黑船来航与施佩里白船来航所带来的噩梦始终缠绕着日本人。"[④]书中所描述的美国人的形象是，"他们不承认任何人的人权，凡是美

[①] 猪赖直树「軍事大國化の不安を反應」、『読売新聞』、1993年8月10日.

[②] 该书原本为『次の一戦』。水野本人在负责撰写日本官方内部的日俄战争海战史《明治三十七年海战史》的同时，并以个人署名方式出版了面向社会的『この一戦』，也有预言未来日美战争之意。

[③] 水野広徳『次の一戦』、金尾文淵堂、1911年、252—256頁.

[④] 猪瀬直樹『黒船の世紀 ミカドの国の未来戦記』、50頁.

军登陆的地方，不知为何，年轻的妇女自杀者变得非常多"[①]。这本书的写作目的是呼吁日本强化海军建设。故事中借濒死的日本海军军官之口表达："呜呼！我们在力量上能够胜过美国，但是在数量上输给了美国，帝国海军在战斗中也许可以战胜美国海军，但是，帝国国民的战争准备要远逊于美国国民。"[②]水野的作品可以理解为对自身海军力量的不自信，以此来唤起对未来海军建设的重视。

日本愈演愈烈的军备竞赛，以及以水野广德《下一场战争》为代表的这些以未来日美大海战为题材的文学作品在"大白舰队"访日后开始大量出现，足见日本在潜意识层面实际上已经以在西太平洋地区战胜美国并取代美国的地位为行动目标，其背后反映出日本对武力的绝对信奉，并最终导致日本再次陷入"无法自我挽回侵略扩张的隘路，挑起了世界大战，为邻国与自身留下了巨大的战争创伤"。[③]作为美国"大白舰队"访日事件的余波，日本表里不一的双重反应值得重视。

四、破除"被害者意识"支配下的"刺激—反应"模式

日本应对美国"大白舰队"访日事件时表里不一的双重反应，是自"黑船来航"以来日本对外决策机制处于与外部军事压力相对抗的应激状态的延续。1853年佩里叩关是近代日本首次面对外部

---

① 水野広德『次の一戦』、257頁.
② 同上书，第260页。
③ 〔日〕三谷博著：《黑船来航》，张宪生、谢跃译，社会科学文献出版社，2013年，第5页。

军事威胁。美国的炮舰政策以武力结束了日本锁国体制，却也激起了日本民族性格中的"被害者意识"。其背后隐含着崇尚强权的处世逻辑，以及武力至上的思维本质。此后的日本致力于将幕末、明治时期遭受的危机向后代传承，并开始以富国强兵为国策，走上军国主义扩张道路。"被害者意识"是近代日本处理军事外交关系的底色，也是日本政治文化的独特组成部分。在随后的国际交往中，日本的"被害者意识"并未有所消退，反而持续增强，并对东亚国际关系产生了深刻的影响。

甲午战争前中国北洋舰队数度访问日本，其间与日本产生过摩擦。并在日本国内形成了"北洋舰队威胁论"，强化了日本的"被害者意识"，为当时日本的海上扩张提供了舆论掩护[①]。日本更是在甲午战争中完成了从"被害者"向加害者的角色转变。经历了日俄战争，日本将首次战胜欧洲列强视为对其自明治维新以来积累的综合国力的反馈。日本虽形成了军事大国的自我认知，但军事外交行为中隐含的"被害者意识"并未消退。"大白舰队"访日事件对日本造成了相当大的刺激，因之被称为与1853年佩里舰队"黑船来航"比肩的"白船事件"。在面对美国的优势海上力量时，日本政治文化潜意识中的"刺激—反应"模式甚至在不为察觉的状态下开始发挥作用。

日本遭受外部军事刺激后，外部行为表现通常为恭顺接受强大势力的影响，而实则受"被害者意识"支配，将外部压力转变为革

[①] 有关北洋舰队两次访日及其影响，学界已有一定研究成果，故本文不再加以赘述，具体可参见方堃《北洋舰队1891年访日及其影响》（《安徽史学》1996年第3期）、孙波《日本舆论界的北洋舰队"威胁论"及其影响》（《怀化师范学院学报》2015年4月）。

新动力，变"被害者"为加害者，最终目的是以武力击灭强者，进而取代强者。这一"刺激—反应"模式，在美国"大白舰队"访日事件中深度塑造了日本的军事外交行为。日本媒体表面上恭顺、抬高美国地位的相关报道，与日美海军之间建立的友好关系，以及此后日本海军将美国海军作为假想敌开展军事演习，扩军备战，最终发动太平洋战争，日本这一系列军事外交行为实际都处于这一"刺激—反应"模式的支配下。这是日本在面对强大对手时所产生的应激反应，也是日本民族性格中的自卑因素在军事战略上的体现。

当下的中国与20世纪初的美国有相似之处，同样处于从陆地大国走向海陆兼备大国的转换时期，也是作为后发力量从经济大国走向世界强国的转换时期，更处于海上力量建设的关键时期。"大白舰队"早已不复存在，但植根于日本政治文化潜意识中的"刺激—反应"模式并未消失。冷战时期的苏联与冷战后的中国，都曾先后扮演过类似于"白船事件"中美国的角色，被日本视为强大的"加害者"，进而产生应激反应。这一反应模式若得不到正视，日本显然不能客观处理国际间国家交往的信息，从而以不必要的过激反应支配自身的外交行为，进而引发国际间的对抗与战争。唯有消除日本心中的"大白舰队"，正视日本政治文化潜意识中的"刺激—反应"模式，才能消除近代以来植根于日本民族性格中的"被害者意识"，日本才能在平和的政治文化中建立与他国真正的互信关系。

不过，当今的日本仍处于前述反应模式的支配下，惯以"被害者"身份解读中日关系。中国海军多次通过津轻海峡，屡屡受到日本政军界的大肆渲染。然而，对于同样派出军舰多次通过津轻海峡的美国和俄罗斯，日本并未产生类似恐慌。可见，日本已将新近崛起的中国海军视作心中的"大白舰队"，将中国错误地视为"加害者"，从而产生了敌对意识。日本自卫队退役少将曾如此解读中国海军的行为："中国海军沿袭了马汉时代的炮舰外交，并将其发展成今日特色的军事外交，利用先进的战力作为军事外交的先锋，我是这样认为的。"① 面对外国强大海上力量，产生过激反应，其深层原因是存在于日本民族性格中的"敌对型"国家观。这一国家观的动力机制在于迫切寻找与自身相对抗的对手。安倍遂将国外目标锁定为"正在崛起的中国与进行核试验的朝鲜"。面对这一情况，我们在坚决维护国家主权与利益，做好自身武装力量建设的前提下，也应通过增强中日双方的战略互信，助力在根本上解决这一问题。

结论

海洋外交对国际关系的影响力不容忽视。自19世纪末，大规模蒸汽动力舰队远航的保障体系成熟以来，在外交领域上，国家间以海上军事力量为基础展开的对抗与博弈，日益发挥着重要的作用。美国"大白舰队"访日是日美关系紧张背景下，美国对日本进行的一次武力威慑，这一事件强烈地冲击了日本的政治文化，促使其迅速进入"刺激—反应"模式下的应激状态，是日本发动太平洋战争的远因。然而，因无力与美国对抗而不得不采取对美恭顺态度的日本，其被压抑的对抗意识并未消除，而是最终转为"被害者意

---

① 福山隆『尖閣を奪え！中国の海軍戦略をあばく』、潮書房光人社、2013年、"序言"。

识",促使日本在此后的外交行为中,以更为强硬的军事对抗意识为底色,不断侵略扩张。美国"大白舰队"访日事件背后所体现出的"被害者意识"与日本在遭受军事刺激后的"刺激—反应"模式,深刻地影响了日本此后的对外逻辑。只有破除政治文化潜意识中的"大白舰队"与"被害者意识",日本才能正确地处理外交信息,从而摆脱外交"安全困境"。

[作者简介]季泓旭,天津社会科学院日本研究所助理研究员。

近代日本渔业企业的垄断经营与扩张研究[*]

王国华　张晓刚

明治维新以后,日本政府实行"殖产兴业"政策,运用国家政权的力量大力推进早期现代化建设。在资本主义高速发展的背景下,近代日本渔业领域逐渐出现了以日鲁渔业、日本水产、林兼商店等为代表的垄断企业。这些垄断渔业企业之所以能够在太平洋海域大肆扩张业务,究其原因主要在于依附于国家权力,与财阀资本结合,为军事侵略服务。客观上,这种渔业的垄断经营体现了日本近代企业的运行方式与特点,促进了资本原始积累;同时,也造成了对周边国家主权的侵犯,挤占了他国的渔业权益,因而可以说是日本近代扩张主义的缩影。

明治维新时期,日本在政治、经济、文化等领域实施了一系列改革,在外交上也适时推出一些"革新"举措。"一方面,日本率先导入近代西方主导的国际外交秩序,并利用其为本国利益服务,从而对中朝两国国家利益造成伤害;另一方面,中朝两国相对滞后的对外观及其带来的外交政策的迟滞性,客观上阻碍了两国早期现代

---

[*] 本文为国家社会科学基金重大项目"东亚历史海域研究"(18ZDA207)阶段性成果。教育部人文社科基金一般项目"基于我国海洋权益视角的日本海洋渔业扩张政策研究(1868—1955)"(项目批准号:17YJAZH079)。

化的步伐。"① 纵观世界历史，随着技术的进步和造船以及航海事业的发达，沿海国家的远洋渔业也得到了长足的发展。一般认为，唯有日本在近代通过长达几十年的努力，渔业领域成为由资本主导，企业引领行业发展的国家。"自明治后期开始，日本地方的工业资本和商业资本率先涉足依靠外引技术的拖网渔业和捕鲸渔业，渔业生产开始向资本主义生产方式转变，并最终在第一次世界大战期间成为日本渔业生产的最主要形式。"② 一大批渔业资本主义企业纷纷建立，逐渐成为渔业生产的主体力量。垄断资本引导行业发展的必然结果，是日本远洋渔业长达几十年的无序扩张。在这个过程中，资本扮演了渔业侵略扩张的执行者和资源掠夺者的角色。渔业资本肆虐海外是日本远洋渔业扩张的一部分，也是近代日本侵略中国和亚洲其他国家的缩影。本文拟在参考有关史料及先行研究的基础上，对近代日本渔业企业的垄断经营与扩张问题展开史论结合的考察研究。

一、近代资本主义生产方式的渔业企业的出现

近代日本渔业经历了沿岸渔业、近海和远洋渔业的演变。沿岸渔业的生产主体主要是小规模的家庭经营。而远洋渔业则主要是被资本主义企业垄断。日俄战争后，日本资本主义经济快速发展，

---

① 张晓刚、国宇：《明治时期日本对朝"外交革新"及其对中朝宗藩关系的冲击》，《吉林大学社会科学学报》2015年第4期。
② 吉木武一「漁業における産業合理化運動Ⅰ」、『長崎大学水産学部研究報告』、1976年第41卷、49—68頁．

并很快进入垄断资本主义阶段,重工业等近代产业部门迅速崛起,随之带来了企业成立的热潮。新公司数量快速增长、或进行业务规模扩张的情况增多。[①]19世纪20年代,一些商业资本和工业资本纷纷投资渔业,设立渔业企业,渔业领域企业数量渐趋增加。渔业生产进入资本主导的阶段,并迅速形成了一批规模较大的企业。其中实力较强的具有代表性的三大企业分别是林兼商店、日本水产和日鲁渔业。

林兼商店向外扩张的据点是朝鲜海域,主要在该海域进行水产品贸易和捕捞活动,来往日本和朝鲜之间,买卖水产品,依靠贸易发家后,扩大到渔业捕捞领域。林兼商店下设有专门的捕鲸企业,该公司也曾经是日本三大捕鲸渔业企业之一。日本水产则主要在黄海和东海海域发展远洋拖网渔业,实现了资本积累,奠定了企业壮大的基础,主导了对中国黄渤海和东海海域的渔业入侵,太平洋海域是其主要的势力范围。日鲁渔业依靠在北太平洋俄国附近海域发展水产业,几乎独占该海域的渔业生产,依靠垄断实现了企业的规模化和经营内容多元化。第二次世界大战前三家垄断型渔业企业均有各自的利益范围,在各自擅长的领域获得了垄断优势,又产生了业务交叉和对立竞争。以渔业为中心,或横向进行渔需资料的生产,或纵向由渔业捕捞延伸到流通和加工,进行多元化经营。[②]三家代表性渔业企业采取"株式会社"的形态,进行垄断经营,主导了日本远洋渔业的发展扩张。三大渔业垄断资本确立后,捕鲸渔业、在中国台湾的渔业主要由日本水产和林兼商店控制,北太平洋

---

① 堀江保蔵「日露戦争・第1次大戦間の日本経済」,『経済論叢』、1966年1月、1—21頁.

② 経営史学会『日本会社史研究総覧』、东京:文真堂、1996年、2—6頁.

俄国附近海域渔业主要由日鲁渔业控制。同时渔业相关的制冰、水产品加工和贸易亦主要由三大企业垄断经营。

渔业领域垄断资本形成，掌控远洋渔业以及外向扩张的原因背景是个值得关注的问题。渔业领域由家庭经营向资本主导转变，内在推动因素是明治政府的政策导向。明治政府成立后高举"富国强兵"的旗帜，实现了产业革命，轻工业和重工业均获得相应发展。在渔业相关领域，交通、海运、港口等基础产业初步形成，为水产业的起步和发展创造了基础条件。1897 年明治政府出台了《远洋渔业奖励法》，表示明治政府要依靠国家力量，推动渔业尤其是远洋渔业的发展。以政策扶持为保障，日本渔业在 20 世纪初快速实现近代化，随着日本经济发展模式进入垄断资本主义阶段，渔业领域的资本主义企业开始萌芽并有了长足发展。在远洋渔业领域，相比于英美国家，日本虽然是一个后起的国家，但其发展迅速，很快成为世界渔业大国，政府自上而下的推动是主要助力。

渔业资本能走出日本沿岸海域，抢占更远海域的渔场和渔区，渔业技术水平的提升在这个过程中的作用是无法忽视的。进入 20 世纪，在明治政府的主导下，依靠内部改良和技术引进，渔业技术水平获得显著提升，尤其是渔船实现了大型化和动力化，渔船装备水平也显著提升，大大提高了渔业生产力。日本渔业技术上可以发展近海渔业、甚至是远洋渔业，日本海洋渔业活动空间有了极大的拓展，逐渐摆脱传统的沿岸生产模式，渔业走向深海远海似乎成为必然。

日本渔业外向扩张是在特定的国际政治环境下实现的。明治维新成功后的日本开始四处侵略，并屡次发动对外战争。1905 年日本在日俄战争中获胜，两国之间签订和约，1907 年日俄两国又签署了对日本有利的渔业协议，日本利用其战胜国的地位获得了巨大利益，包括在朝鲜享有政治军事及经济上的"卓越利益"，俄国将旅顺口、大连及其附近中国领土领水的租借权以及其他有关的特权均移让于日本。俄国附近海域的库页岛南部及其附近一切岛屿，附近海域的渔业权也被日本取得，日本获得了在俄国远东领海与俄国同等的渔业权，从而促进日本加快了远洋渔业的外向发展步伐。[1] 战争是日本远洋渔业扩张的基本途径。

应该看到，受利益驱使的渔业资本本身有着强烈的向外扩张的冲动。日本在 20 世纪初期通过明治维新，完成了产业革命，经济进入资本主义发展模式。明治政府推行殖产兴业政策，其中钢铁和造船业率先崛起，为渔业的近代化提供了技术和物质条件。第一次世界大战，日本国内经济出现了短暂的景气时期，一些资本家手握雄厚的资金，急于寻找投资标的，开始将大量资本投入获利颇丰的渔业领域。

某种意义上，明治时期日本经济实现了资本主义化，为渔业领域发展资本制经济提供了先决条件。明治政府以来的政策支持、叠加技术和经济因素的支撑，同时在国际政治环境等多种因素的共同作用下，日本渔业快速实现了近代化，促使由资本主导的渔业迅速崛起。捕捞、加工、流通销售覆盖全产业链的水产业生产体系进入由资本控制的时代。日鲁渔业、日本水产和林兼商店三家公司为主的资本几乎垄断了日本的渔业，三家企业成立、成长的时期几乎相同，但发家轨迹各有不同。[2]

---

[1]「北洋漁業の問題（1-6）」、『京城日報』、1939.3.8-1939.3.13.

[2] 庄司東助『日本の漁業問題—その歴史と構造』、東京：農山漁村文化協会、1983 年、41—48 頁.

二、日鲁渔业的发展和扩张

日本战前的三家渔业企业中，日鲁渔业成立的时间最早。企业的前身叫"堤商会"，创立者是堤清六。他中学毕业后即开始经商，并曾在中国的东北地区工作一年。一个偶然的机会，他了解到北太平洋海域盛产深海鲑鳟鱼，嗅到商业机会的堤清六决心开始鲑鳟鱼捕捞，并将渔业作为自己的事业。1907年他与平塚常次郎共同作为发起人，在老家新潟县成立了"堤商会"。企业成立之后，在第一次世界大战结束至20世纪20年代间，逐渐发展成为具有垄断性质的企业，到第二次世界大战时完全成为托拉斯形式的垄断企业。

堤商会最初的海外事业是到堪察加半岛附近海域出海捕鱼。捕鱼业在第一年就实现盈利，堤商会的经营非常顺利，随着员工数、捕鱼的海域范围以及渔获量不断扩大，企业逐渐扩大了经营规模，增加了业务。堤清六1910年在堪察加半岛创办了简易的罐装加工厂，从美国引进最新式的全自动制罐生产线设备，生产鲑鳟鱼罐装产品。产品最初主要供应日本国内，后出口到英国等世界其他国家。趁欧洲战争期间粮食短缺，进口食品需求量大，堤商会的水产品罐头出口获利巨大，帮助堤商会成为北洋渔业中势力最强的企业。1914年公司变更组织形式，成立股份制企业的"日鲁渔业株式会社"。同年第一次世界大战爆发，日鲁渔业依靠造船业、海运业发了战争财，企业实力进一步增强。1915年罐装工厂移入日本函馆地区，并以北海道地区为据点，陆续建设了造船厂、制网工厂等渔需企业，北海道地区成为企业活动的中心。堤商会也逐渐发展成为罐装水产品领域实力最强的企业，是"露领渔业"生产的主体，在日本北部太平洋海域具有绝对的优势。在日鲁渔业资本的主导下，堪察加以及北海道地区的渔业生产进入了机械化的发展阶段。

第一次世界大战结束后，日鲁渔业又进入一个快速发展的时期。堤商会经历了几次合并重组，新成立了几家渔业相关企业，事业发展顺利。但是1917年俄国革命后，日本在俄国远东地区的渔业生产活动受到限制。虽然日本派出军舰，试图依靠军事力量维护日本在该地区的渔业活动，但是企业生产依然陷入停滞。堤清六认识到单靠个别企业无法对抗新成立的苏俄政府，于是先后通过重组或联合其他企业，于1921年组建了新的"日鲁渔业株式会社"，并将企业总部搬到东京。企业规模和经营内容扩大扩充后，日鲁渔业几乎控制了苏俄附近海域的所有优良渔区，垄断了罐装工厂，获得了对该地区渔业的垄断地位。但是20世纪20年代中期以后，因为日本发生经济危机，以及在苏联附近海域的渔业权不断被苏联人争夺到手，日鲁曾经陷入经营困境。其间依靠三菱财阀提供资本援助，渡过了难关，日鲁也因此与三菱财阀建立了紧密的合作关系。

堤清六在1930年辞去了企业最高负责人的职务，日鲁渔业进入了另一个发展阶段。在此期间，日鲁渔业除了向英国出口罐头制品外还扩大了业务范围，开展新鲜水产品的冷冻冷藏业务，扩大水产品销售渠道和地区，将业务扩张到了中国，主要是将盐渍水产品销售到中国的台湾、香港、上海和大连。随着销售市场的扩大，日鲁渔业在中国台湾设置冷库，用冷冻船将商品运到中国主要城市，并流通到中国其他地区，至此日鲁渔业进入了企业发展的全盛期。但是1931年日本发动蓄谋已久的侵华战争，随之中日两国进入长达14年的战争期。日鲁渔业的生产据点在苏联的远东海域，由于战争爆发，左右企业发展盛衰的国际背景更加复杂。在此期间，日鲁渔业经历了三个动荡时期，首先是随着日苏之间实力的消长，趁日本处于优势之机，日鲁不断兼并其他弱小企业，开拓新业务，进一步扩大企业规模，几乎独占了日本在苏联远东地区的渔业生产。其次是企业经历了重组，组织规模扩大以及实力增强后，在北千岛群岛的鲑鳟渔业获得大发展，主导该地区的渔业发展进入繁荣期，其间与三菱财阀旗下的三菱商事合作，进行罐装产品的出口贸易。最后是战争末期，日本举全国之力投入侵略战争，国内物资分配实行战时管制。随着苏联对日参战，日本最终战败，日本彻底丧失了苏联远东地区的渔业权益，日鲁渔业失去了所有在外资产和业务，也迎来了极其凄惨的落幕。[1]

日鲁渔业的生产基地主要是苏联远东海域，但也与中国有着千丝万缕的联系。自20世纪30年代开始将水产品大量出口到中国主要沿海城市，1932年伪满洲国建立后，日本在中国的势力范围进一步扩大，其间主要通过上海和大连港，利用从堪察加半岛港口出发的船只将水产品运到中国。也曾利用其设在上海、台湾基隆和大连的水产品销售公司，如设在大连的"满洲水产销售株式会社"，设在台湾基隆的"台湾水产销售株式会社"，出口销售以鲑鳟鱼类为主的水产品。日鲁渔业虽然没有在战争年代追随侵略军到中国，直接为侵略战争提供后方援助，但是也在日本军事力量的庇护下，将事业版图扩张到中国，趁机在中国市场攫取渔业利益。

---

[1] 日魯漁業株式会社『日魯漁業経営史』、東京：水産社、1971年、58—62頁.

三、日本水产的发展与扩张

日本水产创立于1911年,创立者是田村市郎(以下简称:田村)。田村1866年出生于一个经商的富裕家庭。长大后,他在父亲的资金资助下创办企业,从朝鲜和渤海海域运输鲜鱼到日本国内,依靠贸易发家,随后设立水产品加工厂。日本水产与林兼商店曾经同为日本国内两大鲜鱼运输企业。1908年田村参与建造了日本第一艘钢制拖网渔船,之后参与经营汽船拖网渔业。1911年在下关与田司浩助共同创立了"田村汽船渔业部",该公司就是日本水产的前身。自创立至第一次世界大战结束是日本水产的创业期,这一时期也是日本渔业生产力快速提高,渔业资本大量积累的时期。日本水产主要依靠自己建造和购买渔船,进行汽船拖网渔业捕捞,并参与到北洋渔业中。田司浩助曾经到英国留学,掌握了拖网捕鱼这一当时世界上最先进的远洋渔业技术,回国后和田村市郎共同发展拖网捕鱼。在众多渔业企业中,日本水产不仅引领了近代日本远洋渔业的起步,也促成企业成为汽船拖网渔业发展得最好,也是该领域实力最强的企业。

在第一次世界大战期间,日本水产扩展业务,成立了海运公司,参与海上运输,同时又成立负责销售的子公司,负责水产品流通和贸易。第一次世界大战后,水产品价格暴涨,日本水产因为经营拖网渔业而确保了企业利润,实力逐渐增强。1919年公司改组为股份公司,经兼并重组后新公司更名为"共同渔业株式会社"(以下简称:共同渔业),公司进入又一个发展阶段。进入20世纪20年代后,日本水产逐渐在拖网渔业领域确立了垄断地位。拖网远洋渔船从黄海、东海远航到南海和白令海，即从北到南的太平洋海域，都有日本水产拖网渔船的涉足。除亚洲地区，其拖网渔船还航行到澳大利亚附近海域，甚至是中南美海域。同时它还染指北洋渔业，以及收益较高的捕鲸业。[1]

1929年共同渔业将基地搬迁到港口功能更完备的户畑。经营内容扩大到水产品生产、加工和流通，按业务内容设立不同的企业。并以户畑为中心，将相关企业集聚起来，建成了水产业综合基地。其间也重新恢复一度中断的在苏俄远东地区的业务，主要在远东地区进行蟹类产品的加工。这一时期，日本水产的业务发展得比较顺利。[2]

20世纪30年代中期是日本水产快速发展的时期。1934年开始进入南冰洋捕鲸。1937年日本侵华战争全面爆发，日本水产归入日产财阀旗下，公司名称也由"共同渔业"更名为"日本水产株式会社"。公司总部设在东京，经营内容由生产、加工、销售和水产相关投资事业构成，企业也经过多次合并和重组，成为部门齐全的日本第一大综合性渔业公司。高峰时期拥有船舶200多艘，业务遍布朝鲜、中国台湾和中国大陆。日本水产在各地设立水产品销售点、事务所、支店或营业所，在中国的保定、济南和汉口等城市也设立了制冰工厂。1934年在大连设立"日满渔业（株式会社）"。成立初期有20艘底拖网渔船，以大连为据点，主要在渤海和黄海海域从事海虾的采捕销售。同时日本水产还在大连的旅顺设立"关东水产株式会社"，这是在"关东州"发展底拖网渔业势力最大的企业。

---

[1] 片岡千賀之、亀田和彦「汽船トロール漁業の発展と経営」、『長崎大学水産学部研究報告』、2013年、29—55頁.

[2] 网址：http://www.nissui.co.jp/corporate/history/index.html。

1929年日本水产还在在香港设立"蓬莱水产公司",以香港为据点,主要从事底拖网捕捞渔业。[①]

第二次世界大战期间,基于1942年的《国家总动员法》,日本发布水产统制令,命令主要的渔业企业成立"帝国水产统制株式会社"。日本水产将"粮食报国"作为宗旨,相继成立了几家水产统制企业,将大部分船只提供给军队作为战舰使用。剩下的小部分老旧船只依然到近海捕鲸,到东海和黄海捕鱼,以提供战时需要的水产品,以此作为企业的"报国"举动。至第二次世界大战前,日本水产是集生产、流通、制冰和冷藏、加工覆盖全产业链的日本最大的渔业企业。

四、林兼商店的经营发展状况

林兼商店的创立者是中部几次郎(以下简称:中部)。他出生在今日本兵库县明石市一个和渔业有渊源的家庭,祖辈曾从事渔业捕捞,父亲从事水产品的运输和批发零售。中部还很小的时候就帮助父亲打理家业,21岁继承家业。中部不断发展扩大家业,建造了近代日本第一艘动力鲜鱼运输船,1880年日本和朝鲜之间缔结《日鲜贸易规则》,允许日本渔民到朝鲜海域捕鱼之后,日本在朝鲜海域的渔业迎来发展期。日俄战争后,朝鲜进一步沦为日本的殖民地,更多的日本人移住到朝鲜从事渔业。1907年中村开始往来朝

---

① 日本水産株式会社『日本水産50年史』、東京:日本水産株式会社、1961年、260—314頁.

鲜采购鲜鱼，并运回日本销售。1910年8月日本通过《日韩合并条约》吞并朝鲜半岛，日本开始对朝鲜实施强占政策，掠夺朝鲜海域的渔业资源成为日本的又一个经济侵略目标。因为业务扩大的需要，1912年中部正式设立"林兼商店"。企业采取私人经营的方式，扩大其在渔业领域的业务。在中部的领导下，家族产业规模不断扩大，明治末期已经成为拥有1000多条运输船的渔业企业。[①] 中部利用与朝鲜的水产品运输和贸易赚取巨大利润，实现了资本的原始积累，奠定了企业开展综合经营的基础。

第一次世界大战爆发后，中部组建渔业船队，直接参与近海和远洋渔业捕捞。后陆续设立造船厂、成立贸易公司和冷藏物流企业，涉足渔业关联产业，家族企业经营走向多元化。1921年以后林兼商店进入黄海和东海海域，进行拖网远洋渔业捕鱼。

1924年中部58岁时，将家族经营的"林兼商店"改组为股份公司，经营转变为近代企业式发展。此时林兼商店的业务涉及捕捞、加工、销售和冷藏物流，产业链条完整，已经成为综合性的渔业企业。为进一步扩展业务，林兼商店成立专门公司，进入南冰洋海域捕鲸。林兼商店的贸易业务主要是向美国出口金枪鱼，进入俄国远东海域进行鲑鳟鱼捕捞、在北千岛群岛设立水产品加工厂。至此林兼商店从一个依靠商业资本起家的企业，成长为产业资本主导的大型企业。

日本侵华战争爆发后，日本军部、政府官僚和一些迎合战争的经济界人士欲将渔业置于战时状态，欲解体民间渔业企业，组合成政

---

① 岸本充弘「旧林兼商店の創生期を検証する —— 中部幾次郎と廣瀬始の軌跡を中心に」、『地域共生センター年報』、2015年8月、57—65頁.

府控制的国家企业。日本政府欲将日鲁、日本水产和林兼商店整合成立"帝国水产统制公司",打造水产业的最高级别的统制机构。其中日本水产尤其赞同日本政府的主张。林兼商店最初持反对态度,但最后也只能迎合战时体制,旗下企业分别改组为战时统制企业。[①]

林兼商店很早就进入朝鲜和中国,战争期间追随军队,趁机发展海外事业,向日本的南面和北面扩张事业版图。林兼商店在全中国都有业务,最早进入的是中国的东北地区。1932年伪满洲国建立后,林兼商店对将业务扩展至中国东北地区显示出极大的兴趣。1934年,林兼商店派人到中国东北进行调查,并在日本成立专门的事务所,负责进入中国东北的各项事务。1938年林兼商店在哈尔滨设立渔业部,直接经营淡水渔业。1939年在满洲里设立林兼商店全额投资的"兴安水产株式会社"。1942年在齐齐哈尔设立合资的"龙江水产株式会社",1945年设立"满洲水产株式会社",综合经营淡水渔业,及其他各项事业。海洋渔业方面,1944年林兼商店以营口为据点,经营机轮底拖网渔业。林兼商店在中国的东北地区不仅经营水产品,还染指畜产业,经营牧场,设立奶油加工厂,建立畜产品加工厂,家禽类处理设施等,进行军需物资和粮食的生产。

林兼商店还将业务扩展到中国的北部、中部和南部。1937年,林兼商店追随日本侵略军到达天津。应军队的要求,将冷冻鱼运到天津港。在此后长达9年的时间里,林兼商店在中国北方地区大肆开展经济活动,负责为军队供应粮食,在天津、青岛、北京、石家庄、

[①] http://j-net21.smrj.go.jp/establish/columninterview/column/venture/200 40416.html.

太原等军队驻地开办事务所，在连云港、徐州港等一些港口派驻工作人员，搭建了为军队供应物资的生产网络。林兼商店还利用企业自有的船队，从日本国内运来冷冻鱼，在中国市场上销售。1939 年，林兼商店依靠军队力量获得在中国的渤海沿岸和山东省沿岸海域的渔业权，遂以威海等地为根据地，进行捕鱼作业。与此同时，林兼商店又收购山东当地的冷藏库，在当地购买、储藏和销售水产品。1941 年被日本海军授权经营曾是美国资产的冷藏库生意，专门负责为日本军队提供水产品。1942 年为了强化针对驻扎中国的侵略军的粮食配给，林兼商店在山东设立"渔业统制株式会社"，将青岛的手抄网渔业置于企业的控制下。除此之外，林兼商店还在在中国的华北地区设立渔业组织，负责为日本陆军筹集粮食。在战争的末期，林兼商店将在华北和山东的水产公司和渔业组织合并，几乎垄断了该地区的水产品生产。

在中国的中部地区，林兼商店在上海设立"华中水产株式会社"，并在上海设立商店，主要为日本军队提供军用物资。

在中国的南部，应军队的要求，1939 年林兼商店牵头在广东成立了"广东鱼市场"，同年日本海军侵占了海南岛，林兼商店在海南岛上建设渔业设施，以海南岛为据点，派遣大型拖网渔船到南海海域捕鱼。

林兼商店的业务还扩大到了中国的台湾。早在 1925 年，林兼商店就向台湾的高雄派驻工作人员，向台湾销售日本的水产品。组建船队，在台湾海域进行机轮底拖网渔业捕捞。后又在台湾的基隆设立分公司，进行造船、设立罐头加工厂、建冷藏库，扩大在台湾的业务。1941 年以后，以基隆和高雄为基地，以公司的形式经营底拖网渔业。至第二次世界大战结束，林兼商店在台湾地区进行长达

20 年的捕捞、加工以及其他渔业活动。①

林兼商店在 1945 年更名为"大洋渔业",作为家族企业,自成立至第二次世界大战结束,其商业足迹遍布从北到南的中国,主导了渔业资本在中国的经济掠夺。

结论

纵观近代日本发展史,尤其是明治维新以后的对外关系史,呈现着如下显著特点:日本在国际秩序的理念构造中吸纳了欧洲近代国际秩序思想的二重原理认识,"并在明治维新后迅速与国家政权结合起来,最终确立起对欧美屈从,对东亚邻国强硬的双重外交路线"②。这一特征在其实施近代渔业发展战略过程中亦有突出表现,即以国家垄断资本与军事实力为依托对外进行经济扩张与掠夺,以邻为壑,图谋国家利益最大化。

上述三大渔业垄断企业的成立时期相同,企业成立的契机亦有相似之处。企业创办者都是商人型的企业家。企业创立之初,一般采取家族经营或合伙经营的形式,随着企业经营范围的扩大,转变企业组织形式,采用股份制公司的形式。三个企业自成立后不断进行事业内容的扩张,延伸产业链条,形成覆盖全产业链的综合性垄断企业。同时又在各自擅长的领域,培养企业的核心业务。从渔业

---

① 大洋漁業 80 年史編纂委員会『大洋漁業 80 年史』、東京:水産社、1960 年、243—246 頁。

② 安善花:《近代日本国际秩序观的构造及其对外取向的影响》,载张晓刚、陈奉林主编:《东方历史上的对外交流与互动》,世界知识出版社,2018 年,第 209 页。

垄断资本的形成发展过程，可以窥见以下几个共同特征：

1. 渔业垄断企业的发展依附于国家权力。这也是垄断企业能够发展壮大，获得垄断利润的根本原因。企业对国家权力的依附表现在享有独占渔业许可权。明治政府成立后进行了自上而下的渔业近代化改革，包括改革渔业制度，宣布海面属于国家所有，渔民只享有使用权。政府掌握"渔业许可权"，意味着政府可以对渔业进行各种干预限制，包括限制在特定海域的渔船数量、渔船吨位、可捕鱼海域等。在政府的控制下，垄断企业优先得到渔业许可权，垄断企业特定的经济利益受到保护，中小渔业企业受到排斥和限制，导致中小企业竞争力被削弱，不得已被大资本兼并收购。许可制度决定了企业的命运，加剧了行业垄断，渔业垄断企业的膨胀依靠的是国家权力，是国家垄断资本主义在渔业领域的具体表现。渔业企业借助财阀势力，以国家垄断资本的形式对外渗透，在世界范围内掠夺渔业资源。[1]

2. 企业通过与大财阀资本的结合，壮大实力，确立垄断地位，进而成为为国家政府效力的工具。二战前的三大综合性渔业企业本身就是财阀，是特定领域的垄断资本集团。但是企业在发展扩大的过程中，因为需要更多的资金、更先进的技术和更广阔的市场，所以不同程度地要仰仗大财阀的帮衬，也因此给了大财阀进行资本渗透的机会，有的甚至被大财阀资本收编，成为大财阀集团支配下的关联企业。如日鲁渔业与三菱财阀保持了非常密切的关系。三菱从多个层面对日鲁渔业进行了渗透和干预：(1) 企业发展业务过程中，三菱商事在需要时多次向日鲁提供融资，当日鲁因经营不善

---

[1] 岩切成郎『漁業経済論』、東京：文人書房、1964 年、162—164 頁.

面临资金困境,三菱商事曾向其提供贷款,三菱资本步步渗透,最终三菱也成为了日鲁的股东。(2)销售层面,日鲁利用三菱的销售渠道,将罐装产品出口到欧洲各国,一段时期三菱几乎垄断了日鲁罐装产品向英国的出口。日鲁生产的水产品也成为了国际商品。(3)三菱还干涉日鲁管理层人员的安排任命,将财阀系人员安排到日鲁渔业的管理层中,直接参与企业的经营管理。[①]三菱财阀还与日鲁渔业共同出资,在堪察加半岛地区设立渔业公司,结成同盟关系,结伙抢夺渔业资源。日鲁渔业依托三菱财阀强大的资本实力,实现了对"北洋渔业"的垄断。鉴于日鲁和三菱财阀的亲密关系,日本学者曾评价说"日鲁是三菱财阀的直系子公司"[②]。

日本水产创始人田村市郎、国司浩助与日产财阀统帅鲇川义介有私交,而企业也与日产财阀一直有业务合作关系。甚至日本侵华战争爆发后,企业更名并加入了日产财阀旗下,在财阀势力的庇佑下,事业规模和势力范围迅速扩张,成为日本最大的综合性渔业企业。第二次世界大战后,美国占领军对财阀进行解体改造,日产财阀的管理层全部被解除公职,日本水产也被解体拆分。

林兼商店曾经极力排斥财阀资本的渗透,但也无法彻底摆脱大财阀,坚持完全对立的姿态,某段时期也曾经做出妥协,与大财阀合作成立渔业相关企业。大财阀之间围绕渔业企业,也曾经展开竞争和争夺。如为抢占美国和欧洲的罐装水产品出口市场,三井和三菱曾争夺日鲁渔业的产品出口权。[③]

[①] 日魯漁業株式会社『日魯漁業経営史』、178—182 頁.
[②] 西野嘉一郎『近代株式会社論』、東京:森山書店、1935 年、215—236 頁.
[③] 柏尾昌哉「太平洋戦争における崩壊期日本漁業の実態」、『関西大学経済論集』、1954 年 12 月、538—558 頁.

3.垄断资本扩张与日本的军事侵略相勾结。企业的渔业生产活动以军事力量为掩护，二者结成了紧密的利益同盟。明治中期，山县有朋提出"主权线"和"利益线"的概念。20世纪30年代，在山县有朋主张的基础上衍生出"生命线"的概念，并被日本政府灌输到老百姓的意识中，举国上下形成国家已经到了生死存亡关头的意识。靠煽动强烈的民族主义情绪，甚至不惜走上侵略的道路，以保护日本的"生命线"。明治初年至第二次世界大战结束的70多年间，日本在他国挑起事变、发动战争的借口就是日本要保护的所谓"国家权益"，其中既有陆上权益，也有海上权益。[①]统筹兼顾陆海权益，实现侵略国家的最大利益。日本在北太平洋海域从俄国夺取的渔业权，就是依托日俄战争后日本获得的军事权益而发展起来的。日本一直没有放弃在该地区海域的军事活动，第二次世界大战前日本在北太平洋从事长达70年的"北洋渔业"，始终有护卫舰、驱逐舰的护航。日鲁渔业、日本水产等独占企业一直在日本海军的护卫下，在俄国远东地区进行渔业生产活动。林兼商店和日本水产在朝鲜以及中国附近海域的渔业资源掠夺活动，也是随着侵略战线不断向纵深延长，在日本军事力量的庇护才可能实现。在军事力量，具体在海军军事力量的"威压"下，以所谓的保护"国家权益""国家利益"为借口，[②]军事力量与财阀资本相勾结，军队充当企业活动的"门卫"，资本充当在第一线捞取海洋渔业利益的实践者，依靠掠夺他国资源、侵占他国渔业利益获得巨大利润。

　　4.对中国的海洋渔业权益造成了巨大侵害。有军事力量保驾

---

　　① 荻野富士夫『北洋漁業と海軍—「沈黙ノ威圧」と「国益」をめぐって』、東京：校倉書房、2016年、1—20頁．
　　② 岩切成郎『漁業経済論』第四章．

护航、财阀势力跋扈助长，大企业领头，中小企业跟进，日本渔业资本横行世界各大海域，尤其主导了在太平洋海域的渔业资源掠夺。企业的行为也是近代日本进行侵略的折射。以企业为主体的渔业资源掠夺行为对近代时期的东亚各国，尤其是中国的海洋渔业权益造成了巨大的侵害。表现在日本利用技术优势，依靠军事力量，大肆在中国海域越界捕鱼，掠夺中国海域渔业资源。渔业企业还通过贸易，将日本水产品倾销到中国。在中国设立渔业公司，直接剥夺中国渔业者的生产权、生存权。日本的行为破坏了近代中国正常的渔业生产秩序，扰乱了水产品流通和消费市场，导致了民族渔业的萎缩和破产，挤压了中国渔民的生存空间。日本的行为不仅是对中国海洋渔业权益的侵害，更是对中国国家主权的侵害。在近代东亚国际关系、中日关系史上，日本留下了一段不光彩的海洋侵略史，这是不争的事实，是无法抹去的一笔。虽然它已经成为了历史，但在今天依然具有巨大的现实警醒作用。

　　[作者简介]王国华，女，经济学博士，大连海洋大学外国语与国际教育学院教授。张晓刚，历史学博士，长春师范大学历史文化学院教授、博士生导师。

东南亚海域"海洋命运共同体"的构建基础与进路

陈秀武

"海洋命运共同体"是"人类命运共同体"的重要组成部分,是新时期围绕海洋问题处理国际关系的新基点。东南亚海域自古以来就是国际经济与政治利益的交叉点,也是海上交通枢纽。在东南亚海域构建"海洋命运共同体",不仅拥有从地缘政治理论、原生态共同体、贸易往来以及宗教文化等方面积淀的历史基础,还拥有"21世纪海上丝绸之路"合作平台、"东盟共同体"、"海上安全命运共同体"、"自由贸易区"地域性共同市场以及中国—东盟基金等现实基础。以历史和现实基础为前提,大力宣传"海纳百川、有容乃大"思想、深度了解"东盟互联互通总体规划"、加大政策宣传以做到"心心相印"、谨防域内国家的"大国平衡战略"以及推广"泛南海经济合作圈"的经典示范等,成为构建东南亚海域"海洋命运共同体"的进路。

2019年4月23日,中国国家领导人首次提出了"海洋命运共同体"的重要理念。从国际关系理论的动态发展看,"海洋命运共同体"既是国际关系的新基点,又是国际关系理论的一种新的表达形式。它与作为国际关系理论基本点之一的"战争、政治分裂和冲突"相对,鲜明地诠释了国际关系理论的另一基本点——"合作、一体化与和平"。

在西方学界,针对包括中国南海在内的东南亚海域,学者们在进行研究时,曾有过或清晰或模糊的概念界定。有学者把从北起海参崴南到新加坡的日本海、黄海、南海、苏禄海和西里伯斯海等海域走廊称为"亚洲的地中海"。[①]这一类比为我们带来学术新奇感的同时,也曾促使我们进行反思,这样界定的本身,是否意味着界定者是按照先入为主观念进行的?或者可以提出反问,为什么这一海域走廊的分区已经有了约定俗成的海域名称,还要用一个类比为地中海的名称加以重新界定。这样是否会让人觉得界定者本身仍然是受到了"欧洲中心论"的影响。基于这种质疑,笔者在展开"东亚历史海域研究"时,重构了"东亚历史海域"概念,将其与"西太平洋海域"等同起来,并进而将其构成细分为"东北亚海域"、"东亚海域"和"东南亚海域"等。为了避免重新陷入"欧洲中心论",探讨东南亚海域时,本论所借用的新概念"海洋命运共同体",或许会成为阐释问题的一把新钥匙。

一、"海洋命运共同体"与中国传统文化中的哲学因素

美国国际政治学家菲利普·昆西·赖特曾经将国际关系中的

[①] 〔法〕弗朗索瓦·吉普鲁:《亚洲的地中海》,龚华燕、龙雪飞译,新世纪出版社,2014年,第2页。

社会现实分为四个范畴——"实际的"、"可能的"、"概然的"和"向往的"。其中"实际的"回应的是曾经或现在是什么的问题,亦即历史;"可能的"是通过理论推测方法可以得知的"可以是什么";"概然的"则是通过预测方法得知的"将会是什么",与科学对接;"向往的"则是通过伦理的、价值判断的、规范理解的方法得知的"应该是什么",与哲学对接。[①] 在层层递进式思考国际关系中社会现实的理论分析中,最切中要害的是与哲学对接的"应该是什么"。它涉及的是共同价值的认同问题。从海域的关联性考虑,"海洋命运共同体"言说着 21 世纪海域国家之间的关系最终呈现出的一种状态究竟应该是什么。

科技发达程度已使得人类在陆海空三个领域上显示了无可替代的驾驭能力。在这三个层面上展开国际合作,以求达到和合共生的"平稳"状态,是人类苦苦追求的目标。仅就"海洋命运共同体"而言,它具备了"共同体"所具有的一般特征,即"是若干条共有的社会纽带或是一个社会网络。与个人之间的纽带完全不同,这些社会纽带通常是中立的,承载着一套共同的道德价值和社会价值"[②]。

在思考"海洋命运共同体"的内涵时,一个无法规避的哲学命题是普适性问题。不言而喻,"海洋命运共同体"的普适性需要该共同体具有一个哲学化的精神内核,并且,这一精神内核应在海域世界具有广泛适用性。当不断追问什么能够成为"海洋命运共同体"的精神内核时,可以认为,对中国古代先贤思想进行现代阐释,

---

[①] 〔美〕詹姆斯·多尔蒂、小罗伯特·普法尔茨格拉夫:《争论中的国际关系理论》,阎学通、陈寒溪译,世界知识出版社,2003 年,第 53 页。

[②] 同上书,第 548 页。

似可接近精神内核的本质。换言之，从中国古代传统文化的角度探究"海洋命运共同体"，为寻找"海洋命运共同体"的精神内核增添了无限的可能性。概括说来，"海洋命运共同体"的精神内涵，应该包括以下几个方面。

第一，被几经演绎的古代天下体系中的"和合"思想，体现出了顽强的生命力。《礼记·中庸三十一》曰："喜怒哀乐之未发，谓之中；发而皆中节，谓之和。中也者，天下之大本也；和也者，天下之达道也。致中和，天地位焉，万物育焉。"[①]这段文字意在强调，"未发"与"中节"的恰到好处是处理事务的根本；"求和"则是处理事务应该达到的最高境界。"中和"的状态是"平稳"与"和谐"，这是万物生长的前提条件。例如，种子需要阳光、水分、土壤中的养分等达到相应的配比，才能发芽创造生命。在汉代，将自然界以及人伦理论上升为哲学理念的是大儒董仲舒，他提倡"天人合一"。此后经过程朱理学、阳明学以及明清思想家们的阐释，中国古代"和合"思想近乎完美。新中国成立以后，中国古代优秀的传统文化已成为各个时期的外交指导思想。例如，1955年万隆会议上我国明确提出的"和平共处五项原则"、邓小平时代的"和平与发展"以及今天我们所倡导的"人类命运共同体"。有专家学者精准地将"人类命运共同体"定位为"文明型共同体"，将中国追求的目标定位为"文明型影响力"。[②]这样的定位同样适应于海洋强国的建设目标，即也是"海洋命运共同体"追求的理想境界。

第二，"大同"思想与"共同体"的有效对接。《礼记·礼运第

---

① "中华经典普及文库"《四书五经》，中华书局，2010年，第427页。
② 杨光斌：《弘扬文明型影响力 打造人类命运共同体》，《社会科学报》2019年3月21日。

九》中,重点强调了"大道之行也,天下为公,选贤与能,讲信修睦",并以此为处理问题的基准,以使社会达到"谋闭而不兴,盗窃乱贼而不作,故外户而不闭,是谓大同"①的境界。新的国际形势下,"海洋命运共同体"追求的是在尊重各利益体差异性前提下的"大同"理想。

第三,"奋发图强"与"宽容和顺"是构建"海洋命运共同体"的有效手段。《周易》中的"天行健,君子以自强不息;地势坤,君子以厚德载物"②的哲学思想告诉我们,新时期构建"海洋命运共同体"要包纳海域相关各国的不同政治行为体,要将其忠诚、期望和政治活动坚定不移地投放到中心的组织机构上,彼此间以包容、宽待他人的胸襟来处理国际问题。那样,才能达到"坤至柔而动也刚,至静而德方。后得主而有常,含万物而化光。坤道其顺乎!承天而时行"③的理想境界。其中的"有常"意指贵在坚持,而"化光"则含有事物得以发生、发展以及发扬光大之意。

"海洋命运共同体"所包含的中国古代传统文化及古代先贤的哲学思想,对于新时代构建海洋强国以及构建"海上丝绸之路"具有重要的现实意义。当我们将目光转向东南亚海域时,曾经的历史与时下的现实,是否能够为构建海洋命运共同体提供基础?我们将如何利用这些基础寻求东南亚海域的和平与安宁等,成为学者们肩负的重要研究课题之一。

在此,本文的东南亚海域范围应该包括:中国南海南部、苏禄

---

① "中华经典普及文库"《四书五经》,第344页。
② 同上书,第473、475页。
③ 同上书,第475页。

海、苏拉威西海、班达海、阿拉弗拉海、弗洛勒斯海、爪哇海、泰国湾、安达曼海、孟加拉湾；马鲁古海峡、望加锡海峡、巽他海峡、柔佛海峡、马六甲海峡；西沙群岛、中沙群岛、南沙群岛、菲律宾群岛、马鲁古群岛、苏拉威西岛、加里曼丹岛、巴厘岛、爪哇岛、苏门答腊岛、马来半岛以及安达曼群岛等"海+岛"模式的海域自然地理。以历史地理学为视角，总结历史上该海域的制衡模式，研究传统东南亚海域世界的纷争与历史变迁，进而探讨构建"海洋命运共同体"的基础，从而提出构建"海洋命运共同体"的可能进路。

二、构建东南亚海域"海洋命运共同体"的历史基础

从先行研究的角度看，没有哪一个海域像东南亚海域的相关研究那样薄弱。从人种构成的角度，也没有哪片海域的种族情况比东南亚海域更为复杂。从矛盾冲突的角度，该片海域是海上通道的交通枢纽，历史上是兵家必争之地，也是国际冲突最为激烈的海域之一。从地理环境的角度观之，东南亚海域是所谓"风下之地"。[①] 从宗教的角度观之，这片海域又是多种宗教信仰杂糅交汇之地。那么，何以见得东南亚海域存在过构建"海洋命运共同体"的历史基础？我们似乎可以从地缘政治理论、原生态共同体、东南亚海域的贸易往来以及宗教文化等方面能够找到线索。

---

① "风下之地"意为"季风吹拂下的土地"，来自印度人、波斯人、阿拉伯人以及马来人对东南亚的称呼。这一名称直接被澳大利亚学者在谈及东南亚的国际贸易时以章节名称加以使用。参见〔澳〕安东尼·瑞德：《东南亚的贸易时代：1450—1680》第一卷，商务印书馆，2013年，第7页。

(一)地缘政治理论视角下的东南亚海域世界

总的来说,处于季风地带的东南亚海域,从地理特征上来说处于欧亚大陆的边缘地带。20世纪以来,地缘政治学家们曾对这一地带的功能与价值做过种种判定。其中,在国际社会影响较大的地缘政治理论有哈·麦金德在《历史的地理枢纽》中提出的"心脏地带",有尼古拉斯·斯皮克曼在《和平地理学:边缘地带的战略》中所提出的"边缘地带理论",还有詹姆斯·菲尔格里夫在《地理与世界霸权》中提出的"地理历史决定论"等。

前两种理论曾成为20世纪全球争霸的学理支撑,被英、日、美等应用到争霸战争中。根据麦金德的阐释,东南亚海域属于"内新月形地带(德国、奥地利、土耳其、印度和中国)"与"外新月形地带(英国、南非、澳大利亚、美国、加拿大和日本)"[1]之间的微不足道的海域。与之相反,斯皮格曼则将这一地带的重要性以"边缘地带战略"的理论,进行了阐释。其核心观点建立在对麦金德学术观点的反动立场上,亦即作为"旧世界的强权政治口号",他构建了"边缘地带"—"欧亚大陆"—"整个世界"的递进式占领模式。[2] 这一理论与第二次世界大战时期相关国家在这片海域的争夺密切相关。而詹姆斯·菲尔格里夫在《地理与世界霸权》中提出的"历史地理决定论",则为我们提供了分析东南亚海域之所以从被忽视到

---

[1] 〔英〕哈·麦金德:《历史的地理枢纽》,林尔蔚、陈江译,商务印书馆,2013年,第69页。

[2] 〔美〕尼古拉斯·斯皮克曼:《和平地理学:边缘地带的战略》,俞海杰译,上海人民出版社,2016年,第58页。

逐渐被重视的历史缘由，强调指出地区性事件对于整个世界的"重要性"。①

根据时代变化重构地缘政治理论时，中国学人的相关研究不仅成为必要，或许还能在学界占有举足轻重的位置。鉴于东南亚在国际舞台上的重要性，中国学者在前人理论的基础上提出了"地缘系统理论"。②该理论的核心观点之一是"东南亚地缘系统内对东南亚10国地缘经济权力总和最高国家的转移路径是从日本到美国再到中国"。这是近年来中国综合实力带来的结果。然而，从"安全依赖"的角度看，美国仍然占据主导地位，亦即学者们所达成的共识——"东南亚在经济上靠中国、安全上靠美国"。③这一理论，还给出了"东南亚地缘系统理论"所涉及的国别范围，除原有东南亚的10国（不包括东帝汶）外，还增加10个域外系统国家，④这样就可以将这一地域成功纳入全球体系的视域下进行考究了。

从上述理论框架看东南亚海域，无论它的存在是否受到重视，

---

① 〔英〕詹姆斯·菲尔格里夫：《地理与世界霸权》，龚权译，上海人民出版社，2018年，第3页。

② "地缘系统是指在一定的时空范围内，由因地理、资源因素而发生政治、经济、文化等联系的多个地缘体相互作用而形成的复杂系统。地缘体是地缘系统内最基本的单元，是指占据一定空间和人口，具有独立政治、经济和文化功能的地理实体。在不同时空条件下地缘体的具体形态各不相同，可以是部落、古代政权、殖民地、现代国家以及国际组织等。地缘关系是系统中地缘体间发生的相互作用、相互联系，是联结地缘体并使多个地缘体有机构成地缘系统的纽带，地缘关系的具体表现形式是地缘体之间不同形态的空间流，例如物质流、能量流、资金流、信息流和人力流等。"参见：秦奇、成升魁等：《基于社会网络分析的东南亚地缘关系研究》，《地理学报》2018年第10期，第2015—2016页。

③ 秦奇、成升魁等：《基于社会网络分析的东南亚地缘关系研究》，《地理学报》2018年第10期，第2028页。

④ 10个域外国家主要是周边大国中国、日本、韩国、澳大利亚和印度，以及在东南亚拥有巨大利益的美国、英国、法国、德国和俄罗斯等。

它都是一个共同体。从殖民地时段和现时段考究,"东南亚地缘系统"的域内外国家之间的联系,以外族入侵为特征,以原生态共同体遭到破坏,而后出现重新磨合的迹象为表征。

(二)东南亚海域的"原生态共同体"

当认定东南亚海域的"原生态共同体"就是构建"海洋命运共同体"的基础时,谁都不能否认,东南亚的自然地理在共同体形成上所赋予其的历史特征。东南亚海域以热带雨林+海洋+海上通道为典型特征,加上复杂的人文地理,使得该海域呈现出千差万别的外在表现。例如,自古以来东南亚地区拥有"上千个种群和亚种群,有数千种语言和方言"[①]的事实,为该海域增添了差别性与多样性。但因自然地理特征的稳定性,人文地理的多样性与差异性似乎并不影响"原生态共同体",反而会以交流为前提成为固化共同体的力量。"原生态共同体"的内部呈现的是"一种集体无意识、一种趋同性"[②]。当东南亚海域的海上交通比热带雨林的陆上交通更容易、更便捷时,海上交通就成为不断增强原生态共同体趋同特征的主要手段。只有这样,东南亚海域任何时候都会表现出"相对统一性"与整体性的共同体特征。尤其是战后以来,东南亚海域频频发生的恶性排华事件,已普遍得到缓解,这增强了该地域的"整体意识"。[③]另,根据"东南

[①] 〔澳〕史蒂文·德拉克雷:《印度尼西亚史》,郭子林译,商务印书馆,2014年,第1页。
[②] 刘森林:《中华聚落:村落市镇景观艺术》,同济大学出版社,2011年,第50页。
[③] 祁广谋、钟智翔主编:《东南亚概论》,世界图书出版公司,2015年,第80—86页。

亚地缘系统理论",其成立的前提条件之一是承认系统内部差异性。换言之,这种差异性并不影响系统仍然是一个整体。

从人种差异性与统一性的角度观之,东南亚海域表现得十分明显。多数学者研究指出,东南亚海域最早的原始种群属于澳大利亚土著人种,[①]分布在今天的印度尼西亚、巴布亚新几内亚和澳大利亚。这说明,在古代航海技术尚未发达的地区,古代海域的种群通过"大陆桥"不断地流动与迁徙,把亚洲与东南亚以及大洋洲连接起来。大约公元前2500年至公元前1000年,中国南部族群(蒙古利亚人种)南下与原住民融合为新的种族,这一新的族群就是马来人的祖先。[②]大约同期,名为孟族与高棉族的两支族群进入东南亚半岛。公元前后,中国云南、广西的族群进入东南亚,成为中南半岛上主要居民。可以认为,中国族群南迁成为东南亚原生态共同体建设的主要力量。从考古学角度,还可得以印证的是,东南亚发现的旧石器文化与"中国的周口店北京人和陕西蓝田人属于同一类型,但时间上要晚于中国的原始文化"。[③]上述的澳大利亚土著人种与蒙古利亚人种都来自古代中国人种的考古学发现,使我们找到了东南亚海域原生态共同体的人种基础。两个人种的相遇地点是"印

[①] 根据考古学研究,澳大利亚土著人种属于爪哇猿人(南方古猿的一支,200万年前从中国来到马来群岛);而蒙古利亚人种(北京猿人经山顶洞人发展而成)同期由北方南下,成为东南亚种族的来源之一。参见王民同:《王民同学术文选》,云南大学出版社,2016年,第40页。

[②] 马来人,原本是蒙古利亚人种(黄种人)中的马来一波利尼西亚语系的民族(即南岛语系的民族,英国考古学者贝尔伍德认为,中国南部也许是这一支民族的古老家乡)。这一融合过程发生在大约公元前2500年至公元前1500年期间。先后有"原始马来"、"新马来"之分,他们与东南亚当地土著民族相融合,而演变成为今天的马来人。王民同:《王民同学术文选》,第46页。

[③] 刘稚、罗圣荣:《东南亚概论》(第二版),云南大学出版社,2016年,第38页。

度支那",然后继续南下至南洋群岛进行再度融合,成为今天马来人的祖先。[①]因而,今天东南亚海域世界一半以上的人种都操着南岛语系的语言。[②]以种群移动所构成的东南亚土著居民为东南亚海域增添了"捕捞式"吸收外来文明的海洋特征。

(三)东南亚海域世界的贸易往来

在东南亚海域,族群移动的主要动因之一是寻求海外贸易。东南亚处于连接印度洋与太平洋、亚洲与大洋洲的十字路口,交通位置十分重要。自古以来,东南亚岛屿成了外来族群南下的最南端,尤其对于包括古代中国在内的亚洲大陆东端的国家与族群来说更其如此。

在考察东南亚海域世界时,以"东南亚海域"为整体,远比分散地考察域内各实体国家来得更为便捷。原因概在于:(1)这一海域内的各实体国家长期以来遗留下来的"部落和政治建构",赋予了这些国家以"原始"特色;(2)这些国家的边界模糊,边界划分具有一定的"随意性";(3)"宫廷官僚实体"成为国家的代言,并成为与域外国家联系的纽带。[③](4)这些域内国家还有一个共同特征就是第二次世界大战结束后,纷纷获得了独立。也正因为如此,全球化影响下的现代因素与古代部落式原始因素的共存,成为这一海域的共同特征。

---

① 林惠祥:《南洋马来族与华南古民族的关系》,载《厦门大学学报(社科版)》1958年第1期,第199页。
② 〔澳〕安东尼·瑞德:《东南亚的贸易时代:1450—1680》第一卷,第10页。
③ 〔法〕弗朗索瓦·吉普鲁:《亚洲的地中海》,第320页。

从方法论的角度而言,将"东南亚海域"视为整体,以布罗代尔的"长时段"理论展开分析,可能会接近问题的本质,会得出较为客观的结论。亦即在分析这片海域之际,从其与域外贸易往来的角度观之,同质性与非同质性的判断,与域外族群进行贸易往来的阶段性,发生了惊人的对接。换言之,西班牙、葡萄牙所代表的西方势力进入东南亚海域后,为这一海域增添了非同质性的特征。因而,在此之前涌入东南亚海域世界的亚洲其他族群,以贸易交往为纽带编织起来的商业网络,其特征具有同质性。追根溯源,前文所述的"人种基础"已经给出了答案。

布罗代尔的"长时段"理论,与他所提出的"地理时间"相对应,特指静止的历史,亦即"人同他周围环境的关系史。这是一种缓慢流通、缓慢演变、经常出现反复和不断重新开始的周期性历史"。[①] 这种地理空间在时间上的变化十分缓慢,以至于人们无法感受到时间在流逝,与这种状态吻合的是人类的社会结构变化。"长时段"理论能够给人以经过长久磨合而成、抑或经过渐进式的变化才能够改变的印象。因此,从贸易交往的角度观察东南亚海域世界,"长时段"恰好提供了方法论。

据可考资料记载,为东南亚海域世界的原始部落增添新元素的是古代中国。中国最早的地理文献著作《山海经》中的《海外南经》记载了中国南部与中南半岛的古代先民概况,其中有羽民、讙头、厌火、三苗、歧舌、贯匈、长臂等国。从书中给出的地图看,这里提及的"厌火国"应该在今天的缅甸境内,但是译文给出该国在

---

① 〔法〕费尔南·布罗代尔:《地中海及菲利普二世时代的地中海世界》第一卷,唐家龙等译,商务印书馆,2017年,第8页。

"讙头国南部",而讙头国恰好在今天的海南岛。这样看来,问题出在了如何译介"厌火国在其国南,其为人,兽身,黑色,生火出其口中,一曰在讙朱东"①中"其国南"的"其"的指代上了。如果将"其"理解为"灭蒙鸟国(中国境内,方位上在缅甸的正北方)"的话,似乎更为稳妥。这说明因陆地相连,中国南部民族和中南半岛先民是同质性的存在,也说明中国古代先民从陆地进入中南半岛的客观事实。

从丝绸贸易角度,为中国与东南亚往来提供证据的史料是《汉书·地理志》。《汉书·地理志·粤地》载:"自日南障塞、徐闻、合浦船行可五月,有都元国;又船行可四月,有邑卢没国;又船行可二十余日,有谌离国。"② 文中的"合浦"是指广西北部湾的港口,"邑卢没国"则指湄南河入海处小国,而"谌离国"则位于今天泰国的佛统。这种"物物交换"方式的传统贸易,成为古代中国与海外世界交流的主要方式。如果从公元前 2 世纪算起,这种方式至 15 世纪持续了 1600 多年,即以中国为中心的朝贡贸易体系。③ 这一朝贡体系在西班牙、葡萄牙殖民势力入侵东南亚海域世界后,仍有小范围的持续,但是整个东南亚海域世界被纳入了所谓的"贸易时代"。持续了 1000 余年的朝贡体系与新的"贸易时代"④ 所不同的是,中

---

① 王海燕译注:《山海经》,中央编译出版社,2009 年,第 210 页。
② 班固撰、颜师古注:《汉书》六《志三》,中华书局,1962 年,第 1617 页。
③ 与朝贡贸易相关的研究成果,可谓是成果汗牛充栋。从海洋文化的角度探讨这一主题的相关著述有中国海洋文化编委会编的《中国海洋文化 广西卷》(海洋出版社,2016 年);王海玲的《从〈真腊风土记〉看中柬文化交流》(收入覃秀红、黎巧萍主编:《中国—东盟语言文化与教学论丛》,世界图书出版公司,2016 年),以《真腊风土记》的记载为史料依据,分析了元朝时期中国与柬埔寨的文化与贸易交流。
④ 贸易时代,特指安东尼·瑞德在《东南亚的贸易时代:1450—1680》第一卷、第二卷中所提出的时段。亦即西方殖民势力进入东南亚后的 230 年间。

国以怀柔政策与宽广的胸襟与东南亚海域世界发展贸易往来,并构建了一幅幅和谐共生的海洋文化画卷。这一历史基础,能为今天重新构建东南亚海域"海洋命运共同体"提供强有力的支撑。利用这一支撑,与东南亚海域世界的磨合以及再建共同体,将是一个长期工程,尽管它不需要"长时段理论"所出示的时间那样漫长。

(四)东南亚海域世界的宗教文化

从全球海域来看,没有哪一个海域能像东南亚海域世界那样,多种宗教并存多种信仰共生。东南亚处于"风下之地",处于季风交替循环的核心地带,处于海上交通的十字路口。在与各国商贸往来与文化交流过程中,儒教、婆罗门教、佛教、伊斯兰教乃至于基督教被传到这片海域来。因古代中国人来到这片海域的时间早,对其他国家的影响也最早,因此古代的中国文明对这一海域的影响也相对深厚。例如,印度尼西亚将"孔教"列为全国五大宗教之一[①];再如,越南因地缘关系,受到中国儒教的影响很大。东南亚海域世界的多宗教并存,似乎诠释了中国儒教思想中的互不排斥、互相包容等和合共生理念。而这一理念,也正是"海洋命运共同体"的精神内核。这种多样性的统一恰好增强了海域内的凝聚力,而不是对其有所削弱。

综上所述,东南亚海域世界的历史传统,为今天重构"海洋命运共同体"留下了基础。第二次世界大战结束后,遭受多年殖民侵略的东南亚海域各国纷纷独立,民族觉醒意识高涨。此后,在冷战

---

① 尹霞:《东南亚常识》,哈尔滨出版社,2016年,第121页。

与后冷战的框架内,东南亚海域世界相关各国不断与大国之间发展国际关系。东盟所代表的区域性团体,成为新时代共同体的现实基础。

三、东南亚海域"海洋命运共同体"的现实基础

"海纳百川,有容乃大。国家间要有事多商量、有事好商量,不能动辄就诉诸武力或以武力相威胁。各国应坚持平等协商,完善危机沟通机制,加强区域安全合作,推动涉海分歧妥善解决。"因东南亚的各相关利益体千差万别,中国领导人的讲话成为推动构建东南亚海域"海洋命运共同体"的强有力的现实动力。

(一)在东南亚海域推进并落实"海上丝绸之路"倡议,体现的是平等协商、互惠互利,其本身就是构建"海洋命运共同体"的国际平台

早在2013年9月,中国领导人在谈及"共同建设'丝绸之路经济带'"时,强调"团结互信、平等互利、包容互鉴、合作共赢"为中国的外交原则,并提倡沿线各国要在"政策沟通、道路联通、贸易畅通、货币流通和民心相通"等方面加强合作。这些原则与合作方式,也同样适用于在东南亚海域构建"海洋命运共同体"。2013年10月,中国领导人提出了"讲信修睦、合作共赢、守望相助、心心相印、开放包容"等中国与东盟国家共同努力的方向。在言及合作共赢时,中国领导人强调:"东南亚地区自古以来就是'海上丝绸

之路'的重要枢纽,中国愿同东盟国家加强海上合作,使用好中国政府设立的中国—东盟海上合作基金,发展好海洋合作伙伴关系,共同建设'21世纪海上丝绸之路'。"针对东南亚海域,"海上丝绸之路"已成为构建"海洋命运共同体"的现实基础。

(二)"东盟共同体"是构建东南亚海域"海上命运共同体"的坚实后盾

1967年东盟成立以来,这一区域性共同体在大国博弈的国际形势中稳步前行。时至今日,已经成为国际关系中不可忽视的力量。尤其是,2015年12月31日建成的"东盟共同体"在推动区域一体化上做出了贡献。"东盟共同体"号称是世界最大的共同体,总面积447万平方千米,截至2014年人口6.18亿,截至2013年GDP达2万亿美元。[①]在共同体成立以来的三年时间里,在推动作为其三根支柱的"东盟经济共同体"、"政治安全共同体"和"社会文化共同体"发展方面上都取得了一系列的成就。

例如,以2015年通过的《东盟银行一体化框架协议》为保障,"贸易自由化和金融服务一体化"得到了加强;在人员流动方面,东盟成员国实行"免签政策"以促进人才流动,为此还专门设立了"东盟通道";"印度尼西亚—马来西亚—泰国增长三角、东盟东部增长区、大湄公河次区域经济合作等次区域合作机制"正在发挥促进东盟各国发展的作用;出台的《东盟互联互通总体规划2025》以及《2016—2025年交通运输战略计划》加强了港口、道路、通讯基础

[①] 葛红亮编:《东南亚:21世纪"海上丝绸之路"的枢纽》,世界图书出版公司,2016年,第2页。

设施建设，提升了东盟地区的连通性。[1] 自古以来交通的重要性就备受关注，现如今"交通经济力"[2] 已经成为判断国家经济发展的重要考察指标。基于此进行考量，边界贸易城市的开放度、港口城市的辐射度、海上航道的掌控度以及空中枢纽的繁忙度等，都是决定人类命运共同体推进程度的关键因素。其中，港口的开放及其与之相关的海上通道问题，直接关乎"海洋命运共同体"能否建成。以东南亚海域为例，马尼拉、岘港、马六甲、巨港、雅加达、班达亚齐、槟城、柔佛、望加锡、斯里巴加湾等港口以及马六甲海峡、巽他海峡、龙目海峡、望加锡海峡、柔佛海峡等水道的开放程度，直接关乎域内命运共同体的达成度，从而影响域内构建"海洋命运共同体"。在这个意义上，全方位建设"东盟共同体"已成为构建东南亚海域"海洋命运共同体"的坚实后盾。

（三）"海上安全命运共同体"是构建"海洋命运共同体"的另一现实基础

中世纪以来，东南亚海域就是海盗多发的水域。海盗的猖獗影响了域内国家经济的正常发展和海域内的和谐安宁，为打击海盗构

---

[1] 杨超：《东盟共同体成立三年后，这些问题成为一体化关键》，https://baijiahao.baidu.com/s?id=1630598986868958659&wfr=spider&for=pc［2019-04-27］。

[2] 崔健在《日本北极战略中的经济安全考量》中，将交通经济力概括为包含直接经济力和间接经济力。文章强调，"国家可以通过拒绝或提供其他国家进入运输体系的能力而得到来自于交通的直接经济力。消极交通制裁的最极端例子是经济禁运和关闭一个或几个国家与另一个国家贸易的边界。积极交通支持的典型例子是国家间开辟新的交通联系，达成促进经济相互依存的协定。国家通过统治一个运输市场或其独特的地理位置而保证了其具有的间接经济力。"《东北师大学报（哲学社会科学版）》2019年第4期，网络首发版，第31页。

建起的国际合作机制,已成为维持域内平衡的另一现实基础。

作为世界重要的"海洋贸易通道",仅东南亚海域的马六甲海峡每年就有 8 万余只船舶通过,十分繁忙。因地理位置的重要性,东南亚海域已经成为域外大国争抢制海权的目标地。此外,又因地理位置的复杂及其隐蔽性,东南亚海域也是海盗和海上武装劫掠活动、海上恐怖主义(例如受美国"9·11"恐怖袭击事件的影响,印度尼西亚的"伊斯兰祈祷团"等恐怖主义组织频繁制造爆炸、绑架等活动)的多发地。[1] 根据日本外务省网站公布的消息,2018 年东南亚海域的海盗事件总计 60 起,印度尼西亚发生 36 起占 60%,马来西亚 11 起、菲律宾 10 起、新加坡 3 起,而在苏禄海和苏拉威西海还有诱拐船员的事件发生。[2] 根据中国国家海洋局的统计数据,2014 年占全球总数 65.7% 的海盗事件发生在东南亚海域,达 159 起。[3] 比较而言,东南亚海域的海盗事件数量,从 2014 年的 159 起减少到 2018 年的 60 起,减少了 99 起。

之所以会出现这样的变化,是由于域内国家的合作以及域内国家与域外国家联手打击海盗武装行为所致。东南亚海域相关国家自 1992 年起就已经开始联手打击海盗行为,如同年印度尼西亚、马来西亚和新加坡签署了《联合防治海盗对策协议》、2006 年东盟国家与中国签署了《地区反海盗合作协议》,2008 年东盟成立了反海盗特别行动小组。这些都在客观上推动了"海洋命运共同体"的

---

[1] 王光厚、王媛:《东盟与东南亚的海洋治理》,《国际论坛》2017 年第 1 期,第 15 页。

[2] 『東南アジア地域における海賊問題の現状と取組』,https://www.mofa.go.jp/mofaj/gaiko/pirate/asia.html【2019-04-28】。

[3] 王光厚、王媛:《东盟与东南亚的海洋治理》,《国际论坛》2017 年第 1 期,第 15 页。

建设。

其中,最为突出的表现是,2017年2月22日,为了落实2016年10月两国签署的《中国海警局和菲律宾海岸警卫队关于建立海警海上合作联合委员会的谅解备忘录》,在菲律宾成立了"中菲海警海上合作联合委员会"。这标志着向完整落实《南海各方行为宣言》、稳定南海局势迈出了坚实的一步。2017年11月7日中菲两国在海上安全合作领域中,首次提出了共同打造"海上安全命运共同体"的口号,中菲联手打击跨国犯罪、海上搜救等多领域开展的务实合作进入了新阶段。中国政府提出的"海上安全命运共同体",是推进海上安全治理的根本途径。有学者指出,"'海上安全命运共同体'是'安全上的风险共同体'、'海上合作的利益共同体',也是政治上的理念共同体"。"中国政府正以蓝色伙伴关系为'网'、以'21世纪海上丝绸之路'为'线'、以重要支点国家为'点'进行积极的战略布局,全面推动'海上安全命运共同体'的构建。"[1] 这里强调的"蓝色伙伴关系网",是以2017年年初中国政府首提的"中欧蓝色伙伴关系"为发端的,是全球海上合作关系网,也可以理解为中国领导人新近提出的"海洋命运共同体"。

(四)"自由贸易区"等地域性共同市场、中国—东盟基金的设置,是构建"海洋命运共同体"的经济基础

早在2003年的"东盟峰会"上,东盟各国围绕"东盟经济共同体、

---

[1] 徐正源:《构建"海上安全命运共同体":中国推进海上安全治理的根本路径》,《教学与研究》2019年第2期,第49页。

政治、安全保障共同体以及社会文化共同体"等达成共识,将推动地区一体化提上了日程,形成了以"东盟自由贸易区"为支柱的共同市场。① 与之相呼应,域外的美、中、印度以及日本等大国,分别从本国的政治利益出发,与东盟缔结两国或多国间的"自由贸易协定",不断接近东盟、强化与东盟的合作关系。中国在与东盟的自由贸易方面,达成了备忘录、便利化条约(如《中国—东盟贸易便利化南宁倡议》)等,成为中国最早介入东盟贸易的双边营利性条约。②

2013年10月9日,李克强在文莱首都斯里巴加湾市出席第16次中国—东盟(10+1)领导人会议时,就深化中国—东盟关系进行了深入讨论,提出合作框架设想——两点政治共识和七个领域合作,即所谓的"2+7合作框架"。具体内容如下:"两点政治共识:一是推进合作的根本在深化战略互信,拓展睦邻友好,二是深化合作的关键是聚焦经济发展,扩大互利共赢。七个领域合作:一是积极探讨签署中国—东盟国家睦邻友好合作条约;二是启动中国—东盟自贸区升级版进程;三是加快互联互通基础设施建设;四是加强本地区金融合作与风险防范;五是稳步推进海上合作;六是加强安全领域交流与合作;七是密切人文、科技交流合作。"③ 这既是对中国领导人提出的战略构想的政策阐释与理论解读,也是针对东南亚海域进行合作的专门策略。"七个合作领域"中的第五条明确提出了"稳

---

① 恒川潤、大野拓人「東南アジアにおける地域主義と域外国の対応__FTAを中心として」、『防衛研究所紀要第8巻第2号』、2006年2月、1頁.

② 刘主光:《中国—东盟自由贸易区贸易便利化研究》,广西人民出版社,2014年,第64页。

③ 《李克强提出"2+7合作框架"》,http://news.sina.com.cn/c/2013-10-10/010028389344.shtml[2019-04-28]。

步推进海上合作",这是构建"海洋命运共同体"的政策支持。

与开拓共同市场相伴而生的是资金问题,2009年由中国进出口银行发起,设立了"中国—东盟投资合作基金",目标资金规模100亿美元。2010年募集的一期资金为10亿美元,以东盟的基础设施、能源、自然资源为主要投资领域,其中包括交通运输。截至2014年4月,已批准投资11个项目,涉及柬埔寨、老挝、马来西亚、菲律宾、新加坡、泰国、印度尼西亚等东盟成员国。[①] 此外,2013年10月由中国领导人提议的"亚洲基础设施投资银行(AIIB)",2015年12月25日在北京成立,中国、印度和新加坡成为首批意向创始成员国。截至2019年4月22日,成员已达到97个。上述地域性共同市场的形成、中国—东盟投资合作基金的设立,是构建"海洋命运共同体"的经济基础。

(五)与东盟国家在海上交通领域的合作,为构建"海洋命运共同体"准备好了前提条件

自2002年起,中国以交通部为龙头,展开了与东盟各国在陆海空等交通领域的合作。在签署的众多"备忘录"和"战略规划"中,2007年11月,中国与东盟共同签署的《中国东盟海运协定》、2009年中国与东盟在海事磋商机制会议上将《中国—东盟海事合作谅解备忘录》的规格提升。这些文件从经贸交往的角度,提供了"海上运输活动的便利",深化了"中国与东盟在客运与货运等海上事务

[①] 尤安山等著:《"一带一路"建设与亚洲区域经济合作新格局》,上海社会科学院出版社,2017年,第106页。

的合作"。[①]

四、构建东南亚海域"海洋命运共同体"的进路

以前文提及的历史与现实基础为条件,在尊重"共同体"乃至"人类命运共同体"理念的前提下,推进构建东南亚海域"海洋命运共同体"的可能路径如下:

(一)深入理解并加大力度宣传"海纳百川、有容乃大"思想

"海纳百川、有容乃大"是"海洋命运共同体"的精神内核。这一内核富含中国古代传统文化中的"和合"、"大同"、"奋发图强"以及"宽容和顺"等思想。新的国际形势下,"海洋命运共同体"追求的是在尊重各利益体的差异性前提下的"大同"。这一理念,需要时间进行推广。

(二)宜将"海洋命运共同体"与"东盟互联互通总体规划"有效对接

"知彼知己"是合作共赢的基础与前提,在与东南亚海域各国合作上,准确理解东南亚各国的相关利益诉求,是合作顺畅进行的保障。

---

① 刘主光:《中国—东盟自由贸易区贸易便利化研究》,第65页。

为了建成"东盟共同体",2010年东盟国家在第17届东盟领导人会议上通过了《东盟互联互通总体规划》(下简称《规划》)。阐释了"东盟国家互联互通的愿景、目的与目标;东盟国家互联互通的成就、挑战与阻碍;促进东盟国家互联互通的主要策略;为促进东盟国家互联互通调动资源以及实施工作"等。[①]"东盟共同体"所涉及的政治、经济、社会以及文化诸多层面的一体化现象,恪守的核心价值是"共同的认同感和共存感"。这与"全面参与联合国框架内海洋治理机制和相关规则制定与实施,落实海洋可持续发展目标"[②]的构建"海洋命运共同体"主张,在本质上是相通的。

　　在推进"海洋命运共同体"的时候,要充分考虑到"东盟共同体"的整体诉求和核心利益。其中,尤其要尊重东南亚海域的"共同体认同感"。《规划》强调,"这个更加紧密的东盟互联互通将进一步体现东盟的奋斗宗旨:同一个愿景、同一个身份、同一个共同体";"提升东盟国家的互联互通的迫切性体现在多个方面。东盟是一个包括6亿人口及1.5万亿美元年国内生产总值的区域。在东盟地区,互联互通对于加快东盟各国一体化、提升东盟共同体的建设进程、加强东盟在本地区发挥核心作用,均有着不可或缺的价值。东盟国家间更紧密的联系体系是实现提升东盟经济竞争力、经济的集约化与一体化生产网络、促进区域间贸易、招商引资、密切东盟各国民众间的关系,以及培养认同感的必要手段。"[③]只有尊重与顺应

[①] 中国—东盟商务理事会中方秘书处编著,刘欣主编:《中国—东盟互联互通》,中国铁道出版社,2011年,第43页。

[②] 新华网,2019年4月23日,http://www.xinhuanet.com/politics/leaders/2019-04/23/c_1124403529.htm [2019-04-29]。

[③] 中国—东盟商务理事会中方秘书处编著,刘欣主编:《中国—东盟互联互通》,第44页。

东南亚域内民众的"共同体认同感",才能令域内民众在心理上产生共鸣。

(三)加大政策宣传以做到"心心相印",谨防域外大国针对我国的"海洋命运共同体"倡议进行封堵

从安全角度思考2019年4月23日中国领导人提出的"海洋命运共同体"理念,有以下几点值得我们重视。其一,平等互信、公平正义、共建共享的安全格局;其二,互利共赢的海上安全合作;其三,推动海洋文化交流以及海洋科技领域的合作;其四,共同增进海洋福祉。[①] 其中"平等互信、公平正义、共建共享的安全格局"、"推动海洋文化交融"等,有助于东南亚海域各国做到"以心传心"的心灵沟通。

此外,要谨防域外大国,诸如美国、印度、日本对中国政策的封堵。例如,上述各国曾经针对中国的"21世纪海上丝绸之路"进行过诋毁与攻击。印度学者曾将其解读为"直接战略意图就是抗击美国",美国学者则将其污称为"中国的马歇尔计划",印尼学者则将其解释为"新殖民主义"。同时美国曾提出了"新丝绸之路"、印度提出了"季风计划"与"香料计划"、日印联手提出了"自由走廊计划"等。[②] 因此,在"海洋命运共同体"的构建过程中,必须警惕类似的恶意攻击和封堵。

[①] 新华网,2019年4月23日,http://www.xinhuanet.com/politics/leaders/2019-04/23/c_1124403529.htm [2019-04-29]。

[②] 韦红、尹楠楠:《"21世纪海上丝绸之路"东南亚战略支点国家的选择》,《社会主义研究》2017年第6期,第125—126页。

(四）协助东南亚海域妥善处理域内边界问题，谨防域内国家的"大国平衡战略"

东南亚是以海洋为主的半岛国家或岛屿国家，地理环境的特殊性和复杂性体现在领海、群岛水域和封闭水域并存，这导致在国家间存在着水域重叠性主张。"从理论上讲，当一个沿海国家对海洋区域的主张与对沿海国家或相邻国家的海洋区域邻接或重叠时，它们之间就必须划定海洋边界。"[1]1969年10月27日至2014年年底，东南亚国家间、或与域外国家签署的划界协定共31个。[2]中国强调的"各国应坚持平等协商，完善危机沟通机制，加强区域安全合作，推动涉海分歧妥善解决"等主张，可以为解决东南亚海域域内外国家间的海洋边界问题提供思路。

长期以来，在国际政治与外交领域中，对东南亚海域影响最大的域外因素之一是中美两国。有学者从外交的角度，对1949年至2009年的中美关系对东南亚国家外交选择的影响进行了分析，并以每20年为一个周期，将其特点概括为"根据意识形态选边站"、"维护地缘安全对华亲善"以及"实施大国平衡"战略。[3]这些因素极有可能直接影响构建"海洋命运共同体"。我们应该抓住东南亚海域各国"推进经贸合作和区域一体化"的诉求，将东南亚各国的

---

[1] 周士新：《东南亚国家海洋划界的政策选择》，《国际关系研究》2009年第1期，第13页。
[2] 同上书，第18页。
[3] 陈奕平、王琛：《中美关系周期变化与东南亚国家的外交选择》，《东南亚研究》2019年第1期，第48页。

外交选择稳固在相互信赖、合作共赢的轨道上。

(五)作为经典示范,推广"泛南海经济合作圈"构想

2017年9月,海南省政府提出了"泛南海经济合作圈"的构想,以"推动海南与沿线国家和地区港口、航空交通基础设施互联互通,争取3年内开通100条国际航线,全面提升国际旅游岛建设的国际化水平"[①]为主要目标。有专家分析指出:"中国如能在建设21世纪海上丝绸之路的框架下,充分发挥中国—东盟合作、澜沧江—湄公河合作等区域、次区域合作机制的现有优势,通过倡导泛南海经济合作,把南海建设成为中国与环南海周边国家的命运共同体,必将有助于21世纪海上丝绸之路在全球范围内的有序推进和成功实践。"[②]

"泛南海经济合作圈"构想具有广泛性、开放性、互补性,对推动构建以东南亚海域为中心的"海洋命运共同体",具有经典示范意义,应该大力推广。

结语

综上所述,由于东南亚海域地理环境以水域为主要表征,以及

[①] 康霖:《抓住历史性机遇 构建泛南海经济合作圈》,《海南日报》2018-02-14(B04)版。

[②] 吴士存:《倡导泛南海经济合作,扛起海南责任担当》,《南海学刊》2018年第1期,第10页。

其地理枢纽的重要性,已成为各国争取的目标海域。有鉴于此,中国国家领导人提出的构建"海洋命运共同体"正是化解域内外国际冲突与矛盾的利器。无论是地缘政治理论视角下的东南亚海域、还是东南亚海域的"原生态共同体"意识的存在,以及我国提倡的"21世纪海上丝绸之路"的现实平台等,都可成为构建该海域"海上命运共同体"的基础。在具体思考如何构建东南亚海域"海洋命运共同体"时,上文提及的五点应该能够成为行之有效的推进路径。

然而,在进一步推进构建东南亚海域"海上命运共同体"时,我们不应该忘记西班牙、葡萄牙、荷兰、英法以及日本在这片海域进行过的掠夺贸易和殖民统治。提倡"海洋命运共同体"就是摒弃"香料贸易"抑或是"豆肉蔻贸易"的野蛮、杀戮以及血腥,值得所有国家期待。

(原载《华中师范大学学报》2020年第2期)

战争时期"海上命运共同体"的异化[*]

——以日军侵略海南岛为中心

李晓晨

与"海洋命运共同体"相对,"海上命运共同体"是与历史相关的概念。分析战争时期东亚历史海域"海上命运共同体"发生的异化,对思考时下构建"海洋命运共同体"具有重要的现实意义。从"海上命运共同体"的异化到构建"海洋命运共同体",从侧面反映了国际关系中国家行为体从"零和博弈"向"非零和博弈"的转换。进而预示在尊重彼此相关利益的基础上,国家行为体走向一体化或形成共同体的可能路径。以战争时期日军侵占海南岛等介入东南亚海域的侵略活动为中心,探讨"海上命运共同体"的异化,可为今天构建"海洋命运共同体"提供历史借鉴。

21世纪是"海洋的世纪",以海洋大国在海洋资源、海权以及海洋经济等方面展开激烈竞争为特征。我国既是陆地大国,也是海洋大国,拥有300万平方公里海洋面积,与8国海上相邻。发展海

---

[*] 本文为国家社会科学基金重大项目"东亚历史海域研究"(18ZDA207)阶段性成果。

洋经济、维护海洋安全，是我国建设陆海强国的坚实基础。

中国的黄海、东海、南海等边缘海，将传统东亚海域和东南亚海域连接起来。构建"海洋命运共同体"，应该从经济、历史、安全等角度关注东亚海域政治经济格局的变化，为更好地构建广泛的利益共同体寻找路径。然而在加快建设海洋强国，推进构建"海洋命运共同体"的同时，我们关注到，东亚海域海洋安全环境持续动荡不安，争端日趋激烈，导致矛盾频发，其主要原因是历史、地理、经济等因素。在此海洋环境下，不仅我国海洋安全利益面临严峻的考验，东亚各国关系也变得紧张和互相不信任。因此从根源上剖析东亚海域在历史上的争端问题，是构建"海洋命运共同体"的基础。

海南岛地处南海，自然地理环境优渥，在能源安全、战略安全等领域均有举足轻重的地位。正因为如此，日本早在19世纪就已垂涎我国海南岛，并在第二次世界大战期间对其进行侵占。本文仅以日军侵略海南岛为中心，探讨东亚海域在历史上所出现过的对岛屿主权、海域管辖权侵犯所引起的海域争端问题。从历史连续性看，这些问题是新世纪东亚海域争端的远因。有效规避历史上"海上命运共同体"异化的诱因，是构建"海洋命运共同体"的可能路径之一。

一、东南亚海域"海上命运共同体"异化的起点：日本入侵海南岛

西方势力15至17世纪到达东南亚海域从事贸易，使这一片海

域性质发生变化,[①]与之相比,日本对东南亚海域的觊觎早在12世纪末就开始了。可以认为,这是东亚历史海域内部引领"海上命运共同体"发生异化的起点。

日本介入这一海域是从对海南岛的侵犯开始的。根据文献记载,其侵犯最早可追溯到日本镰仓时代(1192—1333年)末期。而后两百年间,仅见于《琼州府志》及《广东通志》的记载就多达十余次,即"洪武十一年(1378年)四月十四日侵入儋州沿海乡村;十九年(1386年)五月十九日侵入儋州、新英、洋浦;二十年侵入海口;永乐九年(1411年)二三月侵入昌化;宣德八年(1433年)侵入儋州、昌化;宣德九年侵入清润;成化元年(1465年)侵入澄迈;二年侵入石矍海岸;弘治四年(1491年)侵入陵水;正德十二年(1517年)侵入澄迈、临高;嘉靖三十五年(1566年)侵入儋州;三十七年侵入澄迈;隆庆五年(1571年)三月侵入临高、海口;六年二月侵入澄迈;万历元年(1573年)十一月侵入新浦;八年(1580年)侵入琼廉等"[②]。

明治维新后,日本开始对海南岛进行系统的调查,最初来到海南岛进行调查的是伊藤伊吉。在日俄战争爆发后,伊藤伊吉回国,将调查报告上交伊藤博文。

几于同期,1896年7月24日,胜间田善作来到海南岛,进行了长达40年的调查和走访。他是对海南岛调查最为全面、时间最长的调查者。胜间田第一次对岛上的搜寻工作是与松十郎一起进行的,主要以采集动物标本为目的,同时对海南岛的地势、风俗、习惯、特产等进行考察。由于当时没有地图,困难重重,为此雇用了

[①] 〔澳〕安东尼·瑞德:《东南亚的贸易时代:1450—1680》第一卷,商务印书馆,2013年。

[②] 房建昌:《关于日本侵略海南岛的考察》,《中国边疆史地研究》1998年第3期,第77页。

岛上的岛民，在其带领下进行了全面的考察。由于是第一次考察，胜间田对海南的地势进行了较为全面的了解。胜间田居住在海口，招揽了不少日本人来海南居住，然而由于岛民的排斥、岛上土著人的袭击、思念故乡等原因，跟随他一起来的日本人陆续回国。到1904年，胜间田在海南岛上捕获鸟类260种、蛇类30种、兽类30种、鱼类30种、昆虫类1120多种。[1]1909年5月，胜间田在海口开设健寿堂，主要贩卖东京运来的成药，采集和贩卖标本。后来，日占台湾"总督府"的村上胜太郎到海南岛考察，将考察海南岛的任务正式交给胜间田，这一时期，胜间田的店也在胜间田弟弟胜间田贞治来海南岛之后改名胜间田洋行，店面扩大，雇用了20多个店员，随后在金江、嘉积等开设分店，之后在各县发展成十三家分店。胜间田随后又在海口市的西南部自办了农场，种植了蜜柑、西瓜、南瓜等农作物。[2]通过多年的努力，胜间田终于制作完成了海南岛的详细地图，并大量印刷。

可见，以东亚历史海域所存在的"南洋航线"为航路基础，日本人在日俄战争后获得东亚海域的制海权后，加快了肆意入侵东南亚海域的进程。其特征表现为，以开办商店、洋行为掩护，以调查自然地理、绘制地图为目的，为日本的侵略活动提供情报信息。

二、日本对海南岛的占领及其经济侵略

而东南亚海域进一步"异化"的外在表征，则是日本策划构建

---

[1] 長沼依山『海南島の開発者―勝間田善作』、三省堂、1943年、169頁．
[2] 同上书，195—201页。

"南洋共荣圈"的侵略活动。其中，日方把海南岛视为后方补给与入侵东南亚海域的后方基地，因而加快了侵占海南岛的步伐。

以1937年日本发动全面侵华战争为起点，日军海、陆、空三军配合作战加快了构筑"大东亚共荣圈"的步伐。其中，在对海洋的控制上，当初的海军舰队开始从投送兵力和护送军队的职能向进攻职能彻底转换，这一点在构筑"南洋共荣圈"上发挥得淋漓尽致。这似乎预示着明治时代就崭露头角的海军理论家佐藤铁太郎的说教到了派上用场的时候了。他曾经强调，"现如今帝国正面临向世界发展的机遇，而为了向世界发展，日本无论是作为海岛国家还是大陆国家，都必须经历向海洋的发展"[1]。

从日本岛国的特殊性来看，日本海军原本更应该重视沿海的防备、海军的扩充等海上力量的发展。随着对外扩张野心的膨胀，海军在增强海上力量的过程中，将其对象海域范围不断扩大。1936年，日本海军大佐石丸藤太在《海南岛在军事上的价值》一文中，曾将满蒙、南洋、外南洋视为日本三大生命线。他认为，自1931年发动"九一八"事变以来，虽然日本已掌控了"满蒙和南洋"，但对外南洋还没有形成有力控制。因此，他主张将海南岛视为日本建设第三条生命线的关键。"（占领海南岛）既可以控制两广，又等于日俄战争时之日本的佐世保军港，又可应用到外南洋争霸战上去，以和英、法、美、荷争夺霸权。"[2] 海南岛之所以被称为第三生命线、第三防线，从以海南岛为核心的日本的南进政策考虑，有以下四个原因："1.海南岛是日本南支作战的根据地；2.海南岛是日本在南洋与英

---

[1] 入江昭「日本の外交—明治維新から現代まで」、中公新書、2008年5月、55頁。

[2] 张孤山：《日本陆海空军国防观》，上海国泰书店，1937年，第190页。

美争霸的基础;3.海南岛是日本海外贸易干线上的基础;4.海南岛是日本抑制新加坡、香港以及印度支那良好的海军根据地。"①

1938年10月日本占领了武汉、广州之后,对海南岛在军事上的优越地理位置更加重视。日本舆论界也强化了对海南岛的研究,1939年1月朝日新闻社发行了《东亚调查报告》。其中,第一册是关于香港和海南岛的专刊,曾对海南岛的政治、经济、文化、军事价值进行了全面介绍。该报告强调:"面对突发的支那事变,我国海军对全沿岸支那船只的航行进行封锁,本岛附近水域也应在海军控制下。与此同时,我国陆军也要截断南支作战部队。广东突然陷落后,一方面将实行全省全面作战;另一方面,广东的陷落导致陷入孤立状态的香港愈发不安,对与英国和新加坡的联络愈发焦虑。因此,在这中间横着的海南岛的前途问题就变得更加重要,甚至占据着印度支那、并拥有广东省境内广州湾的法国同样感受到了威胁,虽然与清政府在不割让海南岛的问题上有交换公文书,但面临新的事态,仍然会感到不安。"② 无论是配合日本的南进政策还是面对复杂的东亚海域形势,海南岛都是日本在东亚海域上急需占领的岛屿,因此,松井清市将海南岛称为"东亚的喷发口"、"远东的巴尔干"③,陆军指挥官中村明人称占据海南岛为"成飞车"④,足可见日本对海南岛的重视程度,同时也暴露了日本对海南岛占领、开发的野心。

---

① 菅勇『太平洋上の制覇』、富士書房、1939年、172頁.
② 朝日新聞社東亜問題調査会『朝日東亜リポート.第1冊』、朝日新聞社、1939年、第85頁.
③ 松井清市『支那経済の解剖』、東亜経済問題研究会、1938年、108頁.
④ 一宮房治郎『大東亞海戰論』、昭和刊行会、1943年、73頁."飞车":日本象棋——将棋棋子的一种,可任意进退,进入敌阵后成为"龙王"。

由此可见，第二次世界大战期间日本侵略者基于军事价值、物资供给和复杂的国际关系等三点考量，以武力占领了海南岛。而在日本占领了广州之后，由于军事、物资、政治上的不足和孤立，导致日本陷入对华持久战中不能自拔。为了摆脱困境，日本政府试图切断中国来自外援的军用物资，采取了全面封锁中国沿海的措施，以促使中国国民政府投降。为了达成这一目的，占领海南岛被认为是实施截断外援和全面封锁的最佳选择，从而凸显出海南岛的战略地位。除此之外，日本方面还注意到海南岛不仅有军事方面的利用价值，在经济方面还能够为日军提供战略物资。尤其是，海南岛对于法国、英国、美国同等重要，也是它们的垂涎之地。这是日本加快侵占海南岛的三个原因。

1936年9月3日，日本药商中野顺三在北海被我国士兵杀死，被遣送回国的胜间田再次回到海南岛进行情报搜集等相关工作，为日军入侵海南岛制造借口。1939年2月10日，胜间田和他的弟弟贞治为日本海军做向导，次子正胜与第三子义久为陆军做向导，引领日军在澄迈登陆。3月11日，日军陆战队在海南岛南部经九所镇对崖县西面的乐罗镇进行攻击和扫荡。17日日军陆战队长驱直入，将藤桥镇占领，26日，另一支陆战队从铺前湾湖山村登陆，对大林镇附近进行扫荡，缴获了很多武器。4月16日，日军陆战队在作战部队舰艇的掩护下占领了博鳌港，继续进攻乐会县，同时日军一支陆战队在舰艇掩护下登陆并占领了洋浦港。17日日本海陆军部队占领了海南岛西北部的要塞儋县，与此同时，日军陆战队与海南岛南部藤桥一带约四百名中国守军进行交战，歼灭了26名"敌军"，18日，陆军部队协力占领新英镇，21日陆战队全面占领海南岛陵水县。5月6日，日军陆战队空陆协同袭击，占领了西南岸的要塞黄流镇。7月14日陆战队占领了感恩县，16日日军开始进攻北黎，18日占领北黎一带并完成与海上部队的联络。8月13日日军陆战队占领了万宁，14日占领了后安、和乐镇，并缴获了很多武器。①

1939年7月，日本占领海南岛的主要港湾后，不仅对岛上居民进行了烧杀淫掠，还对海岛进行了封锁，切断了海南岛与外界的联络。同年10月，日军控制了海南岛内的主要城镇及港口，达到了截断外援和全面封锁的目的。在占领海南岛的侵略行动中，日军几乎没有损伤就占领了海南岛，因此被海军吹嘘为"无血占领"②。之所以如此，是因为"在这场战役中，日军出动的是台湾混成旅团3000余人、第三舰队舰艇30余艘和第三联合航空队50架飞机，从登陆琼山县夭尾港开始。中国统帅部按既定的总体作战方针，对入犯寇军，不予还击；岛上少量守军（计两团，1000余官兵，另新编守备军七大队1750人）全师撤退"。③

在全面发动侵华战争期间，海南岛对日本人来说具有双重作用，既是快速解决"支那事变"的关键，也是为其称霸世界提供经济支持的战略后方资源。日本对海南岛的经济利益挖掘做了全面准备，试图以台湾为模式，对海南岛进行殖民统治，尤其在经济上进行掠夺，其根本目的还是服务于日本军国主义扩张，为其继续南进提供物资储备。

---

① 海軍省海軍軍事普及部『支那事変に於ける帝國海軍の行動（其の三）』、海軍省海軍軍事普及部、1940年、1—12頁．
② 海軍省海軍軍事普及部『支那事変に於ける帝國海軍の行動（其の三）』、1940年、4頁．
③ 宓汝成、王礼琦：《日本侵占海南岛和海南岛人民的抗日斗争》，《抗日战争研究》1992年第1期，第145页。

日本在武力占领海南岛之后，海南岛成为日本南进的据点。日本人鼓吹："日本占领海南岛不仅有军事上的意义。……同时，它唤醒了被欧美资本主义剥削的东亚诸民族的觉醒，是对英国、法国、荷兰搅乱太平洋和平、称霸太平洋以及经济侵略等行为所进行的反抗。占领海南岛，能够为确立真正的东亚永远和平发挥作用。"[1] 这段文字，暗示了日本占领海南岛后，对海南岛策略上的变化。通过占领海南岛，日本的军事力量可以布控在东亚历史海域的弧形岛链上，并掌控东亚海域甚至西太平洋地区的制海权。为了确保这一霸权，日本对海南的利用开始转向经济方面。换言之，日本对海南岛的政策的转移到对岛屿的经济掠夺上，可以认为，在抗日战争期间，日本对海南岛的经济政策是其占领政策中的重点。

日本占领海南后，为了保证其海南岛占领军的自给自足，也为了"以战养战"的目的，日本方面加强了对海南岛的军事资源掠夺和基础经济建设。为了海南岛的产业"开发"，日本政府先后在海南建立了很多基础经济企业，包括台拓公司、台拓汽车交通公司、台拓畜产公司、三井洋行、横滨正金银行、台湾银行、华南银行、三菱矿业株式会社、石原产业海运株式会社、日本氮素肥料株式会社、国际电气通信株式会社、株式会社林兼商店、盐水港制糖株式会社、南洋兴发株式会社、南国烟草株式会社、海南航运株式会社、大阪商船临时所、海南畜产公司、岛田合名会社、竹腰商店等。[2] 上述日本对海南岛的"开发计划"中，日本兴办的台拓公司、台拓汽车交通公司、台拓畜产公司等，均归台湾拓殖株式会社领导。它们是针

---

[1] 菅勇『太平洋上の制覇』、富士書房、1939年、第164頁.
[2] 三平将晴『共栄圏発展案内書』、大日本海外青年会、1943年、406—407頁.

对海南岛的产业进行"开发"的一线公司，满足海南岛占领军的生活需求和工商业需求。以此为基础，日本对海南岛投入了大量的人力、财力和武力，主要目的在于推动日本战时经济的进一步发展。

日本在海南岛的产业"开发"中，主要以农业、金融、矿产为主，从台湾拓殖株式会社的投资分布便可知，台湾拓殖株式会社的注册资金是3000万圆，60万股票，其中半数实物投资是政府控股，其他的半数是民间公开招股而来的。除此之外，日本政府从1939年至1942年，每年保证对台湾拓殖株式会社发行公司债1000万圆，其中80万圆还债，因此当时的公司债是3980万圆。1943、1944两年还将发行4000万圆公司债。到1942年底，台湾拓殖株式会社的投资总额达到102841300圆。各投资的分布如下：[①]

产业	具体经营项目	投资额	占比
农林业	土地经营、开拓、开垦、栽培等	45172184圆	43.9%
工业	金属、灯泡、纤维、机械器具、化学等	26647757圆	25.9%
矿业	石炭、铁、铬、石棉、石油等	16134280圆	15.5%
畜产业	台湾畜产兴业在海南岛投资	2934908圆	2.9%
交通业	汽车及仓库业	2126380圆	2.1%
商业	芭蕉纤维以及广东事业投资	1862533圆	1.8%
土木建筑业	海南岛事业借贷	1668027圆	1.6%
水产业	只是投资	1000000圆	1%
移民事业	海南岛及岛内	565058圆	0.5%
杂业	其他的投资及借贷	4730173圆	4.6%

由此可见，日本政府以台湾拓殖株式会社为首，在海南岛"开

---

① 台湾拓殖株式会社『事業要覧』、台湾拓殖株式会社、1944年、3—5頁．

发"最重要的产业是农林业,占比 43.9%。其次重视的是与军需相关的工业和矿产业,其主要是为驻军海岛军队提供生活物资,也为了获得热带作物资源,因此,农业政策在日本对海南岛的经济开发中占有重要地位。在平原地区主要有:大米、甘蔗、烟草、芝麻、红薯、棉花、西瓜、大豆、黄麻等,在中部山区主要有:荔枝、波罗蜜、凤梨、茶、槟榔等。由于海南岛施肥不足、灌溉不便、耕作水平低下等原因,就大米的产量来讲,"每年全岛的产额是一百二十万担,大体上自给自足的状态,但是由于交通不便,为了确保供需的平衡,每年从台湾进口一万担大米"。[①] 由此可见,海南岛的大米产量,大体上只够自给自足的,尚没有更大的能力供给市场。但是花生、芝麻、槟榔、椰子及其附加产品的产量能够对日本其他地区进行补给,部分能够实现出口。

在林业方面,以日本人开办的台湾拓殖株式会社为首的日本企业对海南岛树木的肆意砍伐,导致海南岛的自然资源遭到严重破坏。台湾拓殖株式会社在阿里山、太平山、八仙山、楼兰山、鹿场大山等地对针叶树等树木进行砍伐。并且台湾拓殖株式会社砍伐、运输木材的铁道、索道各种设备机器齐全。至 1942 年 7 月,铁道总计 227 公里、机车 67 辆、集材机 26 辆、修理工场 5 个、事务所 7 个占地 560 公里、社宅 78 栋占地三千坪。从事林业部关系的社员 123 名,雇员以下的从业员 2460 人,合计将近 2600 人从事砍伐活动。[②]

在矿产方面,海南岛由于群山环绕,因此矿产十分丰富,但当时的矿产资源开发水平不足,因此很多矿产品的开采和埋藏量都不

[①] 三平将晴『共栄圏発展案内書』、大日本海外青年会、1943 年、389 頁.
[②] 台湾拓殖株式会社『事業要覧』、台湾拓殖株式会社、1944 年、16—19 頁.

明确，日本对此做了详细的调查，同时进行了掠夺式开采。如开采锡矿、铜矿、铁矿、砂金、铅等矿产资源，同时对海南岛各地方所产矿产资源进行考察和研究。在金融方面，日本接收了原海南岛官方兴办的广东省银行分行、中国银行办事处两大银行，而且禁止原来岛上的20余家钱庄营业，主要依靠台湾银行（起到中央银行的作用）、横滨正金银行、华南银行三大银行配合日本政府控制整个海南岛的金融和货币。

三、日军对海南岛的文化渗透

从国际关系理论的角度看，在日本侵占海南岛及其周边水域的问题上，日本与欧美势力采取了"零和博弈"。其中，遭受苦难最为深重的显然是中国民众。为了进一步向东南亚海域扩展势力，构建以日本为核心的"南洋共荣圈"，进而在海域范围内构建一个完全异化的"海上命运共同体"，日本对海南岛在经济上进行资源掠夺和侵略的同时，还对海南岛人民进行思想控制和文化渗透，试图将岛上的民众"皇民化"。这一带有欺瞒、利诱以及隐蔽的侵略，主要表现在殖民教育、文化统制和舆论宣传三个方面。

日本对海南岛民众进行思想统治和文化渗透的最主要手段是殖民教育。日军占领海南岛之后，日本政府恢复了因侵略而遭受破坏的中小学。同时，还开设了日语学校，以日语教育为基础进行"文化开发"，试图通过日语来宣传"东亚共荣"、"大东亚共荣圈"等侵略思想。其最终目的是配合日本政府的侵略扩张，使海南岛的民众变成"大日本帝国"的国民，利用教育手段从根源上腐蚀海南岛的青少年。1941年9月27日"三省联络会议"(陆军省、海军省和外务省)发布了《关于海南岛小学教育的暂行处理方案》。方案声称:"海南岛初等教育之重点应在于教育、教化孩子们协助建设东亚共荣圈工作,发自内心地配合帝国所期望的军事及经济建设工作",教导他们要"仰尊帝国为东亚盟主,在帝国的领导下使东亚成为真正的东亚人之东亚,为把本岛建设成为人民可以安居、百姓能够乐业的乐土,努力培养锻炼岛民认真、顺从的精神以及强健的体魄"[①]。在会议方案出台前两个月,海口幼稚园开园,可见日本对海南岛民众的教化从中小学,转到幼童教育,进一步将皇国思想传递给海南岛的适龄儿童,将其教化成为建设"东亚共荣圈"的主要力量。

在文化统制方面,日本主要是通过推广和普及日语达到其文化渗透的重要目的。日本占领海南岛期间,在海南岛开设了幼儿园、小学、中学、职业学校、师范学校等,加强全岛的日语推广和普及。日本侵略者对海南岛民众的日语教育从幼儿园至成人教育,呈现出分布范围广、受众群体庞大的特点,日语教育的目标不仅仅是学生,而是海南岛所有民众。与此同时,侵略者还以日本歌曲及不同题材的影片,作为文化统制的主要工具,宣传"东亚共荣"的理念。据当时接受日语教育的老人回忆:"日语课上,老师们除讲授日语外,还教孩子们唱日本歌,并向学生灌输大东亚共荣的理念,要学生感激日军,长大后为日军服务。个别教师还向学生们讲苏联侵略中国、内蒙古独立等内容,挑拨中苏关系。另外,受访者所就读的学校每周都会为学生们放映日本电影,既有日中亲善主题的,也有战

---

① 〔日〕"海南岛三省联络会议":《海南岛三省联络会议决议事项抄录》,金山等译,线装书局,2013年,第35—39页。

争片。"①

"三省联络会议"在上述《关于海南岛小学教育的暂行处理方案》中提出要让岛民"尽早掌握日语",通过日语"了解日本、日本人以及日本文化",进而"领会东亚共荣之理念",最终把日语"发展成为东亚的共同语,以实现东亚人的精神统一"。②日本侵略者试图通过学习日语来毒化海南岛的民众,使海南岛的民众更深层次地了解和接受日本、日本人以及日本文化。可以说,日本侵占海南岛时期在有计划地推行奴化教育,尤其是语言殖民和文化殖民。

舆论宣传是日本侵略者对海南岛实施文化渗透的另一手段,无论是对海南岛上的大众媒体还是其他为日本侵略服务的舆论宣传工具,日本政府均实行管制和利用,以此宣传"东亚共荣"、"皇道建设"、"民族协和"等,达到改变海南岛民众思想、认知以及行为方式的目的。这一时期,随着日军全面侵占海南岛,引起中国国内以及国际上很大的反响,同时日军遇到了岛内抗日武装的激烈反抗。为了缓解国际舆论压力,日本当局专门组建了"报道部"负责"宣抚"工作,并在日本、中国国内,通过舆论报道、大众传媒、杂志书籍等,将日本对海南岛的侵占美化为是为了达成"建设新中国"、"复兴东亚"等目标,以此安抚民心。《日军通告全岛官民导守规条》曾这样宣称:

日军通告全岛官民导守规条③

(一)日本军是为打倒榨取民膏血之暴蒋、拯救脱离苛敛

---

① 金山、王奋举:《日据时期海南岛上的日语教育研究》,《琼州学院学报》2014年第6期,第110页。
② 同上书,第36页。
③ 火野苇平『海南岛记』、改造社、1949年、56—57頁.

诛求之政府、使日华提携永久、建设和平乡，希海南岛民早一日来参加。

（二）现在之县长须出来执行从前之职务，各地方保安队须遵守县长命；如从前讨伐共产党土匪等事，原系为保卫地方安宁之要务，尤需积极进行。

（三）王毅司令要从速来海口访问日本军司令官，管理全海南岛行政机关。

（四）各县县长所在地，要从速布置我日本章旗悬挂。当地众目共睹之处，使飞机得见其形，至于部落乡村，各家要置日本章旗悬挂。

（五）以上诸件为日本军之正当要求，拒绝者则尽行暴击。

（六）海口、琼山两处，成立治安维持会，颇显复兴景象。

日军还四处张贴内容为"亲日是中国民众的要求、联共是党府自灭的政策"、"建设新中国复兴大东亚"[①]等标语，还发布相同内容的布告，散发传单等，配合日本政府宣传亲日言论，为侵占海南岛寻找所谓正义的借口，试图麻痹海南民众做日本统治下的顺民。并通过悬挂日本旗帜、成立治安维持会等手段，对海南岛民众进行殖民统治。

与此同时，通过调查后，海南岛的少数民族黎族人也成为日本同化的对象。日本在对海南岛的调查中，明确地了解到"海南岛的人口约230万，其中黎族人占了五分之一。……我们要想更积极地开发海南岛，必须仰赖黎族人的合作。因此，当务之急是黎民开化。

---

① 火野苇平『海南岛记』、改造社、1949年、52頁.

开化的方法,应该从黎族人的兴趣习惯着手"[1]。日本政府对海南岛上黎族人的开化,是通过改变其服装、语言、风俗等使黎族人更加接近汉人文化等手段推进的。这样做的主要目的在于,为其殖民统治服务,使其统治区域民众在外在服饰等方面没有差别。并且,他们还蛊惑性地宣称:"黎族人民与汉族人民是同民族的,都是支那的国民,没有必要区别对待,在法律上也应当是平等的。"[2] 在多民族汇集的海南岛,殖民统治岛上所有的民众,是日本人的制霸的野心与构想。

同期,为了配合日军在海南岛的侵略行动,日本国内一些宣传侵华思想的杂志、报纸,纷纷对海南岛的占领活动进行美化,试图将日军对海南岛的侵占从历史、文化以及领土方面"合理化"。其中,大森志明在《日本史上的海南岛》一文中写道:"法国人将海南岛视作法属印度支那之眼,支那人在很长一段时间将海南岛视为日本之眼,从日本方面考虑的话与海南岛总是有千丝万缕的联系。"[3] 随后,大森志明通过《三国志》《后汉书》证明日本与海南岛的联系,其中举例《后汉书·东夷列传·倭传》中的:"其地大较在会稽东冶之东,与朱崖、儋耳相近,故其法俗多同"[4],后又举例鉴真和尚东渡,曾带两名日本僧人一行前往海南岛居住传教,以及举例新村博士随笔集[5]等说明日本与海南岛在历史、文化上"因缘非浅"。由此可见,

---

[1] 中支建設資料整備委員会『海南島』、中支建設資料整備事務所編訳部、1940年、33頁.

[2] 同上书,第34页。

[3] 東亜連盟刊行会編『東亜連盟』(復刻版)第三卷第四号、柏書房株式会社、1996年、102頁.

[4] 同上书,第103页。

[5] 《琅かん記》是20世纪30年代发行的,关于江户时代日本船两度漂流到海南岛,以此为基础的随笔集。作者新村出博士是日本『広辞苑』的编者。

日本舆论宣传不仅仅为了战争时期侵占海南岛寻找借口，还试图从历史渊源、文化礼法上断章取义，寻找一切相关历史资料，阐释日本与海南岛的联系。

除上述文化渗透之外，日本政府还通过发行明信片、巡回播放电影等手段大肆渲染日军与海南民众和谐相处的假象，试图毒化海南岛民众，以此美化侵略，俘获民心。"1941年4月1日，共荣会还在海口市设立了支部，经营影院。该支部共有15名工作人员，其中日本人4人、中国台湾人3人、中国人8人，拥有放映机2台，巡回放映机2台，自备发电机1套。"[①] 可以说，这一时期的日本政府为了管控大众传媒，采取了一系列的审查、监督、宣抚政策，从文化上对海南岛人民进行较为全面的封锁、侵略、剥夺。尤其在基础教育上，对岛上幼童及各民族青少年进行文化渗透，对海南岛原有的教育资源和体系加以摧残与破坏，对岛上的居民推行奴化教育等，其影响极为恶劣。

结论

海南岛处于东南亚海域的最北端，是连接东亚海域与东南亚海域的海上要冲，具有重要战略地位。日本侵略者占领海南岛后，于三亚榆林港布置海军兵力，企图将其打造成为"太平洋上永不沉没的航空母舰"。[②] 当时，基于海南岛在国际关系中的"敏感性"，日

---

① 张兴吉：《日本侵占海南岛罪行研究》，海南出版社，2004年，第105页。
② 海南省地方史志办公室：《海南省志》（第5卷），海南出版社，1998年，第5页。

本侵略者打出的"兴亚"、"东亚共荣"、"东亚解放"等口号,是将日本侵占海南岛的行为与欧美相关国家侵略东南亚的行为,放在了"我者"与"他者"对立的思考模式上来进行的。换言之,日本为了满足侵占海南岛的野心,采取了与欧美相关侵略势力的"零和博弈"。战争期间对战争进行美化宣传的学者松本悟朗,曾以"西洋文明与太平洋文化"为标题,追问了自16世纪大海航时代以来,西洋文明对太平洋的入侵究竟给太平洋文化带来了什么等问题。他得出的结论是"比起文明化来说,更应视为毒化"。[①]然而,松本悟朗没有认识到的是,日本的侵略活动不就是所谓"毒化"的现实表现吗?此外,日本侵略者在后续宣传与美化侵略海南岛的报道中,是在构筑以日本为核心的、带有虚拟色彩的、异化了的"海上命运共同体"。作为与历史对接的概念,"海上命运共同体"在战争期间经历了人为异化的过程。可以认为,日本对华侵略是这样一个异化过程的佐证。

[作者简介]李晓晨,女,吉林省社会科学院日本研究所副研究员。

[①] 松本悟朗『亜細亜民族と太平洋』、誠美書閣、1942年、37頁.

流言蜚语:南洋华侨文化生态的一个侧面 *

林晓萍

本文尝试从"流言蜚语"的角度探析南洋华侨的文化生态。文章分析了与华侨社会密切相关的华工出洋、中国革命、抵抗殖民主义等主题与流言蜚语之间的关系。希望通过从分析流言蜚语类型与作用的视角,更加全面地了解南洋华侨文化生态。

"每乘人心惶恐之时,大肆其鸱张之口,妖讹四布,竭力铺张,小民不察,梦寐惊疑"之际,往往"初惟传之海滨,继且传于内地,遂致汉口、金陵、上海、福州、厦门等处"[①]。这是1884年上海天主教报刊《益闻录》上发表的《谣言不宜轻听说》中的一段描述。19世纪末谣言四起,具有这样一个特点,也就是谣言由海滨而发,由海疆而内陆。这里作者把握到了一个重要的历史特征,也就是近代以来中国海疆与内陆的历史差异性。这一特质在近现代移民问题上则更为凸显。孔飞力(Philip A. Kuhn)在研究中国近现代移民问题时便指出,"在这样一个波澜壮阔的移民进程中,中国南方沿海省份的居民注定发挥其特殊作用。起伏的山峦将沿海居民与内陆

---

* 本文为国家社会科学基金重大项目"东亚历史海域研究"(18ZDA207)阶段性成果。

① 《谣言不宜轻听说》,《益闻录》1884年第386期,第391页。

割开，他们的生存策略不是面向内陆，而是面向大洋。这些生活在南方及东南沿海的航海族群，为中国的移民地理增添了新的指向：他们的贸易体系在地理上远远地延伸到了大洋彼岸。他们在大陆上的贸易站点或设于中国沿海，或设于东南亚。对他们而言，海岸线并非边界，而是纽带"。①"海岸线并非边界，而是纽带"一说正启示了我们，不同于海疆之说，中国沿海之边不是终点，反而有可能是结成新共同体的起点。

如果我们以水为土，便可以发现近代以来，在其他东亚国家（包括东北亚和东南亚）遍布的大小华侨社会，正是形成东亚历史海域这一有机空间的重要成员。②华侨作为移民，是跨国境的流动常客。有些华侨渡洋而来又乘舟而去，在两地海疆往返。有些华侨虽久居异地，又常心系华土，挂念家乡，承继中华文化传统。前者亲身在海域空间中流动，后者则以爱国、乡情、文化等精神为介质，将隔海两地联系起来。从而在历史上形成了一个生动的东亚海域空间。因此，海外华人华侨问题一直是中国海洋史研究中关注的重点，并有以亚洲移民与海洋社会关系为主题的研究成果出版。③

---

① 〔美〕孔飞力：《他者中的华人：中国近现代移民史》，李明欢译，江苏人民出版社，2016年，第22页。

② 例如石川亮太便从华商角度，将19世纪中后期到20世纪初期的日本、清朝、朝鲜三国东北亚贸易样态形象生动地呈现出来。具体参见石川亮太『近代アジア市場と朝鮮——開港・華商・帝国』、名古屋：名古屋大学出版会、2016年。

③ 参见杨芹：《2018年中国海洋史研究综述》，《海洋史研究》2018年第2期，第373—386页；袁丁主编：《近代以来亚洲移民与海洋社会》，广东人民出版社，2014年。外国研究成果则有：Nola Cooke and Li Tana eds., *Water Frontier : Commerce and the Chinese in the Lower Mekong Region, 1750—1880*, Singapore University Press, 2004；関根政美、山本信人『海域アジア』、慶應義塾大学出版会、2004年；Paul H.Kratoska, Remco Raben and Henk Schulte Nordholt eds.,*Locating Southeast Asia : Geographies of Knowledge and Politics of Space*, Singapore University Press, 2005。

本文将从文化角度切入，以东亚各国的华侨为研究对象，呈现近代东亚海域中文化生态的一个侧面。在进入文章主题之前，有必要先界定一下"华侨社会"的时间阶段。

一、"华侨社会"概念解析

朱镜宙（1889—1985），先参加新军成为辛亥革命志士，办报撰文，后历任民国政府公职。其在1919至1921年三赴南洋后，写就《英属马来半岛》[①]一书。朱书是较早系统描述南洋华侨社会情况的著作。他在书中传达了一个重要的观点："南洋已经形成华侨社会。"[②]所谓的"华侨社会"通常是指在海外某地，有一定数量的华侨集聚，华侨有比较固定的职业并基本上保持中华民族的文化传统和生活习惯，通过乡团组织进行联系的构成体。[③]虽然对于不同区域的华侨社会形成具体时间尚有可商榷之处，但是朱镜宙的说法却提醒着我们，华侨移居海外之后存在前社会与社会两种状态。当华侨群聚到一定程度，开始在一定地域中定居下来，并通过中国民族文化传统建立共同认同，筹建维系联系的社会组织时，我们可以说

另外，滨下武志也在华侨研究中强调超越地域主义研究视角的一个重要方面，是海域与海国研究，强调历史上中国的"海国中国"一面。具体介绍参见滨下武志『華僑・華人・中華網：移民・交易・送金ネットワークの構造と展開』、東京：岩波書店、2013年、304、318—319頁。

[①] 朱镜宙：《英属马来半岛》，上海大东书局，1932年。
[②] 夏凤珍：《试述朱镜宙的南洋华侨社会观点——〈英属马来半岛〉为中心的考察》，收录于《华侨华人研究》编委会编：《华侨华人研究2016》，中国华侨出版社，2016年，第249页。
[③] 同上书，第249页。

一个华侨社会就形成了。

华侨社会的成立意味着华侨群体将在一定程度上，以共同体的身份在异域他乡接受时代环境的考验。笔者也注意到，由于华侨移居异域各地情况差异较大，难以何时形成社会为界。"华侨社会"的时间划分需要结合超地域时代背景进行分析。

为何称之为"华侨社会"，这与"华侨"一词的诞生背景密切相关。据王赓武研究，"华侨"这个含糊不清的名称出现于19世纪90年代，只是在1911辛亥革命之后才被广泛地用来称呼所有的海外华人。在此之前，随着清政府对海外定居认识的不同，先后将华人移居外国的行为称为"流寓"、"旅居"、"寓居"、"寄居"、"侨居"等。在20世纪初期孙中山用"华侨"鼓励海外华人（主要是海外汉族华人）积极参与革命，反对满清王朝统治。海外华侨也逐渐以"华侨"自称。后来，"华侨"概念也渐被官方接纳。[1] 现在，通过查阅史料，我们也可以发现"华侨社会"一词多出现在民国之后，甚至20世纪20年代之后。[2] 有研究者在分析海外华人史的分期问题时，则将从19世纪末"华侨"一词之起源开始，经其广泛使用的20世纪初期至20世纪中叶为止的这段时期，称之为"华侨时代"。[3]

---

[1] 〔澳〕王赓武：《"华侨"一词起源诠释》，《东南亚与华人——王赓武教授论文集》，姚楠编译，中国友谊出版公司，1987年，第120—131页。

[2] 出现"华侨社会"之说的有秦同培选辑《中学国语文读本 三》（世界书局，1922年）、吴承洛编《菲律滨工商业考察记》（中华书局，1929年）、陈枚安编著《南洋生活》（世界书局，1933年）与关楚璞主编《星洲十年》（星洲日报社，1940年）等出版物。最早出现"华侨社会"字样的报刊文章则有张时英的《华侨社会之改造：注重社会教育》（载《教育周报（菲律宾）》1920年第1卷，第5期），以及《暹罗之华侨社会观 教育界之腐旧 新闻之派别》（载《民国日报》1921年11月1日）。

[3] 安焕然：《从"华侨"一词的源起诠释看海外华人的华侨性格》，《本土与中国：学术论文集》，南方学院出版社，2003年，第17—18页。

为何截止到20世纪中叶？该研究者认为，在20世纪中叶以后，东南亚各国纷纷独立，当地华人亦多入籍当地。并指出"华侨时代"的华人在中国与当地国之间摇摆不定，心怀过客、旅居之心，不利于于华侨自身。从20世纪以后的情况来看，华侨还是要当个堂堂正正的"国民"，而不是"侨民"[①]。

由上述可知，"华侨社会"一词的时间范畴，从广泛意义上来讲，也应该局限在20世纪上半期。但是正如孔飞力对中国现代移民史的划分所反映的，20世纪初华侨社会的形成，毫无疑问与进入19世纪之后帝国主义国家扩张时期，移民规模扩大、非自愿性移民增加、多为劳工移民这一情况密切相关。[②]一方面，20世纪初以前，华侨虽在异域他乡，却引起了清政府的关注。在19世纪后半期，清廷不断增加自己对海外华侨的影响力，海外华侨也积极参与到中国的近代国家建构中来。在这一点上，海外华侨与中国政府的关系，在清廷与民国政府之间可以看出明显的历史继承性。[③]斯波义信在其华侨史研究的分期中，也将19世纪后半期到20世纪中叶视为一个整体——"大量出国时代"来进行研究。由此可也可以看到移民

[①] 安焕然：《从"华侨"一词的源起诠释看海外华人的华侨性格》，第41页。
[②] 参见〔美〕孔飞力《他者中的华人：中国近现代移民史》一书中的时期划分。
[③] 例如清朝廷对海外华侨的"爱国之心"的特别关注：或谴责海外华侨"不知国"；或谈论海外华侨有"爱国之心"，建议清廷保护华侨；又有华人需要国家，有"无如强权之下，难以公理争衡"之类的讨论。详见《使德杨晟为南洋华人受虐请闽粤两督酌议办法呈外务部文（光绪三十二年九月初一日）》、《农工商部为南洋视学员刘士骥拟请奏设爪哇各岛领事致外务部咨文（光绪三十二年十二月初六日）》、《南北洋大臣及闽粤总督为请代奏设领 保护南洋华侨并派轮巡历致军机处电（光绪三十三年二月二十九日）》、《旅越陈务新为越南苛虐华人事呈外务部函（光绪三十四年正月初一）》等，收录于陈翰笙主编：《华工出国史料汇编》第一辑《中国官文书选辑》，中华书局，1985年，第461—498页。

时期之间的接续性。[①]另一方面。进入20世纪以后，正如朱镜宙所言，华侨不再像以前零星散布于四海，而是形成了"华侨社会"。此时在面对中国近代革命与抵殖两大历史主题时，华侨不似清后半期一般，仅仅作为一个需要被保护的群体存在，更以"共同体"的身份积极参与到中国近代历史之中，成了一个民国政府需要平等对待的"对话者"。

因此本文将把华侨文化生态分为两个历史时期进行研究，一是20世纪初期以前华侨所在的社会，一是20世纪初期到20世纪中叶这段历史时期。

二、历史研究中的"流言蜚语"

"流言蜚语"在心理学或历史学研究中，更常见的表述是"谣言"。弗朗索瓦丝·勒莫（Francoise Reumaux）在《黑寡妇——谣言的示意及传播》一书中开篇首句便是"谣言是个难以界定的对象"。[②]面对这一定义困局，吕宗力在《汉代的谣言》中将流言、讹语、妖言、谶言、谶谣、政治神话与民间传说都归于"谣言"之中。[③]吕宗力这种定义方式扩展了谣言的范围，有利于我们从具体的现象出发来研究谣言，而不局限于"谣言"单一词汇之中。因此本文流言蜚语研究也将涉及谣言、传闻、传言乃至民间传说等诸方面。

---

① 斯波義信『華僑』、東京：岩波書店、1995年，117—160頁.
② 〔法〕弗朗索瓦丝·勒莫：《黑寡妇——谣言的示意及传播》，唐家龙译，商务印书馆，1999年，第1页。
③ 吕宗力：《汉代的谣言》，浙江大学出版社，2011年，第3页。

仅从笔者有限的查阅来看，目前从谣言视角研究近代华侨华人问题的研究成果较为少见，得到学界普遍认可的有影响力或具有代表性的著作暂阙。但这不意味着近代华侨华人问题研究中不存在谣言现象，或者谣言问题不重要。早在1939年陈雪屏便从心理学角度进行分析，发表了《谣言的心理》一书。据其所言，撰写此书是由于"九一八事变发生时，作者任教于东北大学，第一次感觉到谣言的魔力，引起研究趣味，以后在北平，由于华北局面年年必有一番变动，一度紧张，所搜集谣言的数目便年有增加。抗战开始以来，耳目所接，荒诞无稽，耸人听闻的消息更是屈指难数"[1]。书中，陈雪屏呼吁注意"非常时间"中，尤其是抗战时期中谣言问题，认为谨慎处理谣言问题，有利于避免民众被煽动，营造良好舆论环境，进一步则甚至可以适当利用舆论，增添抵抗勇气。[2] 从陈书的出版时间和写作缘由，可以看出谣言问题在中国近代历史中扮演了特有的角色。

但是，中国历史学界对谣言问题的关注则相对较晚，导致相关成果较少，而不仅仅是近代华侨华人研究的问题。

从研究著作来看，涉及谣言的研究中，最有影响力的作品莫过于孔飞力的《叫魂：1786年中国妖术大恐慌》。其书从谣言等社会问题切入，以小见大，展现了1786年清朝社会"盛世"之下的另一面。[3] 孔飞力《叫魂》一书在学界产生了较大的影响，也引发了学

---

[1] 陈雪屏：《谣言的心理》，商务印书馆，1939年，第2页。
[2] 同上书，第63—64页。
[3] 〔美〕孔飞力：《叫魂：1786年中国妖术大恐慌》，陈兼、刘旭译，生活·读书·新知三联书店，2012年。

者们对于"历史与想象"关系问题的思考。① 正如安德鲁·斯特拉森（Andrew Strathem）和帕梅拉·斯图瓦德（Pamela Stewart）所言，"恐怖与解释性想象和严重的破坏有关。这种想象不是闲来无事的胡思乱想，而是人们构建现实生活的手段。在某种意义上，想象是一种行动中的文化，但是文化表述却因人而异。文化，也是一个过程"。② 这里便涉及我们如何看待谣言的问题。

目前来看，国内的谣言研究视角大体可以分为两种。简单来讲可以概括为谣言防控与信息传播两个方面。

第一种研究角度强调谣言作为未经证实的消息，更多是虚假消息存在，对特定群体或社会产生不良影响。其着重点在于制止谣言、预防谣言。该方面的代表性研究有章征科的《抗战时期安徽敌后抗日根据地应对反共谣言的举措与经验》；杨东的《疯狂的谣言：西安事变期间的谣言及其变量》与《西安事变后中共对相关谣言的应对》；黄庆林的《戊戌、庚子年间的谣言与清政府的统治危机》与《清朝末年的社会控制：从一则广东谣言说起》；杨德亮的《谣言与失序：清同治回民起义省思》等。③

第二种研究角度则是视谣言为一种信息。这一角度强调谣言

---

① 董敬畏、龚翰：《历史与想象——对〈叫魂——1768 中国妖术大恐慌〉的追问及其反思》，《社会科学论坛》2012 年第 18 期。
② 〔美〕斯特拉森、〔美〕斯图瓦德：《人类学的四个讲座——谣言·想像·身体·历史》，梁永佳等译，中国人民大学出版社，2005 年，第 26—27 页。
③ 章征科：《抗战时期安徽敌后抗日根据地应对反共谣言的举措与经验》，《安徽史学》2019 年第 3 期，第 145—151 页；杨东：《疯狂的谣言：西安事变期间的谣言及其变量》，《党史研究与教学》2017 年第 5 期，第 53—65 页；黄庆林：《戊戌、庚子年间的谣言与清政府的统治危机》，《船山学刊》2019 年第 1 期，第 80—86 页；黄庆林：《清朝末年的社会控制：从一则广东谣言说起》，《理论月刊》2018 年第 5 期，第 84—89 页；杨德亮：《谣言与失序：清同治回民起义省思》，《青海民族研究》2017 年第 4 期，第 116—120 页。

之所以能够被广泛的传播，在于人们对其的认识。传谣者或听谣者并非因为谣言是虚假信息而愿意传播或聆听，而在于谣言是未经证实的，甚至在他们看来是真的信息。这一角度强调谣言的"过程性"而非谣言的"虚假性"。也就是说强调过程研究，认为谣言与闲话是地地道道的过程。①这方面的代表性作品，除上述孔飞力的《叫魂》之外，较有影响力的还有柯文（Pail A. Cohen）的《历史三调：作为事件、经历和神话的义和团》。其中在"作为经历的义和团"部分中详细地介绍了义和团运动期间，谣言四起的现象，从而还原了一个立体的"非理性"义和团运动过程。②

中国史方面，以谣言问题为研究重点的著作还有吕宗力的《汉代的谣言》、苏萍的《谣言与近代教案》、李若建的《虚实之间：20世纪 50 年代中国大陆谣言研究》等。吕宗力将谣言定义为：一种未经证实但未必虚妄谬误、主要经口头传播（当然也可以文字为载体）的言论信息，经人际沟通、集体参与和广泛传播而构建成形。③而从苏萍的观点来看，与其说谣言作为一种信息，不如说谣言概念是属于一种政治武器。其认为在国家积弱和条约限制的情况下，士大夫通过谣言的操纵性社会功能，煽动百姓情绪，剧化社会冲突矛盾，借助民众反对传教士势力。④李若建则对 20 世纪 50 年代中国大陆谣言进行了较为全面的研究，并强调"把谣言看作一种包含有虚假成分的信息，是一种中立的态度。这种态度并非把谣言当成洪

---

① 〔美〕斯特拉森、〔美〕斯图瓦德：《人类学的四个讲座——谣言·想像·身体·历史》，第 17 页。
② 〔美〕柯文：《历史三调：作为事件、经历和神话的义和团》，杜继东译，江苏人民出版社，2005 年。
③ 吕宗力：《汉代的谣言》，第 3 页。
④ 苏萍：《谣言与近代教案》，上海远东出版社，2001 年。

水猛兽,而是把谣言看作一种社会现象、一种值得进行学术研究的社会事实"。①

除了上述研究之外,国外在对法国大革命时期的政治文化史研究时也对谣言问题产生了非常浓厚的兴趣。②其中最值得一提的阿莱特·法尔热(Arlette Farge)的《法国大革命前夕的舆论与谣言》一书。阿莱特·法尔热从民众对手写新闻、教会新闻的关注,对路易十四态度变化等角度探索平民公共领域的存在可能。③阿莱特·法尔热不仅将谣言视为一种可供研究的对象,更认为谣言是一个了解平民社会的重要切入点。这一研究角度,对笔者的华侨社会文化生态研究有很大的启发。

然而,具体到华侨华人研究问题中,我们会发现与谣言相关的研究成果较少。这是否是因为华侨华人研究问题中并无谣言内容记载?事实并非如此。

1603年明朝三官员到吕宋勘查探金,引起当地西班牙殖民者警惕。后有谣言传播说,中国将与西班牙断绝交往,派遣军队进攻吕宋,而当地华人将与中国朝廷里应外合。此谣言导致当地百姓对华人产生厌恶和仇恨,反华情绪在吕宋滋生。随后有关西班牙殖民者将联合反华人士屠杀华人的传言不胫而走。最终酿致华人起义

---

① 李若建:《虚实之间:20世纪50年代中国大陆谣言研究》,社会科学文献出版社,2011年。
② 〔法〕阿莱特·法尔热,〔法〕阿雅克·勒韦:《谣言如何威胁政府:法国大革命前的儿童失踪事件》,杨磊译,浙江大学出版社,2017年;〔法〕阿莱特·法尔热:《法国大革命前夕的舆论与谣言》,陈旻乐译,文汇出版社,2017年;〔美〕谭旋:《暴力与反暴力:法国大革命中的恐怖政治》,黄丹璐译,山西人民出版社,2019年等。
③ 〔法〕阿莱特·法尔热:《法国大革命前夕的舆论与谣言》,陈旻乐译。

和菲西当局对华人的第一次大屠杀发生。[①]

19世纪初期,菲律宾殖民地当局正在考虑改善对华人的种种限制,此时却不幸发生了一件惨案。因为案发地点是马尼拉的花园口,因此也称为花园口惨案。原来,当时马尼拉已经开放为一个国际商港,除了华商以外,更有英美法商民。由于华商有资本,善于经营,很快在市场中占有势力,生活阔绰,岛民相形见绌,埋藏下排外心理。惨案的起因,是这一年马尼拉发生了两种疫症——天花与霍乱,死亡人数众多。于是出现了一种谣言,说疫病之所以发生,是因为外侨投毒于巴石河,而市民取河水为饮用水,因此当地"无知市民,信以为真"。随后发生骚乱,八十余华人被杀,五十余英美法商人被杀,合计一百四十人。更有市民抱着浑水摸鱼的心理,趁惨案发生,加入抢劫,导致财产发生重大损失。[②]

由上述介绍可知,谣言问题不仅存在于华人社会之中,甚至常常与重大历史事件有着紧密的联系。1603年吕宋屠杀华人事件,是历史上南洋华人最大惨案之一。其中流言蜚语扮演了非常重要的角色。19世纪初期发生在马尼拉的花园口惨案也是如此。如果我们将谣言视为一种信息,可以发现早在谣言开始流传时,华人所在的地域可能已经寻找某种"替罪羊",以缓解社会矛盾和冲突。让-诺埃尔·卡普费雷(Jean-Noël Kapferer)提醒我们:每个团体,每个社会群体都有其喜爱的、几乎可以说是由制度产生的替罪羊。因此,在审视谣言提出的替罪羊,以及查问谁是传统的替罪羊时,

---

[①] 黄滋生、何思兵:《菲律宾华侨史》,广东高等教育出版社,1987年,第72—90页。1603年吕宋华侨遭惨杀一事,又可见于黄竞初的《南洋华侨》,收录于李文海等主编:《民国时期社会调查丛编》二编《华侨卷》,福建教育出版社,2009年,第130页。

[②] 陈烈甫:《马可仕治下的菲律宾》,台北:台湾商务印书馆,1983年,第271页。

我们有可能猜出一个谣言流传的市场。① 相反的，当我们对谣言足够重视，掌握了谣言中的"理性部分"，通过分析也有可能预防由流言蜚语导致的各种人为不幸事件。

三、华工出洋与流言蜚语

随着帝国主义扩张，英、法、荷、美等国家在南洋建立起自己的殖民世界。19世纪以来，出于开发殖民地的需要，殖民者开始寻求域外劳动力。当时，中国成为殖民者理想的劳动力输出地。于是，以华工为主的大规模移民时代到来。1859年，广东巡抚柏贵首先承认苦力贸易合法化，答应英、法当局在广东省招募契约华工。第二年，通过当年《北京条约》第五款，这种贸易合法化的范围扩至全国。② 但是，19世纪以来华工出洋却没有随着华工出洋制度化而变得"一帆风顺"，反而是出现了许多不和谐之音。反观整个华工出洋历史，我们也可以看到华工出洋中四起的流言蜚语。

19世纪时期契约劳工制度被广泛实施于英属殖民地。华人劳工常出现在各地，但华人劳工却不愿意前往英属地圭亚那。除了广东人认为去往圭亚那比前往加利福尼亚更难返回家乡外，他们中间还流传着一个听起来十分荒谬的说法。这个流言说苦力到圭亚那后就被制成鸦片了。而许多中国农民却

---

① 〔法〕让-诺埃尔·卡普费雷：《谣言：世界最古老的传媒》，郑若麟译，上海人民出版社，2008年，第102页。
② 陈达：《中国移民》，收录于陈翰笙主编：《华工出国史料汇编》第四辑《关于华工出国的中外综合性著作》，中华书局，1981年，第11页。

相信那是真的。①

这类流言蜚语虽然看似是无稽之谈，其实却隐含着中国农民对留洋务工生活的恐惧。从史料来看，华工留洋伊始便伴随着各种流言。

道光十九年(1839年)朝廷收到两江总督林则徐等的上奏，"有人奏，闽、广两省海口停泊夷船，往往收买内地年未及岁之幼孩。少者数十、数百不等，多者竟至千余。其中男少女多，实堪骇异"。上谕中提及官员猜测道，"且该夷收买幼孩，断非因人口缺乏，籍为生聚之计。设或作为奇技淫巧，致以左道戕其生命，尤堪悯恻，不可不严加禁绝"。又有"且洋夷作为淫技奇巧，其用物取精，有出情理之外者为一，左道残酷，戕其生命，此尤不忍臆度也"之语。②奏文中虽有"风闻"之语，但因其行为"残酷"仍然引起了朝廷的密切关注。随后，林则徐查明始末，上奏道，"奏为遵旨查明广东夷船出口，间有私带华民，但非收买幼孩，且无左道戕生之事，据实覆奏，仰祈圣鉴事"。③据林则徐查明，所谓"左道戕生"仅是流言，其实是洋人拐骗华工出洋务工。至此，"左道戕生"谣言似乎已经妥善解决，而实际上谣言并不止于此。

咸丰九年(1859年)钦差大臣何桂清奏上海洋人拐骗华工出洋激成众怒。何桂清上奏道，"常有夷人雇募内地民人出洋种地，无

---

① Cecil Clementi, *The Chinese in British Guiana*, Georgetown: Argosy, 1915, pp.80-81, 245-246, 转引自〔美〕孔飞力：《他者中的华人：中国近现代移民史》，第116—117页。

② 《著两江总督林则徐等分查粤闽两省夷人收买幼孩上谕(道光十九年五月十七日)》，收录于陈翰笙主编：《华工出国史料汇编》第一辑《中国官文书选辑》，第5页。

③ 《林则徐奏查明外国船只骗带华民出洋情形折(道光十九年七月二十四日)》，收录于陈翰笙主编：《华工出国史料汇编》第一辑《中国官文书选辑》，第6页。

一还乡者,因之讹言不一,无人应募。该夷即勾串中外匪徒,设计拐骗。最终激起众怒,引发夷民冲突"。①"乃猪仔头人专以贩人为事,诱拐出洋,百无一生,实以害人图利,可谓丧心昧良"②之语也在民间四处流传。

其实,早在19世纪50年代初期,"罗伯特·包恩"号事件发生之后,英国殖民者便开始密切关注谣言问题。"罗伯特·包恩"号事件是这样的,美国船只"罗伯特·包恩"号,载满苦力从厦门开往旧金山。出海10天以后,苦力起事,杀死船长、大副和其他一些人,劫夺了船只。③在事件发生之后,有殖民统治者关心为何会发生苦力集体反抗事件,或关注司法裁决,或关心其中的文化差异,或关注如何遏制同类事件发生。④而与此同时却有英人对谣言表示了担忧。1852年7月16日,包令在给马姆兹伯利的书信中表示担心:"'罗伯特·包恩'号上杀死船长和其他一些人的苦力逃回厦门之后所散布的种种传言,可能会使装运如此巨数的中国佬出洋不像以前那么容易。"⑤同年10月1日,包令在给马姆兹伯利的书信中又再次强调了自己的担心并陈述了传言导致的情况。包令反映说,

---

① 《钦差大臣何桂清奏上海洋人拐骗华工出洋激成众怒折(咸丰九年七月十七日)》,收录于陈翰笙主编:《华工出国史料汇编》第一辑《中国官文书选辑》,第16页。

② 《两广总督瑞麟为详陈粤省招工情形致总署函(同治八年八月十五日)》,收录于陈翰笙主编:《华工出国史料汇编》第一辑《中国官文书选辑》,第58页。

③ 《包令致马姆兹伯利文(香港,1852年5月17日;伦敦,7月16日收到)》,收录于陈翰笙主编:《华工出国史料汇编》第二辑《英国议会文件选译》,中华书局,1980年,第2页。

④ 由于该船是美国所有,驻厦门美国领事等在与上级往来文件中详细地汇报了这件事。具体事件过程以及美国的态度可参见陈翰笙主编:《华工出国史料汇编》第三辑《美国外交和国会文件选译》,中华书局,1981年,第123—162页。

⑤ 《包令致马姆兹伯利文(摘要)(香港,1852年7月16日)》,收录于陈翰笙主编:《华工出国史料汇编》第二辑《英国议会文件选译》,第4页。

"从'罗伯特·包恩'号船逃回中国的苦力在回到厦门之后,诉说在船上遭受虐待和摧残的事情已经在厦门及其附近广泛传播。今后从厦门移殖劳工出洋定将更加困难,并使出洋移民的品类更加低下",而且,包力指责造成这种情况,是由于"从事苦力贸易的许多船长和冒险家的失当行为等所致"。①

可见,19世纪中后期,中国社会流传的"百无一生"、"无人生还",并非空穴来风,而是与华工出洋务工易受虐待的事实相关。甚至"左道戕生"之语,也反映了当时华工出洋尚毫无定法,存在猪仔拐骗,悲惨流落异域,难以归乡的情况。清末大臣张荫桓便有"一晤可仑比亚代办公使言巴拿马招工开河事。余告以华工往者多毙,故视为畏途,鄙意亦不愿华人前往也"之感叹。②

而且,据实而言,"收买内地年未及岁之幼孩"之流言蜚语也不仅仅是底层民众情绪恐慌的表现。

1855年在包令致克拉兰顿的公文中讲述了这样一件骇人听闻的移民出洋事件。一艘名为"英格伍德"号的英国船只,船长为柏顿,在厦门被扣。因为船上装有四十多个年纪都只有七八岁光景的中国女孩。她们大概是从宁波一带拐来的买来的。船上有些水手难以忍受女孩们所住房舱和她们身上散发出的恶臭,又不忍这群无人爱护、满身癣疥的女孩们所遭受的痛苦和不幸,便在船到厦门时跑到英国领事馆把这些事情报告了。③

---

① 《包令致马姆兹伯利文(香港,1852年10月1日;伦敦,12月20日收到)》,收录于陈翰笙主编:《华工出国史料汇编》第二辑《英国议会文件选译》,第28—29页。
② 张荫桓:《三洲日记(光绪二十二年刊本)》,收录于陈翰笙主编:《华工出国史料汇编》第四辑《关于华工出国的中外综合性著作》,第588页。
③ 《包令致克拉兰顿文(香港,1855年3月5日;伦敦,1855年4月30日收到)》,收录于陈翰笙主编:《华工出国史料汇编》第二辑《英国议会文件选译》,第107页。

流言蜚语:南洋华侨文化生态的一个侧面

据《澳门新报》云:上月有船载粤工出洋,共三百七十七名,续有尚未出洋二船,共载工人三百六十余名。闻每月更将幼童五六十名,潜匿各船出洋,每年不下五六百名。按新闻纸云,海口向例不准孩童出洋,今其出洋不禁者,率由奸恶老妪,于近处乡村,或以钱买,或由拐骗,比孩童入手,必迫令认己为母,以掩人耳目,然后将幼儿辗转入船,更以重贿赂把关者,关人故知而不查,非查而不知也。[1]

类似事件不仅引起了英国政府的极大关注,也引起中国官民的愤慨。这些事件也从侧面佐证了拐卖幼儿(女)恶劣行为的存在,而不仅仅是拐骗华工问题。

从19世纪后半期来看,整个中国社会都受困于谣言而人心惶惶。有谣传传教士诱拐儿童用以制药,或者诱导他人信道入教,或出现小儿失踪则怀疑是外国议员与教会所为,猜测教士等对孩童进行挖脑挖眼。[2]又有谣言言及外国教士雇人持药,在井中投毒,目的是导致中毒者不治而死。如果中毒者想要活命则必须向传教士求医,到时传教者便以此为凭借"勒之入教"。随着谣言传播越演越烈,闹得人心惶惶,终导致有人结党冲击海口东张两处教堂,发生殴打教友之事。[3]更有谣言说,有"兵船四艘从南洋衔尾而来,即将开战";又有"福帮商船数艘他国轮船一号道经平阳海口,居民不察,误以传误,遂谓有法国战舰已在",从而导致温州此地风声鹤

---

[1] 《澳门近事(原载第二号)》,载于丁韪良:《中西见闻录》辑录,收录于陈翰笙主编:《华工出国史料汇编》第四辑《关于华工出国的中外综合性著作》,第492页。

[2] 《Ⅴ、谣言辟谬》,《中国教会新报》1869年第52期,第8页;《Ⅳ、上海谣言》,《中国教会新报》1869年第57期,第34—35页。

[3] 《福清诬外国人谣言》,《中国教会新报》1870年第158期,第39页。

唳,草木皆兵。①从社会上的谣言来看,此时期流言蜚语大多和中外接触或冲突相关。百姓惴惴不安情绪借助流言的形式,在社会上广泛流传。为了遏制谣言四起的情况,清廷颁布了诸多禁止谣言的劝告、训示,试图维护统治秩序。②

正如上文所提及的,19世纪50年代末60年代初,以英国为代表的殖民列强,积极推行契约劳工制度,希望与清廷合作,规范华工出洋。英国殖民者为了遏制流言蜚语导致英国等殖民者缺乏优质劳动力,同时出于反对奴隶贸易的人道主义立场,坚决反对"猪仔贸易"这种变相的奴隶贸易。我们在阅读文献中也注意到,比起人道主义,另一个词汇更令人瞩目,那就是"合法化"。比起出于人道主义彻底结束苦力贩卖,英殖民政府更加青睐通过制定移民出洋规范,将招工行动合法化。在英国政府协助禁止拐骗猪仔法律施行后,两广总督也答应派遣官员分赴广州附近各县,向地方绅士和乡村父老详细说明招工出洋现在已经合法化,并且有了官方的管理。同时,也要向他们指出英属西印度的招工是和拐贩猪仔完全不同的两回事。巴夏礼认为这样有助于"我们与中国人的一般友好交往,并增进我们的在华利益"。③举个例子,新安县丞段元章便奉命"前

---

① 《谣言不靖》,《益闻录》1884年第396期,第453页。

② 例如:巡警部谓:严行禁止事照得妄布谣言,大干例禁。现有造谣生事之人,满街巷黏贴怪癖字帖,殊属有干法纪,已由内城西分局出示严拿。旋据该局拏获形迹可疑人犯,供词怪诞,已经拿讯。务必究出实情,按律重办。诚恐无知愚民随声附和,为此出示晓谕。尔军民人等,一体知悉,目示之。后凡尔良民各有身家,自应安分守法,勿得造出谣言,自罹法网。如再有造言生事,张贴不法报单,定即严拿,一经审寔重惩不贷,毋违切特示。收录于《要示照登》,《中华报》1906年第506期,第3页。

③ 《巴夏礼致哈孟德函(广州,联军统领衙门,1859年11月28日;伦敦,1860年1月6日收到)》中附件7《巴夏礼致卜鲁斯文(广州,联军统领衙门,1859年11月26日)》,收录于陈翰笙主编:《华工出国史料汇编》第二辑《英国议会文件选译》,第228—230页。

往县丞所辖各处市镇村庄,宣谕开办招工出洋,并张贴告示,散发书册。其传唤百姓,宣谕省城上宪意旨,以拐骗猪仔卖出外洋之事皆因奸商逐利,罔顾王法,残害民命,深堪痛恨,亟宜查禁,而妥立章程准许良民任便与外人立约出洋作工,亦属消弭匪徒拐贩人口之一端"。①

英国官要在往来文件中则赤裸裸地展现了推动契约劳工合法化背后的武力背景。卜鲁斯在致巴夏礼函中说道:我完全赞同你在广州为组织移民从那里出洋而建立的制度,和为使中国同意施行这种制度而采取的一切行动。当然,如果不趁联军占领广州的机会把这种移民制度加以推动,一旦联军撤走,柏贵承认外国人招工出洋权利的布告势必成为一纸毫无用处的具文。但是如能在占领结束之前将这种移民制度有效运行起来,并使与招工出洋有利益关系的各国都获得益处,则或许能够诱使中国政府接受这一既定事实。②

就华工出洋合法化问题而言,英人认为制止拐骗人口不仅仅是因为从正义、公理和人道方面考虑应当这样办,而且就西方人在中国的个人安全而论也是非办不可的。拐贩猪仔这种邪恶买卖,已经激起中国人对外国人的强烈反感。中国人的愤激情绪现在虽然可以用英、法两国的强大占领兵力加以镇压,将来一旦联军撤走,中国人积下的怨仇难免爆发出来,而使某些外国人遭到毁灭。③ 同时

---

① 《巴夏礼致哈孟德函(广州,联军统领衙门,1859年11月28日;伦敦,1860年1月6日收到)》中附件12《新安县丞等致巴夏礼禀帖》,收录于陈翰笙主编:《华工出国史料汇编》第二辑《英国议会文件选译》,第232—233页。

② 《卜鲁斯致罗素勋爵文(上海,1859年12月5日)》中附件7《卜鲁斯致巴夏礼函(上海,1859年11月4日)》,收录于陈翰笙主编:《华工出国史料汇编》第二辑《英国议会文件选译》,第238页。

③ 《英国国防部官员路加德致哈孟德函(伦敦,国防部,1860年3月10日;外交

通过坑蒙拐骗等手段所虏获的中国劳工，其素质也时令殖民者感到不满。1960—1961年，英属圭亚那总督及伦敦等方面收到反映，在中国找到的工人有麻风病人；有的穷困潦倒，染上恶疾；有的长期忍饥挨饿，身体羸弱；有的沉迷鸦片，根本不能干活。①

"左道戕生"、"制成鸦片"、"百无生还"等流言蜚语一直以来都作为历史的边角料而遭到忽视。但是当我们转换研究视角，便可以发现，这些流言蜚语为我们展现了一个对洋人拐卖人口感到恐慌、对出洋务工生存环境感到深切担忧的底层社会。这个底层社会不是政治史叙述下的被统治者，而是一个充满情绪的有机社会。除此之外，我们也注意到英国殖民者为了确保殖民地的劳动力来源，也对谣言问题给予了密切关注。可以说流言蜚语，也间接推动了殖民者尝试去改善华工出洋情况，在一定程度上缓解了拐骗劳力的恶劣情况。

四、中国革命、抗击殖民侵略与流言蜚语

上文集中讨论了20世纪初期之前华工出洋问题中的流言蜚语问题。本节将集中分析20世纪初期到中叶第二次世界大战结束，在中国革命、抗击殖民侵略大背景下，"华侨社会"所面对的流言蜚语。

孙中山在革命时期，积极寻求海外华人援助，是我们所共知的，

部，1860年3月12日收到)》中附件1《斯陶本泽致国防大臣悉尼·赫伯特文(总司令部，香港，1860年1月14日)》，收录于陈翰笙主编：《华工出国史料汇编》第二辑《英国议会文件选译》，第254—255页。

① 特里夫·苏阿冠(Trev Sue-A-Quan)：《甘蔗收割者：圭亚那契约华工史》，戴宁译，广东人民出版社，2018年，第88—93页。

但我们却很少了解孙中山在海外游说华人、宣传政治思想时，总是要面对一个顽固的对手，这个对手便是谣言。孙中山赴美游说华人，希望改变美国洪门"人数虽众，而团体异常散漫，不能为祖国之助"的现状。于是，孙中山建议举行洪门会员总注册之法，并代撰致公堂新章规程八十条。其中《致公堂重订新章要议》中有"凡我同人，幸勿为谣言所惑，迟疑观望，自失其权利可也"之语。[1]这里所提及的"谣言"问题值得我们注意，谣言问题对孙中山开辟海外革命市场产生了何种影响？

据冯自由回忆，革命党在海外华人社会中与康党争夺舆论空间和政治利益时，谣言常常也间接影响了革命形势。比如由革命党在缅甸仰光创立的《光华报》在与康党竞争失败之后，"不仅元气大伤，同时又有封报捕人之谣言，报中职员人人自危，庄银安（《光华报》创办集资者之一，亦是报刊经理——笔者注）首先去槟榔屿躲避，其他职员也大多隐匿到另外地方，因此《光华报》又不免第二次停刊"。[2]

从冯自由的回忆中，我们可以一窥谣言问题在革命党争取海外舆论支持时所扮演的角色。可惜受限于资料，我们未能更深入地了解流言蜚语是如何影响中国革命的。不同于辛亥革命时期，在中国抗日战争时期，却保留下了较多与华侨相关的流言蜚语记载。

马来亚华侨吴镜明在抗日战争初期寄给妻子的侨批中劝诫妻子，要坚信"长期抗战，最后胜利必属我国"，"汝等妇孺，凡事须

---

[1] 冯自由：《华侨革命开国史》，收录于中国社会科学院近代研究所《近代史资料》编译室主编：《华侨与辛亥革命》，知识产权出版社，2013年，第38、40页。

[2] 冯自由：《缅甸华侨与中国革命》，收录于冯自由：《革命是怎么来的》，上海文化出版社，2011年，第233—234页。

致镇定,勿听谣言为要"。① 那么抗战期间到底有哪些谣言流传,以致华侨吴镜明要专门提醒妻子警惕?从史料记载来看,当时的谣言主题可以以下两方面为例:

(一)日本殖民者与舆论宣传

日本占领马来亚后,华侨被命令集合,进行大检证。于是,人群中谣言满天飞。有人说:"我们会被掳去当强制劳工";也有人说:"那是要来检举共产党。"由于对日军进行大检证的目的不清不楚,导致华侨群体谣言纷飞,人人自危。②

1937年因泰国封闭华文报纸和华文学校,并对部分华侨进行检举,引起谣言纷纷。关于这次检举的事由和目的有种种谣言,摘其要点如下:

(1)在日英东京会谈中,由于英国的妥协,欧美放弃了历来的中立主义,显示向日本倾斜的态度。

(2)泰国政府对长期被英美垄断的油类实行统制,日本帮助泰国政府成功地实现了这一目标。泰当局遂采取上述举动对日本表示诚意。

(3)华侨问题是泰国长期的重大问题,特别是为了推行现任总理的"同化政策",断然采取了与东亚新事态相呼应的措施。

(4)通过对三民社的搜查,不断发现他们的证据,泰国在面子

---

① 《"长期抗战,最后胜利必属于我国"——华侨吴镜明的一组战时家书》,收录于黄清海、沈建华编著:《抗战家书》,福建人民出版社,2015年,第219页。
② 陆培春:《马来西亚的"日本时代"惨绝人寰的3年零8个月》,马来亚二战历史研究会,2014年,第48页。

上不得不扩大检举。

就此,泰国政府刊报发表声明,"申明政府并没有放弃中立政策,只是根据法律规定镇压违反者,维护治安。因书报处、教育部严格执行法律规定,最终只有十数家华文报纸和华文学校被封闭。政府不会拒绝新创立的申请,并保证即使是华侨,也享受与日本人、英国人同样的权利"。尽管泰国政府刊报进行辟谣,但在华侨社会中还是产生了消极影响,诸如青年学生对封闭报社和学校之举感到愤慨,商人则对商业买卖持极端消极态度,更有其他诸如"曼谷市大火是华侨无产者的反感所致"等传言纷纷流传。[1]

不仅日本对华侨所在地区的占领引起了侨民的恐慌,侨民也密切关注着中国国内的抗战形势。以厦门沦陷为例。

日本占领厦门之后,有"厦门已成一片废墟"传言在南洋华侨间流传。为此,日本殖民当局对外宣称:"帝国政府从来都是尊重支那良民的正当利益的,并在这个大方针下致力复兴。……(新生的厦门)正朝着建设日支共存共荣的乐土快速前进。"其实质是,传言说厦门在被日本海军占领后,人口从18万锐减至1万,而厦门经济是进口经济,华侨外汇是厦门经济主力,南洋华侨如果因为传言,停止外汇,将对厦门繁荣产生重大影响。因此日本占领当局大肆宣传"新厦门"的诞生,将邮政和银行开业等情况向南洋华侨宣传。[2]

事实上,日本在近代的殖民扩张中十分重视舆论宣传。日本不

---

[1] 台湾拓殖株式会社调查课:《中国事变与华侨 分论(1939)》,收录于《日本对南洋华侨调查资料选编(1925—1945)》第一辑,崔丕、姚玉民译,广东高等教育出版社,2011年,第62—63页。

[2] 《驳斥厦门已成废墟的谣言(1938年6月8日)》,李向群:《见证:1938厦门日寇入侵厦门前后报刊史料汇编》,厦门大学出版社,2015年,第189—190页。

仅密切关注着南洋华侨社会中对华友好或具有抗日倾向的报刊发展情况，更十分注意对华侨社会进行主动舆论宣传。台湾拓殖株式会社调查课在《中国事变与华侨 概论》中，为日本当局出谋划策：设立引导华侨思想的机关，努力改变他们的错误观念。特别是自从蒋介石实行容共政策以来，南洋各地深受共产党势力的渗透。为了清除共产党势力的影响，对华南和南洋各地舆论机关实行总动员，此乃当务之急和最有效的手段。更进一步建议在宣传工作方面，因语言关系，利用台湾本岛人乃是最有效的手段。① 对此，华侨的应对也是多样的，试举一例。1939年5月1日（劳动节），菲律宾华侨精神总动员协会成立，从侧面援助抗敌会事业。同时以防止华侨因长期抗战而产生精神动摇为目的。该协会由致力于国民精神总动员宣传工作者、节约捐献巨金者、致力于参加劳动服务者、致力于新生活运动者、其他致力于国民精神总动员运动者组成。②

（二）与"汪精卫政府"相关的流言蜚语

汪精卫出走后，在日人扶持下成立了"汪精卫政府"。关于所谓的"汪精卫政府"到底对中国抗日局势产生了什么样的影响，一直众说纷纭。当时日本外务省情报部第三课在对汪精卫脱离重庆政府行为进行研判时，便提及"汪脱离重庆政府一事对重庆政府的影响比想象的还要大"，承认自汪精卫脱离后其"行动成了关心中

---

① 台湾拓殖株式会社调查课：《中国事变与华侨 概论（1939）》，收录于《日本对南洋华侨调查资料选编（1925—1945）》第一辑，第54页。

② 参见〔日〕城田平之：《南洋华侨团体调查》，收录于《日本对南洋华侨调查资料选编（1925—1945）》第一辑，第362页。

流言蜚语：南洋华侨文化生态的一个侧面

国问题的世界人士注视的目标，日中人士自然就更不必说了"。① 但事实却是，随着汪精卫在投日道路上越走越远，日方对汪精卫个人影响力的质疑却越来越大。据上海日本海军特务机关首脑武官野村中将报告，当时一般中国人对汪精卫的态度，"从其到达河内时的同情，对和平抱有希望到近日活动终于使一般民众失去了对他的信任，认为汪精卫行为是在和平运动内部制造分裂"。②

汪精卫与其以"和平派"代表身份建立的"汪精卫政府"，具体对抗日局势产生了何种影响？华侨社会的对汪认识或许可以作为一种补充视角。

缅甸十八个华侨团体在纪念上海抗战九周年宣言上提及，目前国共冲突加剧是由于发国难财的贪官污吏，被日本帝国主义利用的顽固分子，挑拨离间，制造反共空气，煽动反共情绪。而且"汪派汉奸今日也混在抗战阵营中，假扮拥护国民党，擎着三民主义的旗子来诬陷共产党，抨击共产党"，提醒人们"要紧记着反共就是投降的准备。我们要站稳立场，正视事实，不为谣言所惑，不中敌人毒计"。宣言表明了缅甸华侨团体的自身立场，即"统一战线的立场，坚决反对假扮抗战的抱着党派偏见、诬陷倾轧即播弄是非、制造内乱之奸徒等"。③ 除此之外，抗日战争时期，南洋方面报纸杂志，印刷文件，日增月累，源源流入，不可胜计，其中有"汪精卫政府"收

---

① 《汪精卫路线的进展和抗日势力的现况（节录）（1939年8月）》，收录于黄美真、张云编：《汪伪政权资料选编·汪精卫国民政府成立》，上海人民出版社，1984年，第2—3页。
② 黄美真、张云编：《汪伪政权资料选编·汪精卫国民政府成立》，第175—176页。
③ 《缅甸十八个华侨团体纪念上海抗战九周年宣言（1941年1月28日）》，收录于中国抗日战争军事史料丛书编审委员会编：《新四军 参考资料2》，解放军出版社，2015年，第120页。

买汉奸所写的宣传文字。南洋华侨筹赈祖国难民总会对汪氏宣传品的流入，十分警惕，因此发表通告，列举"汪精卫政府"宣传的六条内容并对其一一批驳，以免"妖言惑众，淆乱听闻"。④

而据台湾拓殖株式会社调查课在《中国事变与华侨 分论》中称：1938年12月22日，当前国民政府行政院长汪精卫逃离重庆来到河内时，在印度支那华侨中间产生巨大的反响。有的知名华侨主动向汪精卫提供自己的房屋，对日气氛逐渐能够看到缓和的曙光。特别是最近和平派利用电台广播展开的积极活动，引起巨大的反响。⑤也有南洋巨头发表声明，感慨在香港陷落以后抗战的不利和救国之道只有和平这一条可走，拟将自己经营的《星岛日报》等所有教育事业献给和平运动。并对外宣布反对南洋华侨援蒋抗日，将在今后拥护"国民政府"（南京）。⑥

当时，华侨社会中以陈嘉庚等为代表积极协助了中国的对日抗战，并且对汪精卫等和平派的政治宣传有一定的戒心。但是也要注意到，由于汪精卫投日之前的党内地位较高，汪精卫的"和平主张"确实也得到了一些华侨的响应。⑦据安井三吉研究，当时在日以及

---

④ 《附录九 南洋华侨筹赈祖国难民总会通告第二一号》，收录于陈嘉庚：《南侨回忆录》，中国华侨出版社，2014年，第80—83页。

⑤ 台湾拓殖株式会社调查课：《中国事变与华侨 分论(1939)》，收录于《日本对南洋华侨调查资料选编(1925—1945)》第一辑，第106—107页。

⑥ 台湾拓殖株式会社调查课：《中国事变与华侨 分论(1939)》，收录于《日本对南洋华侨调查资料选编(1925—1945)》第一辑，第233—234页。

⑦ 这里以著名侨乡台山县县立中学校初中生李国英周记为例，在当时中学生的周记中，蒋介石、汪精卫常一起被提及，李国英赞两人皆是贤才，能领导抗战建国之业。李国英写下这段话的时间是1938年4月11到17日，由此可以一窥汪精卫在时人心中的地位。《台山县县立中学校初中生李国英周记(1938年4月11到17日，第八周)》，收录于罗达全、张秀明、刘进编：《侨乡文书抗战史料选编(五邑侨乡卷)》，广东人民出版社，2016年，第362—363页。

台湾的部分华人领袖,都存在过以"中华民国临时政府"、"汪精卫政府"成立为契机,转变政治立场,变为支持中日亲善的情况存在。[①]可见,伪政权的存在确实为不愿意参加或继续抗日的华侨提供了一种选择渠道。这种现象需要我们进一步深入研究。

19世纪后半期以来,随着中国政权日益关注海外华侨的生存状况,海外华侨与中国的历史进程关联也日益密切。海外华侨所在地可以是革命党与改良派政治舆论竞争的平台;华侨可以是支援辛亥革命的"革命之母";面对日本帝国主义的侵略,华侨社会又与中国共同以被侵略者身份抵抗日本殖民者,共建了一段近代历史记忆。在这段惨痛的历史记忆中,流言蜚语总是相伴而来,影响着不同历史事件的发展轨迹。而不同类型的流言蜚语在这段历史上起到什么作用,仍需要我们进一步探寻。

五、结论

本文主要通过两个部分介绍了流言蜚语在华侨社会中的存在情况与所发挥的"作用"。第一部分主要介绍了华工出洋与流言蜚语之间的关系,指出流言蜚语是伴随华工出洋整个历史过程的。文章从流言蜚语一角度刻画了聚集许多无业流浪汉、贫苦农民等中国底层社会是如何理解华工出洋这一现象的,并展现了一个充满情绪的百姓社会实态。同时,文章从英国殖民者的角度进一步分析了作为华工移民获利方的英国殖民者是如何应对谣言四起的。在第二

---

① 安井三吉『帝国日本と華僑——日本・台湾・朝鮮』、東京:青木書店、2005年、222—225、241—243頁.

部分，文章介绍了20世纪初期到中叶，流言蜚语在华侨社会滋生情况。毫无疑问，此时流传于华侨社会的诸多流言蜚语与中国革命或抗日运动是有着紧密联系的。此部分主要从"孙中山在华侨社会与谣言"、"日本殖民者与舆论宣传"和"与'汪精卫政府'相关的流言蜚语"三个方面进行了简要介绍。

必须指出的是，上文介绍的各种流言蜚语只是华侨社会谣言问题极小的一部分内容。通过阅读史料，我们会发现各种流言蜚语仍旧在不同类型的史料边缘中隐现：

类型一：

美国苦力船"威佛利"号（Waverly）从汕头启航开往卡亚俄，船上载有四百五十名中国苦力。1855年10月25日，该船长威尔曼身死，开到马尼拉。由于一个无根据的谣言，说该船传染病流行，该船奉命开到检疫港，然后又奉令前往大约六英里以外的卡利多进行"观察"，以便采取必需的补救办法。船上苦力，以为他们已经到达航行终点，都想上岸，并设法搞到上岸的小船。代理船长向他们开了枪。水手们都武装起来，很快把"旅客"们赶下底舱，并紧闭舱门。舱口大约在十二至十四小时后才打开，发现"约有三百名不幸者已窒息身死"。最后确定船上并无传染病，才准予放行，驶离检疫港。船长说，他没有想到，中舱没有足够的通风，中国佬得不到空气，又"因为害怕被□他们□挟制，所以把舱口一直紧闭着"。[①]

类型二：

印尼还盛传着五兄弟反抗荷兰的故事：许久以前，有五个结拜

[①] 《美国众议院第657号法案附件(1860年4月16日)》，收录于陈翰笙主编：《华工出国史料汇编》第三辑《美国外交和国会文件选译》，第71—72页。

兄弟替荷兰人种烟。一次荷兰人借口挖土不符规格而殴打挖土工人。五兄弟乃联合起来，用锄头把荷兰人砍死。事后，五人并没逃走，反而报告于荷兰当局。荷兰人审问，问是谁打死的？五兄弟都各说是自己打死的。残暴的荷兰当局就不分青红皂白把五人都钉死。据说这五兄弟死后"显了圣"，以后人们在棉兰替他们立了"五祖庙"。①

第一则史料所叙述的"威佛利"号船事件的发生无疑是令人遗憾的。从这个事件中我们也可以发现谣言的可怕之处，这提醒我们进一步了解谣言如何在历史上发挥作用的必要性。而第二则史料则展现了"民间传说"或者"神话传说"这类广泛意义上的谣言的情况。据印尼归侨回忆，人们将五兄弟反抗荷兰牺牲的故事神化，以刻画一种反抗叙述传统。这个故事也反映了契约华工对荷兰殖民主义者的残酷虐待的一种反抗情绪。

由此可见，流言蜚语在不同情况下，可以是恶毒的谣言，可以是道听途说，可以是未被证实的真相、也可以说是一种民间传说、神话传说。流言蜚语无疑是我们了解近代海外华侨文化生态的一个很好的切入点。它为我们展现了一个不一样的华侨文化生态，一个有机的东亚历史海域。

[作者简介]林晓萍，女，北京大学历史系2019级博士研究生。

---

① 刘玉遵等编：《"猪仔"华工访问录》，广东人民出版社，2016年，第118—119页。

后记

2018年10月23日公布的国家社会科学基金重大项目中,由东北师范大学日本研究所陈秀武教授牵头,联合山东大学、吉林大学、东北师范大学等20余位专家学者组成团队申报的"东亚历史海域研究"(项目号:18ZDA207)获批立项,这是国内第一个将"东亚历史海域"作为一个有机整体的专项课题。

2019年6月7日至8日,国家社科基金重大项目"东亚历史海域研究"高端论坛在长春隆重召开,47位专家学者参会,围绕"东亚历史海域"展开了探讨与研究。其中有九位专家从"东亚海域史"、"海上命运共同体"与"海洋命运共同体"的区别与联系、"海洋国际法"、构建"海洋命运共同体"的基础与路径、"东亚历史海域"的"殖民话语"等角度展开激烈讨论。可以说,这本文集就是在这次论坛的基础上诞生的。本文集由从与会专家学者提交的论文中精选出的部分论文,和会后征集的论文两部分构成。主要内容涉及了"东亚历史海域"的历史、现实与理论等。经与出版社方面的反复磋商,有些优秀论文只能忍痛割爱。在此,除对所有作者的辛勤付出表达衷心谢意外,还要为我们的无奈选择向作者们致歉。

本书的编者陈秀武负责全书的整体架构、遴选论文与初审、编制论文体例等工作;商务印书馆的出版团队负责三审,并提出了一针见血的修改建议。因为时间紧、任务重,相关技术问题未能一一相询作者,敬请谅解!

最后,感谢东北师范大学发展规划处和社会科学处为本书出版所给予的慷慨资助,感谢为本书出版倾注了大量心血的朱绛编辑。

陈秀武

2020 年 11 月 25 日

东北师范大学日本研究所